项目主持　刘大伟　尹　杰
整体设计　王曦云
特约编辑　博　林　余　祁
编　　务　马跃武　李　萍

中国西部民族文化通志（33 卷）

哲学卷	伦理卷	心理卷	宗教卷
政治卷	历史卷	古籍卷	法律卷
社会卷	妇女卷	婚姻家庭卷	游牧卷
农耕卷	建筑卷	交通卷	贸易卷
科技卷	生态卷	教育卷	饮食卷
服饰卷	体育卷	娱乐卷	旅游卷
节日卷	礼仪卷	禁忌卷	文学卷
艺术卷	影视卷	工艺美术卷	傩文化卷
吉祥物卷			

教育部人文社会科学
重点研究基地重大项目成果

中国西部民族文化通志

瞿明安　何明　主编

教育卷

黄海涛　王天玉　田莉　编著

云南出版集团
云南人民出版社

国家出版基金资助项目

教育部人文社会科学重点研究基地重大项目

教育部人文社会科学重点研究基地云南大学西南边疆少数民族研究中心项目

总 序

21 世纪之初，中国政府启动了西部大开发的战略部署，将西部各民族的繁荣发展推到了中国现代化建设的前沿阵地，使其成为中国西部发展史上最值得大书特书的一页。《国务院关于实施西部大开发若干政策措施的通知》中规定，中国西部开发的政策适用范围，包括重庆、四川、贵州、云南、西藏、陕西、甘肃、宁夏、青海、新疆、内蒙古、广西等 12 个省区市。根据以上区域划分的原则，在中国西部地区共分布着 49 个少数民族，即维吾尔族、哈萨克族、乌孜别克族、塔塔尔族、塔吉克族、柯尔克孜族、俄罗斯族、回族、土族、裕固族、东乡族、保安族、撒拉族、锡伯族、蒙古族、达斡尔族、鄂温克族、鄂伦春族、藏族、门巴族、珞巴族、羌族、傣族、哈尼族、基诺族、佤族、景颇族、德昂族、布朗族、拉祜族、阿昌族、傈僳族、独龙族、怒族、白族、纳西族、普米族、彝族、苗族、瑶族、布依族、水族、侗族、土家族、壮族、仫佬族、仡佬族、毛南族、京族等。在西部大开发的过程中，西部少数民族的现实状况和未来发展趋势将直接影响中国西部经济社会发展的总体进程。

西部大开发分别包括对西部地区自然资源的开发利用与可持续发展，以及对人文资源的开发利用与保护传承两个方面的内容。而在人文资源的开发利用与保护传承方面，如何充分有效地认识和发掘西部少数民族文化资源的价值和功能，使其在西部大开发中发挥积极的作用就是其中一项十分重要的内容。从应用民族学的角度来看，西部少数民族文化资源的开发利用与保护传承包括多种不同的表现形式，既有从经济发展和提高人民物质生活水平的需要出发对民族饮食、民族服饰、民族建筑、民族生产方式、民族贸易、民族旅游等文化资源的开发利用与保护传承，也有从构建和谐社会的需要出发对民族政治、民族法律、民族道德、民族宗教、民族心理等社会结构和文化要素的调适、引导和传承，还有从提高全民族文化素质和满足人们精神生活需要出发而对民族教育、民族科技、民族文学、民族艺术、民族古籍等传统知识和文化要素进行的传承、改造和创新。在对西部少数民族文化资源进行开发利用与保护传承的过程中，应正确处理好突出经济效益的开发利用与关注社会效益的保护传承两者之间的关系，做到开发利用与保护传承两者并重，或在开发利用的过程中高度关注民族文化资源的保护传承。可以说，西部少数民族文化资源的开发利用与保护传承是一项巨大的社会系统工程，它与西部地区自然资源的开发利用及可持续发展具有同等重要的价值。

面对西部大开发这一前所未有的宏伟规划，作为以民族群体及其文化为研究对象的中国民族学研究者，如何在西部少数民族文化资源开发利用与保护传承的过程中发挥独特的作用，就成了当代中国学术界高度关注的现实问题。其实，早在西部大开发之前的 20 世纪 80 年代中期，中国的部分民族学研究者就参与了由国务院委托中国科学院牵头组织的有关西部大开发的前期研究准备工作，为 20 世纪末和 21 世纪初西部少数民族经济社会的发展献计献策。随着 21 世纪初西部大开发的正式启动，中国民族学研究者再一次站在了西部少数民族文化资源开发利用与保护传承的前沿阵地，除了直接参与西部各省区市政府部门有关当地少数民族经济社会发展的应用对策研究以外，为了正确认识把握西部少数民族的历史和现状，继承和弘扬西部少数民族的优良文化传统，还有不少学者撰写了一些与西部少数民族文化有关的著作，在研究西部少数民族文化方面取得了初步的成果。在肯定以上事实的同时也应该承认，目前有关中国西部少数民族文化研究的成果仍处于零散、单一、粗浅的初期阶段，在学术界尚未形成大的气候和雄厚的优势，远远适应不了西部大开发对精神文化产品的客观现实需要。为了改变这种被动的状态，我们策划并组织全国的有关学者撰写了这套《中国西部民族文化通志》，以便为西部大开发提供精神文化方面的优秀产品，同时也为西部少数民族文化资源的保护传承献上一份厚礼。与国内其他同类的书籍相比，本通志在研究对象、学术取向和书写范式等方面具有以下几个鲜明的特点：

第一，坚持民族学的文化概念，系统深入地研究中国西部少数民族文化的各种构成要素。有关文化概念的界定问题，在不同学科的认知体系中往往存在着较大的差异。在一般人们的视野中，文化主要是指文学、艺术、教育、新闻、传播、伦理道德、思想观念等反映经济基础的意识形态。而从民族学的角度来看，文化则是指整个人类及其各个民族生活方式的总和，包括物质文化、行为文化、制度文化和精神文化等不同的构成要素，是人与自然、人与人、人与社会互动的产物。这两种不同的看法其实就与文化概念的狭义和广义之分相关。本通志坚持民族学的广义文化概念，将中国西部少数民族的各种文化构成要素划分为33个方面，相应形成了哲学卷、伦理卷、心理卷、宗教卷、政治卷、历史卷、古籍卷、法律卷、社会卷、妇女卷、婚姻家庭卷、游牧卷、农耕卷、建筑卷、交通卷、贸易卷、科技卷、生态卷、教育卷、饮食卷、服饰卷、体育卷、娱乐卷、旅游卷、节日卷、礼仪卷、禁忌卷、文学卷、艺术卷、影视卷、工艺美术卷、傩文化卷、吉祥物卷等33个分卷，几乎涵盖了中国西部少数民族文化的方方面面，由此形成一个宏大而多元的文化体系。除了从总体上将西部少数民族的各种文化现象划分为以上不同的构成要素以外，各个分卷的专题民族文化志则更进一步地将某一种特定的文化现象进行细致入微的分解。通过这种层层深入的描述和解析，使中国西部少数民族文化的各种鲜明特点得以充分地显现出来，为人们正确地认识了解中国西部少数民族文化的本质特征和表现形式提供系统翔实的文本资料。

第二，对中国西部少数民族文化进行整体的研究，为中国民族学西部学派的形成奠定坚实的基础。中国民族学以往的研究曾显现出一个鲜明的倾向，就是绝大多数学者的精力和时间都投入对某些单一民族及其文化的研究，对田野调查报告或民族志的关注超越了对文化整体的认识。在对中国少数民族的历史和现状缺乏了解的背景条件下，对各个单一民族及其文化开展的调查研究不仅是非常迫切需要的，而且也符合现代民族学的学科发展规律。而在对各个单一民族及其文化所进行的田野调查和民族志资料积累发展到一定程度的时候，对中国少数民族文化进行宏观和微观相结合的整体研究，就自然而然地成了当代中国民族学学科发展的必然趋势。本通志的研究对象和学术取向就是这一学科发展趋势的具体体现。与国内已出版的各个单一民族的文化志有所不同的是，本通志各个分卷的民族文化志都不是只单独涉及西南、西北和内蒙古等地区各个单一民族，而是打破原有的地区和民族界限，将西南、西北和内蒙古等西部地区所有少数民族的特定文化现象作为一个有机的整体来看待。通过对各种文化现象的描述和概括来认识中国西部少数民族文化的总体特点，在此基础上建立中国民族学西部学派。所谓中国民族学西部学派，就是在中国民族学研究者中以西部少数民族文化为整体研究对象的学术群体和学术取向。它既从学科发展的角度关注整个中国西部少数民族文化的构成要素和总体特点，同时又从应用实践的角度重视中国西部少数民族文化资源的开发利用与保护传承，以便在基础研究和应用研究方面构建当代中国民族学的学科体系。可以说，本通志的出版就是中国民族学西部学派正式形成的标志。同时也为今后中国民族学的学科建设和发展打下了坚实的基础。

第三，把描述性与解释性有机地结合起来，使中国西部少数民族的各种文化现象得以较完整地呈现出来。以往志书的一个鲜明特征就是完整地记录和描述某一种特定的事项，即古人所谓的“述而不作”。而本通志的设计和写作则突破了这一窠臼，即注重描述性与解释性两者之间的有机结合。本通志各个分卷包括导论和正文两个主要部分，其中各个分卷的导论是具体专题民族文化志的核心和灵魂。每一种具体的民族文化均有其基本特点、形成因素、表现形式、特定内涵、价值取向、应用功能等方面的重要内容。本通志各个专题民族文化志的导论部分，需要作者具有扎实的理论功底和素养，熟练地运用民族学有关民族文化的相关理论方法来进行高度的概括和分析，使人们对纷繁复杂的中国西部民族文化现象有一个较高层次的感悟和较全面的理解，为进一步认识中国西部民族文化的具体构成要素提供总体的思维模式和分析框架。而本通志各分卷的正文部分则是每一种专题民族文化志的主体内容。它们分别对每一种涉及的具体民族文化要素进行层层深入的描述和解释，充分展现中国西部民族文化各种构成要素具有鲜明特色的表现形式、内在含义以及与其他文化要素之间的互动关系。其显著效果就是使被描述、解释的内容显现得细致入微和丰富多样，以便加深人们对这些特定民族文化现象的认识程度。

第四，把横向的民族志资料与纵向的历史文献相结合，充分显现出中国西部少数民族传统文化形成和发展的特点。通常情况下，民族文化志书写的特点都是侧重于横向的研究，即对某一特定时期的民族文化现象进行全面客观的描述，很少涉及历史上这种特定民族文化现象形成、发展、变化的过程和特点。本通志则在这一方面有所突破，即分别从横向和纵向两个方面入手，既描述某一种民族文化现象的具体表现形式和鲜明特征，同时又对这种民族文化现象在历史上的演变乃至在现代社会中发生的变化进行简要的概括和分析，使得各个专题民族文化志能够融贯古今，使其显现出本身应有的资料价值和学术价值。而在横向与纵向相结合的书写过程中，则以横向的民族志描述为主，以纵向的历史演变为辅。通过阅读本通志，既可以从文化体系的角度认识和了解中国西部少数民族传统文化的基本特征、表现形式、形成因素、价值取向、象征意义、社会功能，也可以从历史发展的角度洞察中国西部少数民族传统文化在历史上的演变以及在现实生活中的状态和未来发展的趋势。让读者从各种不同的民族文化构成要素中充分体悟中国西部少数民族文化的多样性和复杂性。

本通志由云南大学西南边疆少数民族研究中心的瞿明安教授和何明教授担任主编。分别由云南大学、中山大学、北京师范大学、四川大学、中央民族大学、中南民族大学、广西民族大学、云南民族大学、贵州民族大学、云南师范大学、云南农业大学、云南省社会科学院、云南行政学院、中国妇女儿童博物馆、云南人民出版社等国内15所大学、科研机构和出版社长期从事民族文化研究的三十余位知名专家学者领衔撰写，参与人员近百人。全套通志约1600万字，可以说是目前国内规模最大、体系最完整的一套少数民族专题文化志，在中国民族学界尚属首次出版，堪称传世之作。这也是一项重大的基础建设工程，对于继承和发扬中国西部少数民族的优良文化传统，增强各民族的自豪感和自信心，提高中国民族学的整体研究水平具有重要的学术价值。

本通志的编辑和出版得到了有关方面的大力支持和帮助。其中云南人民出版社人文读物编辑部尹杰主任最早提出了编写这套通志的构想，并在具体策划和编辑过程中付出了辛勤的劳动，云南人民出版社刘大伟社长对本通志的出版给予了全力的支持。云南大学西南边疆少数民族研究中心将本通志申报立项为瞿明安主持的2010年教育部人文社会科学重点研究基地重大项目（批准号：10JJD850007）。本通志还得到了云南出版集团和云南大学的大力支持，在此表示衷心的感谢！

《中国西部民族文化通志》编委会

2013年10月31日

目　录

导　论

国家富强、民族振兴，应以教育为本。中国西部地区的民族教育是我国整体教育事业重要而特殊的组成部分。西部地区的民族教育发展，不仅是西部地区各民族共同发展、共同繁荣的重要组成部分，而且也是提高各民族素质的重要手段，同时还是促进西部民族地区社会经济可持续发展的基础工程。本书所研究的中国西部正是这样一片地域辽阔、民族众多、教育活动复杂丰富的地区。中国西部地区包括陕西、甘肃、宁夏、青海、广西、内蒙古、新疆、重庆、四川、云南、贵州和西藏 12 个省区市，区域内分布有 49 个少数民族，全国 5 个少数民族自治区全部位于西部。这 12 个省区市是历史悠久、文化多元、教育资源丰富、特色显著的民族聚集区，同时也为民族教育研究提供了丰富的学术资源和广阔的实践空间。

从学科发展的视角看，近 20 年来，随着学术时空的不断拓展和地区的开放发展，西部民族地区已经成为中国教育研究的新兴领地，大批学者投身这一领域，各种成果不断涌现，西部民族教育研究呈现出欣欣向荣之态势。从总体上看，中国西部民族教育在民族教育学、教育人类学、教育文化学等研究领域在全国占有一席之地。这些丰硕的研究成果还在客观上推动了中国教育学科的整体发展，丰富了教育研究的实证性资料。因此，从多视角和多学科维度研究中国西部民族教育不仅适应国家有关“西部大开发”进一步繁荣少数民族教育文化事业，以及教育兴国、文化强国等重要战略决策的迫切需要，并且对从民族教育文化研究的视角认识了解西部少数民族的历史和现状，增强中华民族的凝聚力，培养具有创新思想和创新素质的民族发展人才，造就民族地区的建设者①，对于促进中国西部民族地区社会的和谐发展、科学发

① 马廷中著《民国时期云南民族教育史研究》，民族出版社 2007 年版。

展、跨越式发展具有重要的现实意义。

从地区发展的视角看，尽管西部民族地区经济社会发展取得了巨大成就，然而与全国其他省区市相比，仍存在着不小的差距。尽管原因是多方面的，但究其本质人才素质是核心，教育问题则是关键所在。面对西部经济社会的快速和跨越式发展，其相对滞后的民族教育发展水平已经成为制约西部地区社会、经济、文化发展的主要瓶颈。因而，加强对西部地区民族教育问题的研究，理性分析民族教育发展中存在的问题，寻找其根源，进而探讨西部民族教育发展的出路，对西部地区跨越发展战略的推进显得尤为重要。我们必须从战略高度加以重视，大力发展西部地区的民族教育，为实现中国梦和中华民族的腾飞提供重要的智力支持和人才保证。

一、中国西部地区民族教育的历史与现状

作为一种文化现象，教育是整个人类社会的有机组成部分，是人类社会的一种极其重要的实践活动。广义的教育包括一切能够增进人类知识、技能及身心发展的活动，包括了社会教育、家庭教育、学校教育和宗教教育等范畴；狭义的教育则专指学校教育，指教育者根据一定社会（或阶级）的要求，依照受教育者的身心发展规律所试行的有计划、有目的、有组织的传授知识技能、培养思想品德、发展智力和体力的活动。在漫长而曲折的历史过程中，人类在社会的生产和生活过程中，世代累积和形成的知识经验，以社会历史经验的形式，通过教育传递给后代，并在世代相传的过程中逐步积淀下来，成为人类生存和发展的必要手段，进而构成文化的主体。教育活动一经产生，便具有传递生产知识经验和一定社会的生活规范的职能，即具有传承文明、传播文化的职能，进而对社会的延续和发展起着巨大的推动作用。这也决定了教育在整个文化中具有十分重要、十分特殊的地位①。

作为人类的基本实践活动之一，教育是伴随社会文明的进程在一定地理环境中形成与不断发展的②。教育与地理环境之间的关系如此密切，因此讨论教育问题无法脱离其产生和依存的地理环境。回顾人类社会的教育活动史，不难看出，随着生产力的不断发展与人类改造自然能力的不断增强，教育实践对自然环境的依赖性经历了整体性从强到弱的发展历程。但由于区域自然

① 刘新科著《中国传统文化与教育》，东北师范大学出版社 2002 年版。

② 罗明东著《教育地理学》，云南大学出版社 2003 年版。

环境与社会文化的巨大差异，各地区与民族的教育活动保留了突出的多样性与独特性。因此，教育作为一种社会文化活动，从其诞生之始就被深深打上了地区和民族的烙印。不同地区和民族的人们在教育实践活动中所体现出来的思维方式、形式手段、内容目的都不尽相同。可以说，如果开展教育科学研究的目的是探索人类教育实践活动的普遍规律，用以有效指导人类的教育实践活动，那么我们就必须把研究视野拓展到不同民族教育实践活动类型的比较之中①。

(一) 概念界定

民族教育学主要是由民族学、教育学以及相关的学科而形成的一门综合性、边缘性学科，对此国内外专家学者对民族教育的概念有多种表述。但归纳起来主要有以下五种②。第一，单一民族教育说（Ethnic Education)。日本《大百科事典》定义为：“民族教育是指对作为有着共同文化的集团的民族的成员所进行的培养他们具有能够主动地追求自己民族的经济、社会、文化的发展的态度和能力的教育。”国内有学者撰文认为：“民族教育是一个民族培养其新一代的社会活动，是根据本民族的要求而对受教育者的有目的、有计划、有组织、有系统的影响活动，以便把受教育者培养成一定社会的人，为本民族服务。”第二，国民教育说（National Education 或 Education for Nationa-lities)。国内有的学者指出，民族教育的概念有时是国民教育的代名词，这有两种情况：“其一，在单一民族国家，民族教育的概念往往被国民教育的概念所代替；其二，在多民族国家，民族教育成了泛指多民族教育总和的集合概念。只有这些单一民族国家和多民族国家沦为殖民地或半殖民地的时候，才使用民族教育的概念。”第三，少数民族教育说（Ethnic Minority Education)。在中国，民族教育似乎约定俗成专指中国除汉族以外的55个少数民族的教育。如《教育大辞典·民族卷》认为：“民族教育是中国少数民族教育的简称，特指除汉族以外，对其他55个民族实施的教育。”《中国大百科全书·教育卷》的定义是：“少数民族教育（Education for National Minorities)，就是在多民族国家内对人口居于少数的民族实施的教育，简称民族教育。在中国指对汉族以外的其他民族实施的教育。”第四，多重含义说（Ethnic Education,

① 张诗亚著《西南民族教育文化溯源》，上海教育出版社1994年版。

② 哈经雄、滕星主编《民族教育学通论》，教育科学出版社2001年版。

Education for Nationalities, Ethnic Minority Education, National Minority Education, Native Education, Immigrants Education)。有人认为，中国民族教育由“单一民族教育”和“复合民族教育”所构成。“单一民族教育，不仅指各个少数民族教育，同时也指作为主流民族的汉族的民族教育”；“复合民族教育，是指中华民族整体的民族教育……中华民族教育是中国56个民族教育的有机统一和理论升华。”单一民族教育和复合民族教育是我国民族教育不可分割的两个方面。这两者互相依存，互相补充，共同构成我国的民族教育。这种两重性构成我国民族教育的基本特点，而贯穿于它的全部过程。第五，跨文化教育说(Cross - Cultural Education)。1990年10月出版的《中国少数民族教育学概论》在阐释民族教育学的研究对象时，将民族教育的定义分为广义和狭义两种。广义的民族教育是指一种“跨文化教育”，即“所谓的跨文化教育，也就是指对于具有不同文化背景受教育者的一种教育”；狭义的民族教育“是指在一个多民族国家里对少数民族受教育者的一种教育”。

与对“教育”概念的理解一样，“民族教育”也存在广义与狭义之分。耿金声先生曾专门撰文对这一概念进行过深入分析和厘清。他认为，教育伴随着人类社会的产生而产生，伴随着人类社会的发展而发展；任何民族都是人类社会的当然成员，都需要“人类自身生产的环节——教育”，培养人才，发展生产力，促进民族的进步和社会的不断发展；教育都从属于一定的民族，任何民族都有教育。因此，一切教育都是民族教育。任何民族的教育，都具有各自的特点。因为任何一个民族都是“一个有共同语言、共同地域、共同经济生活以及表现于共同文化上的共同心理素质的稳定的共同体”。教育势必受到民族的语言、地域、经济生活、文化、意识、感情等方面的影响，打上民族的“烙印”，具有一个民族区别于另一个民族教育的民族属性。基于上述认识，民族教育的基本概念应该确定为：凡是具有某个民族反映在语言、地域、经济生活以及表现在共同文化上的共同心理素质方面的基本特征的，为其政治、经济服务的培养人才的社会活动，就是民族教育[①]。狭义的民族教育又称少数民族教育，指的是对一个多民族国家中人口居于少数的民族的成员实施的复合民族教育，即多元文化教育。多元文化教育的目的是，一方面帮助少数民族成员提高适应现代主流社会的能力，以求得个人的最大限度的发

① 耿金声《论民族教育的概念和民族教育的特点》，《民族教育研究》1991年第2期。

展；另一方面继承和发扬少数民族的优秀传统文化遗产，丰富人类文化宝库，为人类做出应有的贡献。少数民族教育是多民族国家实施的国民教育的重要组成部分①。当然，有的学者也认为诸如“民族地区”“民族教育”“民族干部”等的称谓不严谨，所谓“民族地区”“民族教育”“民族干部”，其实是不能不包括自身民族的，于是提出了“教育民族学”② 的观点。

综上所述，对民族教育的基本概念可做如下的阐述：民族教育可分为广义和狭义两种，广义的民族教育是指对作为有着共同文化的民族或共同文化群体的民族集团进行的文化传承和培养该民族或民族集团的成员，一方面适应现代主流社会，以求得个人更好的生存与发展，另一方面继承和发扬本民族或本民族集团的优秀传统文化遗产的社会活动。狭义的民族教育又称少数民族教育，指的是“对一个多民族国家中人口居于少数的民族的成员实施的复合民族教育，即多元文化教育。多元文化教育的目的是，一方面帮助少数民族成员提高适应现代主流社会的能力，以求得个人的最大限度的发展；另一方面继承和发扬少数民族的优秀传统文化遗产，丰富人类文化宝库，为人类做出应有的贡献”③。少数民族教育是多民族国家实施的国民教育的重要组成部分。鉴于以上论述，本书研究所指的民族教育是狭义的民族教育，主要包括非正规教育（学校外教育）和正规教育（学校教育）两部分，非正规教育又包含社会教育、社区教育、家庭教育、民族宗教教育等。正规教育包含基础教育、职业教育、高等教育等。因此，应当重视学校教育与非学校教育自身发展的规律和它们之间的相互结合及互补关系的研究，使之相得益彰④。只有这样才能更好地揭示西部地区民族教育的全貌和发展规律，更好地开展西部地区民族教育教学的改革与发展。

（二）中国西部民族教育发展史简述

教育是随着人类社会的出现而产生的，随着生产的发展和社会的变革而发展、变化的。西部地区少数民族的教育“也是随着其所处的社会形态的变

---

① 哈经雄、滕星主编《民族教育学通论》，教育科学出版社 2001 年版。

② 王军主编《教育民族学》，中央民族大学出版社 2007 年版。

③ 滕星、王军主编《20 世纪中国少数民族与教育》，民族出版社 2002 年版。

④ 冯春林、蔡寿福、陈庭贵编著《中国少数民族教研史》（第 4 卷），云南教育出版社、广东教育出版社、广西教育出版社 2002 年版。

化而发展着，不同少数民族社会形态具有不同的教育形态”[①]。这些教育形态具有多层次和差异性等特点。

中国的西部地区历来民族众多，各民族往来迁徙，文化交流与融合频繁，教育活动亦丰富多样。教育产生于实际生活的需要，教育实践随社会经济发展水平而变迁。在制度化的学校教育产生之前，教育活动与日常生活融为一体。引导后代学会生存与适应环境是教育活动的主要目的与内容，不同的生存环境和生计方式决定了各民族不同的教育实践活动。在代代传承的教育活动中，人们不仅学会了如何适应自然，改造自然，还在人与人之间的交往中形成了民族凝聚力和族群意识。例如共同信仰的图腾和崇拜物，共同恪守的习惯与禁忌，共同祭祀的祖先，共同的语言、价值观、行为方式等[②]。教育活动履行着传递生产技能、科学知识、生活经验、道德规范等职能[③]。我们从历史横断面上看各民族的教育水准，又看各民族历史纵剖面上的教育进程，经纬交织以史贯之，民族教育分类粗略分为：原始社会残余形态的原始教育，奴隶社会的初级文明教育，封建社会形态的多元教育，近现代学校的正规性教育，革命根据地及新中国成立后的人民学校规范化教育等等[④]。

历史上，中原王朝历朝历代的文教政策对西部地区民族教育影响很大。比如汉唐时期的和亲政策、宗教宽容政策、经贸自由政策乃至派遣官吏驻守边关政策等都有文化教育功能。例如唐朝实行少数民族子弟接受学校教育政策、允许少数民族子弟参加科举考试政策等[⑤]，这些政策推动了中原西部民族地区的文化教育与文化交流。培养了当地少数民族上层的知识分子，有利于少数民族地区的全面发展。封建社会时期的中国西部地区的教育可以分为传统教育和学校教育两种形式。学校教育又被称为“世俗教育”，以培养为统治阶级服务者为宗旨，主要实行儒家文化教育。形式包括：官学，即官府创办的学府；书院，即中央政府藏书之所，或民间设立供人读书治学的地方；社学，即封建地方政府兴办的对少年儿童进行启蒙和初等教育

---

① 马廷中著《民国时期云南民族教育史研究》，民族出版社2007年版。

② 张诗亚著《西南民族教育文化溯源》，上海教育出版社1994年版。

③ 孟立军《论中国民族教育的历史特点》，《中央民族大学学报》1996年第1期。

④ 冯春林、蔡寿福、陈庭贵编著《中国少数民族教研史》（第4卷），云南教育出版社、广东教育出版社、广西教育出版社2002年版。

⑤ 吴明海主编《中国少数民族教育史教程》，中央民族大学出版社2006年版。

的学校，主要设在农村或府县治所；义学，即一种由官员、士绅个人捐资或用祠堂及庙宇等公产创办、吸收贫民子弟接受初等教育的免费学校；私塾，即民间私学主要形式，是人们接受初等文化教育的重要场所，也是民间子弟接受启蒙的主要场所。古代西部地区的民族教育应是学校教育以外的传统教育，以口耳相传、代代相承和参加节日活动的方式把民族文化传承下来。

西部民族地区的制度化学校教育兴起于东汉时期，明清时期达到高峰。有明一代，政府重视在边疆少数民族地区开设儒学。洪武十五年（1382 年），明军刚平云南，朱元璋就发榜文下令："府州县学宜加兴举，本处有司选保民间儒士堪为师范者，举充学官，教养子弟，使知礼义，以美风俗。"① 洪武二十八年（1395 年），又命令礼部在云南、四川等土官地区遍设儒学，选拔土官子孙弟侄而教之。凡到府学就读的土官家族子弟，概称土童，入学、应考和录取都有优先权。一些地方专设土司学堂，招收土司子弟。在西北，山丹、肃州等地卫所也设有儒学，让当时蒙古、羌、畏兀儿等民族的孩子能够入学学习。明政府还在一些民族聚居区为贫而好学的儿童设立社学。为了鼓励少数民族子弟入学，明政府对他们给予必要的精神鼓励和物质帮助。为督促土司继承人入学，明朝甚至做出了不入学者不准承袭的强制性规定。兴学是地方官第一要务，所以在少数民族地区任职的流官都比较重视兴学②。清末民国时期，中国西部地区的各民族仍然以口传为主的传统教育方法教授本民族的传统文化知识、社会习俗、生产技能等，对本民族的下一代进行传统教育。在"旧学"与"新学"的抗争中，近代教育随之产生并传入西部地区。新式教育注重科学文化知识的学习，打破了少数民族传统教育中以人文社会为中心的局面；在课程设置、教学方法上大胆创新，加大对现代科学知识的获取量。

民国初年的少数民族教育，基本无事业可言。20 世纪 30 年代以后民族事业及管理才有所发展。1930 年 2 月，国民政府设立了蒙藏教育司，专管蒙古族、藏族及其他少数民族教育。1939 年制定了《推进边疆教育方案》，并改"蒙藏教育司"为"边疆教育司"，强调"边疆教育应该以融合大中华各部之

---

① 徐杰舜、韦日科主编《中国民族教育政策史鉴》，广西人民出版社 1992 年版。

② 吴明海编著《中外民族教育政策史纲》，中央民族大学出版社 2006 年版。

文化并促其发展为一体之方针”，规定“边疆教育得适应当地特殊环境和生活习惯，设法推进”。这个方案的内容并非少数民族之特征，而是以大汉族主义为中心的同化教育；在课程设置上仍是照搬内地模式，实行“党化”教育；对蒙藏及其他地区语言文化具有特殊性质者，可以学习本民族的语言与文字；对满回等族则实行与汉族完全相同的教育，教科书要“依据中华民族为一整个国族理论激发爱国精神，泯除地域观念与侠义宗教观念所生之隔阂”①。所以国民政府从创办民族学校到设置民族教育管理机构，其目的均在于“特殊文化、渐趋统一”的同化主义。“癸卯学制”实施之后至新中国成立前的教育，基本是以国家一体教育为主体并引进外来先进教育的“多元一体教育”，在国家内外交困之际，国家层面的“一体教育”被加强。现代教育的进程促进了国家多元一体教育的发展。

民国以后，教育制度屡经兴革，学部改为教育部。在这种历史背景下，中国西部民族地区的各级各类教育应运而生，出现了前所未有的蓬勃景象。兴起幼儿教育、小学教育、中学教育、中等教育、中等师范教育、职业技术教育、高等教育。抗战时期是中国西部地区高等教育发展的黄金时期，包含本地高等学校和内迁高等学校教育。民国时期，中国西部民族地区的民族教育主要是指在少数民族聚居地区专门针对少数民族实施的教育。明清时期，西部民族地区虽无民族教育这一名称，但事实上已有专对少数民族实施的教育，如明代的司学、清代的少数民族义学。20世纪30—40年代以后，国民政府教育部颁布了一系列发展少数民族教育的有关文件、法令，如《推进边疆教育方案》《边远区域劝学暂行办法》等。在《边远区域劝学暂行办法》中要求边远区域各级主管教育人士充任劝学员，规定学校应分区设立，每区以设立一校为原则，招生以籍隶本区为限，不分组别，混合教学②。国民政府为了发展少数民族教育，还给其工作人员以优待，给学生以优惠。当时的地方政府也重视边地教育，创办民族中小学教育，民族职业教育等。

总之，由于生产力和生产关系的发展水平不同，经济基础产生的上层建筑的差异，在中华人民共和国成立之前，在西部地区存在不同社会形态的教

① 李良品、彭福荣、崔莉编著《乌江流域民族地区教育发展史》，重庆出版社2010年版。

② 李良品、彭福荣、崔莉编著《乌江流域民族地区教育发展史》，重庆出版社2010年版。

育类型，这种状况在西部少数民族地区尤为典型。一是原始社会残余形态的教育，主要存在于边远山区的独龙族、傈僳族、景颇族、佤族、布朗族等族的教育中。二是奴隶社会残余形态的教育，主要存在于四川、云南交界的大小凉山彝族，云南西部的佤族等族的教育中。三是封建社会形态的教育，主要存在于藏族、傣族、阿昌族、白族、纳西族、苗族等族的教育中。另外，在藏族、蒙古族、傣族地区盛行佛教寺院教育，在维吾尔族、回族地区盛行伊斯兰教的经堂教育。各种宗教活动场所也是学习、研究和传授一定社会文化知识的教育机关，这些少数民族普遍存在着寺院教育①。宗教教育为本民族的教育内容和教育形式之一。

新中国成立后，西部地区的民族教育发生了翻天覆地的变化。为了改变少数民族地区教育落后的状况和发展少数民族教育，无论是国家还是西部地区有关省（区）、市、县都制定了一系列有利于发展民族教育的特殊政策，使民族地区教育得到了蓬勃发展。作为在民族教育史上具有划时代意义的伟大创举，中国共产党于 1941 年在延安创办了民族学院；新中国成立后更相继创办了西北、中央、西南、云南、青海、广西、贵州、西藏等民族院校，首开民族高等教育之先河，使民族教育终于全面跻身多层次、多学科的现代规范教育之林②。1951 年 9 月，教育部召开了第一次全国民族教育工作会议，明确规定了民族教育的方针与政策，为民族教育的全面展开和发展指明了方向。会议指示："各级人民政府、行政部门应重视少数民族教育工作，加强对少数民族教育的领导。会议特别强调在西南、西北及其他各省的山区，应重点地创办学校和各种文化教育事业。"③ 同年，教育部相继通过了《关于加强少数民族教育工作的指示》《少数民族学生待遇暂行办法》等文件。西部地区有关市、县也制定了一些相应政策和措施。改革开放以后，为了发展民族地区先进生产力和社会主义文化，满足少数民族和民族地区人民群众日益增长的教育需要，推进民族地区全面建设小康社会，实现社会主义现代化第三步战略目标，党中央、国务院也制定了一系列加快少数民族教育发展的政策措施。从整体上看，新中国民族教育政策具有以下显著特点：导向性、变迁性与相

---

① 谢启晃著《中国民族教育史纲》，广西教育出版社 1989 年版。

② 冯春林、蔡寿福、陈庭贵主编《中国少数民族教研史》（第 4 卷），云南教育出版社、广东教育出版社、广西教育出版社 2002 年版。

③ 谢启晃编著《中国民族教育史纲》，广西教育出版社 1989 年版。

对稳定性、民族性与灵活性、继承而又与时俱进性、全面性、整合性与配套性、系统性、权威性、相关性、人本性、相对主观性[①]。

1952 年，中央人民政府对少数民族教育投入了额外的教育经费。1956 年 6 月，第二次全国民族教育工作会议在北京召开，总结了自 1949 年以来民族教育工作的经验，讨论和确定了今后民族教育的方针和任务，研究了 1956—1967 年的十年民族教育发展规划。1958 年以后，由于各种错误思想的破坏干扰，使得民族教育惨遭损害。尤其是在“文革”期间，损失更为惨重，全国 10 所民族院校就有 8 所停办。党的十一届三中全会后，民族教育又重新有了生机。1980 年 10 月，教育部和国家民委联合制定了《关于加强民族教育工作的意见》，指出：“根据十年的经验教训，发展民族教育必须认真贯彻执行党的民族政策，切实尊重和充分保障少数民族在政治上、经济上、文化教育上的民族平等权利和民族自治权利，必须从各民族的实际出发，不能照搬汉族地区的做法，也不能在各少数民族之间搞一刀切。同时，国家应采取特殊措施，重点扶持民族教育体系。”

1981 年 2 月，两部委再次联合召开第三次全国民族教育工作会议，总结民族教育工作的经验，研究调整和发展民族教育的方针任务，提出民族教育的内容应采取适合于各民族人民发展和进步的形式。在学校教育中要加强少数民族语文教育，切实搞好少数民族文教建设。进一步明确了民族教育在国家四化建设中的重要地位和作用。1984 年 5 月，第六届全国人民代表大会第二次会议通过的《中华人民共和国民族区域自治法》明确规定：“上级国家机关帮助民族自治地方加速发展教育事业，提高当地各民族人民的科学文化水平。”“国家举办民族学院，在高等学校举办民族班、民族预科，专门招收少数民族学生，并且可以采取定向招生、定向分配的办法，高等学校和中等专业学校招收新生的时候，对少数民族考生适当放宽录取标准和条件。”

1992 年 3 月，教育部在北京召开第四次全国民族教育工作会议，提出实现少数民族教育与全国教育的协调发展的目标。2002 年 7 月，第五次全国民族教育会议回顾总结了我国民族教育事业的发展成就和基本经验，提出了新时期民族教育发展的战略模式，即新时期民族地区要按照“三个代表”的要

① 徐杰舜、吴政富《试论新中国民族教育政策的特点》，《当代教育论坛》2006 年第 8 期。

求，抓住西部大开发的历史机遇，进一步解放思想，开拓进取，坚定不移地实施科教兴国战略和可持续发展战略，加快科技教育发展步伐，大力提高民族教育的总体水平，实现民族教育的跨越式发展[①]。《国务院关于深化改革加快发展民族教育的决定》进一步确定了我国民族教育工作的指导思想、目标任务、基本方针和原则，以及加快发展民族教育的跨越式发展模式。经过60余年的努力，西部地区的民族教育事业有了翻天覆地的变化，一是基础教育快速发展，各级各类学校少数民族在校生人数大幅度增长；二是职业教育和成人教育有了长足发展；三是实现了民族高等教育从无到有，为少数民族地区培养了大批各类专业人才；四是民族教育法制体系不断完善[②]。其原因是国家和各级政府对西部地区民族教育的高度重视。

（三）中国西部地区民族教育的发展现状

中华民族是由56个民族组成的大家庭，各民族和谐相处、科学发展与共同繁荣，是党、国家和各族人民的共同愿望。新中国成立后，特别是改革开放以来，党和国家一直高度重视少数民族的发展，制定实施了一系列扶持政策。经过几十年的努力，少数民族地区的经济、社会和文化事业得到全面发展，人民群众生活水平也有显著提高。但由于历史原因和自然条件的影响，西部地区社会经济的发展仍相对滞后，各方面发展还面临着较多的挑战和较重的任务。发展民族教育作为西部地区社会经济发展的原动力，其作用在这一时刻显得更为关键。只有积极发展民族教育，才能提高西部地区各族群众的科学文化素质，培养西部大开发所需的各类人才，维护国家统一和民族团结，推动民族地区经济发展，促进各民族共同繁荣，构建和谐社会。积极发展民族教育，具有基础性、先导性、全局性的作用和十分重大的战略意义。

新中国成立初期，西藏的藏族、云南的傣族、新疆一部分维吾尔族还保持着封建农奴制度；四川凉山的彝族还保持着奴隶占有制度；以刀耕火种的农业为生的独龙族、怒族、佤族等云南边区的民族，还保持着一定程度的原始公社制度的残余。这些还保持着比较落后的社会制度的少数民族人口总数约六百万，占少数民族总人口的百分之十五[③]。新中国成立后，几十年间，这

---

① 新华社记者尹鸿祝、张景勇，中国教育报社记者时晓玲、夏越《加快民族教育发展，促进各民族团结进步与共同繁荣》，《中国教育报》2002年7月27日。

② 俸兰主编《新世纪我国民族教育发展研究》，民族出版社2004年版。

③ 费孝通著《民族与社会》，人民出版社1981年版。

些地方的民族教育发生了翻天覆地的变化。2000 年国家实施西部大开发战略以来，西部地区民族教育获得了长足的发展，取得了显著的成绩。2004 年，启动国家西部地区“两基”（基本扫除青壮年文盲，基本普及九年义务教育）攻坚计划。教育部等五部委还制定了《关于大力培养少数民族高层次骨干人才的意见》，以招收更多的少数民族硕士生、博士生。

2005 年，1% 人口抽样调查，全国 15 岁及以上年龄段人口文盲率超过 20% 的省和自治区有 5 个，它们依次是西藏（44.84%）、青海（24.07%）、贵州（21.41%）、甘肃（20.83%）和云南（20.07%）。而中国改革发展研究院 2006 年发布的《以人口计生网络为重要平台，加快建立农村公共服务体系》报告中也指出，全国 8500 万文盲半文盲中的 3/4 以上集中在西部农村、少数民族地区和国家级贫困县。而且，虽然随着“两基”攻坚计划的实施，截至 2006 年年底，全国各级各类学校中少数民族在校学生总数为 2197.57 万人，比上年增长 8.50%。民族地区“两基”攻坚也取得很大成效。截至 2007 年年底，西部地区“两基”人口覆盖率达到 98%，比攻坚计划实施前的 77% 提高了 21 个百分点，初中毛入学率达到了 90% 以上，青壮年文盲率降到 5% 以下。在少数民族受教育比例大幅提高的同时，少数民族受教育层次也不断提高。目前，我国 55 个少数民族都有自己的大学生[①]。

2007 年年底，我国少数民族地区普及九年义务教育的预期目标基本完成。但目前全国尚有 42 个县还没有普及九年义务教育。这些县大都是少数民族地区，地处高寒、阴湿、边缘、贫困等地区，普及难度更大，困难更多。而且，就算民族地区的儿童得以进入学校学习，但仍将面临辍学率高、巩固率低、完成率低的问题。而作为衡量教育水平高低的重要尺度，直接影响着人才的培养质量的教育教学质量，在民族地区中小学也普遍比较低下[②]。

2007 年年底，西部地区“两基”人口覆盖率达到 98%。截至 2008 年，5 个少数民族自治区除西藏自治区个别县外，均已实现了九年义务教育的普及；高中阶段和高等教育少数民族在校生分别达到 188 万人和 88 万人，分别比 2002 年增加 78 万人和 38 万人，分别增长 71% 和 75%；在园少数民族幼儿的比例由 2002 年的 14% 提高到近 20%；全国共有 1 万多所学校使用 21 个民族

---

① 柳琴《试述西部开发中的民族教育问题》，《新西部》2009 第 12 期。

② 柳琴《试述西部开发中的民族教育问题》，《新西部》2009 第 12 期。

的文字开展民汉双语教学。2008 年，全国已实现城乡义务教育全部免除杂费，推动西部地区民族教育的发展。此外，国家和政府对西部地区实施民族教育对口支援项目，启动了“东部地区学校对口支援西部贫困地区学校工程”，安排优秀教师到西部地区支教以促进西部地区民族教育快速的发展。自 2000 年起，在发达省市举办了内地新疆高中班，截至 2010 年，内地新疆高中班已累计完成 10 届 2.96 万人的招生任务，在校生达到 2 万人。民族地区全面贯彻落实党的教育方针，把学生思想政治教育和德育工作放在教育工作的首位，加强爱国主义教育，维护民族团结和边疆稳定[①]。

由于中央转移支付和地方各级政府投入及其他相关政策的扶持，西部地区民族教育的办学条件得到很大改善，少数民族受教育比例大大提高。除了国家政策支持以外，西部各省区市地方政府也十分重视教育发展，根据本地情况，采取有针对性的政策和措施，使民族教育事业得到持续、健康的发展。例如，四川省自 2000 年开始实施“四川省民族地区教育发展十年行动计划”，取得显著成效，全省民族地区已经基本实现“两基”。目前，四川省正在实施“藏族聚居地区免费职业教育计划”，组织藏族聚居地区学生到内地免费接受中等职业教育，为民族地区持续发展奠定基础。宁夏回族自治区自 2001 年开始实施“百所回族中小学标准化建设工程”，截至 2008 年年底，顺利完成了工程第一期 100 所回族中小学校的标准化建设任务。从第一期百所回族中小学标准化建设工程实施的成效看，100 所回族学校经过重新规划和全面建设，教育理念先进、校舍设备一流、育人环境优美、学校管理规范、教师爱岗敬业、学生乐学自信，教育质量稳步提高，迅速跃升为当地基础教育的示范学校。目前，宁夏回族自治区正在实施第二期百所回族中小学标准化建设工程。这些省区发展民族教育的成功经验值得其他西部民族地区借鉴[②]。

中华人民共和国成立以后，发展少数民族的文化教育事业不是仅少数民族自己的事情，而且也是全社会的一个重要责任。党和国家在新中国成立后就非常重视、关心、扶持少数民族的教育事业。例如，当代云南教育发展最

---

① 本刊评论员《深入实施西部大开发战略促进民族教育跨越式发展》，《中国民族教育》2010 年第 11 期。

② 本刊评论员《深入实施西部大开发战略促进民族教育跨越式发展》，《中国民族教育》2010 年第 11 期。

快、发展最大的，就是民族教育，主要表现在以下几个方面[①]。一是多层次、门类齐全的民族教育体系的逐渐形成，二是少数民族学生人数和他们占在校生的比重逐步提高，三是民族自治地方的普及义务教育发展快，四是半寄宿制高小、省定民族中小学和县一中民族部的办学提高了民族教育的教学质量，五是采取特殊措施，加强民族地区高级中级人才和职业技术人才的培养。由于采取以上政策措施，1999 年，全省少数民族在校学生中有研究生 249 人，普通高校学生 1. 3 万人，占在校学生总数的 20. 9%[②]。至今，全省少数民族都有了本民族的大学生，绝大部分少数民族还有了自己的研究生。

然而，由于社会、历史和自然条件等多方面的原因，我国西部地区民族教育的发展仍不容乐观，仍存在很多制约民族教育发展的瓶颈。其中，最大的问题就是：西部地区民族教育事业与东部地区、汉族地区相比，存在着严重的非均衡发展现象。这些非均衡发展下形成的较低的教育水平，又成为制约和影响西部民族教育的现实因素。

1. 教育发展不够均衡

从整体上看，西部少数民族地区人口文化素质远低于东部非少数民族地区人口文化素质。地区间的文化素质失衡是地区间的教育失衡的必然结果。西部民族地区人力资源开发水平存在非均衡发展状况，不仅西部民族地区人力资源开发的整体水平与全国平均水平之间存在着显著的差距，而且西部各省区市之间、各民族之间的人力资源开发水平也存在着一定的差异。据有关资料统计，西部地区各类专业人才仅占全国人才总量的 15. 5%，而东部地区却拥有占全国人才总量 43. 2% 的各类专业人才。西部地区每万人中拥有中级以上职称者只有 92 人，仅相当于东部地区的 1/10。目前农民受教育的程度较差。我国农村 15 岁及以上人口平均受教育年限不足 7 年，与城市平均水平相差近 3 年。在 15 岁至 64 岁农村劳动力人口中，受过大专以上教育的不足 1%，比城市低 13 个百分点。全国现有 8500 万文盲半文盲，3/4 以上集中在西部农村、少数民族地区和国家级贫困县。基础教育更加落后，如从平均受教育年限这个评价一国或一地区人口受教育水平的重要指标来看，西部地区人口平均受教育年限还不到 6 年；在西部民族地区，平均受教育年限还要少

① 何磊、黄海涛等著《云南与东南亚教育比较研究》，云南民族出版社 2005 年版。

② 云南省教育厅编《云南教育五十年》，教育科学出版社 2002 年版。

1—2 年，仅仅是接近小学程度的受教育水平，与我国普及初中教育的目标还有较大的差距，更不用说与东部发达省市普及十二年义务教育相比了。从西部民族地区从业人员的文化素质来看，存在着文化素质不高、地区之间和男女之间差异明显、民族地区劳动力素质更低、高素质的专业技术人才结构失衡且总量短缺、流失严重等特点。

西部民族地区的义务教育非均衡发展状况可以通过对学生入学率、辍学率、升学率等的比较和对办学条件、师资队伍、经费投入等的分析来证明。从教育领域常用的生均校舍面积、校舍危房率、理科教学仪器达标校和图书达标校比例等办学条件指标来看，西部民族地区的普通中小学都与全国平均水平有着较大的差距。东、西部教师学历达标率的差异，必然导致教育质量的差别。与此同时，广大西部民族地区仍有相当数量的民办教师和代课教师，教师的在职培训、继续教育和持证上岗制度尚未健全，教师队伍不稳定等，已经成为阻碍西部民族教育质量提高的关键因素。从教育经费投入的体制与现状来看，西部民族地区在教育经费的来源结构和生均教育事业费用上与东部地区有较大的差距。事实上，越是贫困地区和民族地区，教育经费的主要来源越要依靠政府财政性支出。由于西部民族地区经济实力不强，多渠道筹措教育经费的情况明显不如东部地区。

西部地区的教育资源相对匮乏，配置不够合理，就中国西部地区民族教育而言，师资数量不足，分布不均衡。在一些农牧区、山区、贫困地区，教师缺口较大，学校教师身兼多门学科，跨年级承担教学任务的情况普遍存在。老师的工作负担过重，教学质量很难保证。在硬件设施方面，西部地区一些学校没有达标，特别是中小学校舍简陋，教学仪器、图书资料严重不足，故实现现代教育技术应用还有很一段很长的距离。

近年来，西部地区民族教育发展中的非均衡性呈现出新的特点。2004 年中国西部抽样数据调查分析发现，基础教育阶段入学的民族差异主要由城乡差别和阶层不平等造成，民族间的不平等已经不显著。少数民族子女高中升学率依然显著低于汉族，其原因部分表现于城乡、地域和阶层因素，部分表现于少数民族和汉族之间的文化差异（如语言环境）等因素。与汉族教育不平等的代际传递不同，少数民族教育不平等的代际传递以资源转化模式为主，从而影响了不同民族在教育发展中的获益程度。从总体上而言，虽然中国西部少数民族的教育获得仍然明显落后于汉族，但其教育不均衡更多地来自城乡和阶层之间的差异①。

为了加快实施西部大开发战略，应对西部地区民族教育发展中突出的分布不均衡问题，提高西部贫困地区教育水平，2000年，中共中央办公厅、国务院办公厅印发了《关于推动东西部地区学校对口支援的通知》，教育部、国务院扶贫开发领导小组等六部门印发了《关于东西部地区学校对口支援工作的指导意见》。以民族众多，民族教育亟待发展的云南省为例，对口支援工作已发展为5个层次：（1）滇沪教育对口支援；（2）省内发达州市对口支援欠发达州市；（3）州市内发达县市对口支援欠发达县市和县市内发达乡镇对口帮扶欠发达乡镇；（4）省内高校对口帮扶贫困地区发展基础教育；（5）县域内城乡学校对口支援。云南省教育厅在教育对口支援工作中，紧紧围绕打好"两基"攻坚战这一中心，要求各地教育行政部门努力做到"三有利""五结合"。"三有利"：有利于促进贫困地区教育事业改革和发展，加快脱贫致富步伐；有利于改变贫困地区薄弱学校的面貌，提高教育整体水平；有利于充分发挥支教教师的聪明才干和集体智慧，实现教育公平，优质教育资源共享。"五结合"：对口支援与"两基"攻坚相结合；经济物质援助与技术援助（教育教学帮扶）相结合；依靠外援与练好内功相结合；支教与受教相结合；支教与干部、教师两支队伍建设相结合。云南省各级教育行政部门认真贯彻以上要求使对口支援工作取得了显著成效②。

2. 教育投入不够充足

新中国成立60余年来，特别是西部大开发实施10余年来，党和政府对西部民族教育的发展相当关注，加大中央对西部地区民族教育经费的专项拨付。中央的高度重视及专项经费的支持，使西部地区的民族教育设施极大改善，教育环境明显改观。但同国内较发达的东部或沿海省市相比，西部民族地区教育的投入和发展仍很落后。这些差距不但表现在国家财政性教育经费的投入上，还表现在社会团体和公民个人办学经费、社会捐资与集资办学经费等的投入上。从《中国统计年鉴》（2000—2002年）提供的数据看，近几年在各地区教育经费的投入力度不断加大当中，新的差距又出现了。如1998

① 洪岩璧《族群与教育不平等：我国西部少数民族教育获得的一项实证研究》，《社会》2010年第2期。

② 徐忠祥、赵松涛《七彩云南十年巨变——云南省民族教育西部大开发10年发展纪实》，《中国民族教育》2010年第11期。

年东部省市教育投入超过100亿的有8个，而西部省市区仅有1个（四川省）。1999年，东部省市教育投入超过100亿元的增至9个，其中广东省接近300亿元，而西部民族地区仍只有四川省教育投入超过100亿元。2000年，东部省市教育投入超过100亿元的增至10个，其中超过200亿元的有6个，广东省高达360亿元。西部民族地区教育投入超过100亿元的除四川省外，又新增陕西省，达101亿元。当然，各市省地域大小不一，人口及办学规模等方面的差异是存在的，但从总体投入的差别可以看出问题或差距的存在，并且投入差距有继续扩大之势。事实上，每年国家财政性教育经费在各省区市之间的安排差别并不大，西部省区主要是在争取社会团体和公民个人办学经费与集资办学经费等方面，缺乏力度。加上其他原因，形成实际投入的教育经费总体上的不足①。

3. 教育资源不够丰富

首先是人力资源的缺乏。西部民族地区师资数量整体不充足，同时还存在明显的分布不均衡。在民族地区的一些城镇，师资处于饱和状态，甚至过剩，而在农牧区、山区、贫困地区，教师缺口则较大，在一些边远地区、贫困地区的学校中，教师一身兼多门学科、跨年级承担教学任务的情况仍然存在。教师工作负担过重，教学质量也难以保证。西部民族地区的中、高等教育的师资队伍存在的最突出问题是专业课教师不足，高水平师资偏少。与此同时，人才流失现象严重。民族地区的教师，特别是骨干教师的流失情况更为突出。他们或是调往中、东部地区，或是改行，这就更加重了教师队伍的匮乏程度。在教学资源硬件设施方面，西部民族地区的学校也远未达标。一些中小学、职业学校校舍简陋，相当一部分地方连“校校无危房”都没有实现，有的地方危房还在增加。“班班有教室，人人有课桌”也有很多地方没有做到。教学仪器、图书资料严重不足，一些学校的实验课只能口头上讲、黑板上画。现代教育技术的应用在很多地方还未提上议事日程②。

4. 教育法制不够完善

地方少数民族教育立法是我国少数民族教育立法的重要组成部分。它是

---

① 杨聪、王科琼《加大对西部民族地区的教育投入促进全面建设小康社会》，《贵州民族研究》2003年第4期。

② 房利田《大力发展民族地区教育事业——西部大开发的首要问题》，《中央民族大学学报》（哲学社会科学版）2001年增刊。

随着国家法制的发展及地方立法权的重新确立而逐步发展起来的。应该通过民族教育立法，把民族教育的发展所需要的基本社会关系以法律法规的形式固定下来。对我国民族教育事业发展而言，现行法规中属于政策性、行政性施行的通知等规范性文件较多，而规范化的法律法规则较少。低层次的、单项的、具体的规定较多，高层次的综合性法律法规较少。从调整法律关系的角度看，调整教育内部的法规有一些，而调整教育外部关系的法规则较少。从教育法的作用角度看，保障教育事业、教育工作者、受教育者权益的法规较少，在法律的规范作用中，规范被管理对象的法规较多，而规范管理者、政府机构、公职人员的法规较少。使得民族教育工作的许多方面往往无法可依①。

在民族教育法制建设进程中，云南省的《楚雄彝族自治州民族教育条例》为全国第一项地方民族教育法规，开创了我国地方民族教育立法的先河。它的颁布与实施，不仅保障和推动了当地民族教育健康、快速发展，而且推进了全国其他地方乃至中央的民族教育法制建设。《楚雄彝族自治州民族教育条例》共八章四十九条，明确规定了民族教育的地位及发展思路、管理体制和管理职责、经费和办学条件、结构和办学形式、“双语教学”的原则、适用条件及保障措施、教师队伍建设的措施、教师队伍建设的措施、奖励与处罚。《楚雄彝族自治州民族教育条例》自 1993 年 1 月 1 日实施以来，对于提高全社会的教育法制意识，保障和推进全州各级各类教育特别是民族教育事业的快速、健康发展，发挥了重要的作用。《楚雄彝族自治州民族教育条例》的制定和实施为我国地方少数民族教育立法提供了以下启示：制定和完善地方民族教育法规，实行依法治教，是加快本地方民族教育发展的根本举措；要注意把握地方民族教育法规的性质和特点；要着重对本地区民族教育中重大的基本的问题做出规定；要加大对地方民族教育法规实施情况的监督检查力度；要注意法规的适时修改；要注意用法律规范化的语言进行条文的表述②。

5. 教育特色不够鲜明

民族文化作为一种意识形态，是一定社会政治、经济的反映，是各民族在其历史演进的过程中创造和发展起来的具有本民族特点的文化。包括物质

① 倖兰主编《新世纪我国民族教育发展研究》，民族出版社 2004 年版。

② 陈立鹏《我国地方少数民族教育立法研究——以〈楚雄彝族自治州民族教育条例〉为个案》，《民族研究》2005 年第 1 期。

文化和精神文化。其中饮食、服饰、建筑、生产工具等属于物质文化的内容；语言、文字、文学、科学、艺术、哲学、宗教、风俗、节日和传统等属于精神文化的内容。民族文化一旦形成并得到该民族全体成员认同后，对该民族成员具有较大的影响力，甚至于在一定程度上关系到一个民族的生存与发展。可见，民族文化积淀和传承对一个民族意义重大。

在我国，民族教育被普遍地理解为一种特殊的教育，其特殊性主要表现在民族特殊性和民族地区的特殊性上。学校化运动尽管为民族教育的现代化做出了贡献，但对民族教育的特色化发展却有一定的冲击。民族地区义务教育使用的教材，是与汉族地区相同的统编教材，对于该地区特别是农牧区、山区的学生来说，内容多，难度大。普通高中的教材也主要以文化知识为主，基本没有适合民族地区生产和生活实际的实用性内容。导致民族地区的基础教育、普通高中教育缺乏吸引力，学生辍学、流失现象与此有直接关系。即便是完成了基础教育或中等教育的，也往往因所学知识缺乏实用性，缺少一技之长，难以在短期内就业或有效地为民族地区的发展服务①。

20 世纪 80 年代以后民族教育开始由宏观的、外在的教育政策、教育制度的制定与发展转向具体的、内部的双语教学、多文化课程的特色化发展阶段。民族教育的特色化探索就是把民族教育自身作为培养民族地区各级各类人才的母体，发挥它的“造血”功能，实现民族地区的发展重心从“物”到“人”的转变。实施以人为本，社会发展优先的新战略，优先缩小民族地区与内地在知识发展方面的差距和人类发展方面的差距。通过加快民族教育的发展，提高民族成员的素质，变“要我发展”为“我要发展”，走民族教育与民族经济社会发展的良性循环之路，以实现各民族的全面可持续发展②。

但在西部地区民族教育实践中，无论是在当地开办民族教育教学活动，还是在内地开设“西藏”班、“新疆”班等民族班教育方式，承载各民族特点的特色文化体现不十分明显。首先，从当地的民族教育的教学内容上看，

---

① 房利田《大力发展民族地区教育事业——西部大开发的首要问题》，《中央民族大学学报》（哲学社会科学版）2001 年增刊。

② 王鉴《我国少数民族教育跨越式发展战略研究》，《西北师范大学学报》（社会科学版）2004 年第 1 期。

教学课程内容单一、教学环节僵化。民族地区所用教材的内容编写，本应该在国家教育大政方针总的指导下，结合各民族文化特点，考虑各民族文化发展水平等因素，但实际编写时却没有更多考虑民族文化，教材内容与非民族地区差别不大，民族特色没有得到应有的体现。在教学的具体环节上，课程学科分工明确，语文就是语文，数学即是数学，就连音乐、美术、体育等能较好体现民族特色的课程，也是泾渭分明，忽视了少数民族学生的创造性及智力开发。如竹竿舞是集运动、协调、美感、音律于一体的民族舞蹈。说它是舞蹈，体现出协调、美感之态；说它是音乐，有乐音伴奏之声；说是体育，起到锻炼身体、开心娱乐之效。它既能反映地方民族特色，又能通过体育、艺术课的教学使人和人的互相配合等多个方面得到培养。然而要想使它走进课堂，却并不那么简单，它不符合任何一门课程的要求，所以像竹竿舞这样的体现民族文化特色的民族舞蹈很难进入学校体系。当然，像这样既能体现民族特色又适合课堂教学的民族文化还有很多，诸如民族手工、民族习俗等，也存在难以进入课程体系的问题。其次，从内地民族班本身进行分析，在成效显著的同时也使民族特色文化消退。1984年党中央召开了研究部署西藏发展问题的第二次西藏工作座谈会，根据中央确定的“全国支援西藏”的方针和在内地举办西藏班的决定，1985年部分省区开办西藏班，帮助解决藏族学生的教育问题。后来又在内地开办新疆班等民族班。所谓民族班是利用一般学校在师资、设备等方面较为先进的条件，专门招收少数民族学生进行特殊形式的培养。内地民族班的相继举办，缓解了西藏、新疆等民族自治区民族教育的压力，对人才的培养起到了积极的作用。然而在内地开办民族班，虽然在一定程度上遵循民族教育的自身规律，在教育内容的设置上，也对各少数民族的特点与民族文化有所考量，在教学活动及学生活动中，也结合少数民族自身特色，尊重少数民族的风俗习惯，但社会大环境也会对民族生产生潜移默化的影响，导致部分民族生学业有成后回到家乡短期内难以适应。

民族地区教育在走民族教育的特色化之路方面可采取如下特殊政策。1. 消除民族成员在知识发展方面的贫困，并把这一任务作为民族教育的根本任务。2. 针对民族教育相对于内地教育的特殊性，民族教育的发展要继续探索双语教学与多元文化课程改革之路，使民族教育的发展扎根于民族社会和土壤。3. 以《民族教育法》来保障民族教育发展的民族特色和现代特色。4. 民族教育的改革发展要坚持“分类指导、分区规划、分步实施、积极推进”的方针[①]。

2010年7月，中共中央、国务院召开了西部大开发工作会议。这次会议是在西部大开发向纵深发展关键时期召开的一次重要会议，是继续深入实施西部大开发战略的重要里程碑。西部民族地区各级党委、政府和教育行政部门要把贯彻落实西部大开发工作会议精神与贯彻落实《国家中长期教育改革和发展规划纲要（2010—2020年）》结合起来，很好地总结西部大开发10年来取得的成功经验，切实推动西部民族地区教育事业发展。一是继续巩固“普九”成果，改善义务教育学校办学条件，推进农牧区和偏远地区集中办学，加快农村寄宿制学校建设，改善偏远地区学校食宿条件。二是要在民族地区实施双语教育和现代远程教育，大力加强各族青少年的民族团结教育和爱国主义教育。三是加快普及高中阶段教育，加大对民族贫困地区高中阶段教育的扶持力度。四是加快发展民族地区中等职业教育，提高少数民族青年学生的就业能力。五是提高民族地区高等教育质量，继续实施东部地区对口支援西部地区高等院校计划和招生协作计划，扩大在西部民族地区的招生规模。六是继续深化教育体制改革，优化教育资源配置，促进教育公平[②]。

二、中国西部地区民族教育的基本特点

由于受到自然、历史、社会等多方面的因素的影响，中国西部民族地区的教育有其自身的特点，主要表现在文化背景多元性、历史发展跨越性、经济基础脆弱性、发展分布非均衡性、教学用语双语性、办学形式特殊性几个方面。

（一）文化背景多元性

文化是人类智力的符号性产物，同时也是知识和工具的集合体[③]。各民族在其漫长的形成和发展进程中都创造了独具特色的文化。

文化是民族的重要特征之一，同时也是民族心理、民族意识、民族情感、民族性格形成的共同基础。在民族众多的中国西部地区，由于各个民族的历

---

① 王鉴《我国少数民族教育跨越式发展战略研究》，《西北师范大学学报》（社会科学版），2004年第1期。

② 本刊评论员《深入实施西部大开发战略促进民族教育跨越式发展》，《中国民族教育》2010年第11期。

③ 〔美〕罗伯特·F. 墨菲著，王卓君、吕乃基译《文化与社会人类学引论》，商务印书馆1991年版。

史发展进程迥然不同、居住地域千差万别，构成了彼此差别巨大的各具特色的民族文化。经过世俗教育和传统教育的相互渗透和融合，少数民族文化得以很好地继承下来。人们在接受世俗教育的同时会受到民族文化的影响，使得西部地区的民族教育具有多元性的文化背景。这种多元的文化背景势必要求我国民族教育与之相适应，在办学形式、教学内容、教学方法上，具有鲜明的特点，形成民族教育特殊的理论体系规律①。

（二）*历史发展跨越性*

由于自然、历史、社会等复杂因素的影响，长期以来我国的少数民族地区在经济和社会的发展水平上相对滞后，因此我国民族教育在发展过程中，还具有历史跨越性的特点。所谓历史跨越性，即各民族教育在整个历史发展过程中，曾在一个历史时期或者几个历史时期呈现快速发展状况，甚至可能跨越不同社会制度，实现民族教育的超常规的发展。这种历史跨越性的实现，显然是教育固有因素在量上的增长甚至是在质上的飞跃过程。

民族教育的跨越式发展就是民族教育要以较快的速度发展，在发展上要有加速度，是民族教育的超常规发展，在发展上要有新思路。跨越式发展战略不仅把民族教育事业作为我国教育事业的一个重要组成部分来发展，作为我国教育事业发展的重点，在政策、经费、援助等方面均要优先于内地教育，而且把民族教育的发展定位在民族地区发展的“基本建设”事业上，发展速度要快于民族教育以前的发展速度，以保证通过跨越式发展促使民族教育可持续发展②。

考察人类教育历史，教育的发展有其自身的发展规律和发展阶段。我们讲民族教育是一个历史的范畴，是社会发展到一定阶段随民族产生而产生的，是就教育在传播人类知识和进行文化积累的历史作用而言的。这种教育按其教育属性来讲只能称为民族教育的一种最初发展形态，即原始民族教育形态。只有当过渡到新的、与社会发展阶段相适应的一个新的教育阶段时，如奴隶制社会形态的教育时，才完成了民族教育原始教育形态向奴隶制教育形态的过渡。这种依次按部就班的、从低级教育形态向高级教育形态的运动变化过程，就是教育发展的一般性规律。如果这种转化过程在特殊历史条件下提前

---

① 耿金声《论民族教育的概念和民族教育的特点》，《民族教育研究》1991 年第 2 期。

② 王鉴《我国少数民族教育跨越式发展战略研究》，《西北师范大学学报》（社会科学版）2004 年第 1 期。

发生，甚至是跨越不同的历史发展阶段，呈超乎异常的发展速度或引起性质的激变时，就是我们所说的教育发展的历史跨越性。回顾民族教育的历史，这一特点是十分明显的。

在我国民族教育史上，南方绝大多数接受汉民族文化教育的地区，都曾经历过从无学校教育形式向学校教育形式跨越的历史。我国大部分民族地区长期没有学校教育，教育形式是口耳相传。学校教育在我国民族地区创办，并迅速地得到普及，加快了民族教育的发展，使这些地区的民族教育实现了从无学校教育历史向有学校教育历史的转变，发生了质的飞跃。从我们谈到的教育发展的历史跨越性理论来看，教育的历史跨越性是有条件的，其条件就在于一定量外力作用的影响。这种外部作用，往往是这些地区教育实现历史性跨越的必要的发展因素。如果没有这些必不可少的外部作用，很难想象民族教育能够迅速起步，快速发展，并为今后的发展打下一定基础。但从事物发展的动因来分析，外部作用必须在内部有了发展需要时才能发挥其作用。没有民族教育内部迫切要求加快教育事业发展的需要，即使是在强有力的外部作用下，也是难以最终奏效的。因此，在谈论民族教育在外部作用下实现快速发展时，绝不能忽视我国少数民族对教育的强烈需求，以及他们对本民族教育所做出的特殊历史贡献①。

（三）经济基础脆弱性

新中国成立以来，少数民族地区的社会经济有了长足发展。但由于社会历史和自然条件等方面的原因，民族地区的经济基础总体上还十分薄弱。自然开发能力弱，生产力总体水平低，商品经济不发展，经济效益不高，部分地区部分人的温饱问题、饮水问题、住房问题尚未解决。少数民族经济的薄弱性严重地影响着民族教育，制约着民族教育的发展规模、速度和水平。主要表现在以下几个方面：民族自治地方政府对民族教育投入少，致使民族教育经费严重短缺；无法尽快改善办学条件，校舍危房多，设备差，缺乏发展能力，后劲不足；无法尽快提高广大教师的工资福利待遇，致使师资队伍不稳定，整体素质低，严重影响教学质量的提高；贫困地区的广大少数民族群众终日忙于温饱生计，无力缴纳学费，办学积极性低，不愿送子女上学，尊师重教的社会风气没有形成，致使基础教育出现入学率、巩固率、升学率低，辍学率、文盲率高的不正

① 孟立军《论中国民族教育的历史特点》，《中央民族大学学报》1996 年第 1 期。

常现象；经济不发达造成教育投资少，从而无法尽快普遍提高劳动者素质，使得少数民族地区整体生产力水平低，劳动生产率低[①]。

（四）发展分布非均衡性

回顾历史，我国各民族教育由于多种因素交互作用的影响，在发展速度上呈现非均衡性，主要表现为三种类型：一是民族间教育发展速度的非均衡性。如新中国成立前独龙、拉祜、哈尼等民族中存在的是原始社会残余形态的教育，怒、景颇等民族社会中则是奴隶社会形态的教育，而回、满、壮等民族地区的社会发展状况与汉族地区大体相同，存在的是近代学校教育。二是表现为同一民族教育内部发展速度的非均衡性。如分布地区不同教育发展程度也存在差异。三是少数民族教育与汉族教育发展速度的非均衡性。在我国民族教育中，虽然绝大多数民族的教育水平落后于汉族地区的教育水平，但并不是所有民族的教育水平都低于汉族地区，有些地区的教育水平甚至高于汉族地区[②]。

（五）教学用语双语性

我国共有 56 个民族，其中少数民族 55 个。经民族语文专家研究确定，我国 55 个少数民族使用着 61 种语言，分属于 5 个语系、9 个语族、14 个语支（另有朝鲜语和京语系属未定）。由于历史上的种种原因，我国各少数民族形成了大杂居、小聚居，聚居中有杂居，杂居中有聚居的复杂的居住格局和特点。因此，多语、双语现象便在频繁交往、和睦相处、相互支援帮助、彼此学习交流、取长补短中自然而然地产生了。这种多语、双语现象，在历史上产生过积极的作用。现在，对加强各民族的大团结、发展民族教育，消除各民族间事实上的不平等、促进各民族的发展进步、共同繁荣，实现我国社会主义现代化建设的宏伟目标也会起到积极的作用[③]。

在西部地区少数民族双语教育实践中，云南省的经验值得一提。云南省 5000 人以上的少数民族有 25 个[④]，除回族、满族、水族已通用汉语外，其余 22 个民族使用 26 种语言。在云南省少数民族人口中，约有 650 万人口不通或

① 耿金声《论民族教育的概念和民族教育的特点》，《民族教育研究》1991 年第 2 期。

② 孟立军《论中国民族教育的历史特点》，《中央民族大学学报》1996 年第 1 期。

③ 耿金声《论民族教育的概念和民族教育的特点》，《民族教育研究》1991 年第 2 期。

④ 《国务院关于深化改革加快发展民族教育的决定》，《中国教育报》2002 年 8 月 20 日。

基本不通汉语，占云南省少数民族总人口的47%左右，本民族语言仍然是大多数少数民族群众的日常用语。在不通或基本不通汉语的民族地区，在小学低年级阶段必须采用双语教学，学生才能听懂，教学才能进行。随着改革开放的不断深入，地区间的经济合作关系日益密切，各民族群众跨区域的交流日趋频繁，少数民族群众对学习与掌握汉语言文字和普通话的需求日益迫切。据2009年年初统计，全省开展双语教学的有16个州市、88个县（市），学校总数4167所，班级数10 176个，在校生208 768人，双语教师总数10 872人。云南省采取多种培训方式，开展双语教师培训工作。2001年至2009年，共培训双语骨干教师6000多人次。2007年，专门开办了7个人口较少民族的双语教师培训班，有300多名教师参加。教育部有关领导、专家学者为参加培训的教师做了专题报告，培训效果显著，引起较大的社会反响。另外，云南省十分重视加强双语教学的教材建设。截至2009年，全省已编译、审定并出版14个民族18个语种266本新课改教材。其中包括以民族文字出版的学前班和小学一至四年级语文教材、小学一年级数学教材。这些教材免费提供给学生使用，给民族学生学习带来了便利，进一步促进了民族地区双语教学质量的提高及民族文化的传承和发展，促进了民族团结，维护了边疆稳定①。

从教育文化发展的视角看，双语教学符合学生实际，它有助于调动学生的积极性，是民族地区实施素质教育的重要举措，是实现民族平等、巩固民族团结、促进民族地区发展的重要手段。20世纪50年代以来，我国许多少数民族社区从封闭的、仅使用母语或母文字的社会，逐渐演变成一个操汉语和少数民族语言的对外开放的双语、双文化社区。滕星教授经过两个月的田野工作研究发现，台湾少数民族与大陆少数民族在社会文化变迁与双语、双文化教育方面有以下几个方面的相同和相异之处。相同方面主要表现在：第一，台湾少数民族和大陆少数民族在历史上都经历了被主体民族同化的过程，本民族的语言、文化都面临逐步丧失的危险。第二，在21世纪都面临着既要融入主流社会，又要保持本民族传统语言、文化的两难困境。第三，学校双语、双文化教育都缺少合格的双语师资、教材及相关资源。第四，学校面临着民族语言、民族文化教学如何与其他教学科目有机结合的困难。第五，社区传

---

① 徐忠祥、赵松涛《七彩云南十年巨变——云南省民族教育西部大开发10年发展纪实》，《中国民族教育》2010年第11期。

统文化与学校教育如何互动与结合是台湾少数民族和大陆少数民族面临的共同问题。相异方面主要表现在：第一，总体上，台湾少数民族比大陆少数民族在历史上被汉民族同化的程度要高。第二，台湾少数民族各族群基本上是有语言无文字的族群，而大陆许多少数民族既有语言也有文字。第三，在经济收入上，台湾少数民族总体上高于大陆少数民族。第四，在受教育程度上，台湾少数民族总体上高于大陆少数民族。第五，在双语教学方面，大陆少数民族小学低年级基本上是用本民族语言辅助学习汉语，而台湾少数民族使用汉语或汉语拼音辅助学习本民族语言和新创制的本民族文字①。这项研究揭示了大陆与台湾文化变迁的差异性和特殊性。因此，在双语教育方面，“一方面坚持宪法所规定的各族人民有使用本民族语言文字的自由，另一方面各民族加强学习其他民族的语言文字，以加速各族人民科学文化水平的提高”②。在教学中，要尊重少数民族文化的宝贵性，认真贯彻党的民族语言文字政策，因地制宜地推行双语教学。凡使用民族语言授课的学校，都实行双语教学和推广普通话，这是西部地区民族教育的一大特色。

（六）办学形式特殊性

与东部和中部地区相比，中国西部地区的地理环境特殊，地形地貌复杂，以高原和盆地为主。由于历史的原因，西部少数民族大多分布在“边、山、散、宽”的地区。这些地区气候恶劣、生产落后、交通不便、人口密度低，使得以班级教学形式为主的正规中小学难以开办，从而在客观上加大了民族教育发展的难度。环境方面的特殊性，也决定了中国西部地区民族教育在办学模式、学制、教学组织形式及经费投入等方面具有特殊性③。

在居住分散、交通不便、生产落后、群众贫困、办学物质条件差、语言不通的少数民族地区，可以采取灵活多样的办学形式和教学组织形式。多样性这一民族教育的特殊性是不少地区创办民族教育多年来总结的一条经验。根据各少数民族地区的经验，我国少数民族地区的办学形式和教学组织形式有以下几种：从住宿制上划分，有半寄宿制、全寄宿制；从教学时间上划分，

---

① 滕星《社区变迁与双语、双文化教育——台湾地区少数民族社区变迁及学校双语、双文化教育的人类学田野工作综述》，《民族教育研究》2004 年第 6 期。

② 费孝通著《民族与社会》，人民出版社 1982 年版。

③ 常永才《中国少数民族教育学研究：历史、成就与问题》，《中央民族大学学报》（哲学社会科学版），2000 年第 1 期。

有半日制、全日制；从办学形式上划分，有游牧蒙古包小学、水上渔船流动小学；从教学形式上划分，有一师一校的民族山区复式教学，也有多师一校的民族平原区的正规式教学；从教育发展方向上划分，有职业学校、也有文化知识学校；从教学手段上划分，有传统式的言传口授、黑板加粉笔的教学，也有现代化的影视录像教学；从教学对象上划分，有针对青少年的普及义务教育，也有针对成年人的扫盲教育和致富技术教育；从性别上划分，有男女儿童混杂的正规班班级，也有专为少数民族女童开设的女童班；从学校的创办主体者来划分，有国家、集体和个体创办的学校，也有宗教寺庙开办的学校；从办学地区上划分，有在少数民族地区当地创办的民族学校，也有在汉族地区大中城市创办的民族学校或少数民族教学班（如内地西藏班）等①。

三、中国西部地区民族教育的地位和作用

西部地区的民族教育在我国的整个教育事业中占有重要的地位和特殊的地位。教育从来都是与经济相互依存、相互制约、相互促进的，教育进步会推动经济发展，教育落后则必然制约社会经济的发展。随着现代化建设的需要和知识经济时代的到来，西部经济腾飞对人才的渴求与该地区民族教育相对落后的矛盾已经越来越突出。只有通过发展西部地区民族教育事业，提高人口的科学文化素质，培养出大批适应现阶段和民族发展需要的各级各类专业人才，才能为西部民族地区乃至整个中国经济的腾飞提供人才的支撑，其地位和作用不言而喻。

教育与社会经济从来都是相互依存、相互制约的。教育进步会推动经济发展，教育落后则必然制约社会经济的发展。列宁曾经指出："无论是脱离生产劳动的教学和教育，或是没有同时进行教学和教育的生产劳动，都不能达到现代技术水平和科学知识现状所要求的高度。"② 邓小平也曾指出："我们国家，国力的强弱，经济发展后劲的大小，越来越取决于劳动者的素质，取决于知识分子的数量和质量。"③ 他多次深刻阐明"科学技术是第一生产力"④，而教育则是经济发展及科技进步的基础和前提条件。1995 年，江泽民

① 黄明光《试论我国民族教育特殊性的表现》，《广西师范大学学报》（哲学社会科学版）1999 年第 1 期。

② 《列宁全集》（第二卷），人民出版社 1984 年版。

③ 《邓小平文选》（第三卷），人民出版社 1993 年版。

④ 《邓小平文选》（第三卷），人民出版社 1993 年版。

代表党中央在全国科技大会上正式提出了科教兴国战略。1999 年，党中央、国务院召开了第三次全国教育工作会议，动员全党全国人民，以提高民族素质和创新能力为重点，深化教育改革，全面推进素质教育，振兴教育事业，实施科教兴国战略。

作为我国教育体系中的重要组成部分，民族教育一方面要促进民族个体成员的民族社会化，使民族个体成员成功扮演其作为民族成员之一的社会角色。因此，大力发展民族教育是科教兴国的战略在少数民族地区贯彻落实的重要途径。因此，民族教育是中国西部地区经济社会发展中的重中之重，应调动各方面积极性办好教育，支持教育优先发展，使教育为西部开发做好人才和知识准备，提供高效的智力服务和人才支持①。除其日益凸显的重要地位外，民族教育在西部地区社会经济发展中还体现出如下重要作用。

（一）提高民族人口素质，推动民族发展进程

古往今来，治国安邦，人才为要。人类社会的发展进程已经昭示，社会的进步不仅仅是生产力的提高和社会财富的积累，更是人才素质的提升和社会文明的进步。学界对地区发展差距的探讨与研究早已说明，除了该地区固有的自然环境和外界施予的各种人为因素以外，其所具有的人力资本是地区发展差距产生的重要原因。人口素质的差距首先是观念的差距，西部民族地区整体发展的落后也主要体现为缺乏与现代化发展要求相适应的人力资源。究其原因，还是教育发展落后使然。西部地区经济文化的发展及现代化的实现，主要依赖各民族自身社会生产力的发展和劳动生产率的提高。而生产力的发展与教育有着密不可分的关系。人才的培养和科学技术的发展均要依靠教育。发展西部地区的民族教育，可以引导当地人民转变观念，提高群体素质，主动掌握地区发展进程中需要的各项技能，真正推动民族和地区的现代化发展。长期以来，我国少数民族地区的丰富资源没有得到充分、合理的开发和利用，其根本原因之一是大多数民族地区教育不发达，人口素质不高，职业技术人才奇缺。必须培养大批能够坚持社会主义方向的各级各类合格人才②。因此，民族教育的发展对西部地区社会的整体发展具有不可忽视的重要作用。西部地区要大力发展生产力，努力实现现代化，就必须把教育，尤其

① 孙忠谦、刘灵芝《论民族教育在西部大开发中的地位和作用》，《民族教育研究》2000 年第 4 期。

② 吴德刚著《中国民族教育研究》，教育科学出版社 2011 年版。

是民族教育作为地区发展的战略重点。

（二）推动地区社会进步，促进全国协调发展

中国西部地区民族教育在西部地区的发展中占重要地位。发展西部地区民族教育是推动西部地区经济建设，加快西部发展，最终实现共同富裕的根本途径。同时也是加强国防建设，确保西部地区持续发展的重要保障。必须从民族地区战略地位的高度，认识发展民族教育的重要性，大力发展民族教育，提高广大少数民族地区的人口素质，特别是少数民族干部的思想政治素质和文化素质，大力培养各类专业人才，不断增强少数民族和民族地区的自我发展能力，促进经济发展，增进睦邻友好，确保边疆地区的稳定。搞好西部地区民族教育，是促进民族平等、民族团结和社会稳定，确保西部民族地区持续发展的有效方法。经济的发展，关键在人才，人才的培养，关键在教育。因而，要真正使“科教兴国”战略落到实处，必须尽快改变少数民族地区教育事业落后的现状，使之和全国的教育事业协调发展，并以此促进民族地区经济社会与其他地区协调发展。要达到这个目标，就必须使民族教育实现跨越式发展。

中国西部地区民族教育在西部开发占有重要地位，大力加强民族地区的教育建设，是关系到实现各民族平等团结和共同繁荣的重要举措。发挥中国西部民族教育与区域经济的协调作用，使西部民族教育与民族经济良性循环发展。西部地区与东部地区最大的差距是知识发展差距和人类发展差距，因而在新形势下要立足于“以人为本，优先发展教育”。通过民族教育发展使“知识与人才”成为一个新的经济增长极，优先缩小知识发展差距与人类发展差距，进而缩小经济发展差距。中国西部地区民族教育的发展，是实现各民族平等团结和共同繁荣的重要方面之一。我国社会主义制度赋予各少数民族平等的政治地位和发展经济、文化的权利，这是民族教育事业繁荣和发展的保障。民族地区教育建设所取得的成就，对各民族的平等团结和共同繁荣起到了极大的推动作用。民族教育担负着传承文化和本民族文化的任务，因为民族教育是传承民族文化的有效途径。民族教育作为民族文化的重要组成部分，既是民族文化的一种特殊表现形式，又是民族文化传承和发展的基本途径。民族文化与民族教育是互动发展的。国家的西部大开发战略将西部民族地区的发展带入历史的“黄金时期”。西部大开发战略急需西部地区民族教育为之提供人力支持和文化支持。因此西部地区民族教育占有十分重要的地位。

（三）实现西部地区民族平等、团结、繁荣

坚持各民族一律平等是马克思主义解决民族问题的一项根本原则。这一原则在教育上的体现就是主张各民族人民都享有同等的受教育的权利。同时，马克思主义还认为，先进民族不仅要遵守形式上、法律上的民族平等，而且要采取各种措施，照顾、帮助后进民族，保证实现在事实上的平等。中国少数民族80%左右居于西部，西部大开发在一定意义上就是在民族地区的大开发。大开发，说到底是人与自然的关系，是通过人的活动，使自然资源得到利用，自然环境得到保护，被开发地区得到发展。人的素质（包括决策者、指挥者、实施者的素质）将直接决定开发的目标、模式、规划，决定开发的手段、深度、效益。而人的素质是由教育决定的，教育对大开发的决定性作用不言而喻。目前的开发是现代化条件下的开发，是信息时代的开发，必须运用现代化的技术与手段，必须有高素质人才群体的参与。因而离开了教育的支撑，大开发便会寸步难行。然而，由于历史与现实的各种原因，我国少数民族地区的教育和发达地区相比还有相当差距。教育的差距是社会基础性的差距，甚至会直接转化为经济社会发展的差距。这种差距的长期存在，不仅影响民族地区的经济发展、民族进步，还会直接或间接地影响民族关系和社会稳定。因此，必须采取跨越式方法大力发展西部地区的民族教育，实现各民族间的真正平等，维护民族团结，实现各民族的共同繁荣。

（四）促进教育事业均衡和可持续发展

科教兴国，旨在通过科学和教育事业的发展，促进国家经济、政治、文化等各项事业的全面进步，实现国家的振兴和富强。科教兴国的基础在教育，正如党的十八大报告中所指出的：教育在现代化建设中具有先导性全局性作用。兴国包括国家各项事业的兴盛，也包括各个地区的发展。我们面临的一个重要而紧迫的问题是，广大的少数民族地区经济发展落后，教育事业发展落后。因而，要真正使“科教兴国”战略落到实处，必须尽快改变少数民族地区教育事业落后的现状，使之和其他地区的教育事业协调发展，并以此促进民族地区经济社会与其他地区协调发展。要达到这个目标，就必须使民族教育实现跨越式发展。

中国西部地区民族教育在西部地区的发展中占有重要地位。搞好西部地区民族教育是推动西部地区经济建设，加快西部发展，最终实现共同富裕的根本途径。搞好西部地区民族教育是加强国防建设，确保西部地区持续发展的重要保障。面对国内外敌对势力的挑战，扎实搞好西部地区民族教育是最有力的战略决策之一。西部大开发必须从民族地区战略地位的高度，认识发展民族教育的重要性。大力发展民族教育，提高广大少数民族地区的人口素质，特别是少数民族干部的思想政治素质和文化素质，大力培养懂经济、会管理、有专长的人才，不断增强少数民族和民族地区的自我发展能力，促进经济发展，促进睦邻友好，确保边疆地区的稳定。

西部民族地区经济文化的发展及现代化的实现，主要依赖各民族自身社会生产力的发展和劳动生产率的提高。而生产力发展与教育有着密不可分的关系。我国西部少数民族地区拥有现代化建设所需的丰富资源，这是优势。而目前这种优势的潜力没有充分发挥出来，关键之一是缺乏人才。人才的培养和科学技术的发展均要依靠教育。所以，民族地区要发展生产力，实现现代化，把发展教育，特别是民族教育作为战略重点，就比内地更为迫切。繁荣我国少数民族的经济文化，促进民族地区现代化建设事业蓬勃发展，是我国发展民族教育的现实要求。

（五）挖掘地方文化资源，促进民族文化传承与创新

在人类的生活中，与人的生死攸关的生物过程，几乎都具有文化的重要意义。作为文化中的人或者说经过了“文化化”的人，其生理现象不仅为生物功能服务，还为文化功能服务①。文化传承，指的是文化在民族共同体内的社会成员中作接力棒似的纵向交接的过程。这个过程因受生存环境和文化背景的制约而具有强制性和模式化要求，最终形成文化的传承机制，使民族文化在历史发展中具有稳定性、完整性、延续性等特征②。从教育人类学研究的视角看，民族文化传承对人的影响至少有以下方面。其一，民族文化传承对人的影响体现在知识和观念的层面上。其二，民族文化传承对人的影响体现在人的智力因素的形成上。我们知道，人的观察力、记忆力等各种智力因素主要并非先天形成的，而是通过后天的社会实践逐步发达起来的。其三，民族文化传承对人的影响还体现在人的非智力因素的形成上。可以说这是人的形成和教育的核心任务，但这些优秀的品质绝不可能靠说教形成，只能在文化传承和社会实践的过程中铸就③。

① 肖川《论教育的人类学基础》，（台湾）《清华大学教育研究》1998 年第 4 期。

② 赵世林著《云南少数民族文化传承论纲》，云南民族出版社 2002 年版。

③ 王军《民族文化传承的教育人类学研究》，《民族教育研究》2006 年第 3 期。

少数民族地区的民族文化传承和教育的关系主要表现为民族文化传承对教育的影响、教育对民族文化传承的影响及二者的交互作用。民族文化传承对教育的影响主要表现为增加知识与技能、影响智力与非智力因素、培养民族意识和民族精神以及对教育内容和途径的制约。教育对民族文化传承的影响主要表现为促进民族文化的心理传承、促进民族文化的保存、积淀和选择以及对民族文化传承质量和水平的制约。教育在一定程度上既是民族文化传承的产物，又是民族文化传承的一个动因。民族文化传承既是教育的目标之一，又服务于教育的目标①。有研究发现，西部地区少数民族创造了极其丰富的非物质文化，但传统的保护方式存在着较大的弊端，只保存了非物质文化的“形”，却不能保存蕴藏在非物质文化之中的民族精神、民族心理等“神”的内容，无法真正实现传承。因此应积极对民族地区的学校教育进行改革，并通过学校的辐射作用建立有利于民族非物质文化传承的学习型社区，培养民族非物质文化“活的传人”，从根本上建立起少数民族非物质文化的“再生机制”②。还有研究指出，少数民族地区学校教育的民族文化传承，是文化全球化和多元化发展的必然走向，是构建社会主义和谐社会的必然要求，是促进少数民族地区经济和社会发展的必然选择。少数民族地区学校教育传承民族文化的目标，主要是使学生在了解和掌握本民族优秀文化成果的同时，形成对本民族文化的情感、态度和价值观；教学内容包括知识、情感、态度与价值观和能力三个方面。教学途径主要有开发地方课程、校本课程，以及加强学校与家庭、社区的合作③。需要指出的是，民族传统文化的传承并不是仅通过某一单一媒介进行的传与受的活动，而是多层次、多形式、多方位的传承，从而构成一个包括学校教育、社区教育、家庭教育等在内的灵活的传承系统。学校由于其培养目标和培养方式的特殊性，应成为民族文化传承系统的核心。而家庭教育与社区教育则在此核心外进行随时调整和补充，并为其活动提供必要的启

---

① 曹能秀、王凌《少数民族地区的学校教育和民族文化传承》，《云南师范大学学报》（哲学社会科学版）2007年第2期。

② 贺能坤、张学敏《构建少数民族非物质文化传承的新机制——促进西南少数民族非物质文化传承的学校教育改革研究》，《民族教育研究》2008年第6期。

③ 曹能秀、王凌《少数民族地区的学校教育和民族文化传承》，《云南师范大学学报》（哲学社会科学版）2007年第2期。

蒙知识，奠定认知基础①。

西部民族教育除了促进少数民族文化的传承之外，对促进民族文化的创新也具有十分重要的现实意义。胡锦涛同志在十八大报告中提出“文化是民族的血脉，是人民的精神家园。全面建成小康社会，实现中华民族伟大复兴，必须推动社会主义文化大发展大繁荣，兴起社会主义文化建设新高潮，提高国家文化软实力，发挥文化引领风尚、教育人民、服务社会、推动发展的作用”。十八届三中全会体现了党中央对我国文化建设的重视。会议提出“建设社会主义文化强国，增强国家文化软实力，必须坚持社会主义先进文化前进方向，坚持中国特色社会主义文化发展道路，坚持以人民为中心的工作导向，进一步深化文化体制改革。要完善文化管理体制，建立健全现代文化市场体系，构建现代公共文化服务体系，提高文化开放水平”。西部民族教育要在新一轮文化建设大潮中不落伍、不掉队，必须深入学习贯彻十八届三中全会精神，抢抓机遇，乘势而上，推动民族教育不断取得新的突破。

传统文化是文明演化而汇集成的一种反映民族特质和风貌的民族文化，是民族历史上各种思想文化、观念形态的总体表征，也是一个民族在长期的社会实践中所积淀的物质文明和精神文明的文化遗产。我国是有五千年历史的文明古国，先人在长期的社会实践过程中积淀了物质文明和精神文明的宝贵文化遗产。在社会主义现代化建设的今天，传承民族文化、弘扬民主精神显得尤为重要。然而，每一种传统文化既有精华，又有糟粕。我们要积极汲取传统民族文化之精华，去其糟粕，站在时代的高度，通过实践进行检验，使其融入为现代化建设服务中来。

文化创新是在继承优秀文化传统的基础上，吸收世界文化的合理资源，摈弃落后、陈旧文化，创造先进文化，创造新的文化内容、文化产品、文化形态，是由连续的文化累积和对外来文化的借鉴吸收而产生的一种文化创造。从本质上说文化创新是“一定社会形态下自由的精神生产”，表现为一种思维能力和实践能力的飞跃，具有前瞻性和超前性。在内容和形式上，文化创新推陈出新，创造新的文化形态和样态。一个民族的文化发展程度，主要看其创新能力的高低。创新是民族文化繁荣的不竭动力，只有不断创新，民族文

① 钟志勇《学校教育视野中的民族传统文化传承》，《民族教育研究》2008 年第 1 期。

化才能跟上时代的步伐，才能不被时代的发展所淘汰。民族文化的发展与创新也是增强综合国力，实现民族文化与时俱进，增强民族文化吸引力和感召力的根本要求。我们要科学地进行民族文化的发展与创新，就必须解放思想，与时俱进，按照先进文化的要求不断拓展民族文化发展创新的途径。在民族传统文化的基础上，充分利用时代发展的成果，突破原有的形式和形态，将民族文化的基本内核、民族精神和基本特征发扬光大。

四、研究中国西部地区民族教育的意义

我国是一个拥有56个民族的多民族国家，少数民族人口超过1亿，民族教育研究的发展不仅对其人口群体自身的发展意义重大，对整个中华民族的教育振兴同样具有巨大的推动作用。因此，直接服务于民族教育事业发展的民族教育研究所具有的重要意义毋庸置疑。然而，由于受到学科发展等客观因素的影响，我国的民族教育研究起步较晚，系统的研究工作从20世纪80年代才真正开始。民族教育研究逐渐从一般性的情况描述和实地调查向理论研究、实验和多角度研究方面发展。由各民族院校、中央和地方的民族研究所、各自治区和少数民族聚居区的教育研究部门、教育学会等教学和科研人员组成的研究主体，合力推动了民族教育研究的深入和研究领域的拓展。研究视野包括民族教育的基础理论和学科体系建设、民族教育史、民族教育改革及其发展战略、微观研究等领域①。1986—1996年，我国的民族教育研究已从经验性描述走向理论化、科学化，但总体上研究的理论水平不高、实地调查不够、跨学科研究不多、先进理论经验借鉴研究还较为有限，民族教育研究还亟待加强和改善②。2000年前后，中国的民族教育研究在学科基础建设、学科自身建设以及若干重大问题的研究上取得了相当的成就。但同时存在着研究的理论与实践脱节、研究方法与技术不完善、研究领域进展不平衡的问题③。

回顾近30年的发展历程，中国的民族教育研究充分反映了各时期的国家方针、政策和社会特征。其中，从经验描述式的实证研究到理论与学科建设

---

① 程方平《中国民族教育研究述论》，《民族教育研究》1993年第1期。

② 哈经雄《在“第三届全国民族教育理论与管理研讨会”上的讲话》《中国民族教育研究10年回顾与展望》，《民族教育研究》1996年第4期。

③ 常永才《中国少数民族教育学研究：历史、成就与问题》，《中央民族大学学报》2000年第1期。

研究的历程凸现了中国民族教育学的发展。20 世纪 90 年代以后民族教育研究成果不断涌现，并主要集中在西北地区、西南地区和北方地区（包括华北地区和东北地区）。这种区域性特征从一个侧面证明了民族教育作为中国民族政策的有机组成部分的实践得到了自上而下的重视和自下而上的反馈①。

学科发展历程充分反映了中国民族教育研究的核心主旨："民族教育研究属于社会科学研究。社会科学本质是关于迫切的社会问题或社会生活领域的学科，具有应用科学价值。"② 对于地域辽阔、民族众多、社会经济亟待发展的西部民族地区更是如此。因此，我们认为，在当前的社会历史背景下研究西部地区的民族教育具有以下重要意义。

（一）西部地区民族教育的特殊现象和特殊规律

根据民族教育实践对理论的需求及民族教育的现状，民族教育研究应突出以下方面：一是民族教育基本理论的研究。要从民族教育内部结构和外部制约因素出发，研究民族教育的基本理论问题，包括民族教育与民族地区政治、经济、文化、地理、人口等的关系，民族教育体制、立法、师资、办学形式、课程设置、教学内容、教学用语等。二是跨文化研究。民族教育具有跨民族性和跨文化性。民族教育研究必须从"跨文化"视角出发，研究各民族特有的文化背景，研究民族文化传统对民族教育发展的制约。三是跨学科研究。民族教育学与民族学、人类学、社会学、宗教学、心理学、语言学、文化学等诸多学科都有着密切的联系。加强跨学科研究，能够促使民族教育学不断完善和成熟。四是建立民族教育试验研究、教育与经济的关系的试验与研究等。五是国外民族教育理论的研究。吸收和借鉴国外民族教育的先进理论与经验，积极开展国际合作与交流。为搞好民族教育的科学研究与学术交流，应积极创造条件建立少数民族教育研究基金，建立少数民族教育研究信息网络，支持少数民族教育研究者从事课题研究和实验，资助研究成果的发表、出版和推广③。

由于历史的原因，中国西部民族教育发展滞后。少数民族地区的教育发

① 马丽娟、伍琼华《1949—2010：中国民族教育六十余年文献综述与研究》，《西北民族研究》2011 年第 4 期。

② 常永才《对我国民族教育研究的反思》，《中南民族学院学报》（哲学社会科学版）1999 年第 4 期。

③ 陈立鹏《我国少数民族教育回顾及前瞻》，《贵州民族研究》1999 年第 1 期。

展是整个战略的重要组成部分。因此，开展民族教育的理论与实践研究对中国西部少数民族地区的开发具有十分重要的意义。

（二）西部地区民族教育的经验教训和借鉴启示

民族教育的健康发展离不开相关性强的科学理论与技术，这是因为民族教育有其独特的内外部制约因素。从中国教育大系统看，西部地区民族教育研究对中国教育和谐发展具有特殊意义。和全国教育平均水平相比，中国西部地区民族教育总体上仍较落后，制约着中国教育的和谐发展。因此加强西部地区民族教育研究，有利于促进各少数民族地区教育事业的发展，促进中国教育的和谐发展。西部地区民族教育研究有助于充实我国教育科学的研究领域和学科体系，有助于推广教育民族志，促进我国教育研究方法的发展。

民族教育研究可以科学地服务于民族教育实践，中国教育事业以及国家全局的和谐发展；促使多元文化教育理论的本土化，丰富当代中国教育思想；直接促进教育人类学在中国的成长，充实中国教育科学的研究领域和学科体系；在中国推广教育民族志（教育人种志），完善中国教育研究的方法和方法论①。

西部地区民族教育研究，首先，可以为西部农村教育工作和相关政策的出台提供决策咨询，为国家基础教育课程改革在西部民族地区顺利实施提供决策依据。其次，可以为西部地方政府和教育行政部门的决策与管理提供咨询服务，为民族地区中小学教学提供指导服务。最后，可以为国际对中国西部贫困地区帮扶项目的顺利进行提供可靠的理论和技术支持，为促进民族地区义务教育发展和基础教育课程改革做出重要贡献。

当今国际学术交流日益频繁，随着民族教育研究水平的不断提高和研究领域的不断拓展及学术影响的不断扩大，中国西部地区民族教育研究阔步迈入了国际学术交流的大平台。中国西部地区民族教育研究的发展也使少数民族教育研究的新生力量不断壮大，并形成了水平较高、实力较强的学术研究团队。西部大开发的一个重要环节就是发展西部的民族教育。西部地区民族教育的研究，将更好地为西部大开发的发展战略服务，为其顺利实施提供可

① 常永才《试论加强少数民族教育研究的重要意义》，《西南师范大学学报》（哲学社会科学版）1999年第11期。

靠的保障。研究中国西部地区民族教育，可以为西部民族地区的教育发展计划提供咨询和帮助，提高教育资源配置效益，帮助贫困地区民族教育增强自我发展能力。可以通过教育的方式增强民族团结，维护祖国统一，促进社会主义现代化建设。

（三）丰富多元文化理论研究，促进多元文化实践发展

在西方，20 世纪 60 年代以后，为适应多元社会发展，多元文化教育作为一种社会运动、变革过程与教育策略，试图实现满足各族群文化平等、并存的教育理想，以解决族群间的冲突，提升少数民族群体的社会经济地位，进而促进社会公平、正义①。其中，美国詹姆斯·班克斯的多元文化教育理论影响颇大。他认为："多元文化教育是一场精心设计的社会改革运动，其目的是改善教育的环境，以便让那些来自不同的种族、民族、性别与阶层的学生在学校获得平等教育的权利。"②

在国内，费孝通先生提出"中华民族文化多元一体格局"③ 理论。其基本含义是承认文化的多元性与差异性，主张求同存异、和谐发展，要求在平等的基础上相互尊重、相互宽容、相互交流与合作并具有高度的开放性。而且随着社会的发展和我国政治民主化等的推进，多元文化与教育的关联会越来越密切，多元文化对教育的影响会越来越大，在原先研究多民族教育的基础上，进一步扩大我们的视野，深入研究社会阶层、群体、性别、年龄等文化特征，研究教育中存在的各种各样的文化类型、形态，尤为必要。多元文化教育理论为教育人类学提供了新的视角和广阔的思维空间。

多元文化教育理论体现的是以教育整合文化的新方式，它注重分析教育与人相关联的各种因素关系。具体来说，多元文化教育理论涵盖各层次的群体文化，涵盖精神文化的诸多成分。它不应只限于族群、民族文化。这样，从不同角度看多元文化，多元文化教育也随之有了不同的视野。从地域上看文化，多元文化教育就是教师要认识到文化在地域间的不同表现，并且尽力去引导学生认识地域间的文化差异，研究其他地域、国家的文化；从民族的角度看文化，多元文化教育就是要认识各民族的语言、历史、传统，尊重民

① 万明钢、白亮《西方多元文化教育与我国少数民族教育之比较》，《民族研究》2008 年第 6 期。

② 哈经雄、滕星著《民族教育学通论》，教育科学出版社 2001 年版。

③ 费孝通《中华民族的文化多元一体格局》，《北京大学学报》1989 年第 4 期。

族文化间的差异；从显形、隐性文化类型上看文化，多元文化教育就是要区分显性课程与隐形课程，同时要研究其产生的根源，探其相互间的关系，并将其纳入课程设计之中。教育中的多元文化，是多元文化教育应涵盖的内容，是实施多元文化教育的出发点和基本前提①。这样看来，教育文化学所研究的视野，拓宽、加深了教育研究的深度和广度，把人的教育放到广阔的社会背景去研究。

多元文化教育观的基础之一多元文化主义，主要是当代民族学（文化人类学）对欧美种族问题反思的成果和倡导的理念，而民族学正是民族教育研究主要基础学科之一。该思潮主要从民族文化入手，这是民族教育研究的基本思路之一。多元文化教育针对的不只是少数民族，但它始终首先关注的就是少数民族的教育问题。该思潮关注的各种相关问题，诸如双语教育、多元文化课程设置、民族教育师资培训等，在我国依然存在，尚需进一步大力研究。新中国的民族教育政策与实践一直坚持各民族受教育机会平等的原则，切实努力消除该方面历史造成的事实上的不平等，重视通过民族教育传承、整理与弘扬少数民族文化。这就是一种有中国特色的卓有成效的多元文化教育模式，值得深入研究，以弥补欧美多元文化教育模式之局限，展示我国该方面的卓越成就。所以说，对于多元文化教育理论在我国的本土化，民族教育研究不失为一个独特的视角。它在理论基础、研究策略、研究对象、研究成果效用等方面，都具有我国一般教育研究难以具备的优势②。

需要指出的是，西方多元文化教育和我国少数民族教育两者之间既有相同点又有很大的差异。无论是教育历史的缘起，教育的理念、理论、内容、特点，还是社会、文化背景；无论是民族的来源与居住格局，还是解决民族教育问题的政策，都有诸多不同，各有特色。因此在我国的民族教育研究实践中不能机械套用西方多元文化教育理论，而应该与我国的国情相结合，促进其本土性转化，才是丰富我国少数民族教育理论和方法的理性选择③。

（四）促进教育科学研究方法发展，为教育发展提供技术支撑

对人类教育的研究，有两种基本的研究模式，一种是质性的（qualitative）

---

① 郑金洲著《教育文化学》，人民教育出版社2000年版。

② 常永才《试论加强少数民族教育研究的重要意义》，《西南师范大学学报》（哲学社会科学版）1999年第11期。

③ 万明钢、白亮《西方多元文化教育与我国少数民族教育之比较》，《民族研究》2008年第6期。

研究模式，大体上属于“个案式解释模式”，另一种是量化的（quantitative）研究模式，大体上属于“通则式解释模式”[①]。从方法论的视角看，民族教育研究对以教育民族志为代表的质性研究具有重要的推动作用。

民族志（ethnography），通常是指人类学家在田野工作（field work）之后依据他们所获得的社会知识写成报告或专著，可以集中考察当地社会的某一方面，也可以整体表现这个地方的社会风貌。总的做法还是整体论的，即基于当地意识的整体构成的文化观[②]。“教育民族志”（ethnography in education 或 educational ethnography）是教育研究者对“民族志”这一研究方法的跨学科应用。同时是通过文化人类学的理论和方法探讨学校教育问题，尤其是少数民族或弱势群体儿童在主流学校中所面临的问题的一种有效途径[③]。教育民族志除了一般民族志研究的情境的自然性、视角的整体性、时间的长期性、程序的灵活性、结果的描述性等五个特点之外，还有研究对象的特殊性、研究时间相对宽松等特点。人类学家运用民族志方法研究教育问题大致是在20世纪30年代之后。20世纪60年代以来，许多人类学家纷纷把民族志研究方法应用于教育问题的研究，教育民族志的发展日趋成熟。

中国大陆地区的教育人类学研究始于20世纪80年代初，90年代以后获得了初步发展。在课堂微观研究方面，华东师范大学叶澜教授针对我国中小学缺乏“生命活力”的课堂教学，提出“让课堂焕发生命活力”。从微观研究我国基础教育课程与教学的问题，做了大量的观察与记录工作，搜集了丰富的第一手研究资料，构建了“新基础教育理论与实践模式”，重构了课堂教学的价值观、过程观、评价观，在国内有很大的影响[④]。

近年来，随着教育人类学田野工作的不断深入，出现了一些具有中国本土意义的教育人类学民族志作品。如滕星的《文化变迁与双语教育——凉山彝族社区教育人类学的田野工作与文本撰述》一书，对中国四川凉山彝族社区20世纪后50年来语言与教育的社会变迁的过程进行了描述。作者所运用

---

① 巴战龙《教育民族志：含义、特点、类型》，《湖南师范大学教育科学学报》2008年第5期。

② 王铭铭著《人类学是什么》，北京大学出版社2002年版。

③ 袁同凯《教育民族志抒写反思》，《广西民族大学学报》（哲学社会科学版）2007年第4期。

④ 王鉴《教育民族志的理论与方法》，《民族研究》2008年第2期。

的“多声部民族志”的写作技巧和认真的人类学反思，开启了大陆教育人类学研究的新风气[①]。此外，吴晓蓉的《教育，在仪式中进行：摩梭人成年礼的教育人类学分析》和袁同凯的《走进竹篱教室——土瑶学校教育的民族志研究》等也都是在大量实地田野调查的基础上写成的教育民族志。可以说民族文化传承是民族生存和发展的内生源或者说是动力源，民族文化传承需要通过正规的民族教育和非正规的民族教育来完成。正规的民族教育是指民族教育中的学校内教育。非正规的民族教育是指民族教育中的学校外教育。它是学校系统外一个民族的一切教育实践活动，包括民族习俗教育、民族宗教教育、民族科技教育、民族家庭教育等。作为某一民族“整个生活方式总和”的民族文化，不仅在其历史的发展中，而且在其步入现代化门槛的今天，甚至在其完成现代化进程的将来，都是其生存的根本与进步的动力[②]。从教育人类学意义上看，多元文化教育理论是教育人类学重要的理论基石，民族文化传承是教育人类学研究的重要内容，双语教学是教育人类学研究的重要载体。

然而，与西方学界相比，中国的教育民族志研究还处于起步阶段。需要更多的学者开展大量的田野调查与研究实践，在此基础上撰写教育民族志文本，深度分析少数民族地区的教育问题。因此，加强西部地区民族教育研究对推动中国教育民族志的研究和发展具有重要作用。

（五）促进民族教育学、教育人类学、教育文化学学科的发展

研究西部民族教育可以促进民族教育学、教育人类学、教育文化学相关学科的发展。以教育人类学为例：作为一门专门性学科，“教育人类学”形成于19世纪末期，20世纪50年代逐步实现制度化和系统化，20世纪70年代以后日趋成熟，得到学术界和社会的广泛认可。尤其在北美和欧洲对教育学科的发展影响深远，形成了北美的“文化教育人类学”和欧洲（尤其是德国）的“哲学教育人类学”两大流派。前者长期以来注重以经验主义的实地研究和参与观察等方法，研究原始社会和部落的教育，偏重分析人的起源、人种的地理分布以及不同文化对教育和个体发展的影响。后者传统上主要运用哲学的思辨法，偏重探讨教育范畴中人的本质、人的价值、人的需要以及人与

---

① 滕星《回顾与展望：中国教育人类学发展历程——兼谈与教育社会学的比较》，《中南民族大学学报》（人文社科版）2006年第5期。

② 黄海涛《当代中国的教育人类学》，载瞿明安主编《当代中国的文化人类学》，云南人民出版社2008年版。

文化的关系等问题。必须指出，一方面，二者都重视教育与文化的互动，而民族教育研究的基本思路之一就是从民族文化入手分析民族教育问题。另一方面，20 世纪 80 年代以来，两大流派有相互借鉴和促进的趋势，北美的教育人类学随着多元文化思潮的盛行而影响日益增强，值得反思和借鉴。

在我国，教育人类学于 20 世纪 80 年代开始渐受重视，并已出现少数有关的评介性论文和专著，但距使之成为独立学科尚有不小的距离，不能不说这是我国教育学科体系的一个重大缺陷。国外教育人类学的发展历程表明，民族教育研究对建立和完善教育人类学具有特别重要的意义。我国是多民族国家，我国教育研究的方法论也急需完善。北美的教育人类学基本上发源于对民族教育的探讨，尽管今日其研究不局限于民族教育，但是仍然关注该领域。况且，该学科仍属于应用人类学，坚持运用文化人类学（民族学）概念、理论、方法与技术，描述与解释教育现象。而民族教育研究始终重视运用人类学研究的模式。可见，民族教育研究是我国建设教育人类学的重要基础和独特途径①。

作为教育学与人类学的交叉学科，教育人类学提倡人类学独特的“田野调查”经典研究方法。中国教育人类学科建设的积极推动者滕星教授认为，田野工作是人类学的一个看家本领，也是它的学科标志。人类学有一套严谨的研究方法，这就是田野工作、民族志的撰写和文化理论的建构，三者缺一不可，其中田野工作是人类学最有特色的研究方法之一。田野工作将是今后教育研究中很重要的一种研究方法。田野日志是一种很好的文本研究形式。通过田野日志，可以记录到很多正式研究文本中没有的信息。田野日志不仅描述了客观的事实，还抒发了许多个人情感。滕星教授还认为，要做好田野工作，可以从下面四个方面进行。第一，田野工作是一个收集资料的过程，资料的收集，是通过访谈、观察、体验等不同的方法来获得的，这样就要求要尽可能获得真实的第一手资料。第二，衡量田野工作质量的标准，是调查是否全面，是否尽量不带强烈的主观意向，不预设倾向性。第三，田野工作必须进行及时的记录，要有一个客观的文本，纪实的文本，否则时过境迁靠回忆来写文本就会带有很大的主观性。第四，一个好的田野文本要具有典型

① 常永才《试论加强少数民族教育研究的重要意义》，《西南师范大学学报》（哲学社会科学版）1999 年第 11 期。

性，具有样本性，可以进行理论建构。这种理论建构能够提出一个同类群体，或者整个人类面临的深刻问题[①]。田野工作是教育人类学的活水源头，是资料、数据和灵感的来源。

在西部地区民族教育研究实践中，滕星教授采用教育人类学的研究方法，从人类学田野工作入手，对山区拉祜族学生低学业成就的原因进行了现象学分析，总结出影响山区拉祜族学生学业成就状况的主要因素。他结合拉祜族山区的实际情况在介绍西方低学业成就归因理论的同时对其进行了中国本土化阐释。在此基础上提出了改善少数民族学生学业成就状况的“多元文化整合教育”理论模式[②]。张诗亚教授则以西南地区少数民族的宗教教育为切入点，研究“人类演化的活化石”。其代表作《祭坛与讲坛——西南民族教育的比较研究》，从宗教教育的起源、演变及其动力机制，宗教的内容、制度与方法以及宗教教育与现代化的关系等诸方面系统的深入的探讨，为回答民族文化的传承与扬弃，民族现代化进程与民族文化变迁，人类教育史上教师的起源，从情感教育到教育制度的形成等普遍的问题做出了一些有启发意义的思索[③]。云南学者王凌、罗黎辉、曹能秀和崔运武等深入彝族地区，运用教育人类学的理论和方法，从少数民族自身的需求出发，把原来“要我发展”的被动发展观转变为“我要发展”的主动发展观[④]。其成果成为把教育人类学较好运用到实践中的范例，在中国教育界产生了很好的影响。

教育人类学对当前教育改革和教育发展有着极其重要的意义。事实证明，现代的任何变革和发展，都不可能离开教育或不顾教育现状而自行其是。否则，必将受到历史的惩罚。当前，人们寄希望于一种新的教育认识，在人类发展的整体上重新把握教育、探讨促进人的发展和社会进步的根本途径。这是一次教育的重新发现，是现代社会发展的迫切需要，在我国更具有重大的

---

① 巴战龙问，滕星答《人类学·田野工作·教育研究——一个教育人类学家的关怀、经验和信念》，《中南民族大学学报》2004年第2期。

② 滕星、杨红《西方低学业成就归因理论本土化阐释——山区拉祜族教育人类学田野工作》，《广西民族学院学报》2004年第3期。

③ 张诗亚著《祭坛与讲坛——西南民族教育的比较研究》，云南教育出版社1992年版。

④ 王凌、罗黎辉、曹能秀、崔运武等《以教育促进社会经济发展和民族文化传承：来自寻甸回族、彝族自治县六哨乡的研究报告》，载丁钢主编《中国教育研究与评论》（第五辑），教育科学出版社2003年版。

现实意义。第一，它提供认识教育的新视域、迫切需要；第二，它提供认识教育的新视域、新方法，更新传统的教育观；第三，它寻找最佳的教育效益；第四，明确学校的教育责任，发挥文化传递功能；第五，为学校教育工作提供科学根据；第六，促进对人的尊重，培养有个性的新一代；第七，推动教育研究和教育实践的科学化。教育人类学的特殊功能在于揭示人类的教育本性，赋予人类新的生命力①。所以，教育人类学为西部民族教育的研究注入了新的活力，研究西部民族教育可以促进中国教育人类学的学科发展。总而言之，研究西部民族教育对民族学、教育人类学、教育文化学等相关学科的发展都大有裨益。

① 冯增俊著《教育人类学》，江苏教育出版社1998年版。

第一章　西部地区的民族社会教育

从人类社会的发展历史来看，社会教育产生的时间要远远早于学校教育。学校教育制度发展完善之后，社会教育逐渐成为学校教育的重要补充。对社会教育概念的理解有广义与狭义之分。广义的社会教育是指对人的身心发展产生影响的各种社会活动，包括政治、经济、文化等各个方面。从这一视角出发，社会教育即指教育整体，这种教育方式以社会全民为对象，以社会生活为范围，以社会整体发展为目标。狭义的社会教育是指由学校和家庭以外的社会文化机构以及有关的社会团体或组织对社会成员所施行的教育①。与学校教育和家庭教育相比，社会教育自身的突出特点包括：对象全民化、内容生活化、时限终身化、场所广阔化、方式多样化等。对“社会教育”概念的不同理解反映出人们对“教育”理念的不同阐释。事实上，“教育”不仅是一种文化现象，同时更是一种实践活动。因此，社会教育与学校教育或家庭教育之间并不是相互隔绝、决然对立的关系，而是相互关联、相辅相成的。社会教育作为重要的教育方式，其目的与学校教育一样，都在于共同促进社会公民身心的充分发展，全面改善社会生活，提高社会文化水平，以此促进国家与社会的繁荣进步②。此外，少数民族地区的社会教育还具有历史性、传统型和多样性等特点。

第一节　生计技术教育

一、生计方式教育

生活在三江并流地区河谷山坡地带的傈僳族将狩猎和采集作为生计教育

① 方建移、胡芸、程昉著《社会教育与儿童社会性发展》，浙江教育出版社2005年版。

② 李建兴著《社会教育新论》，三民书局1981年版。

的重要内容。狩猎教育通常在狩猎实践中进行，例如教授青年学习制作和使用捕猎的传统生产工具“知玛”（一种矛）、弩弓、箭，以及由经验丰富的人带领年轻人学习如何寻觅蜂窝和采集各种药材、野菜等①。男童通常在能够射弩的时候，就会跟随父亲或哥哥学习打猎。先是教授一些狩猎的技巧，同时让男童单独进行猎取小猎物的训练，在实践中融会贯通狩猎的技巧。当他能够猎获野猪等危险、体型较大的猎物的时候，这个男孩就获得了社会的公认，即已经长大成人，可以单独生活了。此外，还传授狩猎时应遵循的道德准则，如别人先圈占的范围和猎物不能据为已有，假如猎物上放有一个草圈就表明了某人对猎物的所有权；猎物拿到村寨后必须遵循人人有份的原则，并把最好的部分献给长辈②。

以游牧为主要生计方式的蒙古族逐水草而居，他们“遇夏则就高寒之地，至冬则趋阳暖薪木易得之处以避之”③，通过对后代进行游牧知识和游牧技能的教育，例如放牧、骑射、狩猎，移动毡房的拆卸和组装等，使其在实践中掌握必备的生存技能，延续传统的生计方式。蒙古族长期牧养牛、马、羊、驼。因此，首先要教育后代如何识别牲畜。教他们辨清青、黑、白、红、紫、黄、海蓝七种颜色，以便管理牲畜。教育他们对不同颜色、不同年龄的牲畜及雌雄牲畜的称呼方式。让他们知道不同牲畜的生长期、怀孕期、生产期。教他们数数，从一到万、亿、兆等。由于牧业和狩猎业的阶段性和物候变化，牧人们特别注意用积累起来的天文历法知识启迪后代。自然界星辰出没、日夜交替、寒来暑往的变化，对牧人的生产和生活有重大的影响。所以教后代关于四时（春夏秋冬）和四面（东西南北）八方之知识，以及关于天、地、日、月、星、云、雨、雾、风、雪、冰、泉、河、海、山的知识。有经验的牧人可以通过天气看年景，对自然灾害有充分的认识和必要的防备。为寻找失散的牲畜，牧人们还要让子女从小就学会辨识方向④。

主要从事农牧业的塔塔尔族，男孩子除了学会骑马以外，还要随父亲学

---

① 何大昌、丁惠兰《傈僳族教育史》，载冯春林、蔡寿福、陈庭贵主编《中国少数民族教育史》（第四卷），云南教育出版社、广东教育出版社、广西教育出版社 2002 年版。

② 谷成杰、赵莹、周丽芳《浅谈傈僳族传统社会中的自我教育》，《商业文化·科教纵横》2007 年第 10 期。

③ 张德辉《边堠行记》，载韩达主编《中国少数民族教育史》（第二卷），广西教育出版社、广东教育出版社、云南教育出版社 1998 年版。

④ 罗卜桑却丹仗编著《蒙古风俗鉴》，辽宁民族出版社 1988 年版。

习如何放牧、看牲口，学会使用马绊子、马嚼子、马鞍等备马的本领，还要努力学习和掌握套马等技能。女孩要学会熬茶做饭、挤牛奶或羊奶、手工制作奶制品等。进而学会做针线活儿，以及手工纺毛线等。塔塔尔族儿童懂事后就随成人学习游牧、狩猎、种植谷物、畜养禽畜、搭建帐篷等生活所必备的知识。这些劳动技能一般都是在与他们的父母共同劳动时，在参加劳动的过程中逐步掌握的①。

瑶族通过游戏向儿童传授本族的生活技能。瑶族儿童的游戏中关于生产生活的游戏很多，例如窜山、盖房子、织布、绣花、下圃笼等。窜山游戏既有利于儿童运动能力的发展，也培养了儿童的空间识别能力和合作意识，使他们的动作更加准确、灵活。在盖房子游戏中，儿童分工合作，培养了集体主义思想和组织性、纪律性，促进了儿童间合作能力和社会交往能力的发展。盖房子游戏还能使其通过视觉、触觉感知材料，获得空间的概念，这些都为他们长大后寻找新的耕地和居住地做了准备。织布和绣花能让瑶族女孩掌握生活技能，为以后做一个合格的母亲和妻子做准备。下圃笼游戏则锻炼了儿童身体的协调性，对于培养儿童机智、敏捷等品质以及发展判断力和创造力有积极作用，更重要的是为成人后的狩猎活动做准备。以上这些游戏都是为儿童长大成人后的生活做准备的②。

土族很早就从事农耕经济，但由于受到原有畜牧业生产及生活方式和特殊的地理条件的影响，还兼营一定的畜牧业和园艺业。为了掌握生产和生活的基本知识和劳动技能，搞好农业和其他生产，求得民族的生存和发展，生产劳动教育就成为土族传统教育的首要内容。如当小孩刚满周岁时，阿妈就领着学步的布勒（小孩）沿着粪堆转三转，说："阿妈心尖上的小布勒啊，你别嫌它臭，你别嫌它脏，马帮的金子在驮子上，农家的金子在粪堆上。你要把土族人家的粪堆，积攒得像高山一样。"到了秋天，阿妈又把小布勒带到场院里，对着青稞说："阿妈肝花连肉的小布勒啊，你别怕它高，你别怕它长，喇嘛的希望在经卷上，农民的希望在麦垛上，你要争口气，要把土族人家的麦垛堆到云天上。"土族人民参加劳动时经常携带孩子一同参与，孩子们的玩耍形式绝大多数属于模仿性劳动，如挤奶、耕地、挖锅灶、捏泥碗锅、做饭

① 张巧云《新疆塔塔尔族的家庭教育》，《才智》2010 年第 16 期。

② 徐英、王正斌《瑶族儿童游戏及其教育价值》，《中国民族教育》2012 年第 6 期。

待客、弈棋、游艺等。在潜移默化中，孩子们的劳动能力得到了有效的培养①。

珞巴族在长期的狩猎和农耕生产活动中，发现动植物的生长和活动与季节和气候的变化有关，而季节的寒来暑往的变化又与太阳的升落、月亮的圆缺、昼夜的交替相联系。经过长期的观察，随着知识的不断积累，逐渐认识到了这些自然现象的变化规律，掌握了它们之间的关系，并用这些知识指导生产、安排生活、教育后代，物候历由此诞生。如崩尼部落的农事活动安排为：“布格英”鸟叫（约一月份）开始砍树开荒，到“捷比尔”鸟叫时（一月底）砍树要结束，其时播种葫芦。“波波”鸟叫，梅更加宁花开（二月），播种早稻和鸡爪谷。“宾争”鸟叫（三月）点播不同品种的旱稻，种南瓜。“支乌”鸟叫，多隆花开（四月），种玉米、高粱……米古巴部落：一月，蛤蟆生蛋往水中跳，其时砍伐树木开荒。二月，桃花落，“八布”鸟叫，清理休耕地的树和草，烧荒。三月，“金嘎优罗”鸟叫，种鸡爪谷和早玉米。四月，“玛巴嘎贡”鸟、“节崩”鸟、“格格”虫叫，种水稻、旱稻。五月，“洋洋”虫叫，种晚玉米、晚鸡爪谷……②

哈尼族主要居住在哀牢山区和无量山区，是较为典型的山地农耕民族。梯田是其生存和发展的重要基础。梯田管理的好坏，直接关系到一年的收成，因此，必须予以重视。对梯田的管理，主要有三个方面：一是蓄水养护。梯田在陡斜的山坡上，须终年蓄水。每丘田都有一个流水槽，多余的水可以从此溢出。雨季来了，把流水槽削低一点，使大流量的水能及时排出，不冲垮田埂；旱季来了，流水槽就做高一点，使之能蓄更多的水，以免因干旱使田埂上出现裂缝。蓄水养水工作是个轻活，所以一般由老人或小孩承担。小孩初到田间放水时，大人会做示范和指点，并晓之以重要性。二是铲埂子。田里的庄稼收割完毕后，把田埂上的草铲除掉。铲埂的方法并不复杂，从草茎和土的结合处连着土层削下来就可以了。三是打埂子或叫作砌埂子。方法是先把田里的水放干，然后踩陷田埂内侧的土，重新换上田里的黏土并铲平。铲埂、打埂是梯田管理中的重活，一般由青壮年承担。初学者一般要当几天

① 高岩、鄂崇荣《土族传统教育的内容、途径和功能》，《青海民族大学学报》（社会科学版）2012 年第 1 期。

② 陈立明《珞巴族的传统文化与环境保护》，《西藏大学学报》（社会科学版）2009 年第 4 期。

配角、副手，然后大人才放心让其独立作业①。善于开垦梯田经营农耕的哈尼族在生计活动中还存在着较为严格的男女分工，根据“女子不犁田，男子不栽秧”的分工模式，男孩从八九岁开始就要学习耕田技术，经验丰富的成年男性自然成为劳动生产技术的教育者。教学内容包括准确掌握农时、垒田埂、犁田、选种、育秧、水田管理、脱粒等。女孩则一般跟随母亲学习积肥、施肥、栽秧、薅秧和收割等农耕技术②。

怒族儿童从三四岁起就开始从事力所能及的简单劳动。男孩子学习狩猎、砍树、烧地、捕鱼、耕种、制作竹木器具等本领。女孩子则学习纺线、织布、做饭、酿酒、饲养家禽家畜、采摘野果等技能。这些技能的高低直接决定着他们在氏族中的地位。20世纪初，采集仍是怒族人民维系生存的一大食物来源。在怒族人民生活的周围环境中，生长着丰富的可食植物，一般的怒族儿童到五六岁便能采集诸如鸡纵、木耳、牛肝菌、青头菌等菌类及竹叶茶、竹笋等数十种简单易辨认的小型植物。采集大型植物，如董棕，必须由男人去完成。这类植物生长的地方离家远，地形险，植物巨大。男孩子一般到十一岁以后才能跟着成人去做这类活动。狩猎在怒族早期的社会中占有相当重要的地位。一个男子如不会狩猎或狩猎技术不高将被族人视为“废物”。因此怒族对狩猎教育极为重视。当男孩到了四五岁以后，每个家长都要为自己的儿子做一把小弩弓终身相伴。男孩到了十岁以后，家长会把下扣子、挖陷阱及埋毒竹签的技术传授给他们。如遇空闲或节日，还会组织同一年龄段的孩子进行射箭比赛，以促进孩子箭术的提高。约十三岁以后，怒族男孩有了一定的奔跑能力及初步的狩猎技术，便可参与氏族内大型围猎活动了。由于家庭的衣、被、毯等全需由妇女织出，因此，怒族对女孩的纺织教育非常重视。实际上，对一个妇女而言，纺织水平便是决定其社会地位及身价的一个很重要的因素。当女孩长到四五岁后，母亲便教她们把麻皮剥细，绕成团。十岁以后，女孩便要学习在纺车上把麻团纺成粗线，同时学习纺织品的漂染技术。十三四岁后，女孩可开始正式学习织布的技术。每逢农闲，家长们会组织女

① 李泽然、车金明《哈尼族传统教育的内容、形式及特点》，《民族教育研究》2001年第3期。

② 陶天麟、薛丽云、张文华《哈尼族教育史》，载冯春林、蔡寿福、陈庭贵主编《中国少数民族教育史》（第四卷），云南教育出版社、广东教育出版社、广西教育出版社2002年版。

孩们在火塘旁凭借着火的微光摸黑织布，进行纺织比赛。一般来说，在相同的时间内谁能织出又多又好的布，她身价就高，母亲也会为此感到无比荣耀①。

基诺族对儿童的劳动技能教育依照分工习惯的不同有所区别。对女孩的教育主要由母亲负责。从孩子学会做事起，母亲就教她弹棉花、纺线和绣花。同时为她制作一些纺织工具模型，让她跟同龄的女孩一起学着玩。女孩从小就跟着母亲学习舂米和背水。在母亲去背水的时候，会用刀削几个小竹筒让她跟着背，当然其中也有玩的成分。当女孩长到十四岁左右，学会用力之后，母亲就让她在寨边学着砍柴，过一段时间即可进山砍。当孩子长到十六七岁能背水时，即要学煮饭，这主要是为了结婚而学。学做饭要求学会做饭的程序，区别不同的米该 加多少水，如红米多加水，白米则可少加水。在女儿跟随母亲下地劳动时，从小就教她采摘野菜，辨别名称和品种。而在煮菜时教怎样煮，先放什么菜，后放什么菜，加入什么调料。对男孩的最初教育是让他们学会使用弹弓和弩。当孩子长到四五岁时，父亲就为他制作一个竹弹弓、一个背在身上的竹篓，用于装子弹，让他学着在寨子里打鸟。同时，为他制作木枪、木弩，让他打下使用枪的基础。弩的使用有助于锻炼枪击的准确性。父亲在房前的树上用刀削下一块树皮作为靶，教孩子用弩射击。孩子十岁以后，父亲就教他剖竹，用竹篾片编制竹器。男孩十三岁左右跟随父母下地劳动。由父亲教他使用各种工具，学会种植各种农作物的程序。十八岁以后就可以跟随父亲进山打猎，学会使用各种狩猎工具。为了督促子女学好劳动技能，父母常常会对孩子们说："你们要好好学，我们死后手指头是要带走的，不会留给你们。没有本事以后要饿肚子。"②

独龙族男子主要从事狩猎、捕鱼、刀耕火种及工具的制造。妇女侧重于纺织、采集及主理家务等方面的工作。与此相对应的是，当男孩子长到三岁以后就要用父亲为他准备的小弩弓练习射击及玩狩猎、捕鱼类的游戏。四岁后开始学习简单的捕鱼技术。五六岁开始可在自家的鱼口子处接抢水鱼，独自在寨子附近打毫无攻击性的小动物，跟着成人去看砍火山地。七岁后开始

---

① 袁芳《从社会性别看怒族的村寨教育》，《河南教育学院学报》（哲学社会科学版）2003 年第 1 期。

② 郑晓云《最后的长房——基诺族父系大家庭与文化变迁》，云南大学出版社 2005 年版。

学结网及藤篾编技术。八九岁后开始学挖陷阱、埋竹签、下扣子及照坑下种的农业技术。十岁后开始学习制造劳动工具的技能。十一二岁后便能打一些稍大而又不具攻击性的野兽如岩羊等。此期的男孩还常随父亲外出打猎，并要学习如何通过脚印、气味及动物的粪便来判断野兽的活动规律。十四岁后要学习刀耕火种的技能，这一年龄段的男孩还可参与成人的围猎活动。十六岁后可参与集体围捕野猪、野牛、虎、豹、熊等。女孩子三四岁后就要在房前屋后学习采集简单易辨的植物，开始学理麻。七八岁后开始学纺线、做饭、照看弟弟妹妹。十一岁后开始学纺织技术及酿酒技术。酒在独龙族中有着特殊的地位。一般女孩虽从十一二岁就开始学酿酒，但独自酿酒则是婚后数年的事了①。

生产、生活、自然知识和技能是苗族家庭教育的首要内容，因为它是民族成员适应特定的自然环境，保证民族繁衍的必要前提，是民族求得生存、延续和发展的必要保证。生产、生活等知识技能主要是通过观察、实践、口传心记等方式获得的。苗寨的孩子从小就跟着父母兄长在家里或田地里进行学习。在家里，父母兄长做饭时，他们常常观察大人们淘米、做饭的技能。稍大时，田里、地里都是他们学习的场所，犁田、育秧、播种、田间的管理、收割等一系列的知识都是学习的重要内容。孩子们从水田“冬泡”中学会了“冬天犁一犁，抵上百担肥”，“冬天水汪汪，来年多打粮”的农作知识。人们一般就地取材利用山多草盛的优势补肥，即把青草压在水田中作肥料，这叫“压青”。孩子们就从“压青”中学会了哪些草叶容易腐烂、肥力厚，哪些草容易“复生”，不宜“压青”等知识。人们把根据自己直接的观察总结出来的天文历法、节令知识与生产生活紧密联系在一起，并编成通俗易懂的谚语或歌谣。这些谚语或歌谣都是农作经验和时令预兆丰歉的总结，如“正月雷打雷，二月雨不绝”，“二月初一晴，三冬冷水浇”，“六月秋，般般丢，七月秋，般般收”，“十月初一晴，柴米不需银”，“天上云钩云，地下雨淋淋”等即属这一类；再如“田里养鱼，粮鱼两得”，“毁林开荒，农田遭殃”等则属生产方面的知识②。

---

① 陶天麟《独龙族的原始教育与学校的产生》，《云南民族学院学报》（哲学社会科学版），1997 年第 3 期。

② 王德清《论苗族家庭教育的内容——贵州省松桃苗族自治县干塘寨个案研究》，《西南民族大学学报》（人文社科版）2005 年第 5 期。

羌族通过禁忌开展生产教育。一是教育人们要保护生产工具。牛、羊、马等牲口在羌族的生产活动中担负着重要的角色，因为这是决定他们生活质量的一个重要因素。因此，这些动物都被看成是世代生活于山寨中的羌民的重要的生产工具。如有牲口生崽，羌人会在圈门口挂上木塞、犁、木棒等物，以示生人勿近，以免踩断奶汁；在“牛王节”或“马王节”的时候不能让牛或马劳动，否则要开罪菩萨。虽然这些禁忌的理由不科学，但在客观上真正地让牲口得到了休息，保护了生产工具。二是认识和懂得正确生产时间的教育。在羌族地区有“惊蛰不动土，春分不上山”的禁忌。在惊蛰或春分过后，人们便可以开始上山或下田劳动了。这类禁忌传递出了生产时间的信息，无疑是教育羌民要正确掌握生产时间。三是“劳娱”结合以利生产的教育。羌族有逢戊日不动土、不上山、不干重活的禁忌。因为这一天是羌族女始祖木姐珠用土造人的日子。这天劳作，很容易伤筋骨。羌人家中有丧事，家属在一段时间内不从事生产活动。这样的禁忌使日常劳作颇为辛苦的羌族人有了暂时的休息时间，使以后的生产更有效率①。

生活在云南剑川地区的白族善于经商。每年正月初五，村里要举行“娃娃节”又称“娃娃街”的活动，这天集市上的买卖均由未成年的儿童负责进行。为了让孩子们在“娃娃街”上得到自己喜欢的东西，大人们在十天半月前就为他们制作了木质军器，如大刀、宝剑、长矛、弓箭、滚轮仿水碓、上下翻跳的“孙猴子”、手摇拨浪鼓或口吹鸟鸣哨的各种纸糊历史人物面具、土法制成的“落地响”炮仗等。这天午后，孩子们将玩具放在村边的地摊上，招徕着来自周围村落的小顾客们②。

二、专业技能教育

傣族居住的河谷和平坝地区盛产稻米，人们喜欢食用各种米食。女孩从小就要学习制作各种米制食品。每天清晨，家里的主妇和姑娘都会早早起床，用水将米洗净放进竹甑中蒸熟。早饭虽然简单，但要照顾到出门的家人的需求，因此妇女们用芭蕉叶或竹篾饭盒将饭分成多份，每份搭配上咸菜和肉干巴。家人可以在路上一边走一边吃，或带到目的地再吃，十分方便可口。此外，傣家人还会使用竹筒做饭，也就是俗称的“竹筒饭”。制作竹筒饭需要使用一种被称

① 蔡文君、杜学元《浅析羌族禁忌的教育内涵》，《西北民族研究》2005 年第 4 期。

② 万建中编著《中国民俗通志·生养志》，山东教育出版社 2005 年版。

为“迈皮欧”的竹子，并且必须是当年长成，还未长出分枝丫的嫩竹。砍下的竹子必须当天使用，不能过夜，否则竹筒内膜遭到毁坏，竹筒饭就无法制成。将两端留有竹节的竹筒一端砍去竹节，然后将洗净的大米放入筒内，加入适量的冷水，然后堵紧筒口，放在火上烘烤，并不停转动。水干之后，再将竹筒直立或斜放在火上继续烘烤，直到竹筒外皮呈现焦黄状。晾凉之后的竹筒被拨开之后可以就看见竹膜紧包的米饭，不仅清新可口，而且尤其适合出门在外的人就地取材制作。因此，傣族人从小就要学习制作竹筒饭①。

油香是回族特有的食品。回族对油香制作者和制作程序都很讲究。妇女都要学会制作油香。回族把油香视为圣洁高贵的食物，一般在每年的斋月、开斋节和古尔邦节等节日都要制作油香，并将其送到清真寺供前来礼拜的穆斯林和亲友享用。常见的有油香麦面和糯米面油香两种。麦面油香用麦面发酵后加上适量土碱，并用红糖水及少量菜油和面，再将面团做成圆饼状放入菜油中炸熟。糯米面油香用糯米面加水和好，做成圆饼，包入豆沙，再放入菜油中炸熟制成②。

怒族生活离不开酒。酿酒技术是每个妇女必须学习的。由于怒族的农业不算发达，粮食不多，如果酒酿不好，不但没酒喝，而且粮食也会因此而浪费。这对普通家庭来说是一个不小的损失。因此，怒族女孩虽从小就会做饭，同时也向长辈学酿酒技术，但她们“出师”的过程却很漫长。一般来说，要待她们出嫁以后，才能在婆婆的指导下独自酿酒。酒酿得好坏，在很大程度上取决于酒曲的优劣。故怒族对酒曲的配制是非常谨慎的，甚至将其神秘化。他们认为，年轻人不能制作酒曲，因为年轻人在制作酒曲时，魂会被鬼勾走而死。所以，怒族的酒曲一般都要由老人制作。老人在制作酒曲时也很忌讳被别人看见。他们认为在制酒曲时一旦被人撞见，便会撞鬼，酒曲也将因此而变质、失效。故学制酒曲的时间更长。现在酿酒仍是怒族社会比较普遍的家庭手工业，酒仍是怒族生活、交往的主要物品。漆树是怒族最主要的传统经济林木。成年漆树每年结一次果，颗粒圆形，白色，秋收后收获。制作漆油的方法：把漆子蒸熟，装入一个口袋中，然后放在漆油板上，使用杠杆原

① 杨知勇、李子贤、秦家华主编《云南少数民族生活习俗志》，云南民族出版社 1992 年版。

② 杨知勇、李子贤、秦家华主编《云南少数民族生活习俗志》，云南民族出版社 1992 年版。

理挤压口袋，漆油被挤压流入盛器中，凝固。制成的漆油一般供自己食用，只有很少一部分出售[①]。

白族喜欢喝烤茶，源于唐代招待宾客的茶礼“三道茶”一直流传至今。白族孩子从小就要在长辈的耐心指导下学习“三道茶”礼。白族民居的堂屋里设有火盆，客人到家里之后，主人家就要生起炭火，将小陶罐放在炭火上烤热，放入新鲜茶叶，边抖边烤，直到茶叶飘出香气，再沏入滚烫的开水，听到茶罐里发出斑鸠惊飞般咕噜噜的响声，看到罐口冒起花朵状的泡沫但不溢出罐外，这样的茶叫作“反抖斑鸠茶”。第一道是苦茶；第二道在茶水中加入红糖、核桃仁片和当地特有的烤乳扇沫，因此是甜茶；第三道在茶水中加入蜂蜜和花椒粒，叫蜂蜜花椒茶，回味无穷。“三道茶”礼“一苦二甜三回味”的独特风味由此而来[②]。

木匠在哈尼社区中是较为重要的工种之一。内容涉及很多方面，大到立房架屋，小到雕花凿纹，粗细结合，简繁并存。在木匠活中，竖柱架梁、制作桌子和凳子是较普通的、最基本的活计。要体现身价和产生影响力，就必须靠细活，如廊雕、窗雕、壁雕（木板雕）、桌雕等。木匠分大木匠和小木匠。小木匠师从大木匠，有拜师、学徒、出师等过程。由于木匠平时的活计不多，加上徒弟又只能在师傅有活计时跟随学习，因此学徒期较长。在学徒期间，即使是徒弟揽到的活计，也须告知师傅，与师傅一起做。到手艺成熟，能单独设计制作时，就可以出师，自己独立承接活计了。铁匠的任务是制作生产生活用的铁具，主要有各种类型的锄具、刀具和火药枪等。铁匠多为父子传承，也有外人拜师为徒的实例。拜师时要杀鸡举行仪式，祭献祖师爷，宣布开始收徒并确认师徒关系。哈尼族的铁制品不多，但制作过程较难且复杂，因此学习期限也长。能修理、制作各类锄具、刀具就算学到了技能，可以购置工具自立门户了。枪支的制作是铁匠的绝活，一方面师傅不轻易外传，另一方面能领悟乃至熟练掌握的人也不多。篾匠的任务是制作生产生活用的各种篾具，主要有各种类型的篾箩、篾桌、篾凳、篾盒、筛箕、簸箕、撮箕、鸡笼、鸭笼等等。这几类技术既没有严格的传承形式，也不以此为职业谋生，

---

① 袁芳《从社会性别看怒族的村寨教育》，《河南教育学院学报》（哲学社会科学版）2003 年第 1 期。

② 杨知勇、李子贤、秦家华主编《云南少数民族生活习俗志》，云南民族出版社 1992 年版。

只要愿意学习，普通的篾具制作知识很容易学到手，会者都愿意传授。但如果要进一步掌握制作技巧，就要拜师，师傅会教授如何编图案、如何造型等较专业的知识①。

湘西苗族大多居住在山沟、山腰和山顶，交通闭塞，过着自给自足的山地生活。苗族同胞的服饰布料，都得靠自己开地种麻，成熟后采割回来进行纺线、织布，然后画蜡染色、挑花刺绣、最后缝制成衣。为了在恶劣的环境下能生活下去，苗族长辈从“娃娃”抓起，非常重视对子女进行刺绣、纺纱、织布、蜡染等传统手工技艺的传授，并把它们提升到年轻人婚嫁终身大事的高度。湘西苗族尤其是女子大多心灵手巧，与重视这一技艺的传授有重要关系。苗家姑娘四五岁即挑花刺绣。在乡间，无须拜师，能者乐教。她们心灵手巧，一般长到十四五岁时，运针已熟练，配色已然于胸中。苗族把刺绣等传统手艺看成是女子具备“德”的重要标志。新中国成立以前，苗寨的女孩几乎都不识字，在苗家看来，这是天经地义的。但是如果不会刺绣，则会招来非议，被认为是一个缺“德”的女子②。

傈僳族大多生活在三江并流地带的河谷地区，交通闭塞，道路险阻，在现代架桥技术进入当地之前，人们大多依靠溜索往来江河两岸。傈僳族孩子从小就学习溜索技术，成年人不仅可以携带小孩过江，还能携带他人或牲口和物资过江。溜索一般用数十根竹篾、竹皮扭结成拳头粗的篾索，固定在江河两岸的树上或木桩上。溜索分为平溜和陡溜两种。平溜在两端水平篾索间进行，依靠过江者脚部的蹬力滑出，然后手脚并用滑到对岸。陡溜又叫双溜或剪刀溜，指的是在江河两岸固定两根高度存在落差的溜索，一根过去，一根过来，互不影响。过江者将自己的溜板中间凿孔，然后用一丈多长的麻布溜带从中穿过，套在溜索上，并在自己的手臂、腰部和脖子上各绕一圈，然后双手紧握溜板，同时用脚用力蹬出，纵身跃出，依靠惯性一直溜到对岸。但由于各人的技术存在差异，加之竹制溜索风吹日晒，磨损较快，因此时有人畜坠入江中的惨剧发生。现代桥梁在当地大量兴建之后，溜索已逐渐从一

---

① 李泽然、车金明《哈尼族传统教育的内容、形式及特点》，《民族教育研究》2001年第3期。

② 吴桂鸿《解析湘西苗族的传统婚恋教育》，《怀化学院学报》，2009年第6期。

种交通技术转变为人们喜爱的一项体育活动[①]。

哈尼族所生活的地区大多山高路险，道路崎岖，肩挑运输货物不便，因此妇女们发明了专门用于背负重物的背架，用来运输粮食、柴火、肥料、农作物，甚至建房使用的土石方等。背架用木料制成，长约50厘米，宽20余厘米，中部一侧凹如弧状，两端上下方均系着双股棕绳背带。上背带稍宽扁而且柔软，用来在背东西的时候套在头上。下背带较为细长，专门用来系住物件。背架的运输功能很强大，背负的重物可以通过背架将重量均匀地分布在背负者全身，减轻负重的压力。使用背架时妇女们还在背上垫上一件蓑衣，以免压破背部。学会使用背架是哈尼族女孩必须学会的一项生活生产技能。同时背架也是哈尼族妇女专用的运输工具[②]。

傣族妇女善于纺织，女孩从小就要在母亲和女性亲属长辈的指导下学习纺织技术。大部分传统的傣族家庭都有竹木制成的织布机，妇女们可以用织布机织出带有各种提花、暗花和图案的布匹，用来缝制衣服、被子、垫褥、背包以及用于宗教活动的各种经幡、伞盖、手帕等供品。这些纺织品款式众多，花样各异，不仅美观大方，而且厚实耐用。在傣族社会中，人们通常以一个姑娘的纺织水平来衡量其人品的高低。纺织技能同时也成为姑娘找寻对象的重要条件[③]。

保安族很早就有冶铁制作腰刀等铁质工具的高超本领，这种技术也是通过父传子、师带徒的形式传承的。冶铁和制刀是手工业中技术要求很严的劳动，因此，也形成了比较严格的求师学艺的教育规定。学制刀术一般要行拜师礼，经2—3年的学习期，师傅认为可独当一面时，便可出师。师傅对徒弟要求很严，学徒学成后不得改换师门。打制腰刀的技术一般是父传子，不外传[④]。

三、医疗保健教育

以游牧和半游牧为主要生活方式的哈萨克族在发展过程中尤其注意总结、

---

① 杨知勇、李子贤、秦家华主编《云南少数民族生活习俗志》，云南民族出版社1992年版。

② 杨知勇、李子贤、秦家华主编《云南少数民族生活习俗志》，云南民族出版社1992年版。

③ 杨知勇、李子贤、秦家华主编《云南少数民族生活习俗志》，云南民族出版社1992年版。

④ 蔡宝来《论保安族古代教育的形式、内容及特点》，《民族教育研究》1997年第3期。

收集和传播有关医药卫生方面的知识与技能，并编制了许多关于医疗保健、疾病防治和公共卫生方面的谚语和格言开展教育活动。人们在长期的生产实践和生活中积累了丰富的医药经验，知晓多种药物的使用方法。药品来源涵盖了动植物、矿物和化学药物等，如熊胆、麝香、鹿茸、硫黄、升汞等，并产生了专门使用草药治病的民间医生“叶木西”及专门治疗骨折的民间医生“乌塔西”等职业，对传播医药知识发挥了重要作用。此外，哈萨克族先民还在长期的游牧过程中依据牲畜的生理结构和各种疾病表征，发展出专门的兽医学，传播了内容丰富的专业知识[①]。

在哈尼族的传统家庭里，一般的病或轻微的外伤都是自家人医治和处理的，只有伤情严重时才请专门的草医来治疗。在草医中，有的擅长为人治病，有的擅长为动物治病；有的擅长治内伤，有的擅长治外伤，但多数为一专多能。草医的绝活一般不传外人，只传嫡系子孙（女），所以极少有师徒传承的形式。通常，草医上山采药时，带着自己的儿女一起去，让他们辨认草药的生长环境，熟记药名，了解哪些植物治什么病，以花为药还是以茎为药最佳，什么时候采等等。在治疗过程中，以子女为副手配合治疗，或者讲明注意事项后，让其亲自操作[②]。

苗医治病方法多样，常以土方土法、地道药材为主，注重经验和实践，原则上“热病冷治，冷病热治”，“治虚以补，治塞以通”。沿袭师传的有抽箭、化水、履蛋、灯火、火罐、灸法、捆胎、履抽、咒包、刮痧、取骇、赎魂、还愿等，其中水法内容最为玄妙丰富。在医疗特色上，大多数是医巫结合，医药结合，医护结合，医武结合。传统的苗医都不同程度地懂得画符念咒，都有阴师傅、阳师傅，都懂得药物知识、民间武术[③]。苗族传统医药知识体系的建构，是苗族先民在长期的生存实践活动中渐次积累的智力创造。流传至今并活态存在于苗族村落社会中为苗族民间从医者所掌握的这部分知识，是在长期的应用实践中传承、创新的结果。这些民间从医者也就成了苗族传统医药知识体系最重要的传承者，通过传统方式将医药

---

① 吴明海主编《中国少数民族教育史教程》，中央民族大学出版社 2006 年版。

② 李泽然、车金明《哈尼族传统教育的内容、形式及特点》，《民族教育研究》2001 年第 3 期。

③ 刘艺兰《黔东北苗族医药作为非物质文化遗产的保护与传承》，《铜仁学院学报》2010 年第 6 期。

知识代代相传①。

彝族医药历史悠久，凉山一带的彝族语言中称医药为“补此”，意为草药、草木，很好地证明了彝族医药与植物的密切联系。同时，在长期的狩猎过程中，彝族对动物的知识也随之增长和积累。有相当一部分的动物都被彝族先民作为药物使用。彝族民间验方中也喜用、善用动物药。16 世纪中叶，彝族的医方专著《双柏彝医书》详细说明了多种疾病的治疗药物和使用方法，是一本典型的彝族药方书籍，较客观和准确地反映了彝族民间的传统医药知识。发掘于四川凉山彝族自治州甘洛县的《此木都且》（汉语译名：《造药治病书》）约 6000 个彝文字，译成汉文约 10 000 字，共收载疾病名称 142 个，药物 201 种，其中植物药 127 种，矿物药和其他药物 14 种。收载病名多为凉山彝族当时的常见病和多发病。收载药物大多产于当地。该书也是记录凉山彝族医药的宝贵遗产。彝族民间医药往往是几代人甚至十几代人根据实际经验总结出来的成果，有着广泛的临床应用基础。目前开发较为成熟的彝族民间药品中较为出名的有“云南白药”和老拨云堂的“拨云锭”等②。

壮族的传统医药知识除了通过民间医生收徒传授外，还通过民间节日向人民群众广泛传授。这类节日有药王节、谷雨节等。在一些壮族地区每年农历五月初五过药王节。村寨的医生、药农和懂得一方一药的壮族群众，将自己采集和加工的药材，肩挑车载到药市上出售。上市的药材少则一百多种，多则数百种。他们既推销药材，又宣传各种药物的制作、使用方法及其功效。药市上各种草药琳琅满目，应有尽有，买药的人山人海，摩肩接踵，使人们每年都能受到一次药物知识的普及教育。药市的这种教育作用是壮族医药得以传承发展的一个重要条件。如广西东兰等县的壮族把谷雨这一天作为采茶节，除比赛采茶、加工茶叶外，各家各户还专门采集草药来浸泡糯米，磨浆后煎成糍粑。吃这种糍粑，可润肺通脉，防毒防疹。人们通过这样的节日活动可以学到药物知识③。

傣族人民在长期同疾病做斗争的过程中总结了大量的医学理论和丰富的

---

① 麻勇恒、曹庆五《少数民族传统医药知识的现代传承与创新——以苗族传统医药为例》，《原生态民族文化学刊》2011 年第 1 期。

② 颜晓燕、童志远《彝族医药研究现状与展望》，《西南军医》2007 年第 2 期。

③ 覃乃昌《壮族传统社会教育概述》，《广西民族研究》1993 年第 4 期。

临床经验。以“四塔”（风、火、水、土）、“五蕴”（色、识、受、想、行）、“三盘”（上、中、下）、“解”理论、“风病论”等为核心，创立了傣医“十大传统疗法”，为傣族人民的生存、发展发挥了重要作用。傣医十大传统疗法是以外治为主的用于机体保健与疾病防治相结合的一种特色疗法。其内容包括“烘雅”（熏蒸疗法）、“暖雅”（睡药疗法）、“阿雅”（洗药疗法）、“难雅”（坐药疗法）、“沙雅”（刺药疗法）、“果雅”（包药疗法）、“过”（拔罐疗法）、“咱雅”（擦药疗法）、“闭”（推拿疗法）、“抱”（口功疗法）[①]。

第二节　社会文化教育

一、族群认同教育

族群具有以下几个方面的含义：首先，族群是一个群体，它以一种或几种较明显的特征区别于其他群体，而族群的这种特征便表现为“族”；其次，族群是历史长期发展形成的较稳定的群体，但它的边界一直处于变化之中；再次，族群是在社会互动的过程中通过排斥来维持的，在这个过程中形成了区别于其他群体的标识，从本质上说它是一个分类概念。族群认同是指个体对本族群的信念、态度，以及对其族群身份的承认。族群认同虽然研究的范围是族群，但它针对的还是个体，侧重个体在与族群内部和外部成员的交往过程中的心理状态。

信仰伊斯兰教的回族通过家庭教育和经堂教育对青少年的族群认同进行双重规训。家庭教育对回族学生族群认同的形成起了关键作用。从早期的族群烙印，到懂事后对族群行为的引导和约束，以及一些族群仪式的潜移默化作用，使青少年在认识族群的客观特征的同时，也形成了一定的族群行为，逐渐养成包括宗教信仰、饮食禁忌等在内的族群习惯，为以后族群认同的发展奠定了基础。同时，经堂教育作为回族教育的特色之一，对回族青少年的族群认同也产生了不容忽视的影响。作为一种特殊的宗教教育，经堂教育使青少年能更清晰地认识自己所属的族群，掌握更多的族群知识并在课余时间更多地接受族群信仰的熏陶，在客观上促进了青少年的族群认同。在这双重

① 刘斌、张婷、张超《从傣医传统疗法看傣医学传承与发展的方式》，《中国民族医药杂志》2010 年第 10 期。

教育的影响下，青少年在逐渐趋于成熟，族群认同不断发展的过程中，也在结合各方面因素，自我选择着自己的族群认同①。

“那达慕”，蒙古族牧民习惯称之为“乃日”，是基于传统游牧文化和原始信仰体系，以搏克、赛马、射箭等传统“三项竞技”为核心内容，融传统体育、宗教、服饰、建筑、饮食、歌舞、诗词、经济等为一体，通过竞技、仪式、展示、表演、交流等符号活动模式达到一种综合效应的民俗喜庆集会。自古以来，举办那达慕的地方会吸引方圆几十里甚至几百里外的民众，观众和参与的人员达几千、几万甚至十几万。那达慕伴随蒙古族已有近 800 年的历史。它已经成为蒙古族整体文化体系中的重要组成部分，成为体现民族精神与性格的重要载体。而且以其深厚的传统底蕴和丰富的文化内涵，被列入国家非物质文化遗产之列。那达慕的民族性、群众性、竞技性和文化性特质不仅在历史上发挥过重要的军事训练、文化传承与社会凝聚的功能，而且对蒙古族青少年成长为真正的蒙古族起到了不可替代的模塑与教育作用。事实上，在学校教育产生之前，那达慕就早已自然地行使了“学校”或“课堂”的使命，行使着传承民族文化和塑造蒙古族的社会化功能。至今，草原上的传统那达慕依然发挥着生动的教育功能②。

锡伯族的“西迁节”具有较强的族群认同教育功能。锡伯族原是鲜卑后裔，起先居住在东北，与蒙古族、满族、汉族相交融。清朝时期，国家为加强西部边陲的安全，派遣锡伯族 4000 余军民迁徙西北驻防。在西北多民族文化环境下，锡伯族与当地维吾尔族、哈萨克族、俄罗斯族、塔塔尔族、东乡族等民族相互学习，共同生活，和睦相处，共同发展。迁徙后的锡伯族从以前以渔猎为主转变为农业、畜牧业相结合的生产方式，开挖水渠，开垦屯田，种植果树，利用周边矿产全面发展经济。锡伯族的传统节日“西迁节”独特的纪念日庆祝方式深刻地体现了锡伯族族群文化情结。在西迁节纪念日的复合体中，族群记忆通过仪式行为的重复，生物属性与文化属性都得到最深、最全、最广的释放，族群凝聚力也达到空前的聚合。锡伯族“西迁节”独特的时空场域，节日饮食习俗，节日庆祝仪式，集中展现锡伯族文化的传承、

① 杨光莹《汉族居住区内回族学生的族群认同与教育》，南京师范大学硕士论文，2011 年。

② 白红梅、额尔敦巴根《那达慕对蒙古人文化知识体系建构的意义》，《民族教育研究》2010 年第 2 期。

记忆的重构、族群的认同[①]。

“萨班节”是塔塔尔族特有的传统节日，蕴含着丰富的教育文化内涵。为了保持和传承塔塔尔族文化的价值和意义，居住在新疆乌鲁木齐市、塔城市和伊宁市的塔塔尔族非常重视一年一度的萨班节。塔塔尔族通过节日聚会中的服饰、语言、饮食、文体活动、宗教信仰等方式相互交流，增强民族自豪感。通过搭建这样的平台产生了文化共识，达到了族群认同建构的目的[②]。

苗族的古老话具有很强的族群教育功能。其涉及天地的产生、人类起源、叙述氏族、风俗习惯、情歌理辞、劳动生产等方面。其中的开天立地篇主要讲述天地的产生、山川的形成、历法的发明、武器的创造、人类的繁衍等内容；前朝篇主要包括“奶夔玛媾”和“亲言姻语”两个章节，是古老话的第二部分。奶夔玛媾是母系社会头人名和父系社会头人名，讲述的是氏族、部族的形成和演变，母系社会的瓦解与父系社会的确立与发展，氏族、部族之间的战争与迁徙。亲言姻语讲述的则是血缘婚向族外婚、群婚制向对偶婚制的过渡阶段。这一阶段逐步形成了苗族的婚族谱系与各支系的繁衍与发展。亲言姻语实际上就是在叙述苗族的氏族谱系[③]。此外，苗族还通过刺绣、蜡染、银饰、雕刻等艺术形式和图形形象地记录本民族重大的社会历史变迁。如妇女绣花腰围上绣有三条花边，据考证，它们分别代表黄河、长江和西南山区，记载了苗族迁徙的过程。苗族人民通过这种独特的方式使子女在内心深处印刻下自己祖先的迁徙历程，有利于增强民族的凝聚力和认同感[④]。

水族通过传统节日“端节”对族人开展族群认同教育。水族端节又叫“瓜节”，水语称“借瓜”或“借端”。端节是水族同胞所欢度的最隆重、最盛大的民间节庆。贵州省三都水族自治县、独山县、都匀市一带绝大多数水族都有这一节日风俗。依据水族典籍水书、水历的规定，端节在水族历法年底、岁首谷熟时节举行，节期正对应农历的八月至十月。端节从首批至末批，

---

① 周阳《锡伯族“西迁节”与族群文化认同研究》，华中师范大学硕士学位论文，2009 年。

② 祖木拉提·达吾来提《节日聚会与族群认同建构》，西北民族大学硕士学位论文，2011 年。

③ 张卫民、叫思成、黄彭奇子《论湘西苗族古老话的教育意蕴》，《教育与教学研究》2012 年第 1 期。

④ 王德清《论苗族家庭教育的内容——贵州省松桃苗族自治县干塘寨个案研究》，《西南民族大学学报》（人文社科版）2005 年第 5 期。

延时50余天，因此被称为世界上延时最长、批次最多、特色浓郁的年节。2006年，水族端节被列入首批国家非物质文化遗产名录。端节的宗旨是庆贺丰收、辞旧迎新、祭祀祖先、聚亲会友。水族端节的活动主要有祭祀和赛马等。祭祖分别在除夕夜和大年初一清晨进行。除夕与初一相连的两顿饭忌荤，唯独鱼不在禁食之列。水族祭祖的鱼叫鱼包韭菜，是将韭菜、栗仁等塞满鱼腹后，炖煮或清蒸而成，祭祖之后便可食用。赛马则是端节的最高潮，时间在亥日（相当于汉族春节大年初一）午饭后进行。赛马活动有固定的场所，叫端坡或年坡，人们吃过年酒后便成群结队地从各村寨赶来这里。赛马时端坡人山人海。端节赛马的形式非常独特，叫作挤马。指挥者一声号令，骑手扬鞭策马向坡顶冲去，谁先到远坡顶，谁就是胜者。端节也具有维系和增强水族人民认同感的教育价值。端节中的祭祖、赛马等活动使平日里忙碌的人们放下手中的活都聚焦到节日喜庆中来了。端节期间人们互相访问、互相送礼、共享餐宴，对增加人们的互相了解，促进民族内的和谐与团结，增强水族人民对自身民族文化的认识有着不可忽视的作用。端节是水族家人团聚、缅怀祭祖的重要日子，孩子们在这一时刻，特别能体会到父母的仁爱和他们养育自己的艰辛。人们在欢度端节时那种积极向上的心理状态，祈求风调雨顺，充满希望，互相祝福，欢聚团圆的传统情怀，都会极大地增强人们的凝聚力、向心力，这种教育影响是潜移默化、深刻而久远的。端节成为水族人民互相认识、了解、交流、学习本民族文化的重要途径和形式，对增强民族的凝聚力和形成水族人民的认同感有着重要教育意义和教育价值①。

二、家族认同教育

怒族早期实行过母女父子连名制，后转变为父子连名制。1956年的调查资料显示，怒族在距当时八代之前还采用父子连名制。根据传说，怒族的始祖名叫“密以从”（意为从天上下来的人），相传到当时已有63代。他们的口传家谱（译音）如下（按幼子推算）：密以从、从足人、阿都都、都沙布、沙布必、必那沙、那沙以、以纳比、纳比欢、欢米滋、米滋报、报以简、以简聘、聘狂来、狂奴德、奴德报、报息了、息了威、威韦求、求卫山、山喝洛、喝洛希、希麻奴、麻奴臼、臼夸寿、夸寿丁、丁拉马、拉马独、独拉里、拉里瓜、瓜息亚、息亚杯、杯红姊、红姊土、土南亚、南亚巧、巧丙苏、苏

① 黄胜《水族端节的教育价值初探》，《黔南民族师范学院学报》2008年第5期。

杯宽、阿宽宽、阿林林、林普怎、怎劳莽、劳莽丁、丁老巧、巧威楚、楚拉杯、杯楚雀、赫布纳、纳毫脱、四果勇、木以彪、彪亚怎、怎麦特、特劳安、安劳威、老沮、老恩、老威、老吼、豪果、怎鲁、老盘、阿纳。家谱对于怒族至关重要，据说几百年前怒族和傈僳族互相争夺一片土地，双方都说这块土地是祖先留下来的，争执了三天三夜。后来，一个怒族妇女数出了自己的家谱，证明怒族在傈僳族居住在这之前就居住在这里了。这样，傈僳族人才无话可说。怒族的家谱就这样一代代的口传下来，很多老人都能数出自己的家谱[①]。

家支是大小凉山地区彝族的基本社会组织，同时也是以共同的男性祖先血缘关系形成的血亲群体。彝族社会中的每个家支共同拥有一个名称，一般以男性祖先的名字命名，也有的家支以地名命名。彝族实行父子连名制，每个家支都有始于共同男性祖先名字的族谱，彝语称之为“茨”。为了确保家支利益，熟练背诵家支族谱和祖先的历史功绩成为彝族家支教育和血统教育的重要内容。家支成员幼年时即开始接受“茨”的严格教育。成年的家支成员如果能够熟练背诵族谱，无论走到什么地方，只要遇到同一家支的成员，都会被视为骨肉同胞受到亲切关照。反之，不能准确无误背诵族谱者则会受到家支成员和当地社会的唾弃，甚至被视为外人。彝族人常说“走家支地方不带干粮，依靠家门三代都平安”的谚语即是对这种家支组织观念的生动写照。此外，为了维护共同的群体利益，家支成员之间还有相互支持和保护的义务，家支成员从小即要学会维护家支利益，如果家支利益受到侵犯，就要通过特定的方式讨回公道[②]。凉山彝族家谱教育和学习的方式，一般都是口头传承，家支家谱的教育和学习没有固定的时间。一般男孩长到四五岁时，父亲或家支中的长者和智者等能人或头人，就开始教育男性成员学习家支家谱。教育和学习的时间，是在或早晨或中午或晚上的某个空闲时间里，男性成员或个体或集体，或分散或集中学习家谱内容，朝夕教传，日复一日，直到受教育者全部记住本家支及分支先辈的名字，能随时随地一口气全部背出来为止。

---

① 全国人民代表大会民族事务委员会调查研究组编撰《怒族社会概况》，载《中国少数民族社会历史调查资料丛刊》修订编辑委员会编《怒族社会历史调查》，民族出版社2009年版。

② 杨知勇、李子贤、秦家华主编《云南少数民族生活习俗志》，云南民族出版社1992年版。

尤其是在跟随父母或兄长或其他长辈，在参加婚礼或葬礼，或家支会议等活动时，能够得到实践，温故而知新。要特别指出的是，传授家谱是父亲或父辈能人的权利和义务，学习家谱是晚辈所有男性个体成员的权利和义务。尤其是对一家的长子和幼子而言，家谱的内容是非学习不可、非记住不可的。凉山彝族家谱教育的内容主要有：本家支和分支的所有父子连名的名字和相传的代数；本家支在历次冤家械斗中的英雄人物和光荣事迹；本家支在哪代哪辈出了苏易、德古和毕摩；本家支的家规、习惯法以及彝族和汉族等民族起源，天地山水、动植物等的起源和形成；各类格言、谚语、神话、故事等。有些家支还要教育和学习姻亲家支的家谱英雄事迹等内容①。

仫佬族通常是同姓同宗聚居，在同族共居的村落中建有宗祠，作为祭祀祖先的场所，族内还有族长②。土家族村落大多为单一民族的氏族村落。这些由血缘关系联结组成的单一家族村落往往是一个寨子居住一个家族，寨名根据家族姓氏取定③。壮族在家庭之上的组织是家族。通常一个村落即是一个家族，也有几个村寨同一个家族的，甚至有几十、几百个村寨同一个姓氏的④。

蒙古族通过记录祖先系谱的方式教育后代形成家族认同观念。由于蒙古族有保存系谱的传统和教导后代认知系谱的习惯，所以“所有这些部落全都有清晰的系谱，他们将有关系谱的话语作为氏族的财产，因此，他们中间没有人不会不知道自己的部落和起源”⑤。

云南大理喜洲白族的传统民居具有深厚的家族教育内涵。其门楼、照壁上常以暗含家族典故之题词标识出家族姓氏，从而以同姓意识凝聚家族成员并在成员中进行某种价值观的传承。民居的门楼、照壁上还常常题有家族先祖曾担任的官衔或者获得的功名，用于光耀门楣并激发家族成员博取功名。喜洲当地民居的典型形态，如“三坊一照壁”“四合五天井”等，均为四合院。在四合院门楼或照壁的横、竖中轴线上，人们通常以简明扼要的题词标识出家族姓氏。这些题词并非直接的表白，而是含蓄、委婉地描述出历史上本姓氏显赫人物值得称道的事迹、典故，人们凭借这些隐晦的题词，则可判

---

① 刘正发《试论彝族家支家谱教育习俗》，《民族教育研究》2006 年第 5 期。

② 罗日泽等编著《仫佬族风俗志》，中央民族学院出版社 1993 年版。

③ 杨昌鑫编著《土家族风俗志》，中央民族学院出版社 1988 年版。

④ 梁庭望编著《壮族风俗志》，中央民族学院出版社 1987 年版。

⑤ 吴明海主编《中国少数民族教育史教程》，中央民族大学出版社 2006 年版。

断出该家庭的姓氏。宣扬家风、家声是传统民居字饰中最为庞杂的内容，这部分内容体现着鲜明的儒家伦理道德取向①。

以氏族、部落和部落联盟为基础的氏族社会是传统哈萨克族社会的基本结构，其中传统阿吾勒是最基层的社会组织。游牧生产生活方式和父系继嗣在传统阿吾勒的形成过程中起着决定性作用。阿吾勒的规模由经济情况来决定。传统阿吾勒成员之间的血缘关系和经济上的依附关系，在传统阿吾勒的组成和维系中起着很重要的作用。在传统哈萨克社会中，阿吾勒巴斯扮演着基层的管理者的角色。一般由一个阿吾勒中大家所公认的、有组织和管理能力的或能说服整个阿吾勒成员的、有丰富经验的人来担任。他可能是一个阿吾勒中最富有的牧户，也可能是有经验的、有管理和组织能力的贫穷户，还可能是宗教人士等。传统阿吾勒是父系继嗣群。它给每位成员带来了一种归属感，并使群体具有强烈的凝聚力。因此，传统阿吾勒具有向心力、互助功能，是解决纠纷的基层单位和实现社会控制的有效工具。传统阿吾勒是哈萨克族等游牧民族为了适应游牧生活而结成的基层牧业生产组织。因此，它对游牧生产的维系起到一定的作用，并给每位成员带来了生计安全感。每位成员靠阿吾勒共同体来满足自己的需要。在传统哈萨克社会中，婚礼、葬礼等各种仪式活动和赛马、姑娘追、阿依特斯等文体活动均是以阿吾勒为单位举行的。因此，传统阿吾勒是哈萨克族传统文化的源泉和载体或传统文化的空间②。

三、伦理道德教育

基诺族通过称之为“饶考”（意为“小伙子”）和“米考”（意为“姑娘”）的公共组织对15岁以上的男性和14岁以上的女性实施公共教育。其中的教育内容十分丰富，教育功能非常显著。“饶考”和“米考”组织各有一套约定俗成的规则与制度，组织中的领导者由成员推选产生，男青年组织的头目叫“阿舍”，女青年组织的头目称作“牛绕”。这些领导者一般都是组织中劳动能力较强、能歌善舞的人。其他成员在这些负责人的引导下，通过参加各种祭祀活动，学习各种伦理道德与禁忌，确立信仰意志不可违抗的观念

---

① 江净帆《传统民居字饰中的家族教育意蕴——以喜洲白族传统民居为例》，《中华文化论坛》2010年第2期。

② 加娜尔·萨卜尔拜《新疆哈萨克族阿吾勒及其变迁研究》，新疆师范大学硕士学位论文，2009年。

和尊重长老、顺从社会和自然、正直善良等道德观念[①]。加入“饶考”组织的手续并不复杂，年龄符合规定的青年只要携带一些水酒，到达组织驻地，与其他成员共饮一番便算是加入组织了。献上水酒代表自己对其他同伴的尊重，对组织规则的遵守，对组织纪律的服从，同时也就得到了其他成员的认可。“饶考”组织的所在地一般挑选在一户或多户热心和善的老人的家中，称为“尼高着”（意为“玩乐之家”）。青年们长期集中在这里生活，直到各自结婚成家为止。“饶考”组织所施行的教育是一种公共、开放和平等的教育，组织成员除了要负担村寨中的公共劳役、负责安全保卫工作和调解纠纷以外，主要通过过年时的歌会活动和体育竞赛活动，在“尼高着”里的日常社交活动和战争时期的军事活动接受集体教育。“饶考”和“米考”组织中虽然没有固定传授道德规范和各种知识的长老，但男青年们通过长期的集体生活接受社会赋予个人的权利与义务，在公共生活与服务中接受集体观念和伦理道德等方面的教育，增长见识，锻炼能力，同时还可以接受体育和美育的教育[②]。

佤族社会有着丰富多彩的民间故事，这些民间故事大多是歌颂公平公正、勤劳勇敢、善良、坚忍不拔的良好道德品质，抨击各种不道德的行为的。例如，在西盟佤山流传着“江三木落”的英雄事迹和他为人处世的许多故事。人们唱歌跳舞时经常不断地呼唤着“江三木落”的名字。传说“江三木落”这个人，一生正直、聪明过人、足智多谋、乐于助人，对许多事情都能进行公正公平的调解和处理，化解人们的矛盾，赢得了各族部落的公认。“江”是佤语，是“秤”的意思，引申为公平公正；“三木”是他的“排名”和“昵称”；“落”是他的姓，“江三木落”的意思就是“公正公平的三木落”。佤族人民用这样的故事来向人们倡导公平、公正的思想。又如《两姊妹》《谷子就是金子》《害羞的羊》等这些故事大都简单古朴，生动活泼，都是佤族人民进行思想道德教育的材料[③]。

被誉为“壮乡百科全书”的广西壮族山歌文化，历史悠久、简洁通俗、

---

① 陈平编《基诺族风俗志》，中央民族学院出版社 1993 年版。

② 杨知勇、李子贤、秦家华主编《云南少数民族生活习俗志》，云南民族出版社 1992 年版；郑晓云著《最后的长房——基诺族父系大家庭与文化变迁》，云南大学出版社 2005 年版。

③ 史晓红《浅析佤族文化中的教育因素》，《曲靖师范学院学报》2010 年第 5 期。

蕴含深刻，在当地人们生活中占据着重要地位。它是壮族人民在长期的劳动和生活中通过编、唱、听、对山歌来互相表情达意，吐露心声，教育和培养后代，传承生活经验及文化知识，娱乐消遣等发展而来的一种综合性文化。它是一种土生土长的本土文化，反映了壮族的历史、文化、生活、伦理道德、社会现象等方面的内容，具有民族性、通俗性、人文性、娱乐性等特征。壮族山歌文化具有深厚的文化底蕴和丰富的精神内涵，是壮乡人民教化下一代的主要途径。生长在壮乡的青少年，从小与山歌为伴，壮族山歌文化深深地融入了他们的生活和成长历程，影响着他们价值观的形成。青少年思想单纯，好奇心强，有着从众心理。在浓厚的民族文化氛围中，壮族山歌文化易于渗透到青少年的生活中，青少年对山歌文化这一富于亲和力、通俗化、娱乐化的文化样式显现出格外的青睐①。

蒙古族历来重视对子女进行道德规范的教育。在传统观念中，道德规范处于非常重要的地位。成吉思汗颁布的札撒中就有不少关于这方面的格言。例如："凡子不率父教、弟不率兄教；夫疑其妻、妻忤其夫，男虐待已聘之女，女慢视已字之男；长者不约束幼者，幼者不受长者约束；高位达官，信用亲近，遗弃琉逖；富贵之家，不急公而吝财；若是之人，必至流为匪类，变为叛贼。家则丧，国则亡，临敌则遭殃。我严加告诫，以防此弊。"蒙古族把家庭的道德教育提高到关系到国家安危的程度。在家庭内部，人们按照"幼子守灶"的习俗履行对父母双亲的赡养义务，社会文化提倡尊老敬长，重视团结互助和培养勇敢善战的精神品格，并以忠诚和信守诺言为道德准则。蒙古族中常见的"安答"（意为兄弟）关系即是这种道德观念的生动体现。"安答"的缔结者必须信守承诺，相亲相爱，甚至不惜献出自己的生命。

被誉为"中国荷马史诗"的《玛纳斯》是记录柯尔克孜族语言、历史、民俗、宗教等方面的一部百科全书。史诗中的英雄玛纳斯具有英勇善战、聪明机智、宽容仁慈、公正廉洁、忠诚守信和尊老爱幼等优秀品质，其中包括了丰富的爱国主义、民族团结、民族礼仪和伦理道德等方面的教育思想，是柯尔克孜族对后代进行道德教育的主要范本②。

---

① 沈赛玲《壮族山歌文化与青少年价值观教育策略研究》，首都师范大学硕士论文，2007 年。

② 刘苒《柯尔克孜族英雄史诗〈玛纳斯〉中蕴含的教育思想研究》，中央民族大学硕士学位论文，2012 年。

善德在维吾尔族传统文化中占据着十分重要的地位。在维吾尔族的谚语中，人们可以从多方面践行善德。“趾高气扬无旁人，最终掉进深陷阱”，“果实累累的树枝，总是低俯着身子”，这是说人应谦虚、谨慎，而不是盲目自大。“给你敬奶茶的人，你要献给他生命”，这是说人要懂得感恩，滴水之恩，涌泉相报。“他不给你水喝，你给他牛奶喝”，则是要求人以德报怨，而不是以牙还牙。“恶人的心没有片刻安宁”，“不向盲人放箭，不与恶人搭言”，“宁可饥寒身亡，不可抛弃爹娘”，“对老人要格外尊敬，对小孩要保持尊严”，“只有尊敬长辈，才能万事有成”等谚语，要求人们要尊老爱幼、奉养父母。“你若信口雌黄，众人便看不起你”，“张狂的人会死在土坑里”等谚语，要求人们要讲文明、懂礼貌，不要说话、办事无所顾忌。“贪心人逃不脱惩罚”，“吃人家的舌短，拿人家的手短”，“随意打人，无病而亡”，“心肠坏的人锅底漏”等谚语，告诫人们要安分守己，不要追求非分的东西，更不要胡作非为。“你不关心人，无人尊敬你”，“你若欺负弱者，就会受人谴责”等谚语，告诫人们与人交往时，要宽厚待人、和睦相处、互相关心、互相尊重①。

白族的本主崇拜具有很强的道德教育功能。本主祭祀组织洞经会和莲池会入会者必须为人正派、道德高尚、举止得体、孝敬父母、疼爱幼辈等，若不遵守，则有一定的惩罚，直至退会。退会对会员本人而言，是莫大的耻辱。加之洞经会和莲池会的“劝世文”中共同倡导的“敬畏天地、祭拜神灵、亲善自然、孝顺父母、爱人惜物、谦恭真诚、戒淫戒盗、珍爱生命”的价值取向，会员特别注意自身的行为举止。洞经会和莲池会在白族村落中的地位是很高的。人们把平时和气待人、不刁钻、不蛮耍泼辣、明理公平的妇女称为“介嫫优子”（白语，经母形范）。可见本主崇拜中的道德教育对会员品格形成的影响②。

傣族善于利用各种祝词和歌谣对后辈进行伦理道德教育。老人们常利用婚礼、葬礼等重要仪式和场合将教育内容贯穿到祝词、悼词中，既贴切又生动。在一些宗教活动和节日活动中，也会根据不同对象和场合进行不同内容

---

① 司律、阿布力米提·孜亚吾丁、吴艳华《维吾尔族传统文化中的德育资源》，《新疆社科论坛》2011 年第 1 期。

② 陈继扬、张洁《云南大理白族本主崇拜中的道德与行为规范教育》，《当代教育与文化》2009 年第 4 期。

的道德教育。教育后辈要尊敬老人、孝敬父母、勤俭持家、与人为善、为人忠厚、不破坏他人婚姻、不偷劫他人财物、不说谎、不懒惰、多学习他人的长处。这些教育活动贯穿在人们一天的日常生活中，甚至在路上看见他人做错了事，也要规劝几句。广泛流传在傣族当地社会中的“结拜朋友歌”“劝说夫妻和睦歌”“劝说寡妇改嫁歌”“祝儿歌”“老人祝词”“送别歌”“哀悼词”等歌谣都生动反映了傣族特有的道德观念和教育方式①。

婚礼是凉山彝族进行礼仪德能教育的重要场合。婚姻缔结是关系个人、家庭和本民族前途的大事。举办婚礼这一人生重要礼仪时，父母、长辈、宗教仪式主持人一要祝福新婚夫妻，二要对他们进行正规化的道德伦理训导，教之婚后处事为人的原则方法，以期他们家业兴旺、白头偕老、子孙幸福。参加婚礼的人们也因此受到教育。夫妻为“五伦”之一。彝族婚礼主持人和父母要以敬孝父母、夫妻和睦、勤劳正直等价值伦理训导教育新婚夫妇。如“青年力气大，长辈知识多”；“人往上长，笆往上编，树往天上长”；“礼貌待朋友，朋友来爱你；礼貌待亲家，亲家求婚嫁；礼貌待敌人，敌人变朋友”。婚礼中排座位、敬酒都要遵循主客长幼尊卑有序原则。新娘和主客坐于锅庄上方。先按照舅舅、叔叔、哥哥、弟弟等排序，再按辈分和年纪依次排座，依次敬酒且态度谦恭。通过“一世同友过，一日莫骗友”，“无父可生活，无信用不能活”，“不教不成人，不学不成匠”等格言把诚信、谦虚、孝敬父母、重学等价值伦理观传授给后人②。

水族通过丧葬、家祭活动开展伦理道德教育。丧葬活动主要包括报丧、入殓、择吉、安葬、立碑、除服等六个阶段。其中安葬又分为家祭、出殡、入土。家祭顾名思义就是家庭内部对亡者的一个祭礼，是小辈对长辈的祭奠。该仪式一般是在出殡的几小时前由祭师主持。仪式分三个部分：一是准备过程，安排牺牲之物；二是引导过程，鸣炮三响，所有乐器齐奏哀乐；三是家祭。家祭也分三部分，一是宣扬死者的功德；二是阐述未尽的孝道；三是祈祷逝者灵魂早日升天，为子孙后代庇佑送福。家祭礼举行之时，孝堂内外挤满了孝家的亲朋好友。水族丧葬家祭仪式表现最直观的教育功能是伦理道德

① 杨知勇、李子贤、秦家华主编《云南少数民族生活习俗志》，云南民族出版社1992年版。

② 陆文熙、陆铭宁《凉山彝族传统婚姻礼仪中的德能教育》，《西南民族大学学报》（人文社会科学版）2006年第12期。

教育功能。仪式中的一切行为，无不体现一个“孝”字。“孝，德之本也，教之所繇生”。以“孝”为伦理道德教育的内核，并依赖教育把“孝”转化为家庭成员对长辈感恩和报恩的行为方式。这样的活动不仅是对孝子道德行为的提倡，也是对在场的人道德行为的一种鞭策。通过家祭仪式将孝道渗入到个体、家庭、社会中，实现孝道教育功能。其作用的过程就是感化的过程，而其选择的时机，正是失亲悲痛之时，此时的人最易于受到感化。现实社会中养老问题日趋严重，为维护家庭的和睦与社会的稳定，需要发掘传统孝道的合理因子，将孝道观念融入实际的生活中①。

土族人民将社会礼仪与伦理道德教育视为做人之本，并始终贯穿于日常生活和人际交往当中。在日常社会生活中，常以年龄、疏密、通例等作为待人接物的伦理规范，讲求人与人之间论资排辈、大小有序、男女有别，彼此以礼相待。喜庆佳节，村舍邻里、亲戚朋友互相拜访庆贺。在公开或有长辈的场合，妇女不能摘下帽子，不准脱去衣衫，不得高声喧哗。途经寺庙、拉什则，必须绕行，或下马步行。春节期间，禁止家人间发生吵架等不愉快的事情。到他人家中拜年，要携带礼物（如馍馍、茶、酒等），不能空手去做客等等。去土族家做客，不论相识与否，都会受到热情招待。民间有“客来了，福来了”之俗语，表现出土族好客的良好风尚。在款待客人时，不能使用有裂纹的碗碟、长短不齐的筷子，凡事特别讲究圆满如意。此外，土族民间的谚语、俗语、俚语、格言和传统故事中也含有丰富的伦理道德教育思想，这也成为土族民间伦理道德教育的一个重要方面②。

四、集体意识教育

由于嘉绒藏族多居住在大渡河上游的河谷地带，人们之间的交流并不是很频繁，这一地区分散的居住结构决定了平时人们很少聚集在一起，婚礼因此成为对村落社区成员进行集体意识教育的重要场合。早在婚礼前很长一段时间内，全村的人就要帮忙一起准备。砍树、煨桑、挂经幡、杀猪、敬献哈达等都是全村的事，就连平时不大走动的亲戚也会应邀而来，这是协调家族和社区关系的一次机遇，而参与其中的人通过婚礼及神圣宗教仪式获得很强

① 潘晓慧《水族丧葬家祭文化的教育功能》，《黔南民族师范学院学报》2010 年第 4 期。

② 高岩、鄂崇荣《土族传统教育的内容、途径和功能》，《青海民族大学学报》（社会科学版）2012 年第 1 期。

的归属感和群体意识[①]。

哈萨克族的民间谚语以口语化的形式要求人们为了集体利益而牺牲个人利益，例如“宁可不作爸爸的儿子，也要作人民的儿子”，“与其一个人迷路，不如和大伙儿一起迷路”。这是哈萨克族劳动人民的根本道德原则。他们对追随个人而背离广大群众的人是嗤之以鼻的：“与其给少数人摇旗呐喊，不如给大伙儿炒菜做饭；与其给个别人作主子，不如给大伙儿当饭吃。”为让自已的牧场不受他人侵犯，牲畜不为他人掠夺，人民安居乐业，民族繁衍不断，哈萨克民族在历史上形成了一个个以血缘为单位的部落。人们深深懂得，部落的兴衰和个人的命运息息相关：“同部落的人福祸连在一起。”建立在个人基础上的幸福是不稳固的，只有全部落的共同繁荣进步，才会有每个哈萨克族家庭的幸福：“一只春燕飞来不是春天，一只喜鹊飞来不是冬天。”部落的共同繁荣进步又必须首先建立在全部落团结一致、齐心全力的基础上。哈萨克族劳动人民十分重视团结：“刁马生的马驹活不长，不团结的部落不会长。”因此哈萨克族人民的道德观念要求每个人都要时时处处从部落的利益出发，以集体的利益为最高准则，为之竭尽全力忠诚地服务：“千里马的马尾，粗如鬃又细如丝；明智的青年对于部落，是领袖又是奴隶。”他们从集体观念出发，历来提倡济贫扶危，互相帮助：“好马奔跑时只知朝前瞅，好人走运时会照看左右。”[②]

瑶族社会教育成员要爱护集体（指家族、氏族和本民族）的荣誉和维护集体的利益。由于历史上种种原因，瑶族社会生产力低下，因此个人与集体的关系比较紧密，维护集体的荣誉和利益自然成为道德评价的准则。流传在都安一带的瑶族民间故事《除蛇洞》叙述了蒙玲不怕强暴，严惩侯三蛇和胡地蛇，为民除害的事迹。流传在广西大瑶山、凌云、巴马一带的《坚美仔斗玉皇》则歌颂了坚美仔勇战群神，斗败玉皇，保寨安民的为公精神。类似的故事还有许多。通过这些故事的讲述，褒扬热爱集体，维护公众利益的优良品质，教育后代要热爱集体，不要损害民族的荣誉和利益。在瑶族社会中，凡是损害集体荣誉的人，要受到社会公众的斥责和严厉惩罚[③]。

---

① 李涯、巴登尼玛《嘉绒藏族婚俗中宗教活动的教育功能》，《民族教育研究》2010年第6期。

② 王晓晨《哈萨克族民谚中的道德观念》，《道德与文明》1985年第4期。

③ 覃茂福《瑶族传统道德教育刍议》，《中南民族学院学报》（哲学社会科学版）1988年第6期。

五、生态观念教育

哈萨克族在独特的传统文化和风俗习惯中非常注重环境保护的传统教育。哈萨克族人大部分从事畜牧业，牧民都按季节转移草场，过着逐水草而居的游牧生活。因此哈萨克族为了保护周围的生态环境，控制破坏大自然，保持生态平衡而想出种种办法，形成各种禁忌，并把这些办法和禁忌渗透到道德教育中。例如长辈们给孩子们解释时会把有些禁忌习俗与人类的生活联系在一起，使青少年从小产生保护环境的意识，使孩子不敢去做破坏环境的事，达到使孩子保护环境的目的。例如“不拔青草，否则你的青春会遭受你所拔青草的命运”，“不能在溪水边大小便，不能在溪水里吐痰，不能往溪水里乱扔脏物，否则你将会患眼疾”，“不能破坏鸟巢，否则真主将破坏你的家”，“不能打碎鸟蛋，否则脸上出现斑点”，“不能破坏蚂蚁窝，否则你也会成为无家可归的人”①。

苗族是个讲究生态平衡的民族，长期生活在山坡水边，与花鸟做伴，花情、鸟情、人情，情情相通。湘西苗族民间传说建立在自然崇拜的思想上。苗家人认为“物大为神为仙为精”，当事物发展到一定程度，人是不可能战胜自然的。在这种观点下，人往往会对自然产生一种敬畏之情，他们想到的更多是人与自然和谐共处，而不是去征服自然。当然，也有个前提：有时候人可以战胜自然，可以向自然索取一些东西来维持生存；有时候当自然的力量远远超过人时，人不可能超过自然，尤其是当自然中一些事物像人一样修炼成仙的时候，人不能战胜它，要与之共处。在人遇到困难的时候，祈求自然的力量、神的力量给予保护。人也不能忘本，在一定的时候也要去向神进贡。苗族人对龙洞或者山神、树神的拜祭，显示出人对自然的崇拜和依赖：我们与自然万物唇齿相依，息息相关。所有这些反映了苗族人自然至上和人与自然和谐相处的“环境伦理”思想，对生态保护具有积极的作用②。

珞巴族的传统采集活动有一定的季节性，如一月和二月主要是采集竹笋的季节，三至十月采集各种野果，其中每一种野果又生长在不同的季节。人们在采集各类植物时并不是竭泽而渔式的掠夺性采集，而是根据植物的生长规律和

---

① 哈吾斯力汗·哈斯木汗、加尔肯《哈萨克族传统教育中的环保理念》，《中国民族》2011 年第 5 期。

② 张卫民、石胜钱《论湘西苗族民间传说的教育意蕴》，《湖南师范大学社会科学学报》2011 年第 1 期。

人们的生活需要进行选择性采集。对于作为粮食重要补充的淀粉含量高的“达谢”和“达荠”，许多部落不光采集，还在采集的同时进行种植。如苏龙部落的经济活动以采集和狩猎为主，常年以“达谢”和“达荠”为主食。他们居无定所，常以“达谢”和“达荠”林作为他们安营扎寨的处所，在一处采集一段时间后便转移至另一处林木繁茂的地方。他们将粗大的“达谢”和“达荠”采集后会及时种植，对较小的“达谢”和“达荠”一般不采集砍伐。待若干年后小的和新种植的“达谢”成林后，他们便又轮换着前来采集①。

藏族笃信的藏传佛教教义认为，人与自然是在互相联系，互相依赖中一起生存的。人的生命源于自然，人类栖居于大自然是上苍的恩赐。人类享有利用自然资源的权利，但一定要合理利用，取之有度，要知足。尤其强调，人类不仅不能对大自然进行随心所欲的索取、掠夺和破坏，而且要怀着一种神圣的敬畏加以保护。佛教的“因果报应”论提醒人们，善待自然就是善待人类自己，会得到善报；毁坏自然则等于毁坏人类自己，一定会有恶报。藏传佛教的这些主张，对藏民族产生了深刻的影响。数千年来，藏民族保护生态环境的实践充分体现了尊重生命、坚持众生平等的基本理念。人们崇拜神山圣湖，珍惜土地，对草原的利用总是持谨慎的态度，选择积极、合理的适应策略。牧区坚持按季节、分区域轮流放牧。在半农半牧区或农区，对开垦天然草地、荒地也有着相应的管理措施，尤其对垦荒面积有严格的限制。在寺院门前的“照山”和寺院背面的“靠山”上，不可滥伐树木，禁止捕杀各种动物。在“照山”和“靠山”上揭草皮以及毁山采矿是绝对禁止的。守住每一片树林，不允许在任何一座山上随意砍伐树木，尤其忌讳在神山上砍伐和滥采植物。保护每一处水源。在湖泊、泉眼等水源周围，不允许堆放垃圾或其他污物。禁止在水源附近扔牲畜的尸体或大小便，尤其忌讳在泉眼洗衣、洗澡或洗涤带有污垢的东西。不许在水源附近挖山采石。认为山体的原始状态才是稳固的，才会有水的不断生成。呵护每一种动物。藏族牧民认为，各种野生动物是大自然的装饰，是人类的朋友，它们会给人类带来吉祥。把滥捕滥杀野生动物看作是践踏生命的举动、一种罪孽。人类应该以友爱、怜悯之心爱护各类禽兽，给它们以良好的生存环境。藏民族的传统生态观与生态

① 陈立明《珞巴族的传统文化与环境保护》，《西藏大学学报》（社会科学版）2009 年第 4 期。

保护实践，表现出对雪域高原的地理和自然环境的准确把握，对特殊人文环境的能动调节。藏族人在始终不渝地追求人与自然的和谐、统一，恪守“保护自然，相依相存”的民族承诺①。

六、民间艺术教育

壮族地区至今仍流传着大量的内容丰富多彩的民歌，从图腾歌谣、创世史诗，到神话传说和历史故事，从风俗歌谣、婚恋情歌，到伦理道德和生产时令等等，其中仅民间长诗，目前收集到的手抄本就有上千部，使壮族地区有“歌海”之称。这种民族文化的传承和发展，在很大程度上依赖于一年一度遍布壮族地区的各类歌圩活动。歌圩是所学校，参加歌圩唱歌的人必须先学歌，一是向歌师学习、请教，二是阅读并抄写歌本。民间有大量用古壮字记录的歌本，这些歌本即是教材。上歌圩以后，新歌手在歌师和老歌手的指导和帮助下，按照各种规定的程序唱歌，并逐步学会自编自唱，直到在对歌中得到对方和观众的承认，才算得上已经掌握唱歌的技能。歌圩又是考场，每个歌手都必须经过歌坪的考试，考试的评判员是歌手和广大观众，谁创作的歌优秀，谁唱的歌悦耳动听，得到大家的认可，谁就能在歌场上站稳脚跟，否则就会被淘汰。正是通过这一年一度的“考试”，考出了一批又一批优秀歌手，使歌圩上人才辈出，使壮族民歌代代相传②。

烟盒舞是彝族民间舞蹈中最具特色、发展水平也较高的一种舞蹈。烟盒舞曲调优美动听，舞姿刚柔相济，道具别具一格，深受各民族人民喜爱。烟盒舞除了表演性的舞蹈在动作上要求高、难度大以外，群众自娱性的集体舞简单易学，因而在彝族人民中男女老少皆宜。同时，由于烟盒舞流行的云南个旧、建水、蒙自、石屏、开远等县（市）历来属多民族杂居区，彝族与其他兄弟民族交往密切，由此烟盒舞得以广泛流行并进而传遍云南各地。烟盒舞在群众自娱性活动中得到了广泛传播。烟盒舞往往与彝族民俗活动相结合，每逢彝族传统节日和民族传统体育运动会以及盛大宴饮、婚礼喜庆等活动，烟盒舞是必不可少的保留节目。因此，传统节日和文体活动就成为人们传习烟盒舞的重要载体③。

---

① 赵永红《藏民族的传统生态观》，藏人文化网，http：//www. tibetcul. com/。

② 覃乃昌《壮族传统社会教育概述》，《广西民族研究》1993 年第 4 期。

③ 普丽春《云南彝族烟盒舞及其教育传承的特殊价值》，《民族教育研究》2007 年第 2 期。

被誉为“音乐百科全书”的维吾尔木卡姆艺术主要通过师徒传承的方式开展教育。这种教育活动在环境较为宽松的时候走街入户收徒培训，而在社会环境较为紧张时就基本局限于自家儿女。木卡姆艺术的代表性传承者之一图尔地阿訇的木卡姆的学习经历及其传承完全可以证明这一点。经过对图尔地阿訇谱系的调查了解，他的第一代师祖名为哈菲兹·达潘迪（原名已经忘记，在民间以“哈菲兹·达潘迪”之名著称）曾师从著名木卡姆师大柯德尔汗·叶尔坎迪学习木卡姆艺术。图尔地阿訇的第二代师祖为依不拉音·卡隆，第三代是阿西木阿訇·萨塔尔，第四代是卡吾力阿訇·卡隆，第五代为泰外库里阿訇。图尔地阿訇与以上这些师祖都把木卡姆艺术作为上辈的遗产传授给了自己的后代，他们一生都在从事这项工作。此外人们还可以通过参加麦西来甫来学习木卡姆艺术。维吾尔民族中的麦西来甫是他们传统的娱乐休闲的活动形式之一，是可以为内容丰富的艺术作品的出现、传播提供舞台的重要场所，同时也是培养艺术继承人的“学校”。维吾尔族的谚语“要送孩子去学校学习，如若不然就送到麦西来甫”就是最好的例证。维吾尔麦西来甫让人们认识和了解生活的细节，借助各种领域和方法体现教育的职能。而且，麦西来甫中的各种娱乐活动很自然地为木卡姆的表演和向下一代传授提供了条件①。

第三节　个人认知与行为教育

一、生命观念教育

羌族通过丧葬礼俗对青少年进行关爱生命的心理教育。羌族丧葬礼俗过程就是对羌族民众社会情感、道德情感、审美以及友谊情感的激发过程，既是爱的激发过程，也是爱的教育过程。这个过程既表达了对逝者的爱，又表达了对生者之爱。羌族丧葬礼俗中蕴含的爱的教育给予我们几点启示：即爱的教育是对青少年进行生命教育的前提，是推动人与人、社会、自然和谐发展的动力源，是人本主义教育思想在现实中的体现。羌族作为中国最古老的少数民族之一，历来重视“生”“死”之道，在其丧葬礼俗中，从死者“落

---

① 米吉提·尤努斯《论维吾尔木卡姆教育传承方式》，《新疆社会科学》2011 年第 4 期。

气”到“下葬”都有着成套的仪式程序，仪规也相当复杂。通过讣告，入殓，坐“大夜”，房顶祭，“赶马”“转路”和“回煞”等环节，一方面是对死者一生的事业、贡献、社会影响的总评和追念，另一方面又是生者对死者的祝福。而对死者的评价追念以及祝福，其实质就是对以生命形式存在的“爱”的褒扬，就是以“爱”为主旋律的表达过程，就是人们对爱的关注和追求的过程。通过这些仪式对青少年进行情感性质、友谊性质、审美性质、欲望性质之爱的教育。不难看出，一方面，羌族的葬俗是一种寄托生者对死者的哀思的方式，同时也是一种安慰生者、激励生者的方式。另一方面，羌族的丧葬礼俗也表达了羌族人民共同的愿望。生命诚可贵，情爱价更高，它使羌民能更深层次地理解“生”的意义，能更珍惜现实中的幸福。也使原本因为死而引发的恐惧都湮没在爱里，而死亡本身也成了人们生与爱的历程中不懈怠的积极推动力量。这样，原本出于对死者的哀思、对鬼神的敬畏等而举行的丧葬礼俗，却也成了人们开展爱的教育的一块园地，并给我们无数教益与可贵启示①。

在布依族的观念中，人界与灵界是两个时序颠倒而又能够相互渗透的世界，活人的灵魂有时也会错入灵界，死人的灵魂也经常会到人间游走，于是“布摩”与“迷纳”的任务就是发现并隔离人与鬼，使他们各自相安无事。由于受到轮回观念的影响，人们认为好人死后成为善良的鬼，仍然可以投胎于人世，恶人死后成为恶鬼，不能投胎于人世。所以，布依族在其老人去世时都要举行超度仪式，希望死者的灵魂能够成为善良的鬼，享受来世的幸福。在栽“龙戈”仪式中，死者的孝子们跪在“龙戈”前叩头、敬礼，以十二分的虔诚祈求竹神为亡魂引路，铺架通往灵界的桥梁，回归祖先灵魂的住地，不再贫穷，不再受苦。举行“赶鬼场”仪式时，“布摩”口念“祭祖经”，肩扛宝剑，围着祖灵绕场三周，为亡魂引路。孝子们跟在“布摩”的后面，悲痛欲绝，哭别亡人的灵魂。在布依族的丧葬过程中，除了栽“龙戈”和“赶鬼场”之外，其中的任何环节都与灵魂不死和死后生活的观念有着紧密的联系，无不体现了布依族的鬼魂崇拜和对来世生活的遐想②。

---

① 杜学元、蔡文君《浅析羌族丧葬礼俗中蕴涵的爱的教育及启示》，《西南大学学报》（人文社会科学版）2007 年第 2 期。

② 杨昌儒《从丧葬仪式看布依族的生死观——以关岭布依族为例》，《贵州民族学院学报》（哲学社会科学版）2008 年第 2 期。

生和死是基诺族的重要人生观。民谚说："芭蕉砍头后有生，人们有生就有死。"在基诺族的生命观念中，"生不是始，死也不是终"。婴儿满月后才是人生的"始"，人死后不是"终"，而死后的灵魂还在人们周围缠绕，家里人生病或是生产劳动不顺，就祈求死后的老人回来，保佑家人平安归顺，因为死后的阿匹、阿普、阿布、阿嫫与故友和死去的老人同在宇宙阴间里安家，享受着祥和幸福的天伦之乐。每逢"特懋克"节都要回来，家里有喜事、哀事、建房造屋都要回来。上述的生死两方的"分、转、合"之间具有可分辨且又连贯的种种人文环节，可以相互对接。换而言之，基诺族的过渡礼仪不是直线的"人生如竹"，而是曲折的人与魂的生命延续①。

二、成长历程教育

裕固族在孩子周岁或三岁第一次剃头时，要给孩子举行剃头仪式，很多人家还要给孩子取经名。因居地不同，剃头的时间也不相同。居住在康乐、大河等山区的裕固族，一般是小孩三岁时剃头。而住在平原明花区的裕固族，是在小孩周岁或三个月时剃头，也有在婴儿满月时就剃头的。他们认为小孩的胎毛早点剃掉好。裕固族老人讲："这是裕固族人的老传统。给娃娃剃头，就像给马驹剪鬃毛一样，马驹子剪鬃才算马，才能乘骑；娃娃剃头才成人，才能长命。"在剃头前，孩子的父母先请喇嘛或自家的老人选定吉日、时辰。一般认为初一、十五是吉庆日子，多在午时进行。吉日时，要请喇嘛先念长寿经，然后从经典上取一名字。由于裕固族信奉藏传佛教，因此，所取经名与藏族的名字相似。反映出的主要的文化观念有：宗教信仰观念，仪式中要请喇嘛僧人前往念长寿经，煨桑敬神请求保佑。珍爱生命的观念，由于战乱频仍等原因，造成了裕固族人口锐减，至1949年新中国成立时人口只有3000人，加之游牧民族传统上就有珍爱生命的传统，所以，家庭添丁在裕固族的社会生活中历来是一件大事。伦理道德观念，特别是"亲戚里舅舅为大"的观念，裕固族在婚丧嫁娶、节日庆典、财产继承等重大社会活动中，舅舅都被尊为上宾，故有"衣无领子不能穿，人无舅舅无根源"等等的说法。人生过渡观念，剃头前的孩子被视为婴幼儿，剃头后的孩子被看作儿童，被正式接纳为一个社会成员。就实质而言，剃头仪式是一个过渡礼仪，标志着孩子

① 张云《基诺族民间教育和生命观价值》，http://www.ygf.yn.cn/news/gn/2013/0116/507.html。

开始了一段新的人生历程。从教育功能上看，剃头仪式可以践行本民族的文化观念，同时还能促进社会团结①。

在四川省大凉山的彝族山寨，姑娘们到了15岁或17岁（单岁）就要迎来一个名叫“沙拉洛”（“沙拉”即短裙，“洛”意为“换”）的换童裙仪式。主持仪式的一定是一位儿女双全，长相端正有福、家庭和睦、能干利落的中年妇女。仪式只允许女性和儿童参加。仪式中最重要的程序是服饰、装束的改变：第一，要为姑娘改变发式，将童年时期垂于脑后的一根独辫子分开梳成双辫，盘在头帕上；第二，要将姑娘耳垂上红色的耳珠、白色的耳贝串换成银光闪闪的耳环；最后，将黑、白或红、白两截的“沙拉”童裙换成五彩色布的三截百褶长裙。至此，她就告别天真烂漫的少女时代而步入成年人的行列了。如果这个时候姑娘已经订婚或出嫁，夫家就要赶来三只羊表示祝贺。如果这个时候姑娘还没有订婚，还没有找到婆家，那么在换裙前，还要为姑娘举行“假婚”仪式。把姑娘背到磨子、锅庄、中桩、石头门槛前，把姑娘象征性地嫁给这些假定的丈夫——磨子、锅庄等。发式与服装的改变象征着姑娘的童年时期已经结束，步入了成年社会。成年仪礼对姑娘而言，不仅意味着获得了性生活的权利，同时也意味着为家支、为社会担负起联姻和生育后代的义务和责任。“沙拉洛”成年仪式的另一个意义是姑娘族籍的改变与社会角色的变换。仪式前，姑娘还是自己父亲家支的成员，可以参加家支的活动；仪式后，就被视为姻亲家支的人了，成了外人，婆家的人了。以“换裙礼”为表征的“沙拉洛”成年礼象征着旧人格的死亡，以及随之而来的合格的社会成员的新生，使姑娘通过仪式获得了成年人的角色感②。

“度戒”是瑶族社会对男子进行的成年教育形式。这种被“红头瑶”称为“度腮”，“兰靛瑶”称为“栽奢”，“沙瑶”称为“在”，“板瑶”称为“者三”的教育活动一般在10—20岁的男子中举行。“度戒”有八条明确戒律：不得虐待父母、不得欺老凌幼、不得怠慢亲友、不得贪花好色、不得吹赌败家、不得偷盗抢劫、不得杀人放火、不得吃狗肉。“度戒”由村寨中的众度师（即瑶老）亲自主持，他们会轮流对受戒者进行族史、族规（即八戒）

---

① 巴战龙《裕固族儿童“剃头”仪式的教育人类学研究》，《河西学院学报》2012年第3期。

② 张晓玲《浅谈服饰的仪礼作用——以四川大凉山彝族少女的成年礼为例》，《传承》2009年第10期。

的传授和教育，最后由受戒者画押签章，具结保证。只有顺利通过“度戒”的男子才被认为是盘王的后代，瑶族的子孙，否则将会遭到排斥，甚至无法娶到同族的姑娘为妻①。

普米族孩子长到13岁后，无论男孩或是女孩，都要举行成丁礼，表示孩子已经长大成人，不能再像儿童一样贪玩淘气了。成年礼多选在除夕之夜举行，届时村中适龄儿童聚在一起，通宵欢乐。雄鸡报晓时分，各自回到家中，女孩和男孩分别由母亲和舅父在巫师的指导下分别完成“穿裙子”礼和“穿裤子”礼。如果是女孩，则由母亲带至火塘的左侧，双脚分别踩在猪膘肉和粮食口袋上。猪膘肉代表财富，粮食代表丰收，表示孩子长大不愁吃穿，生活富足。女孩左手拿耳环等女性饰品，右手拿麻线，象征女性的家庭地位和在性别分工中所承担的角色。巫师念经文，向灶神及祖先祈祷，求他们保佑女孩。母亲在一旁为女儿脱下长衫，换上短上衣和棉布百褶长裙，系上一条绣有图案的腰带。换好装的女孩向灶神和祖先叩头感谢，向亲戚朋友一一行礼，亲友们送银币、饰品等表示祝福，然后仪式结束。男孩的成年礼则由舅父带至火塘右边，双脚踩猪膘肉和粮袋，左手拿银圆，右手握尖刀。这些物品代表财富和勇敢。由巫师祈祷，系腰带，向灶神叩头，向亲友行礼，并用牛角杯向长辈敬酒。亲友送给马、骡子、羊等，祝愿他以后牛羊成群，英勇剽悍。举行成年礼的家庭，父母要设宴款待亲友，端给每人一大碗骨头汤、一块肉和一些猪心、肝，表示大家是至亲骨肉，祝贺子女长大成人，从此一家人心肝相连，团结一心，互相帮助。举行过成年礼的孩子，有权参加社交活动和主要的农业劳动。长辈要对子女进行社交礼仪和婚姻方面的教育，学习唱民歌、跳锅庄，还按性别进行一些技能学习。女孩要学会操持家务，学习纺织、刺绣等女工活计；男孩则进行射击、摔跤、农业生产的训练和比赛。普米族通过仪式的形式赋予个体成人的权利，使个体在享受权利的同时承担一定的社会责任与义务。通过成年礼仪式中服饰的变化来实现个体在社群中身份、地位和角色的变化，全过程围绕“成人”的意义展开②。

性教育是基诺族青春期家庭教育的主要内容。当孩子步入青春期之后，母亲就会告诉女孩怎样处理月经，并向她讲明月经是每个女性都会有的现象，

---

① 杨知勇、李子贤、秦家华主编《云南少数民族生活习俗志》，云南民族出版社1992年版。

② 朴红月《普米族成年礼及其教育性分析》，《文史》2010年第10期。

以此消除少女的心理的不安。对男孩，父亲会告诫他们不要偷看别人的性活动，要懂得害羞，并且让男孩认识到只有结了婚才能有性生活，这是一件严肃的事情[①]。

苗族通过不同年龄的服饰的变化形式——“换装”来施行个体的成长教育。个体在诞生、结婚、老年等人生关键转折点上的三次“换装”礼仪将静态的服饰符号纳入动态的生命生成历程之中。在赋予服饰文化内涵以生命意义的同时，也以象征的方式赋予生命生成以特定的文化规定性，引导和规范着苗族成员从出生到死亡的整个生命历程，是最本真意义上的一种教育活动。苗族服饰成为文化传承的有效载体，用形象、直观的方式为民族成员提供了一个意义体系，引导并规范着苗族人从出生到死亡的整个生命历程。诞生时“换装”礼仪的教育内涵在于通过血亲的力量让婴儿的自然生命得以延续，并以象征的方式界定其身份，使其初步获得社会的承认。之后，婴儿以民族新成员的身份被导入社会中，借助服饰符号这一教育媒介，习得相应的民族精神文化内涵、服饰制作或银饰锻制等生活和谋生的基本技能，形成性别角色意识和独特的民族审美观，获得了必要的文化前理解，从而有助于个体基本社会化。结婚时的“换装”礼仪一方面为个体适应这种转换提供了一个心理调适的空间，另一方面也为苗族文化的传承、新人的角色表达以及获得他人的承认提供了必要的教育场所。在此过程中，新人接受民族文化的熏陶并通过角色学习、角色体验不断强化自己的族群意识和角色认同意识，接受继续社会化，为其从家庭走向更广阔的社会奠定了基础。老年人为“换装”礼仪准备寿衣的过程实际上也是内化民族生死观，对死亡进行价值选择和定位的过程。在这种蕴含价值意向和归属感的生死观教育中，个体实现了死亡社会化。“换装”礼仪将服饰文化符号与个体的生命成长历程紧密地结合起来，在赋予文化内涵以生命意义的同时，也赋予生命生成以一定的文化规定性[②]。

湖南侗族有“滚烂泥巴田”的习俗。孩子长到5岁、10岁和15岁时，父母为了庆祝孩子的生日，通常会把孩子带到泥巴田里，让其爬滚。5岁时，由母亲带至田边，孩子从一端滚到另一端，由父亲接领，象征着孩子已经脱离

---

① 郑晓云著《最后的长房——基诺族父系大家庭与文化变迁》，云南大学出版社2005年版。

② 陈雪英著《西江苗族“换装”礼仪的教育人类学诠释》，重庆大学出版社2011年版。

了母亲的怀抱，可以向父亲学习劳动技能，接受艰苦的锻炼了。10 岁时由父亲将孩子带到田边，滚到另一端由其祖父接领，象征着孩子已经初步养成了劳动的习惯，以后应该向祖父学习，接受锻炼。15 岁的时候由祖父领到田边，滚至另一端，无人接领，象征着从这个时候起孩子已经长大成人，应该独自闯出一条生活的道路。这一习俗反映出侗族人民希望孩子从小通过学习和锻炼，不断获得和提高独立自主、艰苦奋斗的本领①。

新疆于田地区维吾尔族妇女结婚生子后举行的“居宛托依”（少妇礼）的仪式具有较强的成长教育功能。在新疆维吾尔自治区于田县的街头经常可以看到一些穿着与众不同的维吾尔族妇女。她们的外衣特别宽松，衣襟、袖口全镶有蓝边，最显眼的是胸前左右两边都有 7 道对称的蓝色条纹图案，长长的白纱头巾上，有一个酒盅大小的帽子。这身服饰不是所有的女人都可以随便穿的，只能是结过婚，并且生了小孩的妇女才能穿，在穿之前要举行“居宛托依”（少妇礼）的仪式。“居宛托依”，是维吾尔语的译音，是一个合成名词。“居宛”意为少妇；“托依”，意为“喜事”“庆典”，通常大多译为“礼仪”“仪式”；“居宛托依”就是指为少妇举行的仪式，即少妇礼。维吾尔族认为只有生了孩子的妇女才有社会地位，可以说少妇礼也是维吾尔族女性的成年礼。举行“居宛托依”的时间并没有统一的规定，因地因人而异，但必须是生了孩子的妇女。“居宛托依”是妇女真正成熟的里程碑，是对她们的社会性加以确认的标志。维吾尔族把不曾生育的妇女称作“色克莱克”，而把生过孩子的少妇称作“居宛”，还喻称为“桥坎”。“桥坎”本意为初春吐新叶的柳条，在春风中摆动的形象，是很有诗意的比喻，蕴含着人们由衷的赞美和推崇。“托依”，既然意为“喜事”，那就很隆重。举行“居宛托依”的这一天，会邀请亲朋好友来庆贺。有趣的是，这一天所有的客人均为女性，而劳作的“服务员”均为男性。仪式一般为分三个步骤：一是“开面”，二是换装，三是“拜麻扎”，并捐一些财物“积德赎罪”，也顺便郊游一番，以示庆贺。仪式后，人们就要改称该妇女为“居宛”或“桥坎”。仪式中的“女主角”既是教育者，同时也是受教育者。她作为完成生育任务并具有家庭美德的典范，对其他参与仪式的妇女来说有重要的教育作用，督促她们向榜样学习。可以说她起到了传承生

① 万建中编著《中国民俗通志·生养志》，山东教育出版社 2005 年版。

育文化和家庭美德的作用，即教育者。另一方面，通过这一仪式可以提高该妇女的社会地位并进一步升华她的道德情感，使她今后变得更加贤良，在仪式的过程中她也通过反思受到了教育。同样，在重大场合中穿着礼服的妇女无疑会对其他妇女起着潜移默化的教育作用①。

哈萨克族的整个婚嫁仪式包括“沙仁”“加尔-加尔”“森斯玛”（哭嫁歌）、“阔尔斯”（哭别歌）、“阔什塔斯”（告别歌）、“别塔夏尔”（揭面纱歌）等几个部分，可以看出它是用歌唱串联起来的一部完整的“组歌”。“沙仁”是喜事序歌，是新郎的弟弟或者年岁相仿的挚友和一位善歌小伙子前往新娘家传送信息的歌，由此揭开婚礼序幕。一听到“沙仁”，新娘就在毡房里唱“森斯玛”。接亲的青年转唱“加尔-加尔”，即用轻松愉快调子、风趣幽默的语言劝说新娘。“加尔”歌的仪式结束后，戴上头巾的新娘这时开始唱“阔尔斯”，表达一种复杂的心绪。与父母亲人及朋友挥泪告别时要唱“阔什塔斯”，父母亲人也相应给予回应，以示彼此美好的祝福。当新娘被送到公婆家时，一个胳膊上系有各色布、手持嫩树枝的人开始唱“别塔夏尔”，即以唱的形式教导媳妇如何做事。婚嫁仪式歌帮助女性完成了心理和社会角色的转换，因此婚嫁仪式歌成为哈萨克族女性人生转折的标记②。

哭嫁习俗是土家族女性成长过程中最重要的仪式之一。这一民俗活动的重要教育目的是促使土家族女性按照传统社会对女性身份、地位和角色等的要求成长的过程。其中所包含的内容广泛，涉及土家族女性生活经验和技能、社会行为及规范、家庭责任及伦理道德等丰富内涵。以土家族新娘出嫁这一活动为中心，其具体活动和过程具有极强的情境性、活动性、认知性和游戏性等突出特点，主要倚重口耳相传、活动与情境、情感和体验等进行和展开，因此在教育效果上具有生活性、直接性、情感性和有效性等特点③。

三、性别塑造教育

佤族的命名方式带有鲜明的性别特征。新生儿的姓名不能冠以姓氏，而

---

① 何秀丽《于田维吾尔族“居宛托依”的教育人类学解读》，《昌吉学院学报》2011年第4期。

② 潘帅、范学新《哈萨克族婚嫁仪式歌中的女性民俗文化价值》，《内蒙古民族大学学报》（社会科学版）2012年第1期。

③ 杨智《土家族哭嫁习俗中的女性成人教育研究》，四川师范大学硕士学位论文，2010年。

是以区分性别的出生顺序为开头，加上要取定的名字，最后再加上父亲的名字。例如称男性的老大为岩，老二为宜，老三为散，以下顺序为腮、傲、罗、简、煮、厥和网；称呼女性的老大为月，老二为椰，老三为维，以下顺序为窝、约、也、鹅、艾、尾和远。婴儿满月命名之后，才能成为一个真正意义上的社会的人①。

羌族的成年礼具有鲜明的性别塑造特征，是当地社会专为男性青年举行的一种极其隆重的仪式，以接受对性别社会价值规范的认识。一般是祭山会时在神林中举行，届时全村年满 16 岁的男青年身着崭新的羌族传统服饰在神林中的空地上集合，释比头戴猴头帽，身穿法衣，手握法器，面对石塔，先祭祀天神木比塔，再祭祀火神、树神、山神、地盘业主、祖先神等诸神，接着宰一只红公鸡并把鸡血淋在石塔及塔上压的烧纸上，让神灵享用，希望他们保佑全村的男青年茁壮成长，成为真正的男人。释比一边念咒，一边带领他们绕“神塔”游走三圈，然后给每一名男青年发放一条白色的公羊毛线，并用手指把油抹在他们的前额上，表示天神保佑，命根有系，已成人了。接着，要进行一种“请冠郎神”的占卜仪式。用光滑平整的大石板一张，上面涂一层黄泥浆，用一只木桶盛满清水，将桶底座于石板上的黄泥浆中，桶梁上系着绳索抬杠。把参加冠礼的人分成若干组，每组 2—4 人，各组轮流抬，协力向上举起，若石板也随之被抬离地面，就认为冠郎神请到了，这组人今后的运气很好，能成大事；如果连续三次都未能抬起的话，就认为冠郎神没被请到，这几人的运气不好，百事不成。接着喝酒、吃肉，唱羌族古歌，表演“盔甲舞”。回家以后，家人会给这些“新男人”准备丰盛的晚宴来庆贺他们成为大人，晚上还要由男青年的男性祖辈老人带领全家男性做法事。诸亲友围火塘而坐，男青年着新衣，由老人带领向供有祖先的神龛下跪行礼，老人手执杉杆，将白色公羊毛线系在男青年脖子上，然后也跪下和男青年一起向祖先神祈祷，请男青年的祖先庇护，与天地同岁，而后再唱祖先功绩，祭祀家中诸神。从此，男青年才由一个男孩成为一个男人，具有了社会认同的成人身份，可以正式融入社

① 雷兵、陈兴华、郭愉《佤族教育史》，载冯春林、蔡寿福、陈庭贵主编《中国少数民族教育史》（第四卷），云南教育出版社、广东教育出版社、广西教育出版社 2002 年版。

会并参加社会活动了①。

古代，传统哈萨克族社会对不同性别施以不同教育。男性从事放牧、狩猎等生产活动，女性协助生产劳动，承担家庭劳动。哈萨克族女性在劳动实践中，除了被训练协助男性喂养牲畜、清扫羊圈、牧放羊群外，从小还需跟随长辈学习挤奶、鞣制皮张、刺绣、擀毡和做饭等劳动技能。在当母亲帮手的同时，要学会独自承担责任，因为这是她们得以生存的必备手段。通过这些劳动实践的训练，哈萨克族古代传统社会女性被培养成家务劳动的负担者，生产劳动的辅助者。在这些劳动实践教育中，女性被教化为生产劳动的辅助者和男性的从属者，并使这一从属身份被女性认同并内化为一种自然的行为方式②。

哈尼族的民居体现出明显的男女性别差异，反映出哈尼族固有的男性继嗣原则。云南西双版纳地区的哈尼族民居通常是以竹木构架，茅草盖顶的干栏型建筑，上层住人，下层饲养牲口家禽。通常一个父系大家庭要建造一栋中心的母房“扭玛”，然后依照家庭中已婚成员的数量围绕母房建盖若干所子房“扭然”。母房的面积较大，因此用竹篱笆分为两半，一般称为“巴罗”，由男性成员居住；另一半称为“尤玛”，由女性成员居住。房子的两半各设有专门的门出入，并分别设有火塘。女性成员居住的一侧的火塘供大家庭烧饭做菜用，全家人都在这里就餐，人多的家庭则按照先男后女的次序进餐。哈尼族支系白宏人还规定只有男性成员才能在大房的饭桌上吃饭，女性成员只能在旁边的耳房就餐。房间的床位也划分为男床和女床，规定男子的床位不能超过房子的中轴线（须与屋脊垂直）。假如男子出门在外或者死亡，妻子必须睡在丈夫的床上，不能让床位空着。如果父亲去世，那么长子就要睡在父亲的床位上③。

拉祜族社会尊崇家务和农活都由男女共同承担的文化理念，这种理念也贯穿在孩子们社会化的过程中。通常二至六岁的小孩喜欢玩过家家和做农活的游戏，但他们扮演的角色并没有性别的区分。不论男孩还是女孩，都喜欢

---

①　马宁《羌族成年礼探析》，《阿坝师范高等专科学校学报》2008 年第 2 期。

②　张兴《身体、权力与教育：哈萨克族古代传统女性的养成》，《新疆大学学报》（哲学人文社会科学版）2011 年第 2 期。

③　杨知勇、李子贤、秦家华主编《云南少数民族生活习俗志》，云南民族出版社 1992 年版。

在游戏中扮演带孩子的角色。除此之外，他们还会扮演另一个重要角色，即煮饭烧菜。煮饭烧菜的游戏被称作“玩做饭”或过家家，三至六岁的孩子最喜欢玩。孩子们会找些树叶，卷成“碗”和“锅”，然后用灰烬当“米”，叶子当“菜”，小棍当“筷子”。这游戏不是单独一人玩的，它通常吸引两三个有时甚至是七八个孩子一起玩。他们会各自把“饭菜”做好，然后端到院里，以地当“桌”一起“吃”。有时他们专门把自己做的“菜”搛给别的孩子，让他们“品尝”其“美味”。孩子们不喜欢一个人“玩做饭”，因为那没什么意思。这个游戏具有合作性质，孩子们通过游戏，从小就为进入男女同工的社会进行着准备①。

普米族借助成年礼仪式，用服装差异去界定性别、性别角色和行为规范的差异，使同一氏族的人能直接从服饰这一外在的文化形式，自然地分清其社会性别角色。社会性别角色是人们在族群组织、婚姻选择、行为规范、家族延续中要考虑的重要因素，这对于相对封闭的传统社会具有重要意义。在传统普米族的习俗中，人们一般认为举行完成年礼以后的男女在生理上已经发育成熟，可以寻找自己的伴侣，更重要的是赋予他们承担起家族和氏族人丁兴衰的重任②。

四、婚姻情感教育

云南哀牢山区的哈尼族青年从十七八岁起开始自由的社交与求偶活动。这些活动普遍在各村寨的男女两性“头目”的指导下进行。这些“头目”普遍是青年人当中的社交经验丰富和组织能力突出者，且都是未婚身份，假如结婚，则不能再担任“头目”，必须转由其他条件相当者接任。“头目”们不仅教这些刚刚成年的年轻人结交异性朋友的各种技能技巧，组织各种社交活动，解决恋爱过程中产生的纠纷和矛盾，同时还要对那些违反两性道德与社交规则的年轻人进行教育和处罚。男女青年通常通过一种名为“阿巴多”的集体活动进行深入的了解。首次的“阿巴多”由小伙子们主办，一般邀请经验丰富的中年男子为其操办，期间要准备丰盛的晚餐，当男女双方的“伙子头”和“姑娘头”配对入座后，其余的男女青年也可自由配对入座。宴会一般要持续到天明，席间只喝酒不吃菜，但姑娘却要

① 杜杉杉著，赵效牛、刘永青译，杜杉杉校订《社会性别的平等模式——“筷子成双”与拉祜族的两性合一》，云南大学出版社 2008 年版。

② 朴红月《普米族成年礼及其教育性分析》，《科教文汇》2010 年第 10 期。

坚持着不能喝醉，离开时接过小伙子用芭蕉叶包好的饭菜，并约好下次到姑娘村寨举行“阿巴多”的时间。“阿巴多”是哈尼族青年男女学习恋爱的重要活动场所，除参与者外，还有不少围观者，婚恋知识正是在这样的活动中不断传递继承的①。

婚恋教育是湘西苗族重要的婚恋习俗，几千年来传承不息。这一习俗涉及诸多内容，主要包括情歌对唱、恋爱见习、技艺传授及婆媳相处四个方面。数千年来，情歌对唱在湘西苗乡氛围甚浓，它是苗族青年的一门公共必修课。湘西苗族青年热情奔放，爱好音乐，擅唱情歌，这与苗乡重视情歌对唱这一婚恋习俗有着密切联系。过去，苗区教育文化落后，富有民族特色的情歌对唱成为苗族青年的精神文化食粮。在田坎野地里，苗族“歌师傅”常放下手中的农活，教男女青年学唱情歌。晚上，一些“歌师傅”的家常常聚集许多青年男女，在寂静的夜晚，悦耳迷人的苗族情歌回荡在山谷间，“歌师傅”的家宛如一所音乐夜校。甚至到现在，一些苗乡办喜事时，在散客当天，主人方的青年要向客人“讨歌”，如果客人不会唱或者所唱歌曲主人不满意，主人就不允许客人回家。这就是苗乡流行的“拦歌”习俗，它是苗乡学唱情歌、切磋歌艺的一种重要形式。湘西苗乡历来盛行“恋爱见习”的习俗。情窦初开的子女去赶“边边场”，去观摩情侣们谈恋爱，苗族父母向来对此持宽容态度。同时，许多苗寨的男女青年在和恋人约会时，经常带上未恋爱过的兄弟或姐妹，让他们开阔眼界，增长见识。甚至有些偏僻苗寨的姑娘在离寨子稍远的地方用树枝、稻草等自筑“花房”，节日期间与邻寨小伙在“花房”内谈情说爱。她们在收获爱情的同时，不忘自己的好妹妹，在“花房”附近往往建有若干个“小花房”，供情窦初开的小姑娘“见习”使用。此外，刺绣、纺纱、织布、蜡染等是湘西苗族的传统技艺，它们也是重要的婚恋教育内容②。

藏族举行过成年礼的女孩和男孩被认为已经具备成年人的心理，可以自由恋爱，而且父母亲一般都不会严格干涉其交往的对象。从以前的记录来看，藏族青年男女在婚前享有较为宽松的性自由，一起吟唱情卦是他们

---

① 陶天麟、薛丽云、张文华《哈尼族教育史》，载冯春林、蔡寿福、陈庭贵主编《中国少数民族教育史》（第四卷），云南教育出版社、广东教育出版社、广西教育出版社 2002 年版。

② 吴桂鸿《解析湘西苗族的传统婚恋教育》，《怀化学院学报》2009 年第 6 期。

恋爱交友的主要方式之一。情卦，藏语称为“仪姆”，是一种与宗教占卜仪式相结合的猜调歌，同时也是藏族青年男女互相表达爱慕和友谊的传统风俗歌。在迪庆藏族聚居地区广泛流传，青年男女往往借此相互传达和猜测爱情心理活动。如中甸尼西地区的藏族青年男女还借助情歌与异性交往，十三四岁的男女举行过穿裤仪式（即成年仪式）后，就有了与异性交往的自由，情侣们低声吟唱情歌，直至第二天凌晨方分手[①]。此外，茶会也是青年男女婚前较为隆重的社交场合。茶会其实就是歌会，由一村的青年邀请另一村的青年前往赴会。由约定的当天傍晚开始进行，主要内容为对歌，青年们可以借助对歌相互了解和传达爱情、娱乐助兴等。茶会的时间可以一直可延续至第二天拂晓。

基诺族父母会告诫在青春期寻找配偶的子女不要找会哄会偷的人，不要找懒人，不要找缺手缺脚没有劳动能力的人，不要与亲戚谈恋爱。除此之外，不论对方是贫还是富，长相好坏，都可以找。对于男孩子，父母会告诫他们最理想的配偶是会纺线织布、绣花，会孝敬老人，性格温和的人[②]。

怒族少男少女随着年龄的成长，便可以开始自由交往，学习社会赋予的性别规范。按照传统习惯，怒族青年男女婚前的性关系是比较自由而不受社会干涉的，1950 年以前不少村寨中还有公房存在[③]。交往场所公房被称为“哦吆”，意为“村里供寄宿的房子”。这种场所曾经遍布怒族大大小小的村寨。“哦吆”有的是父母为子女建盖但尚未居住的新房，有的是主人远行或去世后闲置的空房，还有的是孤男寡女的居所。各家各户十多岁的少男少女便可离开父母到“哦吆”中寄宿，一起学习弹奏“达比亚”（一种四弦琵琶），学跳民族舞蹈。男孩学习制弩制箭，女孩则学习捻麻绕线。“哦吆”除了教授传统民俗和生产技艺外，还是情窦初开的少男少女重要的社交场所。不少情侣在这里结缘，甚至私订终身。他们夜间相拥就寝，清晨才依依不舍地离去。这种情侣被当地人称之为“加尤”，意为“睡伴”。学会恋爱是每个人成长中

① 迪庆藏族自治州地方志编纂委员会编《迪庆藏族自治州志》（下），云南民族出版社 2003 年版。

② 郑晓云著《最后的长房——基诺族父系大家庭与文化变迁》，云南大学出版社 2005 年版。

③ 《碧江县一区九村怒族社会调查》，载《中国少数民族社会历史调查资料丛刊》修订编辑委员会编《怒族社会历史调查》，民族出版社 2009 年版。

的重要历程，没有“加尤”将会成为一种耻辱遭到别人的耻笑。

五、人际关系教育

蒙古族教育子女要广交朋友。其谚语曰：“与其有一百两银子，不如有一百个朋友。”早期的蒙古族常结为“安答”。《蒙古秘史》中有“凡结为安答，要相依为命，要互相帮助，要相亲相爱”。草原地广人稀，广泛的交友是他们沟通信息的重要渠道。在交友中，忠诚是衡量人们的一切行为，维系人与人之间关系的最高准则。明代萧大亨《夷俗记》载：“最敬者笃实不欺，最喜者胆力出众，最重者然诺，其最惮者盟誓，伪则不誓，一誓死不渝也。”他们教育后代：“酒壶里倒出来的酒热乎，打心眼里说出来的话真实。”“宁失肥牛，勿失己言。”这种告诫，代代相传[①]。

纳西族通过“化赍”活动对参与者实施人际关系教育。在纳西语中，“化”为群体之意，“化赍”即大家组织起来，一起做“赍”这个活动的意思。“化赍”在纳西族人看来就是一个在物质上相互帮助的群体。“化赍”活动形式经常为：大家邀约若干个朋友，组成一个类似同学会的“化赍”组织，然后推举出一位赍长，其他成员就称为赍友,赍长组织大家从某月起进行“化赍”活动。该活动一般为一个月组织一次，要求每位赍友每月拿出固定数额的一份钱，这笔钱称为“赍钱”，把赍钱先拿给最急需用钱的第一位赍友使用，第二个月又拿给第二位赍友使用，依此种方式类推，直到所有的赍友都拿完赍钱，即完成了一轮“化赍”活动。然后开始新的一轮，这样一直坚持下去。到了进行“化赍”活动的那天，拿赍钱的赍友就邀约其他赍友或是到自家里聊天、休闲一天，或是组织大家到室外游玩一天。“化赍”作为纳西族人的民间活动，体现出互助、联络感情、放松娱乐和文化传承等社会功能。赍友们在一次次的“化赍”活动中，受到环境的熏陶，接收到更多的信息，并得到很多互相学习的机会，这个赍组织也如同一个大课堂，让赍友们不断接受教育。赍友们通过“化赍”活动不断学习到与他人的相处方式与自我的生活方式。“化赍”活动旨在互相帮助，注重人们之间的礼尚往来。通过这样的活动,赍友们学习到要得到别人的帮助，自己首先应该去帮助别人；要得到别人的理解，自己首先应该去理解别人。除了与他人的相处方式而外，赍友们受到环境的熏陶，采取更积极的生活方式，主动交流，主动获取信息，并达到一

① 邢莉《历史上的蒙古族教育》，《民族教育研究》1993 年第 4 期。

种劳逸结合的健康生活方式。“化赍”活动在纳西族社会生活中持续时间已经十分久远，而且到现在为止仍十分盛行。另外，它的组织性强，活动时间也较为固定，因此它所体现出教育的作用是稳定的、长远的。通过这样一种具有民族特点的活动方式所发挥的教育作用是非常重要的①。

布朗族是一个传统的山地民族，在远古时期或现在自然条件相对恶劣的情况下，人们为了生存，很多时候必须依靠集体或多人的力量才能渡过难关。而拜认干亲无疑成为构建人际关系网络的一种重要手段和渠道。拜认干亲意指为孩子找一个干爹或干妈，它是普遍盛行于邦协社会中的一种传统风俗。尽管干亲关系在某种程度上不会使两家人的关系非常贴近或者不如血亲和姻亲关系那样牢固，甚至缔结了干亲关系的村民之间在三年之后关系可能会趋于平淡，但是邦协布朗族通过这种信仰与仪式，不仅可以克服生活上与心理上的种种挫折、困难、恐惧和不安，还可以借这种信仰和仪式，客观上增加自己人际交往圈中的新成员，从而扩大自己的人际关系交往圈，巩固团体的凝聚力②。

“有酒桌上喝，有话当面说”的拉祜族崇尚为人坦诚正直、光明磊落，不说假话、虚话，不随意恶语伤人。这是他们一贯奉行的信条。邻里、朋友之间偶有摩擦或误解，事后互递一支草烟、喝一杯水酒，也就和好如初。“一家有事，全寨相帮”也是拉祜族的传统习俗和精神风尚。在村寨中感受最深的是人与人之间浓浓的情谊，无论是不是亲戚，都有这样的情谊。而事实上多年的相处，加之血缘、姻亲的关系，很多村民远远近近都有一点亲戚关系，相互间的团结和照顾，让人觉得生活在拉祜族村寨不会有孤单的感觉。平日里大家经常走动，说说笑笑；农忙时节相互帮工，辛苦的劳作中常常伴随欢声笑语；婚庆的日子全村人都来参与，喜庆洋洋；家人逝去，全村人共同陪伴相送，共渡难关；年节的时候全村人共同敬神、共同欢乐；盖新房时全村都来帮忙，往往一天就可以将房子盖好……拉祜族村寨的生活处处都能体现集体的力量，每个人都是集体中的一员，共同维护集体的荣誉、共同享受集

---

① 和晓燕《纳西族的“化赍”活动及其教育意义》，《新西部》（下半月）2008年第10期。

② 黄彩文、杨文顺《布朗族拜认干亲习俗与人际关系网络的构建》，《学术探索》2007年第2期。

体的关爱，村寨就是一个大家庭①。

婆媳关系处理历来是家庭关系中的传统难题，被誉为是最难处理的人际关系。苗族非常清楚婆媳关系对家庭和谐的重要性，特别重视对子女进行婆媳相处的教育，并认为这是关乎女儿婚姻幸福的大事。过去，湘西苗族大多早婚。因此，在女儿还未出嫁时，做母亲的就经常教导女儿要处理好未来的婆媳关系，给女儿传授处理婆媳关系的方法与技巧。而且，苗族妇女在家里努力扮演好媳妇角色，让女儿在家里接受良好的“见习”，以实际行动教育和感化女儿。湘西一些苗族居住在崇山峻岭、深沟峡谷的武陵山区。他们经历历史上长期的流变迁徙，移居偏远山区，过着小农经济的山地生活。虽然生活颠沛流离，但是并未丢掉独具民族特色的传统婚恋教育。这一传统习俗对于提升苗族同胞的人文素养、培训生存技能、构建婚姻和谐的家庭、保护民族传统优秀文化等都具有重要意义，在苗族社会历史发展中发挥着重要的作用②。

① 朱力平《拉祜族社会生活中的基本伦理与传统教育》，《沧桑》2013 年第 1 期。

② 吴桂鸿《解析湘西苗族的传统婚恋教育》，《怀化学院学报》2009 年第 6 期。

第二章　西部地区的民族社区培训教育

社区培训教育的内容与形式伴随人们对社会教育这一概念的理解不断发展变化。常见的社区培训教育形式包括民众学校、成人班、妇女班等，还包括在博物馆、科技馆等场所开展的灵活多样的教育。广播电视发明和广泛使用之后，极大地促进了社区教育的发展。世纪之交，国际社会掀起了全民教育运动的热潮，一个这样的理念日益深入人心：要保证每位公民尤其是处境不利群体，例如，农村贫困人口、少数民族、妇女等，享有接受教育的基本权利和成功地获得教育的机会。扫盲和职业培训是当今世界每位公民所必须接受的基本教育的主要内容之一。

少数民族尤其是落后基层社区中的少数民族，是处境不利群体中最脆弱的群体。这些社区不仅地理位置边远，自然环境特殊甚至恶劣，资源和产业结构独特，经济普遍贫困，财政困难，青壮年文盲比例高，而且大多有其独特的语言文字、宗教信仰和风俗习惯，尤其是基层民众的教育水平、现代科学意识和科技基础十分薄弱。因此，边远民族地区的扫盲与培训，明显地呈现出艰巨性、特殊性和复杂性的特点，不能简单机械地照搬发达地区，甚至内地落后地区的做法，而需要采用适合各类边远民族社区特点的有效模式。

第一节　扫盲教育

扫盲教育（education for illiteracy）是指“对不识字和识字少的人进行识字教育，使其具有初步的读、写、算能力”[①]。中华人民共和国成立前，中国

① 《中国大百科全书·教育卷》，中国大百科全书出版社 2004 年版。

的文化教育非常落后。1949 年，全国文盲人数占全国人口的 80%，少数民族人口中文盲人数所占的比例更高。因此，大力开展扫盲教育，努力提高人民群众的科学文化素质成了中华人民共和国成立后政府在教育方面的一项重要任务①。

一、扫盲教育的开展背景

据统计，从人口的分布情况来看，目前中国文盲人口的 90% 分布在边远贫困的农村地区，其中 50% 分布在中国西部地区，特别是在经济、社会发展相对落后的青藏高原、云贵高原和黄土高原的边区、牧区，少数民族人口文盲率普遍高于全国平均值②。因此，推进中国西部地区民族扫盲教育，便成为全国扫盲教育工作的重点和难点。

在文盲群体中，妇女所占比例较大。据统计，全球文盲中有四分之三是妇女。中国妇女文盲占我国文盲总数的 70% 以上。新中国成立之初，全国妇女人口中的文盲率高达 90%。几十年来，中国政府在妇女扫盲方面花了大功夫，举行了一次又一次声势浩大的妇女扫盲运动。自 1949 年以来，中国政府把妇女扫盲视为进一步解放妇女的基石，有计划地开展了一系列群众性的扫除文盲运动。在经历了 20 世纪 50 年代的三次扫盲高潮后，1958 年，1600 万妇女脱离文盲。改革开放以后，加强妇女扫盲教育，在农村妇女中形成了广泛的学习热潮。1995 年，国务院在《中国妇女发展纲要》中，提出大力发展妇女教育，提高妇女科学文化水平的重要任务。为完成这一任务，全国各地开展了巾帼扫盲行动和女性素质工程活动，把扫除妇女文盲“提高妇女素质提升到了一个新的高度”。经过 50 年持续不断的努力，中国已经成功地使 1.2 亿女性文盲脱盲，女性文盲在全体女性中所占的比例从 1949 年的 90% 下降到 1999 年的 21.56%。2000 年，在 18 至 64 岁的女性中，文盲比例已下降到 11.1%，青壮年妇女文盲率已降至 4.9%③。

---

① 滕星、张霜、海路《对中国少数民族新创文字扫盲教育的思考》，《民族教育研究》2008 年第 2 期。

② 孙诚、杨红、张竺鹏《我国西部少数民族扫盲教育调查报告——云南省澜沧拉祜族自治县扫盲教育个案》，《成人教育》2005 年第 1 期。

③ 夏海鹰《关于加快我国妇女扫盲教育的思考》，《理论与改革》2005 年第 2 期。

二、扫盲教育实践

（一）广西龙胜县农村扫盲教育[1]

龙胜县位于广西北部，是国家扶贫工作重点县。其中苗、瑶、侗、壮等少数民族占人口的75%。2007年9月，联合国教科文组织授予龙胜县社区教育管理中心2007年度“国际阅读协会扫盲奖”。龙胜县的农村扫盲和扫盲后继续教育的覆盖率达100%。脱盲后的农村劳动者普遍掌握了两门以上生产与生活实用技术，特别是转变了观念，走上了创业致富的道路。龙胜县的农村扫盲教育为当地人口素质的提高和经济社会的发展做出了重要贡献。龙胜县的扫盲教育经验主要有以下几方面。

1. 构建农村扫盲教育实验网络

龙胜县农村少数民族妇女中的文盲一度占全县文盲的78%，这严重制约了当地的经济发展和社会进步。为了彻底改变这种状况，县委、县政府把开展农村全员性的扫盲教育实验作为一项战略决策来组织实施。从1999年春季开始，逐步建立了“县—乡镇—行政村—自然屯社区”四级工作网络。县成立了以县委常委和县政府主管领导为正、副组长的“民族农村全员性扫盲教育实验工作协调委员会”。并在县教育局设立由县政府办公室主任和教育局局长任正、副主任的办公室，筹建了主管和指导全县农村全员性社区教育实验的社区教育管理中心。各乡镇成立相应的领导小组，建立以成人技术学校为载体的农村社区教育学校中心。在行政村成立农村社区教育学习中心，并建立校务委员会。在自然屯成立社区教育学校，以方便群众就近接受扫盲教育和因地制宜学习为原则，创设全员性学习基地。

2. 打造一支过硬的农村扫盲教育实验师资队伍

龙胜县教育局石志远副局长说：“实施少数民族农村全员性扫盲教育实验，人的因素是第一要素。农村全员性扫盲教育实验的管理与施教人员的素质、责任心和使命感如何，是实验成功与否的关键。”县教育局始终把实验师资队伍建设作为实验工作的重点，在人员的择优选调、工作业绩的考核、待遇的保证、不断学习的具体要求及管理力量的加强等方面都有制度化的措施与保障机制，保证了师资队伍爱岗敬业、开拓进取的奉献精神和创业精神，

---

① 此部分主要参见杨杰军、廖会兰《用知识的力量改变乡村——广西龙胜各族自治县农村扫盲教育实验纪实》，《中国民族教育》2009年第3期。

成为当地教师队伍中的优秀群体。

3. 少数民族妇女走上脱盲致富的幸福路

龙胜县开展农村全员性扫盲教育实验，把突破口选在扫除少数民族妇女文盲上。采取了一系列针对性措施，包括农村扶贫工作者与脱盲对象手拉手，扫盲教师与妇女脱盲对象结对子，给脱盲对象送教上门，并实施包教、包会、包巩固提高和包跟踪服务的“四包”办法等。这些措施不仅明确了农村扫盲教育工作者的责任，而且创设了农村扫盲教育的长效机制和学习氛围，扶贫与治愚两手抓，扫盲与发展生产两不误。

4. 防止新文盲的产生

龙胜县在扫除农村文盲的同时，特别注意防止新文盲的产生，特别是女童新文盲的产生。通过举办民族班、女童班、女子班、职业初中班，创办寄宿制学校，开设劳动技术与“绿色证书”教育选修课等，有效防止了新文盲的产生。农村少数民族妇女脱盲后，尝到了有文化、懂科技的甜头，改变了“送女孩读书，不如让女孩养猪”的旧观念，大大提高了送子女入学的积极性。

5. 新型就业技能培训让农民得实惠

只抓扫盲教育，而不抓农村全员性的社区教育学习活动，则往往事倍功半。如果没有学习氛围，脱盲与巩固提高对象的学习效果不仅会大打折扣，而且会失去学习的动力。为此，龙胜县开展了农村全员性的社区教育学习活动，在扫盲和扫盲后的继续教育中创造条件，在全县农村建立社区教育学校。这样不仅一举攻克了扫除剩余文盲和扫盲后巩固提高的难关，还实现了以扫盲和扫盲后继续教育促进农村发展，以全员性社区教育学习推动扫盲后继续教育持续发展的良性循环。

（二）云南寻甸县苗族妇女扫盲教育①

在云南省寻甸县寻村，扫盲教育是针对妇女受教育程度低的现实而开展的识字和算术教育。因为妇女白天要忙生产，活动一般在晚上举行。授课的老师由村民通过民主的方式从社区里受过初中教育的村民中选举产生。由村民自己当老师一方面能够提升村民的自信心，另一方面使得授课的内容更符合当地的实际需要，充分利用了社区的资源。项目组成员居中扮演协调关系

① 此部分主要参见王肖静《贫困苗族农村妇女的社区教育研究》，《农村经济与科技》2009 年第 3 期。

和排忧解难的角色。扫盲教育为期 3 年，每周进行 2—3 次，以县政协提供的扫盲课本为主。教授识字、算术基本知识，让妇女在学习课本的同时增加识字量，学会基本的加减乘除。这是社区教育中最基本的教育内容，采取的是正规课堂传授的方式，讲究识记和多练，并配合阶段性的知识竞赛，以奖励的方式提高妇女的学习积极性。

为了弥补村民教学方式单一的局限性，增强妇女学习的兴趣和持续性，项目组策划了志愿者社区教育活动。从云南大学社会工作系的本科生中招募 4 名志愿者，为他们提供有关社区情况介绍、社会性别、参与式评估等知识的集中培训后，让志愿者为妇女提供为期 4 个月的定期文化教育服务。授课内容与妇女的生活和生产实际挂钩，包括教妇女写本村村名、各类农作物的名称、实用家具的名称、集市门市部名称和功能；让妇女学习交通规则、安全知识，并教妇女如何使用计算器、写贷款申请书、收据等应用文。除教学内容实用具体外，教学方法也灵活多样。志愿者运用社会工作的组织方法，在课堂上穿插游戏和小组竞赛等元素，课后举行各种趣味活动如卫生知识展板、家庭环境整理等活动。如在计算器使用的教学过程中，项目组为每位村民提供了一部价格便宜的计算器，通过现场教学的方式，使妇女很快掌握了计算器的使用；在卫生知识展板活动中，志愿者负责将卫生知识用大号字打印出来和提供展板，妇女将知识和照片、图片结合起来制作成展板；采用参与式教学法，让妇女在一张大的白纸上画出村寨图，并用喜欢的图示标出自己家的位置，写出家庭成员的名字等等。志愿者社区教育活动不仅改善了村民教学的方法，更重要的是提升了妇女的文化意识。

从扫盲的成效来看，其一，妇女的识字和算术水平提高。对照参加社区教育以前，现在许多妇女能认识扫盲课本中的大部分汉字，能够顺畅地朗读 20 多篇课文。当调查者问她们大概能识多少字时，一位以前只上过学前班的妇女说：“可能 200 多个吧。”因为识字数的增多，现在她能够写自己的名字，能认识三年级以内的课文，能计算两位数以内的加减法，能够顺畅地进行口算，并掌握了计算器的科学使用方法，能够看懂和书写一些简单的借条、收据。李阿姨说：“原来我读过一年级，到现在 27 年了，把学的都忘记了。现在学了一两年，又学回来一些字。”寻村的杨阿姨不仅能认识小学 5 年级以内的所有汉字，还成了妇女学习的语文老师。45 岁不服老还带头认真学习的她，感染了很多年轻的妇女和小姑娘，带动了全村妇女学习的热潮。

其二，学习意识提升。很多妇女对学习产生了浓厚的兴趣，她们认识到了学习对于自己生活、生产和改变命运的重要性。首先，在生活上，如果没有文化，杨阿姨就不会写丈夫的名字，很多妇女在买菜的时候因为不能计算可能受骗。其次，在生产上，知道化肥、农药、种子的名称才不会买错，并且知道了到畜牧站、农科站才不会买到假药。再者是满足了发展的需要，不仅为自己，也为后代着想。陆姐坚持每次妇女活动后写日记，并将日记拿给笔者看，让笔者帮她修改错别字，不仅将学到的知识教给儿子，还每晚带着儿子去学；鲁阿姨也因为知识的积累提升了在家庭中的地位，她替代丈夫成了当家做主的人，并且在当家的过程中比丈夫做得更好。

意识的改变促使妇女在态度上发生了改变。她们不仅能按时来到文化室学习，有的妇女去放牛的时候都会背着书去看，通过电视来学习文化知识。而相互学习的风气更是盛行，如罗阿姨的女儿，因为生性害羞，所以不敢去文化室学习，于是她就自己偷偷地学，不懂就问爸爸；还有杨阿姨的女儿，因为超生，她从一出生就被剥夺了接受正式教育的机会，连汉族名字都没有，在妈妈的带动下，能识得十几个简单的汉字，还会写自己的汉族名字，能将文化室的黑板用自己喜欢的图画涂满。

（三）云南省澜沧拉祜族自治县扫盲教育①

澜沧县位于云南省西南边境地区，其西南与缅甸接壤，是个山区农业大县。其工农业生产、社会发展和人民生活水平仍远远低于全国平均水平，被列为国家级特困县。长期以来，澜沧县各级政府一直注重开展扫盲教育工作。特别是改革开放以来，经过全县人民的不懈努力，该县文盲人口占总人口的比重有了大幅度的下降。1982 年第三次全国人口普查，青壮年文盲率为 70.86%；1990 年第四次全国人口普查，青壮年文盲率下降到 59.57%；2000 年第五次全国人口普查，青壮年文盲率下降到 9.5%，扫盲工作取得了重大进展。

从总体上看，澜沧县扫盲教育有以下几个方面的基本经验。

1. 加强对各级扫盲教育工作的管理

（1）建立扫盲教育工作责任制

在管理体制上，在县、乡（镇）两级政府领导下，在县、乡（镇）两级

① 此部分主要参见孙诚、杨红、张竺鹏《我国西部少数民族扫盲教育调查报告——云南省澜沧拉祜族自治县扫盲教育个案》，《成人教育》2005 年第 1 期。

教育行政部门内设有扫盲与农村成人教育股（组），并分别设有成人教育专职干部，专门负责实施扫盲教育教学管理工作，实行了扫盲工作责任制，把工作落实到乡村。

（2）进行扫盲工作的督导检查

县政府认真对各乡（镇）扫除青壮年文盲情况进行评估验收，对按期完成和提前完成扫盲任务的乡（镇）给予表彰奖励；对到期完不成扫盲任务的乡（镇）则帮助查清原因，限期完成任务。

（3）重视扫盲教师的业务培训

各乡（镇）配备成人教育专干重点负责扫盲工作的开展。成人教育专干除每周兼任2—3节普通教学外，还要把主要精力放在组织扫盲工作和业务指导上。深入扫盲夜校点，指导扫盲班教师的教学，具体落实扫盲任务，加强扫盲工作教学管理，建立和管理好文化户口册。

2. 组织各有关部门与团体支持扫盲教育

为了加强对扫盲工作的宏观指导，动员社会各界关心和支持扫盲，协调、统筹安排各有关部门、团体共同参与扫盲工作，在县政府统一领导下，组织教育、农业、科技、文化、广播电视、公安、民委、民语委、县委扶贫开发办、团县委、县妇联、县武警部队等部门、团体、机构，联合成立了由主管县长牵头的县扫盲工作领导协调机构，组织和动员社会各方面力量积极支持和参与扫盲工作，发挥非政府组织在扫盲中的作用。

3. 多渠道筹措扫盲教育经费

经费投入是开展扫盲教育的必要条件和基本保障。目前，澜沧县扫盲教育经费来源渠道主要是政府：一是云南省人民政府，二是思茅地区人民政府，三是澜沧县人民政府。2003年，云南省人民政府支持成人扫盲教育拨款20万；思茅地区人民政府拨款4万；澜沧县人民政府拨款10万。

4. 坚持与普及初等教育紧密结合和扫盲后继续教育

为了从根本上杜绝新文盲的产生，始终坚持扫盲与普及初等教育相结合。在动员扫盲学员参加扫盲学习的同时，也动员适龄儿童入学，努力提高适龄儿童入学率。

5. 扫盲教学方式多样化

澜沧县少数民族众多，很多地方不通汉语，用汉语开展扫盲工作难度很大。因此，先采用少数民族语言文字扫盲。然而，虽然民族语言扫盲周期短，脱盲率高，但由于使用范围有限，读物不多，特别是缺乏科普读物，对提高群众生产、生活水平，推动生产力向前发展作用不明显，见效慢。所以，他们根据时代发展和社会实际需要，在扫盲中始终坚持双语教学，先学习民族文字，然后在民族文字的辅助下，逐步学习汉语和汉字。除坚持双语教学外，还将扫盲与实用技术相结合，将扫盲与法制教育相结合，将扫盲与群众性的文体活动相结合。

6. 重视妇女扫盲教育

澜沧县现有文盲中七成是女性，辍学率最高的也是女童。因此，澜沧县人民政府加大妇女扫盲工作力度，把扫除拉祜族青壮年妇女文盲作为扫盲教育的重点。在全县范围内开展了“拉祜族母亲教育”工程，主要包括两项内容：一是“现代母亲教育”，主要是通过扫盲，开展科技文化培训，大力普及科技知识，使农村妇女劳动者能普遍受到实用生产技术培训和文化知识教育。引导妇女树立科学精神，掌握科学方法，提高生产技能和科技致富能力，开展实用技术培训。二是“未来母亲教育”，主要是实施九年义务教育，认真贯彻落实国家颁布的《义务教育法》，使她们在德智体等方面得到全面发展，既继承了本民族优秀传统文化，又提高身体素质、转变思想观念、掌握生产技能、提高生活质量，从而提高本民族的文化水平，培养新一代的拉祜族优秀女性。

三、扫盲教育中存在的主要问题与对策①

（一）主要问题

妇女扫盲不仅极大地提高了妇女的文化水平，而且在相当程度上改变了妇女的生存状态。近年来，农村女劳动力已占劳动力总数的60%，参加过县以上妇联培训的妇女有1.34亿之多，获得农民技术员资格以上的妇女有153.46万人，妇女科技示范户617.7万人。目前，中国妇女的收入占家庭总收入的比例已由20世纪50年代的20%提高到40%。有的家庭，特别是农村的妇女为主的专业户家庭妇女的收入比例甚至高达60%至70%，妇女在家庭中应享有的夫妻平等、财产所有权和继承权、生育自主权等都得到了有效的保障。中国妇女的科学文化素质不断提高，在科学、教育、文化、卫生、体育等社会生活各个方面得到充分发展②。

---

① 此部分主要参见金国红、王德清《西部贫困地区妇女扫盲教育的问题与对策》，《民办高等教育研究》2005年第2期。

② 夏海鹰《关于加快我国妇女扫盲教育的思考》，《理论与改革》2005年第2期。

然而，我国西部地区地域辽阔，各地之间的自然条件、经济文化及社会生活等方面都存在着明显差异。长期以来，西部地区少数民族众多，生产发展相对落后，贫困地区相对较多，教育事业发展滞后，妇女扫盲教育也存在着诸多问题。虽然西部各贫困地区现实条件千差万别，但还是存在如下一些共性问题。

1．缺乏可持续性发展

就我国目前的妇女扫盲教育来看，任务重，所需时间相对较长，所以需要扫盲教育持久发展下去。可事实上，一些极其贫困的西部地区，扫盲教育不能持续发展，要么时断时续，要么终止。其实，越是贫困地区，妇女扫盲教育就越是紧迫，越要下大力气去攻克难关。主要原因包括：1．地方财政拮据，对妇女扫盲教育投入不足。资金不足是开展妇女扫盲教育最严重的障碍。许多妇女扫盲班办得十分艰难，办学所需教师、教材、基本设施都十分缺乏。如甘肃省漳县碧峰乡三牌村扫盲班，其照明工具仍为煤油灯。2．资金时常不能到位，被截留挪作他用。这样一来，教师工资没有保证，严重影响教师工作的积极性，从而影响了扫盲教育的发展。3．西部地区人稀地广，村落较为分散，使得扫盲教育班布点布局不合理，使得有限资金不能得到有效利用，也影响了扫盲教育的发展。

2．入学率和巩固率不高的情况普遍存在

由于种种原因，西部贫困地区参加扫盲班，接受扫盲教育的文盲妇女并不能囊括全部需要接受教育的文盲妇女。在开展扫盲的过程中又会有部分文盲妇女陆续退出脱盲行列，使得原本入学率并不高的情形发展到巩固率也不高的局面，严重影响了扫盲教育的质量。究其原因，一是家庭经济条件不允许。虽然扫盲教育并不需要文盲妇女消费多少金钱，但是由于家庭经济条件所限，迫于生计的压力，一些文盲妇女是不可能安安稳稳坐在教室里面学习的，而是回家务农或外出打工，这样对她们来说似乎更实际一些。二是家务繁重，年幼子女无人照料。妇女扫盲对象主要是成年女性，这里特指18周岁到50周岁尚具备学习能力者。由于贫困地区人们生活艰难，例如漳县村子大多吃水紧张，挑水洗衣的活多由妇女完成。家中一般人口较多，所以成年女性也是家中的主要劳动力。操持繁重的家务、抚携年幼子女使得文盲妇女无暇进行学习。如有一些年轻的妇女边上课边哺乳。三是宗教戒律的限制。我国西部少数民族众多，很多少数民族都有本民族特有的宗教习俗，很多都包含不允许妇女识字的内容，而且很多含有文化内容的民族习俗活动都禁止妇女参加。四是传统社会风俗的阻碍。西部贫困地区，民风淳朴，消息闭塞，社会传统势力影响较强。中国传统的“女子无才便是德”的观念深刻地影响着这里的村民。突出表现为丈夫禁止妻子上扫盲班，甚至会拳脚相加来阻碍，或村里男子聚众到扫盲班滋事，谩骂扫盲班老师。五是课本内容脱离生活实际，不能满足文盲妇女的需要。长期以来我们把扫盲的标准定为识字的数量，不能与当地特殊的现实相结合，不能满足文盲妇女把所学运用于生活当中，从而改善目前生活状况的需要，使得文盲妇女觉得不能切实地改变她们的境遇，也就失去了学习的兴趣。六是办学形式单一。现阶段，扫盲班的主要办学形式仍像正规学校一样，为班级教学，可这些克服各种困难、带着各种愿望来学习的文盲妇女，很难再像传统学生那样长时间坐在那里学习，她们也需要灵活、高效而有趣的教学形式。七是存在语言障碍。西部地区少数民族众多，其中很多民族有本民族的语言，有些民族甚至只会使用本民族语言，而不会讲汉语，而大多数教授为汉语教学，这样在扫盲班中就产生了师生沟通、识字看书的语言、文字障碍，阻碍了扫盲教育的开展。八是女教师数量不足。女教师的出现，会给文盲妇女起到榜样和激励的作用，而且女教师较容易与她们沟通，更能满足文盲妇女的心理需要，并且对较为封闭的当地群众和妇女学生而言更会有一种安全感。

3．扫盲课程结束后的复盲情况较为突出

扫盲班毕竟属于短期行为。课程结束后，学习者的热情就会冷淡下来。此外，事实上贫困地区的文化生活环境十分落后，很多地方没有电视、广播、报纸、书刊可供学习者继续自我学习。因而即使文盲妇女在扫盲班里确实学习了一些读、写、算的基本知识，可是缺乏运用的环境，长久不能得到加强和巩固，一部分人就会再次复盲。

4．部分文盲妇女学习意识较差

妇女扫盲教育就是针对文盲妇女进行的，但是实际中存在着有些文盲妇女没有学习、脱盲的意识和意愿。究其原因：一是由于贫穷、经济落后，很多群众连温饱都不能解决，无心向学；二是传统生活方式的影响束缚，使其心理消极、迷信思想严重，也使得文盲妇女自我意识淡薄，她们没有学习的动机和愿望，只想沿着祖祖辈辈女性的传统生活方式继续生活下去。

（二）对策与建议

1. 确保资金到位，多方争取经费

要大力宣传妇女扫盲教育的重要性，积极转变政府领导观念，重视妇女扫盲教育，在资金投入上要确保到位，不能截留资金而挪作他用，制定保护政策，做到专款专用。但是仅官方的投入远不能满足需要，要充分发挥多渠道的作用，广泛争取支持，如联合国开发计划署（UNDP)、世界银行（WB)、美国国际开发署（USAID)、非政府组织（NGO）等，争取其资金支持，甚至人员上的帮助。

2. 加强师资培训，特别是对女教师的培养

经过培训的教师，能够有针对性地施教，满足她们的要求，取得良好的教学效果。其中应特别强调女教师的培养，因为女教师相对比较缺乏。同时，由于贫穷落后，西部贫困地区的教师的数量既不充足又不稳定。特提出以下建议：一是每年有计划、有步骤地培训发达地区的教师，然后派他们到西部贫困地区执教一段时期，可给予他们物质、精神上的奖励；二是对于教授某些特别技能（如农业知识）的教师，则要不仅进行双向奖励，更要解决他们的一些实际困难；三是培养当地女教师，以优惠政策使其进入师范院校学习，毕业后只能回原地任教；四是积极招募、任用青年志愿者为流动教师。双语教学在某些地区是必不可少的。在盛行本民族语的少数民族地区，为便于沟通、交流，教师不仅要懂汉语，而且更要懂民族语。这样更加贴近少数民族妇女，更能消除她们的心理隔阂。

3. 加强教材建设，调整办学形式

教材内容不单单是读写算知识，而是要涵盖更多、更广、更生活化的知识。教材内容编写应考虑以下方面：一是反映她们最关心的；二是符合当地实际情况的；三是能引起她们兴趣的。这样的教材才会在她们中产生巨大反响，使她们乐于学、愿意学，真正能学有收获。就西部贫困地区而言，目前最为现实的话题就是如何脱贫、如何致富。落实到教材上，可有与当地实际情况相结合的实用技术。如甘肃省漳县金钟乡斜坡村，处在高寒地带，全年无霜期还不到两个月，这样的地理环境适合地膜当归的生长，就可引导积极发展地膜当归生产。除生产实践的技术外，教材还应提供给她们具体的医疗卫生常识、家庭育儿常识、营养膳食常识和正确积极的生活态度、价值观念，促使她们的思想实践由浅入深地发生转变。针对不同地区发展的水平不同，

教材所提供内容深度也应不同。办学形式要灵活多样，不能只局限于教室。根据所教授内容的不同，灵活多样地选择教学时间和地点。另外，为方便一些有年幼子女的妇女学习，可在附近办幼儿园，请人代管孩子。为了防止复盲，文化环境建设十分必要。一是定期给贫困地区发送一些报纸、杂志，有条件的地方应购买集体电视，使她们在教材之外继续接收新信息，从而巩固所学内容；二是不定期展播人口教育片、实用技术录像，加深所学知识，还可学习新内容。

4. 激发女性自身的学习热情

文盲妇女内心能够有“我要学习”的渴望，这就是学习当中的最大动力，势必会产生良好的教学效果，也会带来良好的社会效益。怎么才能够激发她们的学习热情呢？一是以她们急需的、最紧缺的东西进行刺激、激励。现在比较典型的就是农村小额贷款。可以把政策制定为：要想获得农村小额贷款，前提条件是接受扫盲班教育，并达到一定的标准。在这样的政策的刺激下，极想脱贫而又苦于无资金的群众，就会努力学习，争取贷款。二是扫盲过程中要渗透权利意识，提高女性自身认识，即妇权。妇女脱盲的作用，不仅是会认字、会写字，而是要在思想深处提高她们的自我认识，使她们从封建传统的女性观中解放出来，去争取做一个现代女性。而一旦她们的思想发生变化，认识到女性自身地位和作用，不自觉地就会渴望活得更有尊严些，想要获得更多的知识。她们自身就会产生“我要学习”的念头。但是同时也要意识到，有些文盲妇女确实不愿接受教育，而安于现状，这些妇女就不是扫盲教育的对象。而应对男子进行法律政策的宣传，使其认识到女性的重要作用和“半边天”的地位，也要他们自觉支持女性接受扫盲教育。

5. 改革扫盲教育评价标准

现行的扫盲教育评价是以识字数量为准。事实上，识字数量的多少并不能反映一个文盲妇女是否真正脱盲。现通行的功能性扫盲，“本身并不是目的，它应被视为一种准备手段，使每个人将来在社会、公民及经济生活中发挥作用”。它大大超过了只是包括教授读与写的最基本的扫盲训练。学习读写的过程应该作为一种机会，以获得能够对提高他们生活水平起直接作用的知识。通过学习读写，人们不仅应能掌握最基本的知识，还应能培养工作能力，提高生产率，更好地参与文化生活和理解周围世界，并最终开辟一条通向基本人类文化之路。所以脱盲标准应由考察识字量的多少转变为考察脱盲人员的能力运用，包括查找信息、发现问题、解决问题，还应该注重她们积极的价值观和人生态度的养成及表现出的个人对社会发展所能起到的积极作用。

6. 加强女童教育

加强西部贫困地区的女童教育，不仅是实现“普九”的关键环节，也是杜绝新生妇女文盲的重要环节。女童，她们的受教育程度不仅关系她们自身的发展，将来为人妻为人母，其教育程度，也会关系到整个家庭、当地社会的发展。如果女童教育解决不好，那么妇女扫盲教育就永无止境。中国西部贫困地区的妇女扫盲教育，任重而道远。针对当地特有情况，采取特别措施，坚信不久的将来一定会发生翻天覆地的变化。

7. 将扫盲与职业技能教育相结合①

学文化必须与学技术结合，这不但需要，而且也可能。根据对广西、云南、贵州、四川、广东、河南、湖南、湖北等省区的调查情况显示，扫盲夜校、扫盲班、扫盲小组，遍地开花。大约70% ~80%的乡、镇建立了农民技校，有的地区还建到村一级，村级办学面达50%左右。技校遍城乡，乡、村连成网。乡、镇农民技校大部分有师资，有管理机构，有校舍，有实验场地，并积累了一定的教学经验。这就为扫盲夜校与技术学校联姻提供了物质条件。

即使是少数民族地区和贫困地区，情况也是千差万别。思想观念、文化素质、生产方式、生活习俗不同，文化教育与技术教育怎样结合，当然没有也不会有统一的模式。在湘西花垣县两河苗乡，山峦重叠、云雾缭绕，数十个苗寨点缀其间。这是个文盲充斥的山乡，曾经是一个被科学技术遗忘的角落。但是，当人们来到两河时，看到的并不像想象中的那么落后。某夜，大雨倾盆，雷鸣电闪。全村21个扫盲班，照样校校灯光闪烁，书声琅琅。600多名农民，有的提着马灯，有的打着灯笼、撑着雨伞、穿着蓑衣、戴着斗笠，还有的背着喂奶的孩子，翻山越岭，赶到扫盲班学习。为何两河苗族学文化热情高？这里面主要是农民的观念乃至精神追求上的变化。

两河扫盲班能把农民的心吸引过来，关键就是边识字，边学技术，边耕耘，边收获。寓学技术于学文化之中，把学文化与生产实践相结合。扫盲教材的内容，绝大部分与当前农民急需的农科技术有关。所以有人说，1500个

① 此部分主要参见邓国添、陈朝中、刘春贤《少数民族地区与贫困地区农民教育初探（一）——扫盲夜校与技术学校的“联姻”》，《瞭望周刊》1990年第29期。

字的教材，是一本农村技术字典。教材编好以后，扫盲干部便周密地制定和安排教学计划，做到扫盲教员同时也是农科技术员。开课的第一天，就让文盲农民接触技术术语，力争上一堂扫盲课，等于上一堂技术课。学会 1500 个字，也就学会一至两门直接使家庭经济受益的实用技术。

当地麻家寨 32 岁的龙玉华，是一个从未进过校门的苗家女。去年推广一种育秧新技术，她因不会算株距行距和兜数，无法采用。今年她参加扫盲班两个月，刚认识 160 个字，便奇迹般地学会了计算，并首次在自己责任田里试验。她高兴地逢人就说："现在不叫我去扫盲班，两头牛也拉不住我的脚。"两河山高坡陡，适合种植板栗，但产量长期徘徊不前。乡政府早就提出推广杂交板栗，可是一直推不开。苗胞说："没听说板栗还有公有母，要搞交配，别唬人了。"去年扫盲班办起来以后，学员在识字中便学到板栗有公本、母本两种树的知识，并掌握了杂交的方法，今年便在全乡大面积推广。两河的扫盲班，实际是文化夜校与技术学校的融合体。虽然是初级的、低层次的，但它因脱盲见效快、与农业生产联系紧密而深受农民的欢迎。

在曾经获国际扫盲奖的贵州省松桃苗族自治县，也有类似的扫盲班。不同的是，松桃人因为扫盲基础较好，文盲率相对较低，采取了分段教学的办学方式，即学了文化再学技术，摘了文盲帽再摘科盲帽。岩脚寨扫盲班有 39 名文盲学员，1988 年 37 名学员脱盲以后，1989 年转入技术教育，夜校、技校合在一起，叫农民学校。脱盲学员在学习杂交水稻、杂交玉米等栽培技术及养殖技术的过程中，认字已超出 1500 字的水平，读、写、算的能力又有新的提高，简单的书信来往，对他们大多数人已经不成问题。两河及松桃的探索与尝试，为贫困山区和边远牧区的农民教育，找到了一条新路子。同时，他们的探索还告诉人们，只要因地制宜，实事求是，坚持不懈抓农民教育，就一定能改变愚昧、落后的面貌。

第二节　职业技能教育

一、民族社区职业技能教育的开展背景与现状①

现代职业教育必须以特定的社会条件为依托。但是，在我国民族地区，

---

① 此部分主要参见顾华详《新疆民族地区农民教育培训现状与对策》，《新疆农垦经济》2004 年第 2 期。

这样的条件并未具备或基本上不具备。在民族地区办职业教育，应当有特殊的对策，应当走不同的道路。但目标必须殊途同归，要在这里办成现代职业教育，正确的对策和途径只能从民族地区的现实出发。为此，我们需要全面地剖析民族地区兴办职业教育的有关社会条件。一方面，应当深入剖析民族地区传统社会与汉族地区的差距，并以此作为讨论内地和民族地区现行职业教育的社会背景差异；另一方面，我们还得剖析长期执行计划经济所导致的后果对民族地区兴办职业教育有何具体的影响。这两个方面的结合，才能全面反映民族地区兴办职业教育的现有条件。

（一）农民的文化素质仍然普遍较低

民族地区农村有技术特长、受过职业技术教育培训的人数少，村干部文化程度比较低。2002 年，据对新疆 10 个固定观察点的 782 个农户、1955 个农村劳动力文化程度的调查，从被调查的 1955 个劳动力的文化程度结构看，文盲、半文盲 158 人，占 8.1%，小学文化程度的占 43.8%，初中文化程度的占 36.4%，高中文化程度的占 10.5%。劳动力中有技术特长、受过职业技术教育的只有 382 人，占劳动力总数的 19.5%，且比 2001 年下降了 43.9%。被调查的 6 个农区点的村干部共计 17 人，其中，高中以上文化程度只有 3 人，占总数的 17.6%，初中文化程度 2 人，占 11.8%，小学及以下文化程度 12 人，占 70.6%。因“愚”致贫，因“愚”制约发展的问题仍然比较突出。

从统计数据看，我国 90% 的文盲分布在农村，藏、青、贵、甘、云、宁、新、蒙、川、陕等 10 个省区的人口总数占全国的 15%，而文盲数却占全国的 50%。在民族地区的农村贫穷落后地区，因贫困产生文盲，又由文盲再导致贫困，已经形成恶性循环。

（二）农民教育培训地区差距太大

据有关研究数据表明，2000 年，新疆每百个劳动力中，初中文化程度的仅 35.85 人，而全国平均水平为 48.07 人，山东为 52.61 人，浙江为 44.3 人，农村劳动力平均受教育年限，全国为 7.67 年，新疆为 7.08 年，而整个民族地区低于 6.50 年，差距较大。民族地区的教育发展不能忽视这一客观存在的严重问题。农民职业转化是农村经济社会发展和现代化的基本趋势和必然要求，但总体较低的科技文化素质严重制约着农民职业的转化，而发展农村教育，提高农民素质是促进农民职业转化的基础和前提。

（三）与城市化相配套的农民教育亟待加强

随着民族地区城市化进程的推进，农村人口将逐渐向城市转移。国家计划“十五”时期要力争城市化水平每年提高1个百分点，到2005年，城市化水平达到35%。后十年继续加快城市化进程，到2015年，民族地区非农业人口在2001年的基础上翻两番半以上（未计入人口自然增长的因素）。实现这个目标，民族地区到2015年至少要把4000万以上的农民转变为市民，这虽然可以使民族地区能有效利用的人力资源的数量增长一倍，但前提是需要有相应的教育培训做基础。农民进城，相应的教育培训跟不上，就必然变为制约因素，农民变市民的路途必然增加坎坷。

（四）农民工子女教育问题亟待解决

随着西部大开发的不断深入，农村以各种形式进城的人口日趋增多，但随着人流而来的一个迫切需要解决的问题是农民工子女就学难的问题。民族地区大部分县市经济实力比较差，解决问题的能力比较弱。将承担农民工子女教育所需费用纳入当地财政预算，困难比较大，根本得不到保证。而且，随着民族地区城市化的推进，各自治区内和外省市区进城农民工日趋增多，城市教育压力也随之不断增大，矛盾日趋突出，一些学校不得已采取了分时段上课的办法解决问题。全日制义务教育已经成了名副其实的半日制教育，且经费、师资、教学条件都大打折扣。而农民工为了解决子女就学的问题，所付出的成本也比较高，进一步加重了农民工的负担，遏制了农民对教育培训的需求。

（五）民族地区的教育职业意识不够

全社会为教育事业发展服务，教育为“三农”服务的意识还比较差。突出的表现是，中小学都把迎接高考放在第一位，高等学校的学生都把去内地发展、当公务员放在第一位。教育发展对亟须帮助的“三农”问题不闻不问，提供服务的意识和能力十分缺乏。培养的人才越多、越好，流失得也越多、越快。政府投入越大，解决“三农”问题急需的人才、技术产出越少，基本上是个“亏本的买卖”。所以，政府投入教育事业的积极性不高。各级学校，特别是高等学校没有把为解决“三农”问题提供服务作为教育事业发展的主导方向。民族地区职业技能教育培训滞后主要给当地社会带来了如下消极影响。

1. 制约农民增产增收

民族地区农民收入增长缓慢，其原因是农产品中新技术含量偏低，商品附加值比较低。如，近年来，民族地区的许多特色、传统农产品由于新技术运用跟不上，导致品种老化，品质下降，新产品开发缓慢，勉强维持已十分困难，更不能奢想提高竞争力，促进增收了。特色农产品商品化、国际化程度低，市场竞争力弱，生产成本逐年增加，导致农民虽增产，但却不增收。绝大多数优质农产品缺乏深加工，只是卖原料，产品附加值很低，竞争力越来越弱，以致在农民增收方面发挥作用不大。没有一定文化知识的农民，应对信息不对称，主动运用信息发展经济的能力也就弱了。不能掌握和运用市场信息发展生产，在市场经济体制下，发展生产，增加收入就如同盲人瞎马，要么原地不动，要么乱闯乱撞。

2．制约农业新技术推广使用

民族地区小规模分散经营的农户受教育水平比较低，资金十分缺乏，并且难以得到金融部门的配套支持，其离土就业的能力也比较差。近期内，大部分农民只能望“高新技术”而兴叹。

3．制约了农民现代化进程

民族地区农民科技文化素质较低是影响农民自身现代化需求的一个重要因素，最终成为影响“三农”问题解决的重要因素之一。

二、职业技能教育实践

（一）职业技能培训促进云南民族地区农村剩余劳动力转移①

随着农村教育事业的发展，云南农村劳动力素质较过去有所提高。但从总体素质来看，云南民族人力资源素质较低，受教育年限低，缺乏高素质、高层次、高结构的人力资源。据“五普”数据，在6岁及6岁以上少数民族人口中，小学文化程度以下的人口占少数民族总人口的比重高达74.80%，比汉族63.0%的同类比重高出11.80个百分点。其原因主要与经济发展程度、观念习惯、心理因素、文化差别、从业状况等有关。

据2002年对全省40个县2400户农村住户劳动力抽样调查测算，云南民族地区农村劳动力文化素质整体上还处于较低的水平，2002年农村文盲或半文盲占总劳动力的21.12%，高于全省平均水平6.45个百分点；小学文化程度人口占总劳动力的52.48%，高于全省平均水平5.23个百分点；初中文化程度人口占总劳动力的23.29%，低于全省平均水平4.30个百分点；高中、

① 此部分主要参见张宗敏，杨雪梅《从技能培训看云南民族地区农村剩余劳动力的转移》，《经济问题探索》2005年第9期。

中专及大专以上文化程度人口占总劳动力的3.11%，低于全省平均水平5.36个百分点。

调查还显示，即使是具有初、高中文化程度的劳动力，多数掌握的也只是祖辈、父辈们传授的传统种田技术，有技术特长的劳动力不足10%，受过职业教育和技能培训的不到总劳动力人口的10%。尤其是一些素质相对较高的劳动力率先转移出去后，剩余劳动力的素质更低。农村劳动力素质低，一方面难以接受科技知识，农业生产率难以提高，致使广大民族农村大多仍停留在传统的耕作模式上，农村劳动力退出农业生产的基础不稳。另一方面使得农村劳动力适应不了非农产业的发展要求，农村劳动力进入非农产业比较困难。这是民族地区农村剩余劳动力转移的内在制约因素。

抽样调查还表明，云南少数民族地区农村劳动力受过专业培训的比例较低。农业劳动力素质差、技能低，因而难以实现转移或进入较高层次的产业。而且从长远看，随着经济发展水平的提高和新技术的不断应用，低素质劳动力的转移领域必将越来越窄，就业的竞争力也越来越弱。据本课题组抽样调查测算，从少数民族掌握技能的情况看，在全部少数民族农户劳动力中，掌握一定技能者只有16.9%，无特别技能者则占83.1%。而在外出就业者中，掌握一定技能者占34.3%，无特别技能者则占65.7%。

（二）乡村妇女职业教育促进哈萨克族传统社会文化转型①

农村妇女是农业生产的主要力量，特别是在农村市场经济的发展中，由于男性劳动力大量地向非农产业转移，造成了农业女性化趋势，使得女性对农业资源利用的决策作用得到了广泛的认同。未来农业发展的质量，即农业的持续发展就越来越大地取决于妇女管理农业资源的质量和妇女自身素质的状况。所以，农村妇女掌握职业技能的情况直接影响到妇女参与和促进农村发展的程度。由此出发，研究农村妇女职业教育水平的提高与农村发展之间的关系，就成为具有重大理论现实意义的课题②。

新疆维吾尔自治区昌吉回族自治州木垒哈萨克自治县大石头乡是一个哈萨克族聚居的传统社区。大石头乡位于木垒县城以东18千米，东与巴里坤县

① 此部分主要参见李娜《乡村妇女职业教育促进哈萨克族传统社会文化转型——木垒哈萨克自治县大石头乡调查》，《新疆社会科学》2010年第1期。

② 郑曦《农村妇女职业教育与农村发展研究——陕西杨凌示范区农村妇女职业教育研究》，西北农林科技大学硕士学位论文，2007年。

毗邻，南与都善县隔山相望，北与蒙古国接壤，全乡总面积7720平方千米。2009年，全乡2344户，总人口8118人，其中女性3980人，男性4138人。全乡下辖5个行政村，即石油牧民新村、铁尔萨克村、大石头村、拜格卓勒村、红岩村。大石头乡主要有哈萨克族、汉族两个民族，哈萨克族占98%。

大石头乡妇女职业教育的培训机构主要包括：县、乡妇联，县劳动就业局，县职业教育中心，民族刺绣农民专业合作社，县安保职业技能培训学校，县驾校，乌鲁木齐市阿劳职业培训学校等。培训内容主要包括：民族刺绣、现代刺绣、手工艺制作、美容美发、服装缝纫、烹饪、餐厅客房服务、家政、大棚蔬菜种植技术、养殖技术、法律法规知识等。刺绣学员培训班每期为7—15天或3—4个月；刺绣师资培训为45天。因美容美发学习时间较长（约3个月）故适当收取费用，其他全部是免费培训。2004—2009年，大石头乡累计培训妇女约1000人。2009年，大石头乡培训妇女人数为400人（刺绣260人，其他专业140人）。培训主要以入村培训为主，其次是脱产培训（将农牧区妇女集中到县城）和选拔性培训（乌市和苏州）。具体培训方法为教师或师傅现场演示和手把手教授。以刺绣培训为例，主要包括：图案设计、色彩搭配、布料选择以及手工刺绣、电动刺绣等专项技能培训。由于培训对象主要为文化程度较低的农牧民，因此，比较注重实际操作。刺绣技术人员改变以往粗糙的制作工艺技术，在传承哈萨克族传统文化艺术的同时添加了一些比较时尚、精细的刺绣技术，刺绣图案逐渐向风景、人物等方面发展。使制作出的产品从原有的家庭实用类向收藏观赏类发展，适应市场需求，提高了刺绣的技艺，提升了刺绣产品的档次，培训也更加具有针对性和实效性。培训效果显示，当地妇女对培训的满意度较高。访谈结果显示许多妇女希望在培训时能举办一些比赛，发放奖品进行鼓励。木垒县及大石头乡的妇女职业技能培训主要分为两个层级的培训，即初级和中级职业技能培训。以刺绣培训为例，主要是以农牧区妇女的初级劳动技能培训为主，同时兼顾少量的师资培训。从成效上来看，职业技能教育对妇女群体产生的影响包括以下方面。

1. 妇女经济、家庭等社会地位的提升

“男主外，女主内”的性别劳动分工，作为一种思想观念和行为方式在游牧民族中根深蒂固。近年，大石头乡的哈萨克族妇女通过参加职业教育和技能培训，逐渐在当地或外地拥有了一份“职业”，主要是从事刺绣加工。她们参加了刺绣制作等各类培训，有的成为刺绣专业合作社的社员。通过劳动有了一份属于自己的收入，提高了家庭经济收入和致富能力。尤其在偏远的农牧区，每月几百或上千元的刺绣收入对于一个家庭来讲是一笔可观的收入。随着妇女收入的提高和经济上的逐步独立，她们在家庭中的话语权、支配权和决策权都有所提高。在职业教育和培训的过程中，伴随着大石头乡妇女职业选择和劳动分工的变化，她们的社会角色也发生了很大的转变：从家庭妇女到刺绣能手、刺绣培训技术员、刺绣经纪人等。这一系列社会角色的转变，说明当地哈萨克妇女在逐渐进入和拓展社会公共领域，并逐步实现社会价值和社会地位的提升。

2. 妇女主体意识的增强

在农牧区，传统的婚姻观、家庭观、性别观等制约着妇女的潜能和发展，在农牧区妇女的意识中，自己始终处于从属的地位。女性主体意识就是指女性作为主体在客观世界中的地位、作用和价值的自觉意识，主体意识意味着女性要独立，要有自尊心，要有充分的自我认知。通过职业教育，农牧区少数民族妇女一方面提高了自身的知识水平和技术能力，另一方面树立了自尊、自信、自立、自强的信念，唤醒了妇女作为人的自我意识和主体意识，强化了妇女对自我价值的追求。有目标的短期培训和业务进修，往往成为个人发展的新起点。当地哈萨克妇女受思想观念、生活习惯、语言等影响，很少走出农牧区。但通过参加职业教育和技能培训，她们不仅增加了个人和家庭经济收入，而且开阔了眼界，增长了见识，转变了思想观念，独立意识增强。一些妇女还应用所学技术和积累的资金在家乡创业，这在哈萨克族传统社会中是难以想象的。同时，妇女职业教育还促进了当地哈萨克族传统文化的转型。主要表现在以下方面。

(1) 生产方式的变迁

妇女职业教育使当地较为单一的经济模式有所改变。2009 年，大石头乡农牧业生产总值 2124 万元，其中：畜牧业 1603 万元，种植业 101 万元，林业 75 万元，第三产业 218 万元（运输业、商业、服务业共 130 万元，刺绣收入 8 万元），外出劳务收入 117 万元，村集体收入 10 万元。从各项收入占总收入比重来看，畜牧业占全乡生产总值的 75.5%，居第一位；种植业占 4.8%，居第四位；林业占 3.5%，居第五位；第三产业占 10.3%，居第二位（刺绣收入占第三产业的 40.4%）；外出劳务占 5.5%，居第三位。从以上数据可知，第三产业占全乡生产总值的比重已经超过了种植业，次于畜牧业，位居第二，而刺绣收入又占第三产业的40.4%。大石头乡产业结构单一，经济发展偏重依赖畜牧业，全乡虽然已经实现了80%左右人口的定居，但由于当地较为缺水，土壤盐碱化等自然条件的制约，农业发展受限。近年大石头乡利用当地的妇女人力资源发展第三产业，民族刺绣业逐渐成为带动当地妇女劳动力转移就业和产业结构调整中的一个新亮点。

妇女职业教育使农牧民的非农非牧收入逐年增加。大石头乡2009年人均收入1612元，第三产业人均收入230元，占人均收入的14%；刺绣业人均收入122元，占人均收入的8%，占第三产业人均收入的53%。以妇女为主的刺绣业逐渐成为当地农牧民增收解困甚至致富的一个新兴产业。

（2）价值观念的变化

商业观念的变化。哈萨克族历史上没有经商的传统，人们的商品意识、经营意识淡漠，商品经济观念滞后。妇女在培训的过程中逐步树立了一定的商业意识、市场观念。如当地的刺绣培训都是订单式培训，即按照刺绣合作社与农牧民所签订的订单要求来对妇女进行刺绣品的图案、色彩等培训，按照订单要求制作、加工刺绣品就可以获得相应的报酬，否则其刺绣品就无法被收购或只能被降低价格收购，这使妇女们认识和体会到了刺绣合同对刺绣行为的约定。她们的一针一线只有按照刺绣合作社的要求，刺绣品才能被按价收购和销售。由于当地家庭刺绣业的逐渐兴起与发展，尤其是妇女参加了刺绣培训后，逐步认识到只有经过一定的培训，她们才能制作出更符合市场需求的各类刺绣品。而且由于培训使妇女的制作工艺和技能更加精细，避免以前的粗加工，只有这样才能卖上好的价格。为此，有的农牧民主动到乌鲁木齐等地寻求刺绣品原料、市场和销售渠道，还有个别刺绣业发展比较好的家庭，扩大经营规模，提高产品质量，提升商品市场价值的意愿比较强烈，参加各类培训的积极性也比较高，原有的商业观念有了较明显的改变。

（3）新型社会组织的出现

2008年，大石头乡已建立了乔克巴尔塔斯民族刺绣农民专业合作社和阿克沃尔达民族刺绣农民专业合作社。全乡从事刺绣加工户为913户，刺绣妇女130余人，刺绣大户有74户（组织刺绣20人以上的户），其中：加入刺绣专业合作社的农牧民社员有835人，占91.5%；自制自销户数为78户，占8.5%。全乡刺绣品的销售方式主要以订单销售为主，自销为辅。说明刺绣合作社对当地刺绣业的发展起带动作用。刺绣合作社每年与农牧区社员签订订单合同，由刺绣经纪人统一采购、发放刺绣原材料，组织刺绣专业户进行刺绣，再由刺绣专业合作社统购统销。民族刺绣合作社成员之间没有强烈的依附关系，而是市场经济中独立的个体，成员与合作社之间是市场经济中的商业关系。随着哈萨克族基层社会组织“阿吾勒”的变迁，当地哈萨克传统社会文化转型日益加速。

（三）苗族村寨妇女技能培训促进当地生产发展①

在云南省寻甸县，养殖和种植是苗族村民家庭生活的主要经济来源，但由于养殖和种植知识的贫乏，苗族村民年均收入微薄，生活非常贫困，很多家庭只能维持生计，营养不良所导致的身材矮小、头发枯黄现象非常普遍。生产知识和技能培训就是针对村民养殖、种植知识缺乏而提供的培训。项目组邀请镇畜牧站和农科站的技术人员提供志愿性培训，采用普及教育和精英教育相结合的方式，依托社区发展基金小组，共进行了10次培训。普及教育是指针对3个苗族村寨的所有村民所提供的基本养殖和种植知识与技能的培训。通过课堂传授的方式，通过通俗的语言让村民掌握最基础的生产知识和技能。为了巩固普及教育的成效，还在寻村举行了由3个村村民均参与的生产知识技能竞赛。而精英教育是指在3个社区选出对养殖技术感兴趣、文化水平较高、社区责任感强的村民，进行集中培训，知识面较普及教育更广泛，专业性更强，技能难度更高。目的是通过培养社区生产技能精英，为村民提供本土的可持续的社区服务。妇女是家庭经济收入的重要贡献者，在生产和生活中都扮演着重要角色。以往很多项目所提供的生产技能培训，妇女并没有被纳入培训的主体，而是被鼓励参加的边缘者。2005年，政府推广一种药材，请梨村的男人们去参加栽培技术培训，男人们培训完回来后，只把操作技术简单地告诉了妻子，然后就出去打工了，妇女们在家里种植药材，但是因为技术掌握不够，不仅没有达到政府要求的收购标准，有的甚至颗粒无收。妇女是家庭生产活动的主体，她们在技能培训中应该发挥主体性作用。为此，项目组通过入户访谈和宣传，鼓励妇女参加生产知识和技能培训。虽然，刚开始很少妇女参加，但是这部分参加的妇女带动了其他妇女的积极性，尤其是当有一位妇女在生产知识技能竞赛中取得二等奖的时候，妇女反而成了技

① 此部分主要参见王肖静《贫困苗族农村妇女的社区教育研究》，《农村经济与科技》2009年第3期。

能培训的主要力量。

三、职业技能教育开展中存在的主要问题与对策

（一）主要问题

1. 培训方式单一

民族地区农村劳动力培训中以师带徒方式为重要方式。师带徒方式是一种较古老的职业技能培训方式。由于目前云南各级政府大多尚未完全把农村劳动力培训纳入城市职业培训的统筹规划之中，用人单位因农村剩余劳动力流动性大又不愿增加培训投资，而农村劳动力因自身经济条件和意识等原因也缺乏培训支付能力。这种师带徒方式就以其特有的成本较低、收效可靠、方便易行、适应范围广泛的特点，成为当前农村剩余劳动力培训的重要渠道。据调查，大部分用人单位对所招聘的农村剩余劳动力进行职业技能培训一般实行学徒制。在社会自谋职业的农村劳动力大多是通过亲戚和朋友介绍拜师学艺，并跟着师傅干活挣钱，一边学艺，一边靠这种方式谋生。一些偏僻山区的少数民族劳动力，由于语言不通，无法接受正规职业培训，更是依赖于这种方式。

2. 培训事业与当地经济和社会发展结合不够紧密

农村职业培训是一项与农村经济发展战略不可分割的社会系统工程。其制定和实施必须放在当地整个经济社会发展的大盘子中，也必须由各级党委和政府出面组织和实施。目前在农村职业培训工作中普遍存在的一个问题是：培训工作没有纳入当地国民经济和社会发展的总体规划中，没有与调整农业结构、推进农业产业化经营、发展乡镇企业，以及农村剩余劳动力的转移和开发就业统筹进行规划。培训工作往往由政府的各职能部门单独实施，造成就培训搞培训的“单打一”状况，使职业培训与经济发展相脱节，培训与农民和农村的实际需要及就业相脱离。另从企业对农村剩余劳动力的招收使用情况来看，绝大部分企业存在着重使用、轻培训的情况，有的企业即使有一定时间的培训，往往也是在企业内部自行组织。他们一般只能被动地听从企业的安排，接受有关的培训。由于这些原因，导致培训市场存在着培训质量难以保证、针对性较差、功能薄弱、发展滞后等问题。

培训层级结构需要调整。例如在新疆木垒哈萨克自治县大石头乡，当地妇女职业技能培训主要以低端劳动力培训为主，中、高级专业技术和经营管理人员的培训很少。随着当地刺绣业的发展，目前急需一批懂技术、

善经营、精管理的中、高层管理人才。这就需要整合培训资源，调整培训的层级结构，尽快培育一批能够满足当地产业结构和经济发展模式需求的中高级人才。

3. 培训缺乏有力的经费支持

开展少数民族地区农村劳动力转移培训遇到的突出问题是资金问题。农村职业培训的有效开展，必须有必要的经费支持和保障。农业技术推广体系和培训网络的建立，试验基地、培训场所、有线电视的建设，以及培训的日常开支，包括专职人员的工资、培训资料费等等，都需要经费。属于培训基础设施建设的经费，不可能通过向农民收费来解决，需要政府进行必要的资金投入。目前，大多数地方的农村职业培训事业没有固定的资金来源渠道，筹措资金十分困难。不少地方连最起码的资料印制费都没有。资金困难成为制约农村职业培训事业发展的最大问题之一。

4. 教育培训与信息服务体系薄弱

从相关部门反馈的信息看，由于绝大部分少数民族地区取消了劳动部门在农村的专项编制，在一定程度上削弱了劳动部门在农村职能的延伸，对少数民族地区劳动力的转移培训造成了负面的影响。其结果是少数民族地区缺乏城镇用工方面的信息，不知道何地需要劳动力，也不知道开展哪些项目培训。接受培训的人员培训后的就业问题，是目前转移培训中面临的问题。造成培训与就业不能有效结合的根本原因是劳动力的管理服务体系非常薄弱，没有建立与外界沟通联系的桥梁，缺乏及时有效的用工信息，不能将培训纳入当地经济社会发展的大盘子中，培训资源得不到有效的整合和利用。

（二）对策与建议

1. 民族地区的农民教育培训由国家垂直管理

在管理体制上解决民族地区无力办好农民教育培训问题的有效措施。一是在领导体制上，由国务院科教兴国领导小组设立全国民族地区农民教育培训发展领导小组，统筹各部委、各自治区农业、农科行政主管部门的领导工作。二是经费由国家统一拨付。彻底解决好长期以来解决不了的诸如教学培训设备短缺、陈旧，人均经费、办公经费短缺等教育培训发展受地方经济发展水平制约，教育培训发展落后制约地方经济社会发展的大问题。三是师资由国家统一选拔调配。农民教育培训的干部按照垂直管理的体制管理，由国家统一组织国内的优质教育资源，统一配置到民族地区，有利于避免各种良莠不齐的教育资源向民族地区“挺进”，维护民族地区农民教育培训事业的健康发展；有利于进一步加大将优秀师资选派到民族地区支教的力度。

2. 加快教育培训体系建设

民族地区的农民教育培训工作，是一个浩大的系统工程，各级农业、教育行政主管部门要创新机制，整合教育培训资源，加大培训工作力度。要把开展农民教育培训工作纳入各级政府的重要日常工作中，发挥体系、资源的优势和农业部门善于引导农村劳动力从事农业生产与转移就业协调发展的优势，整合好农业、教育内部的各种优质教育培训资源，重点提升地方高等院校、基层培训机构的培训能力。积极改善培训条件，完善培训功能，建立和完善一批适应需要、手段先进、灵活高效，具有示范和带动作用的农民科技培训基地。

3. 实施农村农民教育培训投资优先发展战略，加快农村人力资本发展

民族地区必须坚定不移地实施农民教育培训战略，进一步加大人力资本投资力度，实行人力资本投资优先发展战略。把人才资源的生成和开发当作社会发展的重要指标。做到抓经济建设先抓技术培训，谋发展先培养技术骨干，高起点、高标准推进农民教育培训战略工程。

4. 将农村职业培训与当地国民经济和社会的发展紧密结合

培训与当地的实际脱节，与农民的需要脱离，是目前民族农村培训工作效果不好的一个重要原因。实行培训与当地经济发展的有效结合、与就业的有效结合，是搞好农村培训的根本。为此，各地应将本地区农村职业培训工作列入当地国民经济和社会发展规划。根据本地区的自然资源、劳动力素质和劳动力的剩余状况、农业结构调整、农业产业化发展的方向和特点、农村工业发展的状况以及劳动力转移的方向等，制定和实施农村职业培训规划，使培训与促进农民增产增收、促进经济发展和促进农村劳动力就业有机地结合起来。只有这样才能顺利地推动农村职业培训事业的深入开展。

5. 加快民族地区农民教育培训的信息化建设

民族地区农民教育培训要实现跨越式发展，关键在于加快教育信息化建设，积极推进教育信息化。民族地区必须大力实施现代远程教育工程，在乡镇建设计算机网络和电化教学点，运用信息化手段把全国最优秀的教育资源送到偏远农村、山区农民家中，使贫困地区农民能够便捷地利用全国的优质技术培训资源，提高农村农民教育培训质量，推进农村牧区农民教育培训实

现跨越式发展。

6. 建立农民教育培训工作责任制

农民的命运是可以改变的。而改变农民的命运，解决农民增收问题，关键在各级政府和组织。只要是真抓实干的，坚持下去了，没有不出成效的。2001 年，新疆沙湾县妇联开展“巾帼致富工程”，倡导大家学科技、用科技，各族农村妇女也纷纷聘请农业技术员为自家提供技术服务，妇联也为农村妇女开展各类培训。目前全县已有 3 万多名农村妇女掌握了 1 至 3 门实用技术。全县的农村妇女中有 235 名拿到了农民技术员证书，涌现出养殖能手 7756 人，种田能手 4714 人。所以，各自治区应当成立农民教育培训工作领导小组，负责农民教育培训工作的组织实施，协调教育培训工作过程中的重大问题。农民教育培训工作具体由农业部门牵头，教育、科技、广播电视、科学技术协会、妇联等部门配合，共同组织实施。各自治区人民政府与本区各地（市）、县（市）、乡（镇）政府层层签订责任状。要把实施农民教育培训工作的实绩列入各级政府领导班子和干部年度考核中。要编制农民教育培训工作实施规划，各自治区人民政府要督促所辖地（市）、县（市）、乡（镇）政府严格实施规划。建立督查评估制度，每年按工作目标要求，组织督查评估，奖优罚劣，坚持一抓几年不动摇，直至抓出成效。

7. 改革户籍管理制度，破除城乡壁垒

户籍管理制度是造成城乡隔绝的一项基本制度，必须彻底改革。1997 年国务院已批准公安部提出的一份户籍管理改革方案，允许已经在小城镇就业、居住并符合一定条件的农村人口在小城镇办理长住户口。这一改革是个良好的开端。但是，目前的改革只是在县及县以下的小城镇层次进行的，农村人口要迁入大中城市仍受限制，将来还应逐步放开大中城市户口限制，允许有条件的居民移居大中城市。可以考虑设置农村劳动力进入城市的素质“门槛”，如规定只有取得大中专学历和一定等级的职业资格证书者才能成为城市市民，才能被纳入城市社会保险的范围内。这样做必将从根本上改变目前民族农村培训积极性不高的状况，极大地推动农村职业培训事业的发展和促进劳动力整体素质的提高，并促进劳动力向城市转移由数量扩张转向质量竞争，从而极大地推动农村职业培训事业的发展，促进我国劳动力整体素质的提高，进而促进劳动力资源的优化配置。

第三节　公共卫生与健康教育

一、公共卫生与健康教育的背景[①]

新中国成立以来，我国少数民族地区发生了巨大变化。群众生活水平普遍提高；严重危害人们身心健康的传染病、地方病已被有效控制和消灭；少数民族群众的身体素质、精神面貌以及生活环境都有了明显改善。但是，由于历史发展的不均衡性及传统风俗习惯和经济、文化条件参差不齐等综合因素的影响，我国大部分少数民族地区的卫生状况目前仍处于第一、二次公共卫生革命的交替阶段。具有全民性特点的健康教育仍受到各方面条件的制约，少数民族地区的公共卫生与健康教育事业发展情况仍存在诸多不足。

回顾历史，少数民族健康教育经历了创业、曲折和恢复发展三个阶段。近年来，随着全国健康教育事业的不断发展，少数民族地区健康教育在机构设置、人员培训、国际合作以及模式转变等方面都取得了突破性进展。目前，全国绝大多数少数民族自治区域，如广西、新疆、宁夏、内蒙古、西藏和少数民族较多的云南、贵州、青海等省均已相继建立了具有多功能、全方位健康教育职能的省（自治区）级健康教育所，在宏观上结束了少数民族省区健康教育空白历史，并通过防病救灾、参与国际合作项目等卓有成效的工作，强化了各级党政领导与政府部门对健康教育重要性的认识，赢得了越来越多的重视与支持。为尽快形成并完善健康教育网络，各少数民族省区健康教育所在逐步加强自身建设的同时，又本着填平补充的原则，协助了本省（自治区）各地（州）、市、县的健康教育事业筹建工作。

实际上，不论是与国内其他地区相比，还是与群众健康需求相比，即便是与当地卫生事业中的医疗、防疫、妇幼保健和民族医药等相比，少数民族地区健康教育也还都显得过于薄弱。如何在现有条件下开展更多工作；如何由下至上开发领导引起共识；如何克服当地特殊困难，进一步加强健康教育网络建设，使之能够名副其实地真正担负起本地区的健康教育重任？如此等等，都已成为刻不容缓、亟待解决的问题。除此之外，少数民族地区健康教

---

① 此部分主要参见倪明建《试论少数民族健康教育的难点与对策》，《中国健康教育》1993 年第 11 期。

育从内容到形式同样不尽人意，并没有完全适应生物—心理—社会医学模式转变的需要，内容相对陈旧、缺乏民族特点，单向型传播比例过大、理论探讨不足、效果评价不及时等缺憾仍普遍存在。

二、公共卫生与健康教育的特点①

西部地区多为经济欠发达的多民族聚居省区，卫生与健康教育工作服务面积大、成本高；投入少、基础设施差；区域差别明显，健康水平低；卫生问题多，城乡之间、区域之间、人群之间健康水平差距明显。特别是各民族间不同的语言文字、不同的民族习俗、不同的文化程度决定了健康教育形式与手段的多样性。

（一）语言文字的多样性

语言是人类交际的工具。健康教育最突出的特征是借助语言进行交流、沟通及健康知识的传播。西部地区各省区为多民族聚居的区域，不同民族拥有自己不同的语言，这就决定了在开展健康教育与健康促进传播活动时必须注意语言的多样性，对不同民族采用不同语言。方言是大众的生活用语，使用方言在农村地区开展人际传播，可以取得较好的效果。

（二）民族习俗的多样性

在青海，不同民族群众有不同的习俗及宗教信仰，例如藏族、蒙古族群众多信仰藏传佛教，回族、撒拉族信仰伊斯兰教。在健康传播过程中，尊重各民族习俗及宗教信仰，充分利用民族传统文化活动开展健康教育与健康促进活动，能取得事半功倍的效果。例如利用晒大佛、民族运动会、赛马会、祭海等活动，传播以“营养、食品与安全”“传染病、地方病预防”为主要内容的健康信息，可以取得很好的教育成效。

（三）文化水平的多样性

西部地区教育事业发展程度相对落后，全民受教育程度相对较低，城乡之间，东部农业区与西南牧业区之间，各民族之间都存在着较大差异。针对不同文化程度的人群，应采用不同方法与模式开展健康教育与健康促进活动。例如可以在文化程度较高的城市社区开展预防高血压的健康教育传播活动，利用社区健康教育大课堂、入户监测血压、建立健康档案等活动，并结合大

① 此部分主要参见艾溪涛《民族地区健康教育的特点与多样性》，《中国健康教育》2007 年第 9 期。

众媒体传播相关知识，效果较好。而在文化程度较低的农村牧区，则采用乡村医生入户或利用群众集会等活动开展人际传播。同时，在学校开展“小手拉大手”的健康传播活动，通过对乡村教师的系统培训，改变学生们的不良行为，再由学生对其家长或周围人群进行健康知识传播。

（四）地域分布的多样性

西部各省区人口分布不均匀，农业区人口相对集中，牧区人口较为分散。因此，不同地域对健康教育与健康促进工作方法提出了不同的要求。在人口较密集的农业区，乡村医生开展面对面的人际传播，效果较好；在地广人稀的牧业区利用媒体，开展大众传播，效果更佳。

（五）媒体选择的多样性

健康教育与健康促进传播活动中媒体的选择，是民族地区健康教育的重要环节。采用优先、经济、有针对性的原则，在不同人群中选择不同的传播媒体。如针对牧业区居民迁徙放牧，看不到电视、报纸，很多牧民群众不识字等特点，应用覆盖面广、传播速度快的民族语言广播栏目“空中科普”，取得了比较好的效果。而在娱乐场所，则应优先选择有图像画面和声音的电视节目。对于有小学以上文化程度的人群，选择图文并茂、简明扼要的宣传册、宣传单以及宣传小折页等。

（六）教育手段的多样性

民族地区语言文字、民族习俗、文化程度、地域、媒体选择的多样性，也决定了健康教育与健康促进传播活动中策略、方法、手段的多样性。制作适宜的传播材料，开展有针对性的传播活动。

可见，民族地区开展健康教育与健康促进呈现出的多样性，要求传播者必须根据不同语言、文字环境，不同文化程度，不同民族，不同地域，选择有针对性的传播渠道进行健康相关知识与行为的传播与干预活动。如此，事半功倍；反之，事倍功半。

三、公共卫生与健康教育实践

（一）妇幼健康教育

云南楚雄少数民族聚居的山区，交通闭塞、经济贫困、文化落后、愚昧迷信，有的地方受传统习惯势力的影响，还存在着性别歧视等现象，导致了这些地区的孕产妇和儿童病死率居高不下。当地卫生部门积极结合实际，因地制宜地开展多种形式的健康教育活动。例如在彝族聚居的高寒山区，一改过去一贯的常规做法，加强与分管卫生工作的乡政府领导的联系，取得领导层对妇幼保健工作的理解和支持。由乡政府负责组织协调举办健教培训班，由乡妇联干部和卫生院防保组负责培训的具体事宜。每年设一个村委会为全乡的健康教育试点，对试点内的村组干部、妇女主任、孕妇、婆婆和儿童家长的代表，举办至少 3 期以妇幼卫生方面的内容为重点的反复强化培训，通过培训使他们了解定期产前检查，应该接受产前检查的次数、时间，怀孕之前和孕早期、中期、晚期应注意的相关问题，住院分娩保母婴平安、儿童体检的必要性和重要性，产后如何科学补充营养等。最主要的目的是通过健教培训使他们充分认识到孕产妇死亡对儿童、家庭、社会产生的严重后果等。

在妇幼保健工作基础好，受训者中大部分人有一定文化基础的村、社，在参训人员的结构上可以由孕妇代表、婆婆代表、儿童家长、村组干部、妇女代表等组成，女性参训者比例也可以高一些。这样的结构比例也更合理。在少数民族聚居，且女性受教育程度低、妇幼保健工作基础差、语言交流困难的村社，受训对象则应以男性为主。只要将妇幼卫生健康教育知识的所有内容向他们讲清楚、讲明白，唤起他们的责任心和对妻子、儿媳、女儿的孕产期健康问题的关注，亦可收到理想的效果。

争取乡镇领导每年组织一次或数次由乡级机关及乡级各站所全部职工参加的健康教育培训，再由这些人为师资，对他们各自挂点的村社进行经常性培训。利用一些惨痛实例现身说法，更具有说服力和教育效果。每年新设一个村委会作为乡级的健康教育试点，至少进行 3 期的重点培训，以点带面。还要对上几年设的健教点进行不少于一期的健教巩固强化培训，以避免这些村社的妇幼保健工作滑坡。通过以上几方面的措施，在短短的 3 年之内，活动开展乡镇的孕产妇保健覆盖率由原来的 60% 上升到 90% 以上；儿童保健覆盖率由原来的 60% 上升到 95%；住院分娩率由原来的 40% 上升到 84% 以上；早孕产率和孕产前检查 5 次以上率也有了很大提高。尤其是原来工作基础薄弱、自我保健意识较差的几个少数民族众多的村社效果更明显①。

在云南省寻甸县，苗族妇女均不同程度地患有各种疾病，其中最为严重

① 王琼芬、李宗寿《山区少数民族地区妇幼卫生健康教育工作方法的探讨》，《中国医药指南》2008 年第 19 期。

的是妇科疾病。这与她们的卫生习惯和保健意识密切相关。苗族妇女没有形成良好的卫生习惯，例如随地大小便；饭前便后不洗手；一个月才洗一次澡；没有刷牙的习惯；衣服在很脏的水沟里洗；洗过的衣服与没洗的衣服都堆在沙发上，衣柜里却布满了蜘蛛网；生病了不会去看医生等。为了改善妇女的卫生习惯，提升妇女的卫生保健意识，项目组邀请县卫生院的医生为妇女提供了两次卫生知识培训和妇女身体健康普查，并给妇女发放了如消炎止痛药，防治感冒、拉肚子等的家庭常备药。除此之外，项目组出资，由村民自己在村子建了公共厕所，与妇女一起制定社区卫生维护制度，还邀请学生志愿者到家里为妇女提供家务整理的示范培训，教妇女如何整理衣物、如何利用房屋空间、如何维护家庭卫生等等①。

新疆阿克苏地区大力开展健康教育，增强广大妇女自我保健能力。通过各种途径积极提高住院分娩率，降低孕产妇死亡率。当地属少数民族贫困地区，农村经济发展滞后，农民年平均收入不足2000元，文化相对落后，农民长期受传统意识的影响，对科学的婚育知识的知晓率不足20%。有病治疗尚且困难，对孕产期保健重要性认识便无暇顾及，致使婚前医学检查流于形式，住院分娩率仅为21%。大部分农村产妇在家接生，对妊高征及其他高危因素认识不足，加之居住分散、交通不便、转诊困难，孕产妇因产后出血，来不及抢救死于家中者居多。加上多数乡镇卫生院产科医护人员不足，业务能力低，缺乏必要的救治器材和处理危急产科的临床经验，导致危急产妇因转诊时间过长，丧失救治机会而死亡。

针对以上问题，政府加强了领导和技术指导，进行产科人员培训，充分利用现有条件和项目配套设备，加强乡镇卫生院产科质量建设，部分乡镇卫生院能开展正常产的处理。同时加大了健康教育宣传力度，号召政府和全社会都要参与。针对广大农村妇女孕产期保健知识不足的现状，由政府出面，县、乡主要领导主持，利用集会组织县、乡、村各级领导、妇联干部和村医，对农村孕产妇及其丈夫进行健康教育宣传活动。利用发放健康教育宣传材料、健康教育处方、观看健康教育VCD等方法，宣传住院分娩的好处，说明高危产妇不住院分娩的严重后果等，取得良好效果。通过全方位广泛宣传，该区农村孕产妇婚育保健知识知晓率达到了85%，住院分娩率达到45%，孕产妇

① 王肖静《贫困苗族农村妇女的社区教育研究》，《农村经济与科技》2009年第3期。

死亡率呈逐步下降趋势。

此外，还培训村医和妇女干部，使之成为孕产期健康教育宣传员，并负责将高危孕产妇送县以上医院处置或分娩，每送1例高危产妇给报酬10元，以调动其积极性。

政府除加大健康教育宣传力度外，另出台相关政策，实行扶贫救助，减免孕产妇住院分娩费用，促进了住院分娩率的提高。加大健康教育经费的投入。各级妇幼保健机构拨出专款用于健康教育材料的购买和制作，根据不同情况分阶段、有计划、有步骤地组织实施健康教育①。

新疆伊犁地区是包虫病的高发地区，患者多来自农牧区，居住分散，交通、经济、生活水平处于相对落后的状态。伊犁州友谊医院信息中心提供的资料显示，2004—2008年伊犁州包虫病住院病例数为707例，其中女性353例，以哈萨克族患者居多。根据友谊医院2004—2008年包虫病住院病例回顾性调查结果，包虫病在州内流行且呈上升趋势。做好少数民族育龄妇女的健康宣教工作对降低包虫病的发病率起着至关重要的作用。但社会经济、传统文化和少数民族风俗习惯的限制，却相对制约了妇女在防病治病中的作用。为做好此项工作，自治州友谊医院采取了如下健康教育途径。

（1）设计包虫病健康教育问卷，通过问卷调查初步掌握伊犁州包虫病高发区域少数民族育龄妇女对包虫病的认知程度。利用市、县、乡三级卫生网络优势，让作为家庭和社会重要成员的妇女了解包虫病的致病因素、传播途径和预防保健知识，提高对包虫病危害的认识。从自身做起，带领家庭人员改变不良的生产、生活方式，提高防病意识和自我保护能力，减少包虫病的发病率，阻断包虫病的传播途径。（2）有针对性地为基层培养包虫病健康教育宣讲员，利用医院技术优势和文化优势，建立起多方位、多覆盖面、多系统参与的宣教网络。制作少数民族宣传画和多媒体材料免费发送，在各社区卫生建立包虫病健康教育点，负责辖区的宣教任务，项目县由专职秘书负责宣教工作。（3）针对少数民族育龄女性的特点组织实施教育，把15—55周岁的妇女作为易感人群重点宣教对象和监测对象，针对不同层面的需要，采取不同的学习、培训方式。进行分类指导，逐年完善包虫病健康教育网络，争

---

① 薛鹏德、张玉昌、浦波、黄路玲、王军梅、王冬洁《加强孕产期健康教育降低少数民族贫困地区孕产妇死亡率》，《中国妇幼保健》2004年第1期。

取项目县、乡农牧民对预防包虫病及其危害的知晓率达到90%，医疗卫生行业（妇幼、社区、护理）的知晓率达到90%。(4) 争取主要负责人的关注、支持和参与，扩大影响力和覆盖率，对各级领导干部重点宣传包虫病的危害、防治知识和应采取的防治措施。对育龄妇女重点宣传包虫病基本知识。养成接触狗后要洗手的习惯，宣传定期给犬喂药驱虫，不用生的病变脏器喂犬等防治知识。对家庭成员的不良生活方式给予引导和纠正，引导家人提倡文明、健康的行为，增强保健意识，减少高危行为，逐步降低乃至消除人群包虫病的感染率和患病率①。

湖南湘西土家族苗族自治州位于湖南省西部，是以土家族、苗族、白族等民族为主的少数民族地区，受到当地经济、文化和卫生服务水平的制约，农村妇女缺乏生殖健康科学知识和健康行为。为探索少数民族农村妇女生殖健康教育的有效模式，课题组联合农村基层妇幼保健部门、乡村卫生院（室）于2008—2010年在湘西州对少数民族农村妇女进行了“教育＋服务”的综合性生殖健康教育及干预。

通过项目组成员利用假期深入项目村寨进行健康教育，利用大学生暑期“三下乡”和医学生社区实践开展健康教育活动，配合、指导当地卫生院、妇幼保健专干和村卫生员进行生殖健康教育与服务。“教育＋服务”的主要内容包括日常卫生知识、妇女卫生行为、生殖健康、性传播疾病防治知识与行为干预，联合开展妇女病普查、避孕节育、优生优育、妇女公共卫生服务等查治与咨询服务。“教育＋服务”模式包括：对孕期、老年妇女、有妇女病等重点对象，以入户访谈形式，进行个别教育指导与服务；利用农村赶集、节假日文体活动等机会开展卫生咨询和健康知识普及教育；通过妇女病普查、婚前体检、孕查、查环、妇女疾病治疗、住院分娩等生殖健康服务，进行有针对性的健康指导和行为干预；通过小组座谈、集体宣讲进行知识讲座和咨询服务，发放通俗易懂、图文并茂的宣传册（单），借助电视、广播、宣传板报等媒体资源进行宣传教育。调查结果显示，农村妇女生殖健康知识水平明显提升。干预前农村妇女生殖健康知识知晓率不到28.0%，而干预后生殖健康知识知晓率上升到68.4%。干预后少数民

---

① 初伊明、常燕玲、玛依努、党秀英《健康教育对少数民族妇女防治包虫病的意义》，《地方病通报》2009年第3期。

族农村妇女产前检查、住院分娩、避孕方式知情选择、妇女健康教育活动正向态度持有率明显提高。干预前后她们对婚前检查、乳房检查态度也有积极改变。少数民族农村妇女生殖健康自我保护行为、个人卫生行为在干预后明显变化，参加妇女病普查人数也较干预前有所增加。少数民族妇女生殖健康自我维护行为、个人日常卫生习惯发生显著改变，综合性“教育+服务”模式是少数民族农村妇女生殖健康教育的有效途径①。

（二）毒品、性病、艾滋病防治教育

凉山彝族自治州地处四川西南部，是我国最大的彝族聚居区。因受特殊地理位置和社会消极因素的综合影响，以及唯利是图的不法商人经不住毒品高额利润的诱惑，使之成为境外毒品经滇入川的重要通道和集散地。随着毒情的泛滥，从1995年首次发现HIV感染者以来，疫情逐年上升，涉及范围逐年扩大，已经成为四川省艾滋病流行的重点地区。到2001年年底，全州累计发现HIV感染者715例，AIDS患者2例（均已死亡），HIV感染者最小年龄11岁，最大年龄44岁，绝大多数为青壮年，主要集中在边远少数民族地区。鉴于以上情况，凉山州科协在2001年9月至2002年12月与有关部门配合，在布拖县九都乡九都村和昭觉县地莫乡地莫村成功地开展了性病、艾滋病健康教育四维模式的宣传。通过青少年—家庭—家支—社区4维信息传播模式来对目标人群进行项目干预。探索因地制宜预防知识的传播方式，减少民族地区目标人群性病、艾滋病，促进青少年—家庭—家支—社区得到足够的关于性病、艾滋病的预防知识。主要以培训、宣传为主（大型宣传、召开群众大会、赶集宣传、聚会宣传、入户宣传、广播、电视宣传、播放VCD、录音带宣传、电影晚会宣传、课堂科普宣传、彝族家支内部宣传等），走访、座谈、发放宣传资料、张贴宣传画、书写永久性彝汉双语标语、发放宣传扑克、录音带、VCD碟片、问卷调查等。在对目标人群传播预防知识的同时，传播农村实用技术和生产生活技能，将艾滋病预防知识与科学技术知识的普及结合起来，发挥预防艾滋病信息和科普信息“两个信息”包的作用。

1年之后的实施结果显示，在凉山州的腹心地区——昭觉县地莫乡地莫村、布拖县九都乡九都村的一般人群、特殊人群（吸毒人员）和HIV感染者

① 杜建林、陈玉凤、罗雪梅、肖志凌、周春艳、余素梅、王超《湘西少数民族农村妇女生殖健康教育与行为的干预研究》，《中国妇幼保健》2011年第30期。

按项目实施方案认真组织实施，效果非常好。通过问卷、评估2个村青少年预防性病、艾滋病的知晓率从10%提高到45%；青壮年知晓率从20%提高到60%；吸毒人群及HIV感染者知晓率从不到35%提高到85%；社区一般人群对性病、艾滋病预防知识的知晓率达70%以上。两村特殊人群基本消除共用针具现象，正确使用安全套达90%以上。由于宣传内容简单明了，主要解决了了解性病、艾滋病，认识性病、艾滋病，预防性病、艾滋病的问题，目标人群容易接受、了解，进而促使他们行为的改变①。

（三）公共健康教育

湖南省民族地区基层医院为适应护理模式的发展，满足山区人民对医疗服务的需求，增强病人自我保健的能力，提高健康水平，对健康教育的实施方法进行了新的尝试，取得了很好的效果。主要包括以下措施。

改革护理记录。将大部分护理病历项目制成表格的形式，或将固定的内容进行印刷，避免重复书写，从而节省时间。增加突出专科特点的护嘱单，由护士长或整体护理质量管理组长根据病人实际需要开出护嘱，当班护士具体实施后签名。继续实施书面教育、口头教育、示范性教育和小组讨论等常规教育方式，同时因人而异实施健康教育，适当运用方言。在给病人做医院环境及各种检查介绍时，亲自带病人到相应地点，或运用简单易懂的语言进行交流，并对不同语种的病人安排熟悉相应语言的护理人员专人施教、重点指导。开展反复性教育，对知识缺乏者及老年病人，在做宣教时，尽量使用通俗易懂的语言，多举例，且反复讲解，内容具体化，使医学术语变为通俗语言，如高蛋白饮食，要指出哪些是高蛋白食品。护士随时抽查所授知识，直到病人能复述或模仿为止。做好院外教育。因不少病人受交通不便、经济困难的困扰而提前出院，不能在医院内获得较系统的健康教育。对此，在做好详细的出院指导的同时，发放健康教育指导卡，还为病人建立社区服务卡，详细记录病人的姓名、性别、年龄、文化程度、家庭住址、电话号码、家庭关系、疾病名称、治疗情况、出院时状况等。对有联系电话的病人经常保持联系，随时解答病人所提出的问题。对无联系电话的病人，则采取社区卫生服务的方式定期下乡进行宣传教育，满足了病人的健康需求。

---

① 参见薛启华、马建奎《在民族农村地区开展性病艾滋病健康教育4维模式》，《预防医学情报杂志》2003年增刊。

加强对健康教育的质量控制。各科室建立健康教育登记本，详细记录病人的姓名、入院时间、手术或特殊检查时间、治疗时间及宣教日期等，实行护士和病人双签名制度。各级护理管理者严格督查，科室质量管理小组长和护士长每日定时检查，了解护士是否将健康教育融入每项护理服务当中，以及帮助病人培养健康行为和生活方式的效果。即重点检查病人对自身疾病与康复知识的了解程度和功能锻炼、所取体位、饮食等的掌握程度，并按好、良、一般、差 4 个等级做出评价。护理部每日抽查，每周总检查。所有检查均有记录可查，反馈到人，在晨会或科周会上进行质量讲评，提出改进措施，并作好书面总结层层上报。

共发放意见征询表 1000 份。调查结果表明，通过切实有效的健康教育，病人对健康知识掌握率达 91.1%，能自觉地配合治疗、护理、病房管理等。自我护理能力也得到了提高，对医护工作的满意度达 98.6%①。

四、公共卫生与健康教育中存在的主要问题与对策

（一）主要问题

1. 民族众多，语言、习俗不同，需求各异。毫无疑问，这一特点使少数民族健康教育内容更为复杂，形式更为多样。在有限的机构和经费前提下，少数民族地区健康教育工作者更需统筹兼顾，既要利用多种语言、文字设法全面展开工作，又要密切关注重点人群。与单一民族地区相比，在少数民族地区开展健康教育客观上需要更多的人、财、物力投入。

2. 经济、文化发展相对落后。由于历史及地域等多方面条件的影响，其总体经济、文化发展水平还不可能与内地发达地区相比。农村人群文化程度普遍较低，自我保健意识不强，脱贫的任务仍然很重。各地对脱贫更需防病的认识还不够深，健康教育工作还未得到应有的重视。

3. 少数民族健康教育专业人员匮乏，来源渠道少，素质相对较差。这对少数民族省区健康教育的实施，特别是人际传播造成诸多不便，无形中阻碍了少数民族地区健康教育的发展步伐。如村民的艾滋病知识主要来源于电视，说明大众传媒在健康教育中的重要作用。但其效果易受播放时间、人群文化程度、习惯、条件等影响。在干预后村民喜欢的宣传方式中，医务人员讲解

---

① 于景兰、王晓玲、杨日嫦、张登连《民族地区基层医院健康教育方法的探讨》，《中华护理杂志》2003 年第 3 期。

比率明显提高。证明医务人员是预防艾滋病的重要力量，对文化层次较低的农村群众来说，通俗易懂、深入浅出的讲解更易接受。故利用大众媒体与医务人员相结合的干预方式，可以明显提高农民对艾滋病知识的知晓率。

4. 封建迷信与陈旧风俗干扰严重。观念保守与思想意识的相对落后，致使少数民族地区相当数量的群众在生育观、健康观乃至生死观等方面沿于旧习甚至误入歧途。一些陈旧的、不卫生的风俗习惯根深蒂固，“生死各由天命”，信巫不信医的现象在部分少数民族地区，特别是偏远山区、农牧区普遍存在。

5. 地域辽阔，交通不便，居住分散，服务半径大。这加大了健康教育的经费开支与人员负荷，直接影响了健康教育的传播周期并相对限制了其覆盖范围。

（二）主要对策

1. 建立和完善疾病预防控制体系。疾病预防控制体系应包括完整的组织体系、工作体系、管理体系。要建立高效、权威、通畅的疾病预防控制中心，改善疾病预防控制设施与手段，完善监测和预警机制。建设突发公共卫生事件的应急体系，建设农村初级卫生保健体制，重点解决由县到乡的垂直管理，强化乡（镇）卫生院的公共卫生服务职能和建立村医必须承担防保工作的机制与管理办法。

上下贯通，建立健全健康教育“四级网”，动员社会力量参与。实践证明，单纯依靠现有健康教育机构远不能满足少数民族地区健康教育工作的需要。逐步建立健全一个以省（自治区）、地（州）市、县（旗）、乡为主体的健康教育“四级网”实属当务之急。要建立健全县、乡两级健康教育网络，在充分利用并加速完善现有县级健康教育机构的同时，还须把重点放在发动全体卫生医药人员，包括乡村医生、卫生员、接生员、计划免疫专干等具备一定卫生知识的非健康教育专业人员的共同参与上。乡村干部、学校教师乃至当地各行各业具备一定文化基础的群众也可成为开拓健康教育事业的骨干力量。

2. 因地制宜宣教，切实履行护理职能。我国是多民族的国家，许多少数民族居住在地理环境较差的边远贫困山区。他们因受信息不通、经济条件较差、受教育机会相对较少等因素的影响，文化程度不高、语言沟通交流困难及个体差异大，缺乏基本的自我保健和防护能力，尤其是交通不便直接导致病人就医困难，使少数民族同胞的健康受到较大影响。而健康教育是一门研究传播保健知识和技术影响个体和群体行为，消除危险因素，预防疾病，促进健康的科学。对民族地区人民进行有效的健康教育，增强病人的自我保健能力，提高健康水平是解决问题的关键，也是护理的一项重要职能。但民族地区往往受上述因素的影响，使健康教育的难度大大增加，因而实施健康教育不能千篇一律，必须结合民族地区特点，因人而异，因地制宜地进行教育。针对不同层次的病人采用不同的谈话技巧，对交通不便、经济困难及提前出院病人，则要采取发放各种卡片、建立社区服务卡、接受健康咨询和定期下乡的方法进行宣教，才能使健康教育达到满意的效果。

3. 改变管理模式，为实施健康教育创造条件。为了切实有效地实施健康教育，不流于形式，要求护理管理者必须改变管理模式，正确摆正“写”与“做”的主次关系，创建适合医院实际的整体护理记录，以保证护士有更多的时间走近病人，解决所需和做好健康教育。同时要深入临床第一线，多检查督促指导，以确保教育质量。真正使健康教育“有利于病人、医院及护理专业建设和学科发展”。

利用项目优势，巩固发展健康教育基地，以点带面，全线突破。对少数民族地区来说，通过项目实施的局部优势，巩固发展其健康教育项目县、乡，尤其是示范县、乡，总结出行之有效的、适合当地少数民族特点的健康教育内容和形式。在不长时间内建设起几个具有典型民族特色的健康教育基地，为进一步全面开展工作提供经验、树立榜样。

4. 注重知识更新，满足不同病人对健康的需求。成功地实施健康教育，满足病人的健康需求，对护士健康教育意识和履行职责的能力提出了要求。因此，护理人员要不断更新知识，全面提高素质，并结合各地特点进行教育，才能取得良好效果，帮助病人不仅“掌握卫生知识”，而且“建立健康行为”。

5. 加强系统间和系统内合作。健康教育不仅是卫生部门的事，而且是诸多系统、多层次，乃至全社会的共同任务，因此卫生部门应联络各有关系统进行健康教育。积极利用广播、电视系统和文字宣传材料进行健康教育。地方学校应针对少数民族地区残存的有损健康的陈旧陋习进行卫生科普教育，教授正确的生活方式，使健康教育自然地渗透到每家每户。“小手拉大手”健康传播活动，将健康相关知识传播给中小学生，并通过学生将这些健康知识传递给农村牧区文化程度较低的家长们，从而改变学生和家长乃至于周围人群的行为。实践证明，“小手拉大手”的传播方式能有效改变人们的不良生活习惯，在居民文化程度普遍不高的农村具有非常重要的作用。

但在实施过程中应从实际出发，选择不同的传播渠道。如在不通电的地区选择电视作为传播渠道，就起不到任何作用。在文化程度不高的人群中，发放文字较多的传播材料也是不适宜的。

在地方卫生系统内积极成立健康教育中心，负责进行计生、防疫、妇幼保健、爱国卫生、医药等方面的知识、政策法规的宣传教育。在农村建立起一个庞大的卫生宣传网，有计划、有组织地对乡村医生、村干部、乡村学校教师等进行健康教育宣传培训，使他们成为不脱产的宣传骨干。不断向社会提供优质高效、符合社会人群卫生消费需要的服务。采取最佳卫生宣教的途径、时机和手段。在调查研究基础上，针对不同人群、不同卫生知识水平和需求，不同职业和健康状况，提供不同的宣教形式和内容，才能收到事半功倍的社会效益和经济效益。

6. 建立长效、可持续发展的人才激励机制。尽快充实和培养一批有知识、有技能、有素质的高级公共卫生人才，充实到各级各类疾控机构，逐步扭转专业技术骨干严重缺乏的情况，是完善建立疾病预防控制体系十分重要的内容。西部地区农村公共卫生和疾病预防控制工作的现状不容乐观，基层医疗卫生三级保健网建设还存在不同程度的薄弱环节。特别是边远贫困农村，远不能满足广大人民群众日益增长的健康需要，基层卫生网建设亟待加强，人员急需充实。建议将乡（镇）防保组织纳入疾控体系，实行垂直化管理，同时对村卫生员实行一定的优惠政策和经费补助，确保基层卫生网底的健康发展。加强对基层疾控人员和村卫生人员的培训。培养具有高度责任感和使命感的业务人员，应成为各级政府和有关部门当前的一件大事。

7. 把疾病预防、控制与农村公共卫生工作明确纳入政府职能，纳入社会发展规划，把政府卫生工作的职能和重点转到公共卫生与疾病预防、控制服务上。

调整经济政策，向疾病预防、控制倾斜，保证疾病预防、控制工作经费的增长与财政经常性增长同步。在公共卫生事业费发放中，扭转重医疗、轻预防的现象，要切实保证财政投入，以解决人员工资、村卫生人员补助和工作经费不足问题以及解决弱势群体预防接种补助费来源问题。保证上级专项经费及时到位，确保疾病预防、控制工作健康有序地发展。

8．通过多元途径开展健康教育。应用多种语言是民族地区开展健康传播的方法之一。在健康教育与健康促进传播活动中，运用群众听得懂的语言，如方言或民族语言，面对面地开展个人讲解、集中培训等形式的人际传播，都能取得很好的传播效果。但该方法的缺点是传播面较小，信息传递十分有限，信息的准确程度也会有所下降（通过翻译在信息上存在误差）。

发挥“权威效应”，对少数民族宗教领袖及其他重要社会角色进行健康教育“干预”。宗教领袖在少数民族地区享有很高声誉，其言行往往可直接支配信教群众的行为。对他们实行健康教育“干预”，常可收到立竿见影的效果。不可否认，宗教教义中有其利于健康的积极方面。如伊斯兰教教规规定：礼拜前沐浴净身，餐前净手；不食用未宰而死畜等等。对这些有助于少数民族群众建立文明、健康生活方式的信条，应对宗教领袖说明并劝其向教民反复宣讲。对那些不利于健康的习惯和行为，则应采取通俗易懂的方式先告知宗教领袖并指明正确做法，鼓励他们尽量在讲经布道时加以引用，以达到“灌注”教民卫生知识的目的。其他重要社会角色主要包括少数民族领导、人大代表等在少数民族群众中有较高知名度和威望的权威人士。这些人本身素质较高，健康教育干预会相对容易，但需注意讲求技巧，持之以恒。

利用民族传统节庆活动开展健康传播活动。民族地区各族群众和睦相处，共同创造了各具特色的民族文化，每年都要进行丰富多彩的传统文化节庆活动。充分利用节庆活动期间群众集中的特点，集中健康传播力量，搭建传播平台，能取得低成本、高效益的效果。如蒙古族的“那达慕大会”，苗族的“赶秋”，彝族的“火把节”，维吾尔族的“古尔邦节”等。这些节日中，分散的人群都集中起来，利用这个机会进行健康教育传播，不但增添节日气氛，还会使集会者印象深刻，寓教于乐，起到一举两得的效果。但在传播活动中，一定要尊重宗教信仰、民俗民风，采用适宜的传播方式。

少数民族健康教育任重道远，方兴未艾，是否能准确把握“脉搏”，对症下药，关系到少数民族整体健康素质的高低和今后数年内少数民族健康教育的成败。集倾向、促成、强化因素分析和多方位干预为一体的综合实施策略将是改善少数民族健康教育现状，并使其提高到崭新水平的有效途径。

第三章　西部地区的民族家庭教育

从文化人类学观点来看，人的社会化与文化习得首先从家庭开始。在家庭中，通过父母和其他成员的影响及指导，儿童获得了最初的生活经验、社会知识、行为规范、属于自己民族的文化信息。家庭是社会组织构成的最基本单位，民族家庭是本民族构成的最基本单位。在学校教育尚不发达的情况下，家庭担负了教育的重任。在学校教育发达但不以本民族文化为主的教育环境下，少数民族传统文化的传递和传播，少数民族母语能力的获得，对民族语言文化的认同都源于家庭教育。研究少数民族家庭教育对了解少数民族文化传承、传播的方式和方法，以及继承优秀的传统文化，扬弃传统文化中的陋习有十分重要的意义。

总结以往学者对家庭教育的定义，家庭教育有广义和狭义之分。广义的家庭教育是指家庭成员之间的相互影响与教育①。狭义的家庭教育是指父母或年长者在家庭中对子女进行的教育②。本书所讨论的家庭教育，是狭义的家庭教育。

在研究西部民族家庭教育之前，有必要对家庭教育的构成要素做一探讨。国内外关于家庭教育构成要素的指标体系有数十种之多。1967 年英国著名的《普洛登报告》指出，家庭环境不仅包括家庭物资设备、经济状况、父母所受教育、父母对子女学习的态度，而且还包括子女人数、父母职业等变量。1984 年在中国翻译出版的《美国教育基础——社会展望》中提出的家庭环境变量有家庭所说的语言、家庭提供的教育阅读材料、家庭谈话的数量和质量、训练年轻的家庭成员的方法和一致性、家庭参加社区活动和参观名胜、家庭

---

① 赵忠心著《家庭教育学——教育子女的科学与艺术》，人民教育出版社 2001 年版。

② 《中国百科大辞典》编委会编纂《中国百科大辞典》，华夏出版社 1990 年版。

外出旅游的质量和数量、父母对学习和学校的态度等[1]。我国教育科学“九五”规划课题的研究提出了家庭教育的十大要素，即把家长教育观念、家庭教育目标、家庭教育内容、家庭教育方法、家长教育能力五种因素作为狭义家庭教育的一级指标，把家长道德素质、家长文化素质、家庭生活条件、家庭生活方式、家庭人际关系五种因素作为广义家庭教育的一级指标[2]。骆风著的《造就卓越人才：北京大学博士生家庭教育探析》中则重点研究家庭教育的目标、家庭教育的内容、家庭教育的方法、家庭教育的亲子关系、家长素质、家庭条件[3]。基于研究目标的需要，本书将重点讨论西部少数民族地区家庭的基本情况、家庭教育观念、家庭教育内容、家庭教育方法途径等几个部分。

第一节　家庭的基本情况

一、核心家庭为主

近代中国少数民族形成了一种以核心家庭为主，主干家庭、扩大式家庭和多偶婚家庭为辅的多种形式并存的家庭结构。扩大式家庭的主要优势是：崇尚子孙满堂的大家庭理想，便于安排劳动力的使用，维持密切的家庭人际关系及少纳捐税。而经济的发展，汉文化的影响，天灾人祸，家庭财产纠纷及婚后分家则是近代少数民族家庭演变为核心家庭的重要原因[4]。对西部民族地区而言，其家庭教育的结构也符合近代少数民族家庭结构的一般特征。

随着与汉文化接触的加强以及经济发展的需要，一些少数民族由原先三四代同堂的扩大式家庭逐渐向由父母与未婚子女组成的核心家庭转变。满族喜合居的习俗到20世纪初，因历史的变迁随之变化，渐渐由大家庭变成了小家庭。赫哲族由于受汉族和满族的影响，20世纪30年代以来，父系小家庭已成为基本的生产、生活单位。20世纪初以来，达斡尔族家庭规模缩小，核心

① 马和平、高旭平等著《教育社会学研究》，上海教育出版社1998年版。

② 骆风著《造就卓越人才：北京大学博士生家庭教育探析》，商务印书馆2003年版。

③ 骆风著《造就卓越人才：北京大学博士生家庭教育探析》，商务印书馆2003年版。

④ 瞿明安《近代中国少数民族家庭结构及其变迁》，《中央民族大学学报》（哲学社会科学版）2002年第4期。

家庭和主干家庭逐渐取代了大家族式的家庭。乌孜别克族过去多是三代同堂的父系大家庭。晚近以来，以夫妻关系为基础的小家庭取代了大家庭[①]。白族三代以上的大家庭，常为财产而发生纷争。解决这种纷争的唯一办法便是分家，从而促成大家庭制的瓦解和小家庭制的逐渐确立[②]。土族由于铁制工具增多，畜力广泛使用，家庭的规模随之缩小，大家庭即演变为父系小家庭[③]。1945 年德昂大寨发生瘟疫，人口死亡过半，加上在吃穿等日常生活问题上有分歧，父母与子女及兄弟姐妹之间发生矛盾，家庭成员才逐渐分开。从此大家庭减少，小家庭增多[④]。在以上各种原因中，汉文化的传播、经济发展的需要以及天灾人祸是引起有关少数民族扩大式家庭分化瓦解的外部因素。而家庭财产的纠纷则是导致扩大式家庭解体的内部因素。

除了以上有关少数民族的扩大式家庭向核心家庭转变以外，近代绝大部分少数民族的核心家庭和主干家庭更多是在分家自立门户的基础上产生的。在这些少数民族中既有农耕民族，也有游牧民族，还有狩猎采集民族，表明分家析产并非是农耕民族特有的现象。一些少数民族对结婚后分家曾形成了特定的看法。如布依族俗语说："人大分家，树大分椏。"土家族则认为："家不分不发。"在一定程度上反映了这些民族倾向于分家而组建核心家庭的心理状态[⑤]。从以上有关民族分家的原因来看，人们之所以选择核心家庭作为结婚后的家庭模式，主要在于核心家庭人际关系简单，可以避免扩大式家庭中因人际关系复杂而出现的家庭矛盾，使得新婚夫妻可以根据自己的需要合理地安排家庭生活。这是近代绝大部分少数民族不愿保留扩大式家庭而倾向于核心家庭的一个根本原因。

云南大学于 2000 年年初组织了 140 多人参加的云南 24 个少数民族的民族调查，其中的少数民族家庭调查资料表明：除普米族还部分保持着母系氏族的大家庭结构，布依族也较多地保持着大家庭结构外，其他民族的大多数家庭几乎都从大家庭中渐渐分离出来，组成了各自的核心家庭，或只

---

① 严汝娴等著《中国少数民族婚姻家庭》，中国妇女出版社 1986 年版。

② 云南省编辑委员会编著《白族社会历史调查》，云南人民出版社 1983 年版。

③ 严汝娴等著《中国少数民族婚姻家庭》，中国妇女出版社 1986 年版。

④ 云南省编辑委员会编著《德昂族社会历史调查》，云南民族出版社 1987 年版。

⑤ 瞿明安《近代中国少数民族家庭结构及其变迁》，《中央民族大学学报》（哲学社会科学版）2002 年第 4 期。

保持着一对已婚子女与父母共同生活的主干式家庭形式。新曼峨村的布朗族，过去家庭是一个“嘎滚”，即由一个共同的祖先传递下来的父系亲属集团。每一个“嘎滚”内有一个“高嘎滚”（家族长），这个家族长由“嘎滚”内年龄最长的男性担任，终身任职。出任“高嘎滚”并不以财富多寡和能力强弱为条件，而纯粹取决于其年龄辈分的高低。新中国成立前，“高嘎滚”负责保管和分配家族公有地、调整族内纠纷和主持祭祀家庭神灵。现在，已不存在家族公有地。因而“嘎滚”也就失去了保管和分配家庭公有地的职能。但其他职能仍然保留着。随着社会的发展“嘎滚”内出现了许多“孔”（小家庭），这些“孔”是同一父母所生的父、子、孙数代所组成的直系血亲单位。这种“孔”的成员之间的关系较为亲密和团结，与汉族兄弟间的家庭关系类似。但现在“嘎滚”内部又进一步分化为“聂开”（即核心家庭）。“聂开”是村中最基本的生产和生活单位。大塘子村苗族家庭更为典型，核心家庭和主干家庭占91.2%，其中家庭以两代和三代共同生活为主。家庭人口规模以四至六人居多，家庭平均人口数为五人左右。下沐邑白族村调查显示，核心及主干家庭的比例占家庭总数的72.6%。彝族是一个喜欢大家族聚居的民族，有数代人共同生活的习惯，而高平村彝族的核心家庭占总户数的55.81%，扩大家庭占总户数的40.70%。八十六户人家，平均家庭人口数为四人，村中人口数和家庭户数都在不断增加，而每个家庭的人口数在不断减少。其原因：一方面是扩大家庭不断地分化出核心家庭，使扩大型家庭减少；另一方面是核心家庭人口数受计划生育的控制。水沟洼村的满族以核心家庭、主干家庭为主，普通家庭人口为四至六人，其人员构成为一对夫妇两个孩子，或一对夫妻两个儿女加上两个或一个老人。怒族过去都是联合式的大家庭，如今则以核心及主干家庭为主。这两种家庭模式中，以三至六人的家庭为主。过去较注重大家庭和家族联盟的佤族、景颇族、独龙族、瑶族等经济发展相对较慢的民族，核心家庭结构也占了主导地位。接受调查的少数民族村寨的各民族年轻人认为，核心家庭是最佳的生活结构，日子过起来较为轻松灵活，人际关系也比较单纯，不再像大家庭或大家族那样，规范性的习俗很多，生活显得沉重和呆板，缺乏生气。兄弟姐妹结婚后住在一起，关系很难处理，老人对子女的态度如稍有偏颇就出现家庭纠纷。而现在分为小家庭过日子，生活、生产各为一个单位，谁有困难大家出来帮忙，反而减少了家庭间矛盾，关系也更融洽[1]。

“非幼子”[2] 核心家庭，是傈僳族社会普遍存在的一种家庭结构形式。在傈僳族“非幼子”核心家庭中，父亲享有至高的地位，是家庭中的权威，主要负责开辟山地、耕种收获、砍柴背重、服役奉公及贸易等等。而母亲则主要负责纺麻织布、养猪喂鸡、缝衣煮饭、生育儿女、整理园圃、汲取用水以及榨食用油等等。家中的儿童主要负责割草拾粪、放牧牲畜及助理杂务之事。从家庭成员的组成和劳动分工可以看出，在傈僳族“非幼子”核心家庭中，父母是家庭教育的主要施教者。这就使得家庭教育权威一目了然，能够确保家庭教育理念和思想的高度统一，营造和谐融洽的家庭氛围，以此促进婴幼儿身心的健康发展[3]。阿昌族的家庭结构一般以主干家庭为主。主干家庭结构简单，家庭的内聚力比较强，父母对孩子有较强的教育责任感。离异家庭较少。阿昌族家庭每家有孩子两到三个，这样的家庭结构的比例为90%以上[4]。儿童能够在有父母双亲和兄弟姐妹的环境中成长，有利于儿童健康个性特征的形成。小家庭结构中家庭成员相互影响大，民族文化氛围浓厚。

从子女的数量来看，尽管我国独生子女的数量已经大大增加，但是在西部民族家庭中，仍然有很大一部分的家庭是多子女家庭，只有少部分的家庭为独生子女家庭。这主要与传统观念以及国家从实际出发对少数民族地区计划生育的照顾有关。从孩子的数量来看，西部民族地区家庭的孩子数量普遍都超过 3 个。有研究者对哈尼族、纳西族、傣族、拉祜族这 4 个民族的核心家庭平均人口数做了统计：哈尼族 5.1 人，纳西族 4.1 人，傣族 5.1 人，拉祜族 4.8 人[5]。在表 3－1 中也可以看出被调查的回族幼儿家庭中多子女家庭占了一半，独生子女家庭相对较少。

---

① 肖芒《云南少数民族家庭的嬗变》，《中央民族大学学报》（哲学社会科学版）2001 年第 5 期。

② 由父母与子女构成的“非幼子”核心家庭。

③ 邹培《傈僳族婴幼儿家庭教育传统研究》，中央民族大学硕士学位论文，2009 年。

④ 傅金芝《云南省农村四种少数民族家庭教育的分析与对策研究》，《云南师范大学学报》（哲学社会科学版）1998 年第 2 期。

⑤ 傅金芝《云南省农村四种少数民族家庭教育的分析与对策研究》，《云南师范大学学报》（哲学社会科学版）1998 年第 2 期。

表 3－1　广河县回族家庭结构状况统计（%）[1]

	三人核心	多子女	三代	单亲或残缺	总和
数量	9	46	25	5	85
百分比	10.6	54.1	29.4	5.9	100

在“多子多福”的传统观念和基督教“生儿育女是上帝的旨意，命中注定，一切由上帝安排”的宿命论思想的影响下，傈僳族家庭中的育儿的数量是不会少的，一家有七八个孩子也不足为奇。“多子多福”思想在傈僳族的婚姻习俗和祭祀活动中均有所体现：傈僳族青年男女的结婚日期只能选在鼠、猴、蛇三日，据说是若在这三天结婚就能多生子女。在傈僳族葬礼上，祭师常常会如此祷告：“请死者保佑生者，生男要生九个，生女要生七个；庄稼好丰收，家畜跑成群，做事都成功，幸福都到我们的身旁川国。”[2] 需要特别指出的是，私生子在傈僳社会中并未受到歧视，相反傈僳社会还很乐于收养私生子，这类现象在以往的傈僳族社会历史调查中多次出现。另外，在傈僳家庭中，双胞胎虽很少见，若出现双生子，傈僳人并不会视其为不祥，仍照常抚育。傈僳族的这种意识在民族地区已属超前，为私生子、双生子的成长创造了有益的社会氛围[3]。

此外，西部民族家庭还表现出离异家庭少的特点。由于受传统观念和文化的影响，西部民族地区家庭的婚姻状况比较稳定。虽有单亲家庭，但是这些单亲家庭主要是因丧父或是丧母而形成的。民族家庭的离异比例远远低于非民族家庭的离异比例。总的看来，西部民族家庭结构相对稳定，儿童能在父母双全和有兄弟姐妹的环境中成长，这有利于儿童健康个性特征的形成。但也应看到，过多的子女也会造成家庭经济负担过重，不利于优育优教，也会导致家长“保男舍女”思想的产生。这些都不利于民族振兴。

二、家长职业多元化

在从自然经济到商品经济的转变过程中，原来家庭的农业生产功能，从核心地位转向多元中的一元，过去家庭生产以农牧业为核心的生产功能

① 数据来源：马利《回族传统文化中的幼儿家庭教育——以甘肃临夏回族自治州广河县为例》，陕西师范大学硕士学位论文，2010 年。

② 云南省民族事务委员会编《傈僳族文化大观》，云南民族出版社 1999 年版。

③ 邹培《傈僳族婴幼儿家庭教育传统研究》，中央民族大学硕士学位论文，2009 年。

受到了冲击和动摇，有的已经开始崩溃。由纯农牧业的产业结构，转向农、工、商、运输、旅游等多业并举的结构。家庭在农业方面的生产功能开始减小和萎缩。过去男性为农业生产中的主要劳动力，现在男女劳动分工越来越不明显。经济发达地区的民族，家庭生产功能明显退化，而边远地区的民族，家庭生产功能虽然有些拓展，但变化较细微和浅表，还没有出现本质的裂变，依然是以家庭为单位组织生产。生产的主要目的是维持生存、解决温饱问题，开展其他经济活动的家庭还很少。经济发展快的村子，家庭生产功能变迁较大，反之，经济发展水平较低的地方，家庭生产功能的变化较小。

从父母的职业类型来看，西部民族地区家长多以务农为主要职业，其他职业类型分布较少。传统农耕的观念、意识和生存方式仍然在少数民族家庭中占重要地位。但也要看到，随着农村经济体制的改革，其中一些农业人口在农闲或者一年中的部分时间，也外出打工，参加当地的乡镇企业的工作，或从事长途贩运等等。农村少数民族家庭中，父母的职业类型逐渐由单一性向着多样性发展。父亲的职业多样性较为突出，但母亲却更多地从事农业劳动。少数民族妇女职业单一，劳动繁重，文化水平低，这对家庭教育是十分不利的。

云南少数民族村寨过去的家庭生产项目较为单一，一家人靠天吃饭，全身心扑在农牧业上，围绕着土地和牲畜进行生产劳作，很少从事副业和其他产业。而且生产的组织形式都是以家庭为单位。自从党的十一届三中全会以后，乡镇企业的发展及多种行业出现后，一些村寨出现了亦工亦农亦商的变化，从土地上分流出一部分人力到工业、手工业及第三产业上，使原来以农牧业为主的生产变成了多种渠道、多种形式的生产。其中较为典型的是纳古镇的回族家庭的变化。改革开放前，该村的回族家庭基本上都是围着田地转，尽管他们有从事手工业和商业的传统和才能，但在政策的限制下，只有极少数“胆子大”的人悄悄做一点小生意或制作一些如小刀之类的简单手工产品，更多的人家只能面对“人多地少”的现状，艰难地以家庭为生产单位组织着生产。改革开放后，他们如鱼得水，以家庭为单位建起了许多工厂，7000多人的纳古镇已经有400多家各类企业。其中，不少已经组建为股份制或合作性质的联合体，发生了翻天覆地的变化。有的全家在土地上干活的只有一两个人，有的全家都不再种地，而将土地全部包租给附近村寨的汉族。家庭成员的职业也发生了巨大变化，从世世代代的农民变成了“产业工人”或管理人员、遍布各地的购销人员。随着产业的扩大，工厂里又吸收了村中其他家庭或来自各地的人员作为管理人员、技术人员、工人和购销人员。这样，使纳古传统的以家庭为主组织生产的特点渐渐淡化，农业经济在家庭经济总收入中占的比例也越来越小。在其他村寨的调查中也有类似的情况，只是发展速度、方式和规模不及纳古镇。如距纳古镇不远的兴蒙乡的蒙古族，700 年前他们落籍云南，由“马背上的民族”变为农耕民族，现在又发生了新的变化。他们利用居住在公路沿线的优势，发展交通运输业，许多家庭中的年轻人都贷款或借款买了汽车进行客运或货运，过去年轻男性作为主要劳动力从事农业或养殖业，现在这些年轻人转而从事交通运输业。家庭生计方式的转变，带来了经济的发展。纳西族、白族、傣族、布依族村寨，也出现了家庭生产从纯农业转向手工纺织、木雕、扎染、竹编、旅游服务及其他副业的趋势，出现了家庭生产功能的分散和转移。但是基诺族、独龙族、瑶族、布朗族、拉祜族、佤族、景颇族、怒族、德昂族等村寨，因自然环境的限制和田地较多，村中至今为止除了屈指可数的几个人外出打工外，仍然是以家庭作为主要生产单位，在“责任地”和“责任山”上求发展。突出的变化是，过去各家庭之间在生产上是独立的，你家一个山头，我家一片林子，生产上很少有互助行为，而现在在种收季节各个独立的家庭就互相换工，提高了单位面积的生产效益。曼刚寨的傣族就是一个很好的样板。由上可见，家庭生产功能的分散和转移与社会的变迁和政策的变化关系至为密切，但不同的民族，由于自然条件、社会发育程度的不同，其家庭生产功能体现也不尽相同。如土地多、交通不便的地方，至今仍以家庭农业生产为主；而土地少、工业发展较快的地方，家庭生产又主要集中在工厂；周围有旅游景点的村寨，如藏族、布依族、白族、纳西族村寨，生产功能开始从纯农业或养殖业中分化出一部分到旅游业上①。

表 3 - 2 是对沧源县的佤族父母所从事职业的调查②。

---

① 肖芒《云南少数民族家庭的嬗变》，《中央民族大学学报》（哲学社会科学版）2001 年第 5 期。

② 数据来源：李春梅《佤族和汉族家庭教育的跨文化研究——以云南沧源县为个案》云南师范大学硕士论文，2007 年。

表 3-2 对沧源县的佤族父母所从事职业的调查

	母亲			父亲		
职业	人数	百分比	排名	人数	百分比	排名
农民	333	81.2	1	277	67.6	1
工人	8	2.0	6	16	3.9	4
干部	12	3.0	3	54	13.2	2
个体户	8	2.0	6	6	1.5	8
军人	1	0.2	8	7	1.7	7
专业技术人员	23	5.6	2	27	6.6	3
服务行业	4	1.0	7	3	1.7	9
无业或下岗	12	2.9	4	12	2.9	5
其他	9	2.1	5	8	1.9	6

从上表中可以看出，沧源县佤族父母的职业主要是农民。此外，工人、无业或下岗的人数也占了很大的比例。佤族父母多从事农业劳动，工作繁重，教育孩子的时间及精力就相对减少，对孩子的教育是极其不利的。相对佤族母亲而言，佤族父亲的职业较为多样性。西部民族地区的家长职业类型已经从单一的农业生产向多元的方向发展，这是值得欣慰的地方。但是就父母的职业类型相比较来看，母亲的职业类型还是呈现出单一化的趋势，这不利于家庭教育的发展。

三、家长文化程度低

家庭教育的主导者是父母，父母的文化素质对孩子心理、行为都起到引导或潜移默化的作用。家长的文化程度（尤其是母亲的文化程度）在很大程度上影响和制约着儿童的受教育程度及发展水平。福禄贝尔曾说：“国民的命运，与其说是掌握在掌权者手中，倒不如说是握在母亲的手中。”因此，我们必须努力启发母亲——人类的教育者”①。通过调查，我也发现，无论是佤族还是汉族，孩子的母亲对孩子的影响最大。母亲在家庭教育中的重要地位、

① 田爱英著《让孩子自主自强：风行于美国的自主与兴趣教育》，合肥工业大学出版社 2002 年版。

作用是任何人都无法取代的。西部民族地区家长受教育程度普遍较低，绝大部分家庭父母双方受教育程度均在初中及以下。云南师范大学王凌、符明弘、方敏等学者研究指出，在云南少数民族被调查对象中，73.4%的母亲的文化程度在初中以下，68.5%的父亲的文化程度在初中以下。而且，小学文化水平及文盲和半文盲所占比例较高，其中，父亲为36.1%，母亲为42.3%。只有极少家庭的父母具有大专以上的文化程度[①]。云南师范大学研究生李春梅对云南沧源县佤族父母的受教育程度进行了调查[②]。（详见表3－3）调查显示佤族父母的受教育水平偏低，74.5%的父亲的受教育程度是初中毕业以下，65.6%的母亲是小学毕业以下。家长的文化素质是家庭教育中具有决定性作用的因素，西部民族家庭父母的文化水平偏低，母亲尤为明显，这不利于父母对子女的教育，直接影响了家庭教育的质量。很不适应当今改革开放、发展经济的需求。

表3－3　对沧源县的佤族父母受教育程度的调查

	母亲			父亲		
受教育程度	人数	百分比	排名	人数	百分比	排名
小学未毕业	195	47.6	1	95	23.2	2
小学毕业	74	18	3	72	17.6	3
初中毕业	81	19.8	2	138	33.7	1
高中或中专毕业	40	9.8	4	72	17.6	3
专科毕业	10	2.4	5	11	2.7	5
大学本科毕业	8	2.0	6	19	4.6	4
研究生毕业	0	0	8	2	0.4	6
其他	2	0.4	7	1	0.2	7

四、教育投入水平低

“家庭教育投入是指家庭付出劳动或付出货币来换取教育服务、购买教育资料以满足家庭成员教育需要的行为。家庭教育投资包括家庭对教育的需求、

① 王凌、符明弘、方敏等著《冲突与变革——社会转型期云南边疆民族地区家庭教育研究》，人民出版社2010年版。

② 李春梅《佤族和汉族家庭教育的跨文化研究——以云南沧源县为个案》云南师范大学硕士论文，2007年。

家庭用于教育的实际支出、家庭教育消费的结构及其在家庭消费中的比例等方面的内容。家庭教育投资反映着一定家庭的经济观、价值观、人才观、教育观、消费观及其对子女的期望。”①

从现状来看，西部民族地区的家长对教育目的的认识呈现多元状态。这说明家长已经认识到家庭教育在现代社会中的多功能性，家长开始注重对子女的教育投入。但在这样的家庭教育投入行为转型的过程中，仍存在着一些不可忽视的问题：对女孩教育投资不足。在非民族地区，家庭一般只有一个子女，家庭教育投资基本上不存在性别选择问题。但是对民族地区来说，许多家庭都有两个或两个以上子女，当家庭教育支出能力有限的情况下，性别选择就成了父母必然要考虑的问题。由于当地居民依然有男尊女卑的思想残余，面对这种选择，在接受教育方面，女孩就成了必然的“牺牲品”。

影响西部民族家庭教育投入的因素主要有几个：首先是经济条件的影响。西部民族地区经济基础薄弱，家庭收入低下。父母的首要任务是解决子女的衣食住行，这就意味着教育投资的绝对数量的限制。当家庭面临多子女情况时，父母会有选择性地让一个子女接受良好的教育，强迫其他子女放弃学业外出打工挣钱支持家庭的教育支出。在面临这种选择时，女孩通常是最大的受害者。因此，西部民族家庭教育投资中的很多问题，其根源均来自于当地家庭较低的收入。其次是受到落后思想观念的影响。伴随着当地家庭收入的拮据，当地农村某些落后的、消极的思想观念，严重制约当地教育发展。例如，早婚的风俗习惯。受较早婚育观念负面影响的就是当地的女孩，当家庭感到教育支出不足时，普遍会在九年义务教育之后中断她们的学业，准备她们的婚姻。旧的生育观念也起着不小的负面影响。不少民族地区“传宗接代”“多子多福”观念根深蒂固，重男轻女的思想依然普遍存在并影响到生活的各个层面。再次就是受到环境的影响。民族地区大都自然村落分散，山大沟深，交通困难，教学点不足。在贫困民族地区，自然条件差，居民点分散，给教学带来了很大困难。贫困民族地区艰苦的自然环境给就学和办学带来的困难是艰巨的，也决定了教育投入应是加倍的。由于地理条件的限制，当地不少地区相对封闭，其开发程度也比较低。这种长期的自然经济、封闭经济孕育

① 谈玉婷《民族地区农村家庭教育投资能力研究：以湘西州为例》，中央民族大学硕士学位论文，2009 年。

了当地人得过且过、不思进取的思想观念。

家庭教育的投入虽然不是教育成功的必然保证，但家庭对子女教育上的投入在一定程度上反映着家长对教育的重视程度。由于实施义务教育，孩子们受教育的大部分费用由国家承担，家庭主要承担孩子的学习用具、课外书籍等的开支。云南师范大学王凌等学者的调查结果显示，大部分被调查的农村民族家庭都较少购置书籍玩具，每年给每个孩子投入的教育费用不多，仅占家庭总收入的2%～3%，与城市和较富裕的农村相比，明显偏低，不利于丰富孩子的见识与拓宽儿童的知识面①。

阿昌族多生活在山区，经济基础薄弱，加之一般家庭中都有两到三个孩子，教育投入明显不足。据了解，多数家庭基本上能保证让孩子入学，接受九年义务教育。但除此以外，像课外书籍、复读机等就很难添置了。经济基础在很大程度上决定了教育的可行性②。

第二节　家庭教育观念

家庭教育的效果与家庭教育的各种因素有关，其中一个重要因素就是家长的教育观念。家庭教育观念与父母的社会生活经验、文化水平、素质修养等方面有关，它会直接影响家长的教育行为，影响家庭教育的内容和方法。家长教育观念是家庭成员的教育思想和教育行为在头脑中的主观反映。根据李凌艳等（1997年）的研究，父母教育观念主要包括三个方面，即儿童发展观，包括父母关于儿童发展本质、动因和儿童特点的认识；对儿童发展的期望，包括对儿童成长的整体期望，以及对孩子性格、价值观、行为等方面的期望；儿童教育观，包括父母对孩子教育职能、教育策略、方式等的看法。王凌等（2010年）的研究中的教育观念包括：人才观、交友观、消费观、劳动观、亲子观几个方面③。本书着重于家庭教育观念中的人才观、亲子观、消

① 王凌、符明弘、方敏等著《冲突与变革——社会转型期云南边疆民族地区家庭教育研究》，人民出版社2010年版。

② 孙丽婷《从阿昌族的家庭教育看民族文化的传承》，《德宏师范高等专科学校学报》2006年第2期。

③ 王凌、符明弘、方敏等著《冲突与变革——社会转型期云南边疆民族地区家庭教育研究》，人民出版社2010年版。

费观、劳动观几个方面。

一、家庭教育人才观

人才观指的是父母希望孩子或孩子自己希望将来从事何种职业，成为何种类型的人的观念与期待，它对将来孩子朝着既定方向发展具有指引作用。研究发现，西部少数民族家长在人才培养方面受一些落后观念的影响，如受“读书无用论”的影响，“官本位”的思想依然存在，重男轻女思想严重。但是从好的方面来讲，西部民族地区家长认为孩子的社会生活能力最重要，重视对孩子生存能力的培养。

佤族家长比较现实，他们深知通过读书走上成才道路的难度很大。一方面，当地的各种条件都很差，即使孩子考上了学校，家里也没有钱让他继续就读；另一方面，远离县城的佤族孩子从小就不接触汉语，连说汉语都不容易，更不要说要学会连汉族孩子都难掌握的知识了。因此，佤族家长深知子女努力学习也难以考上大学。所以他们在教育子女的过程中，并不会把自己的愿望强加给孩子，而是把主动权交给孩子，要看孩子自己的发展情况，孩子能读到什么程度就算什么程度。通过观察和访谈，调查者发现多数佤族家长考虑到自己的条件和孩子自身的条件，也受“读书无用论”的影响，大都希望孩子至少能够初中毕业，然后回家当农民（因为没有选择），等年纪再大一些就准备结婚①。

纳西族文明程度较高，是云南省三个不享受高考加分的少数民族之一。纳西族文盲、半文盲占27.41%，低于汉族的32.7%，是每万人口中初中及以上文化程度的人口高于汉族的五个民族之一。纳西族的信息化程度较高，处在云南各少数民族首位，比例为12.03%，电视拥有率为72.1%②。纳西族重视教育。

王凌、符明弘、方敏等学者在对西部民族地区的家庭教育观念进行调查之后发现西部民族地区家长大部分希望自己的孩子长大以后可以当“领导干部”。只有少部分的家长希望自己的孩子“能挣钱当大老板”。可见西部民族

---

① 李春梅《佤族和汉族家庭教育的跨文化研究——以云南沧源县为个案》云南师范大学硕士论文，2007年。

② 丽江旅游攻略。

地区家长“官本位”意识浓厚而商品经济的观念比较淡薄[①]。西部各民族官本位的思想依然存在，甚至有家长认为成才的标准就是当官。笔者曾经对大理州某村落的彝族家长进行过采访，他们认为本村最有出息的人物就是没读过大学却当了镇长的查某某，而大学毕业后留在省城某知名国企的张某某却不是他们推崇的对象。他们认为张某某虽然赚的钱多，但是没有当官，所以不能算是一个能人。

传统的教育观念，主要是对不同性别孩子的教育观念不同，“重男轻女”是封建社会开始就存在的观念。一直以来，“养儿防老”在人们的观念中根深蒂固，他们认为嫁出去的女儿，泼出去的水，只有儿子可以赡养父母到终老。这种观念直接决定父母对孩子的抚养方式，男孩可以上学，可以不做任何家务；女孩则要帮助母亲做家务，她们没有权利上学，“读书无用论”在她们身上体现得淋漓尽致。很多有天赋的女孩都因此被埋没，而很多有机会上学的男孩，最后竟变成一无是处的纨绔子弟。这种不平等的抚养方式，势必影响孩子的身心发展。在20世纪四五十年代，特别是在农村，妇女的主要职责就是为夫家传宗接代，在生育数量上没有严格的标准，只要怀孕就生。如果生的是儿子，全家上下都会为这刚降临的新生命忙活，长辈们都把他“捧在手心”，不让其劳动，对其百依百顺；等他长大后，还让他上学。如果生的是女儿，这个孩子则不会被重视。

在西部民族地区，由于受落后经济条件、过重的家务负担和旧风俗的影响，轻视妇女教育的现象依然存在。在家庭教育当中主要表现为以下几方面。首先，家庭中教育男孩、女孩的观念不一致。给男孩灌输的是教育的有利因素，给女孩灌输的是读书无用思想，用传统的教养方式来教育女孩子。其次，在家庭劳动任务的分配上，给女孩子分配的任务多于男孩子。男孩子可以在空余时间学习一些科学文化知识。女孩由于家庭劳动负担重，久而久之就安于现状，把心思投入到家庭事务当中[②]。

虽然当前纳西族和傣族的经济文化的发展和变迁较快，妇女的社会地位和受教育程度有所提高，但传统的性别文化观念如“男尊女卑”“男强女弱”

① 王凌、符明弘、方敏等著《冲突与变革——社会转型期云南边疆民族地区家庭教育研究》，人民出版社2010年版。

② 王凌、符明弘、方敏等著《冲突与变革——社会转型期云南边疆民族地区家庭教育研究》，人民出版社2010年版。

"传宗接代"等思想至今仍然在大多数人的心中存留，支配着人们的行为，并由此渗透到家庭生活的各个方面。从纳西族的社会历史背景看，妇女在社会上起着举足轻重的作用，妇女在创造精神财富的领域或创造物质财富的领域中都有较高的地位。但是随着汉文化的传入，女性的角色发生了变化，对男女两性的价值判断带有男尊女卑的观念，强调男性的教育，偏重男性的作用，在社会范围内抬高男性的地位，逐渐把妇女的活动空间从社会挤到家庭当中，她们主要承担家务劳动，使男女两性的社会角色形成明显的差异。纳西族家长重男轻女的现象比较严重，盼望生男孩的愿望更加强烈。如果家中有男孩女孩的话，只有男孩能继承财产，两个男孩可以有两块宅基地，但两个女孩就只能有一块宅基地。在纳西族家庭中，男子在家中不做家务，主掌一家大权，大部分农活由女子干。从傣族的社会习俗来看，"传宗接代""重男轻女"的观念并不突出，但也确实不同程度地存在。傣族在男女性别价值观上仍然是以男子为中心的。傣族男女存在着性别角色差异，如在生产劳动中，傣族妇女起着比较重要的作用。她们是家庭中不可缺少的劳动者，几乎承担一切家务劳动，如挑水、舂米、煮饭做菜、缝洗衣服、照顾老人小孩、教养子女、管理园圃，从事体力劳动很强的栽秧等田间劳作等。而男子除了农忙季节负担犁田、耙田、修理农具、编织竹篾用具外，基本不做其他劳动。从上我们可以看出纳西族与傣族均存在"男主外女主内"和"重男轻女"的性别文化①。

壮族重男轻女，"养儿防老"的观念同样根深蒂固，虽然随着时代的进步，他们认为女儿也会养父母，但生女儿依然不如生儿子高兴。从后代继承上来考虑，壮人还是觉得生儿子好。家里只有儿子有继承权，年迈的父母也由儿子来抚养。在分家时，长子要分得多一些，这跟壮族对第一个孩子非常重视是有联系的。这种性别期望直接决定了父母对子女的教养态度、教养行为和质量。壮人对男孩倍加宠爱，对于孩子的衣食住行更会精心照顾，但是这样容易溺爱孩子，让孩子从小养成一些不好的习惯，容易产生目中无人的心理。对女孩就截然不同，她们并不会得到太多的关心和爱护，更谈不上培养，也许只是抱着把她们养大，然后嫁出去的态度。在壮族眼中，女孩生来

① 文善彩《文化视野下的纳西族与傣族家庭教育比较》，云南师范大学硕士研究生学位论文，2007年。

就是别人家的，又不能为家里传宗接代。这样会使女孩子产生一些自卑感和消极情绪。“重男轻女”的观念可能培养出霸道的儿子，也可能培养出懦弱的女儿，让孩子身心结构发展出现不平衡的状态①。

二、家庭教育亲子观

家庭是人们生活的最重要的场所，它不但给人们提供物质生活的条件，同时也提供精神生活的条件。如果家庭成员之间的关系很好，子女也会感到幸福，在精神上得到温暖；如果家庭成员之间经常吵闹、关系紧张、矛盾重重、缺乏沟通和信任感，那对孩子的身心影响是非常大的，会导致孩子缺乏自信心、安全感和幸福感等等。亲子观内容包括父母与子女双方对父母与子女关系、各自所处的地位等的认识。良好的亲子观表现为父母与孩子之间亲密和谐关系的建立，对有效开展家庭教育起着十分重要的作用。

在父母与孩子的关系上，西部民族地区绝大多数父母认为与子女间应为朋友关系，而不以一方为中心。但也有少部分的父母认为应该以父母为中心，儿女必须服从父母的意见，说明不少家长在处理与子女关系时忽视孩子的“存在”。在对孩子的管教上，民主型父母与专制型父母参半。家长认为家庭教育的知识需要专门学习，而且主张无论父母工作多忙多累，都应该抽出时间来管孩子，但由于忙于做农活，有时几乎一天彼此见不着面，真正能做到的家长很少。

佤族家长主张孩子是独立的人，有自己的思想，因此要给孩子充分的自由。在佤族家庭里，父母很民主，和孩子可以平等对话，互相指出缺点，谁对就听谁的，如果父母错怪了自己的小孩，他们有时会道歉。对孩子提出的建议，他们即使不采纳，也会给孩子一个解释，不会立即否定。他们认为孩子有自己的主张，对于一件具体的事情，如果孩子不犯错的话，可以听父母的，也可以不听②。

阿昌族是一个乐观豪爽的民族，唱山歌是每个人的乐趣，无论多穷多苦，歌不离口。阿昌群众还夸口说：“阿昌吃不夸来穿不夸，唱起山歌敢自夸。”他们认为唱歌可以减轻心头上的沉重压力，可以化解忧伤与矛盾，其乐融融。

---

① 徐曦《广西沂城县都乐村壮族婴幼儿家之教育传统的研究》，中央民族大学硕士学位论文，2010 年。

② 李春梅《佤族和汉族家庭教育的跨文化研究——以云南沧源县为个案》，云南师范大学硕士论文，2007 年。

家里面时时传出动听的歌声，孩子们从小就学会唱山歌了，也从小感受并学会了父母及族人的这种乐观精神。家庭中的成员很少有冲突，大家和睦相处，共同学习和成长。夫妻之间很少吵架，有事情就共同商量。在这样的家庭中，浓浓的亲情包围着孩子们，这本身也是一种潜移默化的教育①。

苗族很讲究家教家规。对父母要孝敬，对兄弟姐妹要友爱，尊敬长辈，爱护晚辈。叔嫂之间不可越伦，长辈不能对儿媳、孙媳开玩笑，晚辈不能在长辈前面戏耍轻浮。苗族直系亲属与旁系亲属共同构成家族，关系一般比较亲密，仅有程度轻微的亲疏之分。他们组成一个家族，守望相助，相互扶持。在家族同辈成员中，不分直系旁系，不计亲疏远近，皆以兄弟姐妹相称。对父辈均以叔伯父母称呼。对与祖父母同辈的人，均以祖父或祖母称呼。对祖父以上的辈分的人，概以老祖父、老祖母呼之。对晚辈，一般是直呼其名。苗族家族内部聚合力很强。在日常生活中，互相关心。若某家有重大困难，则举族相助；有贫困无依者，全族极力扶持。相互间若发生纷争，小事则批评劝解，大事则由族中有威望者召集族人公议处断。经族中德高望重的长者调解未果的，也可通过司法途径解决②。

三、家庭教育消费观

西部民族地区学生现在生活的家庭条件使得他们很少过问家里的经济收入，商品意识还较为薄弱，有相当一部分孩子只知道花钱、消费，却不知道父母的钱来之不易，这就养成了学生衣来伸手、饭来张口的不良习惯。这也与父母的教养方式有关，有的父母十分宠爱孩子，也不让孩子了解家里的经济情况，而只是一味地让孩子“幸福”地成长。在孩子使用钱财方面的态度上，家长和孩子的回答较为一致，认为应该勤俭节约、艰苦朴素的分别占到68.3%、78.5%，认为应该根据家庭收入，计划消费的分别占15.5%、21.5%，从这一点我们可以发现勤俭节约的优良传统仍然得到了双方的认同，而且所占比例很高。

佤族家长和汉族家长对孩子的压岁钱的支配管理不一样，这可能与佤族和汉族对过年的态度有很大关系。一般说来，汉族比佤族更重视过年，认为

① 孙丽婷《从阿昌族的家庭教育看民族文化的传承》，《德宏师范高等专科学校学报》2006年第2期。

② 秦中应《人类学视野下的家庭教育与苗族传统文化传承——以湘西苗族为例》，《湖北民族学院学报》（哲学社会科学版）2012年第2期。

过年是一年中最大的一个节日，在过年期间，孩子得到的压岁钱较多，而佤族与汉族不同，他们则没有汉族这样重视春节，孩子的压岁钱很少。所以，佤族和汉族家长对孩子的压岁钱的支配管理也不一样。但我们也可以从侧面看出，汉族家长比佤族家长更重视对孩子的理财教育[①]。

沧源佤族和汉族家长对孩子的理财教育都只是处在萌芽的状态，部分家长虽然强调节约用钱，但是其教育的方法也不对。对孩子的理财教育并没有给予足够的重视，更没有有意识地对孩子进行理财训练。因此，要想提高佤族和汉族家庭教育的质量，首先就应提高他们对孩子理财能力的重视程度，从而，进一步提高孩子的理财能力。

西部民族地区家长的教育观念大多数是适应社会发展形势的，他们初步认识到养育儿女是为国家培养人才，也希望孩子能获取更多的文化知识，学会一技之长，有更强的生存能力。但也有不少家长还存在养儿防老的观念，甚至不清楚养育孩子究竟为什么，对家庭所承担的社会责任和民族责任的认识不够。从家长对子女的学业和职业期望来看，民族家长大都希望孩子能上中学、上大学，从事专业技术性强的工作。这说明家长已经意识到知识的重要性，希望孩子能掌握更多的知识，成为更有用的人才。这种望子成才的观念对改变农村落后面貌，促进民族振兴有积极作用。

四、家庭教育劳动观

西部民族地区的父母认为孩子应靠自己的生存技能、知识去赚钱，并且要采取合法正当的手段。只有少部分的父母赞成只要能赚钱，不在乎手段是否合法正当，这与贪污腐败、唯利是图的不良社会风气有关。在西部民族家庭教育中，金钱不是最重要的，与金钱相比，健康、品德在家长心里的分量要重得多。家长希望孩子长大后可以成为“有权、有知识、身体健康、人品好”的人，这与当下少数民族地区“贫困、落后”的生活状况形成了强烈的对照，也从一个侧面反映出西部民族家庭期望改变现状的强烈愿望。西部家长普遍认为孩子的社会生活能力最重要。

在阿昌族教育子女中，笔者发现对孩子从小开始的智育方面的教育还不够。父母多关注孩子的劳动、道德、行为方面的教育，认为教孩子文化知识

---

① 李春梅《佤族和汉族家庭教育的跨文化研究——以云南沧源县为个案》，云南师范大学硕士论文，2007 年。

应该是学校的事情，殊不知孩子早期的智力开发是非常重要的。因此建议各位阿昌族父母从孩子小时候起就尽可能地教他们科学文化知识，培养基本的听说读写能力，激发他们的学习兴趣。

以佤族为例，佤族家长在孩子还很小时，就要求他们做力所能及的家务事，一般情况下，佤族男孩 12 岁左右就会犁地、背柴、砍竹笋，佤族女孩 7 岁左右就学做针线活、纺线、煮菜做饭、养鸡喂猪、栽种庄稼等[①]。

壮族家长对教育是极其重视的，古往今来，社会上的一切进步都是接受教育，不断学习的结果。他们按照这样的教育理念教育孩子应勤奋学习。谚语“木不凿不透，人不教不知”[②] 勉励人们发奋学习，正是表达了壮族家长对于教育的态度，有着较强的思想性和科学性。他们认为，教育孩子最首要的是教孩子懂得做人的道理，孩子有错要及时改正，要是不改就可能酿成大错，难以弥补。谚语“小洞不补，大漏难缝”[③] 就体现了这种思想。

第三节　家庭教育内容

家庭教育内容是家庭教育实施过程中的具体领域，是家庭教育开展的媒介，与孩子的学习生活紧密联系。家庭教育内容的深度与广度，家庭教育问题的产生与解决都与家庭教育的内容相关。教育内容广泛不仅涉及对婴幼儿语言、伦理道德、生活生产技能等方面的基本培养，还涉及婴幼儿社会性别角色塑造、审美情趣及环保意识的培养等方面。由于现有文献资料的残缺，笔者将从生活生产技能教育、伦理道德教育、宗教信仰教育、身心健康教育等几个主要方面来探讨西部民族家庭教育，并在其中穿插一些关于审美情趣培养、环保意识培养及性别角色塑造教育的探讨。

西部民族地区因为大江大河、高山峡谷的阻隔，交通极为不便，至今仍有很多地方未通公路，不少人一生从未离开过村寨。家庭是儿童、青年主要的活动场所和交往空间，也是他们学习和成长的主要空间。他们在所在村寨生活所需要的大多数生存发展本领都是在家庭这一固定场所习得和发展的。

---

① 王凌、符明弘、方敏等著《冲突与变革——社会转型期云南边疆民族地区家庭教育研究》，人民出版社 2010 年版。

② 黄现璠、黄曾庆、张一民编著《壮族通史》，广西民族出版社 1988 年版。

③ 黄现璠、黄曾庆、张一民编著《壮族通史》，广西民族出版社 1988 年版。

通过父辈、祖辈的教育，通过兄弟姐妹的相互模仿、交往，他们获得了基本的生产、生活技能，为以后的生活打下坚实基础。西部民族子女主要是接受长辈的“火塘教育”、田间地头的生产教育、生儿育女的抚养教育、尊老爱幼的道德教育及宗教祭祀的教育等。

一、生产生活技能教育

在中国西部民族地区社会分工还不十分发达的情况下，每个人都必须从事生产劳动，儿童也不例外。西部民族地区孩子出生以后就在家庭环境中接受父母长辈的各种教育，首先从穿衣吃饭、认识周围的简单事物开始，在成长中接受劳动观念、劳动技能以及物质文化和精神文化的教育，不同的年龄阶段学习不同的劳动知识和技能。劳动过程和周期就是教与学的过程和周期，具有较强的情境性。父亲带男孩子上山打猎时，把一些动物的名称、习性以及狩猎的经验告诉孩子；耕地耙田时，将训牛使犁的经验传授给孩子。母亲带女孩子上山砍柴或采集时，把砍柴采集的经验和各种动植物的名称告诉孩子。父母或其他长辈在家时，把竹木加工和纺织刺绣经验传授给孩子，把料理各种家务的方法传授给孩子。农民父母要教会孩子学会扶犁使耙，耕种田地；牧民父母要教育孩子接过牧羊鞭，驱赶羊群，放牧草地；手工匠父母要教会孩子盖房、制毡、纺织；艺人父母要教育儿女学会绘画、制造装饰品等。当孩子们长大成人时已基本掌握了生产生活的基本知识和技能，具有独立的生活能力。这时他们要娶妻嫁夫，成家立业，生育儿女，并从父母承担和保护的大家庭中分离出来，家庭教育在两代人中宣告结束，新一代人对下一代的家庭教育传承周期又重新开始了。

西部少数民族的劳动技能教育，由于各民族居住的环境和谋生的方式不同，其内容也是不同的。傣族、白族、纳西族、部分彝族、部分哈尼族等，居住在河谷平坝地区，社会生产以精细农业为主。怒族、基诺族、佤族、普米族、拉祜族、景颇族等，多居住在900—1700米之间的亚热带山地雨林及常绿阔叶林的山区，以粗放农业，即刀耕火种、游耕等旱地耕作方式为主。回族、阿昌族等民族以手工业或工商业为主。他们的劳动生产教育分别是农耕民族、山地民族、工商业民族的典型代表。

傣族是一个农耕民族，主要居住在平坝河谷地带，农业生产知识教育是劳动生产教育的重要内容，实践是主要的学习手段。孩子们很小就跟家里人一起工作，在实践中获得知识。在傣族的重要生产活动中，常常是一家人，有时甚至是一个家族或整个村寨一起干，如烧荒、盖房等。在这类活动中，孩子们也要跟着干一些力所能及的活。孩子们自小参加劳动，在劳动实践中学习各种生产技术。《说亲歌》里这样说："十三岁那年你就会放牛……十五岁那年啊，你就会牵牛去犁田，你会挑秧田埂上跑……她长到十三岁的时候能在大沟里放鸭，一家人的饭能煮了，腌菜做得有味道了……十八九岁能织布。"①

维吾尔族是勤劳的民族，就是这份勤劳在荒漠中给予了这个民族绿色的家园。走在新疆的乡村，只要有水的地方必定会有田地，每家每户无论房子大与小都有自己的果园。"去年在荒滩上流汗，今年在花园里闲谈"② 是一句维吾尔族谚语，简单生动地说明了要获得美好的生活必须先努力劳作。家长不仅教育孩子要用自己的双手辛勤地劳动，还教育孩子要尊重别人的劳动果实，"一盘抓饭背后是别人千滴汗"常用来教育孩子一盘饭来之不易，是用农民和做饭人的辛苦劳动得来的。这样，孩子不仅学会尊重别人的劳动成果，还学会了节约粮食。无论在过去还是现在，无论生活在农村还是城市，维吾尔族的孩子从小都会被分配做一些力所能及的事情，家里一些重活会叫上男孩子一起做，而女孩子基本上会在妈妈旁边帮忙收拾房子或者帮着做饭。特别是维吾尔族的女孩儿，从小经常听到的就是"女孩子要把自己收拾干净利落，要勤快，做事要麻利"。所以维吾尔族女孩子一般都会做饭，对家务比较熟练，也比较注重自己的仪表③。维吾尔族家庭教育中劳动实践的教育，是维吾尔族这个民族能够在严酷的自然环境中创造出绿洲文明，并传承至今的重要因素。劳动实践教育是实实在在的教育过程，通过劳动实践，不仅使维吾尔族的传统生产工艺和生活经验得到了世代相传，也使得勤劳这一品质成为维吾尔族的传统美德，被代代传承下来。

生活、生产、自然知识与技能是苗族家庭教育的基本内容，因为它是民族成员适应自然环境、保持民族繁衍的前提，是民族求得生存、延续和发展的必要保证。生产、生活等知识技能主要是通过实践、观察、口传心记等方式获得的。苗寨的孩子从小就跟着父母兄长在家里或田地里进行学习。在家

---

① 马廷中著《民国时期云南民族教育史研究》，民族出版社 2007 年版。

② 《中国少数民族谚语选》，四川民族出版社 1985 年版。

③ 参考祖拜热·艾尼瓦尔《维吾尔族家庭教育及其传统文化传承研究》，华东师范大学硕士学位论文，2012 年。

里，父母兄长做饭时，他们常常观察大人是怎样淘米、做饭的；稍大后，田里、地里都是他们学习的场所，犁田、育秧、播种、田间的管理、收割等一系列的知识都是学习的重要内容。苗寨人还常通过谚语、俗语、歌谣等方式传授生产、生活和自然知识给下一代。人们把根据自己直接的观察总结出来的天文历法、节令知识与生产生活紧密联系在一起，并编成通俗易懂的谚语或歌谣。这些谚语或歌谣都是农作经验和时令预兆丰歉的总结。如“正月雷打雷，二月雨不绝”，“二月初一晴，三冬冷水浇”，“六月秋，般般丢，七月秋，般般收”，“十月初一晴，柴米不需银”，“天上云钩云，地下雨淋淋”等即属这一类；再如“田里养鱼，粮鱼两得”，“毁林开荒，农田遭殃”等则属处理农业生产与自然环境关系的知识①。

壮族是一个非常勤劳的民族，壮族的长辈时常教育后代要从小养成热爱劳动的好习惯，绝不可好吃懒做，无所事事，否则就会一无所有，无人怜惜。比如谚语“想吃肉养猪，想吃饭种田”，“三月不下种，六月肚子空”“游手好闲虽自在，饥寒呼号无人怜”。就是教育孩子要勤劳，不要游手好闲，要努力劳动，否则就会饿肚子。壮族人民认为，也许父辈的离去会给后辈留下许多遗产，但是即使如此，也不能坐吃山空，应该继续努力劳动，让自己过得更加幸福。父辈留下的遗产，如果不妥善地使用，总有一天会被耗尽。只有勤劳才能细水长流，永葆富贵。谚语“遗产好似山洪水，勤勉才是幸福泉”就是在教育孩子不要把父辈留下的东西当作一辈子可以消耗的，应该勤勤恳恳才能永远过得幸福和充实②。

贵州省从江县高增乡占里村是一个侗族村寨。村里的土地以山间梯田和山坡旱地为主，其人均土地占有面积是附近村寨的一倍以上，因此劳动强度较高，对劳动力的要求也较高。尽快培养儿童成为家庭生产的帮手就成了每家每户的必然要求。男孩子一般六七岁就得在放学后跟随家人下田学习锄地、耙田、薅草、灌溉等方面的技能，同时还要学习打柴、挖药、放牛羊、打猎等。女孩子也在六七岁开始进入生产劳动，在父母的带领下学习种植玉米、采摘蘑菇，学习纺织、制作土布、染色漂洗等手艺。当孩子长到十五六岁的

① 秦中应《当代湘西苗族传统文化的教育传承研究——以湘西州凤瓦县苗族为例》，中央民族大学博士学位论文，2010年。

② 徐曦《广西沂城县都乐村壮族婴幼儿家之教育传统的研究》，中央民族大学硕士学位论文，2010年。

时候，在劳动方面他们的要求也就更高了。在侗族的劳动教育中，很重要的一项内容就是教会孩子如何在最短的时间内将香稻收割回家并捆扎晾晒。因为天气的原因，所以收割香稻的工作必须趁着晴天及时完成[①]。

基诺族是一个山地民族，刀耕火种以及狩猎采集是其家庭生产教育的主要内容。尚未脱离原始社会形态的基诺族，在对下一代进行生产劳动教育时，保持着按性别进行社会分工的明显特点。对男孩注重狩猎、竹器编制等劳动技术的教育培养。而对女孩子则偏重采集野菜、编织、刺绣等方面的教育。父母在对孩子的教育过程中会利用一些玩具让孩子在玩耍中学到一些劳动技能知识。

景颇族儿童在与父母一同劳动过程中，逐渐学会如何刀耕火种，如何犁耕水田，在实践中，由父母言传身教学会了生产劳动技术，为他们独立生活打下基础。景颇族长年生活在森林茂密的亚热带地区，弹弓和刀是男子的两件法宝，外出必配备在身。男孩六七岁就开始从父辈那里学习打弹弓和耍刀，懂得如何只身进入森林，征服猛兽。女孩除了参加生产劳动外，七八岁开始跟随母亲学习纺织筒裙、护腿、挎包，学会如何采集野菜、酿制米酒。景颇族有句老话：“小伙子不会耍刀不能出门，小姑娘不会织筒裙不能嫁人。”[②]

佤族从小就教给孩子独立生存的技能，要求孩子自小就帮助父母做家务和劳动生产。佤族孩子五六岁时就开始帮助母亲做一些家务劳动，如背水、煮饭和带领年幼的弟妹等，十岁左右就会砍柴、放牛、舂米，如果家中没有成年男子，十三四岁的男孩就代表家庭参加村寨的公益劳动，如修水槽、修路、拉木鼓等。佤族家长还注重培养孩子自我服务的能力，佤族孩子大多都是自己洗自己的衣服。佤族最讨厌懒惰，所以佤族家长从不准孩子睡懒觉[③]。

云南省贡山县丙中洛乡双拉村小茶腊独龙村寨地处高山峡谷之中，生存的自然条件十分恶劣，必须保证有足够的劳动力来获得生产生活资料。因此他们十分重视对孩子的劳动技能教育。孩子一般到六七岁就得参加辅助性的生产劳动，女孩一般要学会推磨、纺线、织布、洗衣服、做饭、种庄稼、打

① 孟小军著《断裂与链接——西南民族地区基础教育类型研究》，广西师范大学出版社2007年版。

② 马廷中著《民国时期云南民族教育史研究》，民族出版社2007年版。

③ 李春梅《佤族和汉族家庭教育的跨文化研究——以云南沧源县为个案》，云南师范大学硕士论文，2007年。

猪草等。男孩子一般要学会如何使用锯子、射弩弓、栽树、砍柴、编篮子、削木头、做凳子、收割庄稼等。对女孩子的教育一般由母亲来进行，母亲是孩子的主要教育者。初学时，母亲手把手地教孩子理麻、纺线、织布，稍微大些的孩子就要自己做饭、打猪草，当母亲的助手。男孩子一般跟随父亲在生产活动中进行情境性学习，一般要上山砍柴、打猎、种树、收庄稼等。劳动技能的教育对独龙族的孩子来说是天经地义的事。没有生产劳动、持家做饭的本领，男孩子找不到媳妇，女孩子找不到婆家。劳动技能的获得是必需的，否则就很难维持以后的生活。独龙族孩子的劳动技能教育是家长在日常生活中一遍一遍教给孩子的，家长不厌其烦，直到孩子学会为止。这种日常浸润式的教育具有重复性、情境性的特点，儿童掌握之后受益终身①。

回族中有些搞马帮长途贩运的世家，孩子就被放在马驮上跟随马帮长途跋涉做生意。长此以往，长辈们的经营技能和专业经验逐渐被后辈们所掌握并继承下来，最终走上了子承父业的道路。在回族聚居地区，为数众多的子承父业的手工世家的存在，正是这种家庭技能教育的结果。

劳动技能是西部民族地区每一个孩子在日常生活教育中首要的学习内容，是民族社区生活必备的技能。对民族地区儿童来讲，能够通过学校学习离开山寨到外面工作的人必定是少数，大部分的人都得留在当地生活就业。所以说，学会必要的劳动技能对西部民族地区的孩子来说意义重大。

阿昌族父母在孩子很小的时候，就对他们进行劳动教育。孩子在五六岁的时候就跟着父母下田干活。例如在收麦穗的时候，让孩子去拣穗子，从小学会珍惜粮食，体验父母的艰辛和粮食的来之不易。稍大一点就学习放牛牧马、打柴，亲自接触一些简单的生产劳动。在农业生产上，阿昌族长期普遍使用大型铁制农具，如犁、耙、锄、镰、铲等，而且这些农具都是自给自足。男孩子在十五六岁时，长辈就教他们制作生产工具，并学习用竹子编制箩、筐等具有民族特色的竹具。在家长的教导下，民族传统的生产方式就易传承。阿昌族父母培养孩子对劳动的认识，灌输了劳动技能与劳动道德的教育，让孩子们从小懂得诚实和勤劳，并懂得互相帮助，互相协作②。

---

① 高发元著《云南民族村寨调查——独龙族》，云南大学出版社 2001 年版。

② 孙丽婷《从阿昌族的家庭教育看民族文化的传承》，《德宏师范高等专科学校学报》，2006 年第 2 期。

二、伦理道德教育

社会伦理道德是指“靠人们的心理和社会舆论的力量来调节和控制人的社会行为和人际关系的社会规范”①，是社会文化、政治和经济的表现和反映。每个时代、民族都有着为当时、当地的人们所共同承认和接受的社会伦理道德规范。为了让孩子顺利适应社会，父母在家庭中对其实施相应的伦理道德教育是十分必要的。作为人生发展阶段的最初时期，婴幼儿时期孩子所受的家庭伦理道德教育对其以后的人生发展具有不可磨灭的印刻作用。

通过伦理道德教育，让孩子初步了解本民族和社会的行为规范，明确自己的社会角色，遵从社会的道德规范。家庭是社会的基本单位，是伦理道德教育的一个十分重要的环节。一个人生活在家庭中，尤其在童年和少年时期深受家庭的影响，而且一个人几乎从小到老都在自己的家庭中生活，无论跟随父母还是自立门户，都与家庭分不开。因此，家庭的伦理道德教育就显得特别重要。伦理道德教育包括勤劳教育、节俭教育、诚实教育、尊老爱幼教育、孝顺父母教育、兄弟和睦相亲教育、邻里团结教育、交友教育等。

少数民族地区自古以来就有优秀的家庭道德教育传统，在接受儒、道、佛及原始宗教的渗透和民族融合后，家庭道德教育的内容十分丰富。如和、敬、悌、仁、俭、爱国家、崇正义、重团结、尚救济、御外侮等。这些家庭道德教育内容，培育了一代代新人，维系了本民族和本地区的稳定与发展。西部地区的民族家庭十分重视对家庭成员进行伦理道德教育，提倡尊老爱幼、诚实善良、团结互助、同甘共苦、勤劳勇敢的道德风尚。教育的方式一方面是长辈通过故事来施加影响，另一方面是家庭成员以身教方式传授给子女或弟妹。

贵州黔东南侗族的家庭，吃饭时，父母会告诉孩子先请老人入座，长辈入座后晚辈方可入座，且不能坐上席或老人固定座位。待老人先行下筷，儿童方可提筷进餐，就餐过程中要随时观察长辈的饭碗中的情况，以便及时添饭。客人来时先请客人入座，客人未来就必须等待。席中众人交流时，若自行吃喝，父母则会用眼色暗示孩子，让孩子注意礼节。唱歌也是席间礼仪之一。大人要求儿童唱歌劝饮，儿童应及时唱歌以劝客，不会唱歌无权给人敬酒。教孩子称呼客人、亲戚等也是家庭礼仪教育的重要内容。对人称呼只能

① 赵忠心著《家庭教育学》，人民教育出版社2001年版。

称本名，不能连父兄之名，不管是否为亲戚，均得按对方年龄、辈分，在本名前冠以亲属称谓。对有孩子的人，就不能再呼其名，而是称为“某某爸”“某某妈”以示尊重。侗家人对于过往行人，不管是否相识都得热情招呼，有投宿者必须热情款待。丧葬礼节，孝子须包白帕，盖土时跪地恸哭三声，由一至亲前来搀起，起后孝子跪谢搀扶者，扶者答谢①。

在云南勐腊傣族家庭中，男孩满八岁就要学习：一不杀害生命；二不偷盗抢劫；三不奸淫妇女；四不欺诈哄骗；五不酗酒滋事；六不吸食烟毒。傣族十分尊敬老人，在老人面前不准讲庸俗话，路遇老人要躬身问候让路，对长辈讲话要自称“怀”（小辈之意）。家庭邻里和睦，即使有点小纠葛，概以“言少为礼，谦让为仁”对待。傣族十分好客，客人进屋必须起身让座并随即端水倒茶。在家里讲话要轻声细语，切忌粗俗。女孩有事从老人或客人面前经过必须夹裙弓腰缓步行走。需要从他人头顶上方取东西时先告诉他，然后说“萨玛、萨玛”（得罪之意）。新中国成立前女孩给席间加菜要采取跪式，新中国成立后逐步改变了这个习俗②。

佤族家长特别重视对孩子的做人教育，从小就教育孩子要尊敬长辈，与人为善，宽容别人，让他们传承佤族先民的“一人有难，众人相帮”的团结互助精神。他们还给孩子灌输原始平等与民主的道德观念。认为村寨成员之间完全平等，并无高低贵贱之分，一切欲凌驾于村寨成员之上的行为，都是违反“阿佤礼”的不道德行为。一般情况下，在佤族村寨里佤族人很少有矛盾。此外，佤族家长很重视对孩子良好行为的培养，健康的个性品质的塑造。在日常生活中，他们会以身作则地教给孩子团结、公正、刚毅、勤劳、勇敢、顽强、正直、自我牺牲等优良品质。让孩子接受学校教育，就是希望孩子能遵守学校纪律，形成良好的行为习惯③。

在维吾尔族家庭里，道德教育是最重要的教育，家长经常用“做科学家容易，但是做个有美好道德的人难”来教育孩子，父母教育子女，一个人要先有道德，学习做人，再做别的。家长教育孩子做人时要把“善”和“恶”、

① 《黔东南苗族侗族自治州志·民族志》，贵阳人民出版社 2002 年版。

② 孟小军著《断裂与链接——西南民族地区基础教育类型研究》，广西师范大学出版社 2007 年版。

③ 李春梅《佤族和汉族家庭教育的跨文化研究——以云南沧源县为个案》，云南师范大学硕士论文，2007 年。

“对”与“错”区分得很清楚，用伊斯兰教义等教育子女什么应该做，什么不应该做。做人，做一个有道德的人是维吾尔族父母道德教育的重点。维吾尔族父母经常教育孩子，一个没有道德的人做什么都不会被群众所接受，告诉孩子要想被人尊重，就必须有良好的道德。道德教育的内容非常多，也很细，尊老爱幼、勤劳友善是维吾尔族的传统美德，也是维吾尔族的社会风尚。维吾尔族把孝顺父母和尊敬长辈作为一个有美德的维吾尔族人必须具备的道德伦理行为。父母教育孩子以正确的尊称称呼长辈，在长辈面前要规范自己的行为，告诉子女要尊敬比自己年长的人。教育孩子在父母、长辈面前不能说粗话，不能喝酒抽烟，在有长辈出席的场合要注意穿着等。父母在维吾尔族家庭中有着绝对的权威。父母在与孩子相处过程中会在孩子心目中确立作为父母的形象。维吾尔族认为从小在孩子心目中确立父母的威严很重要。一是在维吾尔族看来，“父爱如山，坚实可靠；母爱如海，你需要一滴时会给你奉献整片海”，父母为孩子所付出的一切，应该得到尊重；二是因为随着孩子年龄变大，管教孩子会越来越难，如果小时候就让孩子明白了要尊重父母，那么以后管教起来也比较容易。在维吾尔族中，如果一个人犯了严重的错，人们一般会怪罪这个人的家长，特别是会责怪这个人的母亲，认为是母亲没有管教好孩子而造成孩子犯错到这一步。同样，一个人的成功也往往会和家长的教育联系在一起，“娶媳妇先看她的母亲”是维吾尔族关于择偶的一句谚语，不难看出在女儿成长过程中母亲的教育地位与影响。在维吾尔族社会中，长辈会得到普遍的尊重，礼让老人，对老人说话时用尊称，是在维吾尔地区大街小巷上普遍能看到和感受到的。最常见的就是面对同一个入口，当老人和年轻人同时要进出时，无论双方认识与否，大家会先停一下，彼此点头行礼，然后一定是年轻人礼让老人通过后自己再走。在维吾尔族中，孝顺父母、尊敬长辈的人会得到很高的美誉①。

苗族人勤劳勇敢，憎恶好逸恶劳和不劳而获。苗族家庭中常流行着这样一种说法，“一条毛虫坏一锅菜，一根烂线坏一匹布”，并教育孩子不能图意外之财，不贪小人之利，不拾他人丢失于路旁的钱币、手帕、腰带等，因为捡来的钱币只能代表买药钱，捡到手帕就会有擦不完的泪，腰带代表了抬棺

① 参考祖拜热·艾尼瓦尔《维吾尔族家庭教育及其传统文化传承研究》，华东师范大学硕士学位论文，2012 年。

材的绳子等，使孩子们从小在心灵深处就埋下了凭劳动求生的种子。孩子从小就开始从事简单的劳动，再大点就随父母外出劳动。通过这样的言传身教，一代一代传承着苗族人所特有的劳动美德。苗族家庭对儿子和女婿、女儿和媳妇一视同仁，这种和睦融洽的家庭氛围体现了一种“和”的思想。而这种“和”的教育也融入了家庭日常生活。风俗习惯中，如果某一家要办喜事或丧事或建房等，全寨的人都会自觉去帮忙。苗族有自己民族的传统节日，最隆重的节日就是苗年。过苗年的时间，各地并不相同。苗年隆重热烈，除祭祖、饮宴之外，还举行各种活动。新年来临全家守岁。吃了“过地餐”，拜过年，人们就开展各种活动“祭龙潭”“祭田神”，吹笙伴舞，热闹非凡，是苗年最隆重的场面。祈神求丰收，是苗年活动的一个大主题。一些禁忌如大年三十忌吹柴火、忌踩三脚架、忌坐火坑上边，父母健在忌戴白帕、忌夜晚吹口哨等等，由于父辈们身体力行的示范，使之在苗族社会中一代代流传下来[①]。

壮族是一个注重团结互助的民族，壮族人民自古以来就形成了“一家有难百家帮”的传统习惯。谚语“亲戚恒赠钱米，以周其难”[②]，正表达了壮族人民善于帮助他人的美德。他们教育孩子从小就要有仁爱之心，要学会帮助别人。谚语“帮人帮到底，救命救到活”[③]，虽然在当时的社会环境中具有一定的阶级性，只是针对人民内部，但是现在依然可以有教育意义，教育孩子要乐于助人。谚语“语言莫相伤，相顾又相帮”[④]。教育孩子要克己谦让，互相帮助。壮族人民一直有着刚韧和坚强的性格，所以他们对孩子的教育同样有着这样的内容。他们认为人应该活得有骨气，活得诚实，不管在什么困难面前，都不应该屈服；一个人即使再穷再苦，也要洁身自好，不能去抢别人的东西，不能做一些偷鸡摸狗的事。壮族长辈们经常都会教育孩子要注意言行举止，要懂礼貌和礼节，不懂礼貌、礼节的人就会受到舆论的谴责[⑤]。

白族晚辈对长辈的孝敬贯穿和体现在日常生活之中。白族民间流传的大量故事，其主要人物多是“孝子”，因此，这些不同名称、情节的故事，都教

---

① 秦中应《当代湘西苗族传统文化的教育传承研究——以湘西州凤瓦县苗族为例》，中央民族大学博士学位论文，2010 年。

② 黄现璠、黄曾庆、张一民编著《壮族通史》，广西民族出版社 1988 年版。

③ 黄现璠、黄曾庆、张一民编著《壮族通史》，广西民族出版社 1988 年版。

④ 黄现璠、黄曾庆、张一民编著《壮族通史》，广西民族出版社 1988 年版。

⑤ 徐曦《广西沂城县都乐村壮族婴幼儿家之教育传统的研究》，中央民族大学硕士学位论文，2010 年。

育和提倡人们做孝子。白族日常称呼都在其首加“阿”字，在对长辈的称呼中，就包含了对老人的尊敬，而对晚辈和平辈的称呼则是一种“爱称”。另外，白族家庭在平时的座位排列、出门先后、语言口气等各方面，都体现出对老人或长辈的孝敬。白族在吃饭的时候，大家常常会把最好的一块肉让来让去。这就是互相之间的孝敬，也对不懂事的孩子起到了教育的作用。

彝族注重对幼儿进行道德品质教育。彝族有“无父能生存，无母可生存，没有道德无法活”[①] 的谚语。把道德教育与孩子一生的幸福联系起来，认为一个缺乏道德感的人，就是拥有再多的知识和财富也不值得羡慕和尊重。彝族伦理道德条款数不胜数，多是有关行善、尊老爱幼、不损人利己的内容。如《尼苏夺节》：“道德有十种，能尊老爱幼，这是第一种；能孝敬父母，这是第二种；先公而后私，这是第三种；能救济穷人，这是第四种；不谋财害命，这是第五种；不偷鸡摸狗，这是第六种；不玩弄父母，这是第七种；行走能让路，这是第八种；不做缺德事，这是第九种；说良言善语，这是第十种。”[②] 伦理道德教育是彝族教育的重要组成部分，广大彝族群众都要学习和接受伦理教育。伦理教育也是彝族教育的高层形式，传统的彝文教材，其内容也是以伦理方面为主的。

三、宗教信仰教育

民族宗教在民族文化中具有重要地位。民族宗教教育是民族教育活动的典型，可以说是民族的传统教育形式。在西部民族地区宗教是很受重视的。宗教教育通常是通过宗教祭祀活动进行的。各民族的成员接受宗教教育的目的主要有两个：一个就是要学会如何举行各式各样的宗教仪式；另一个是通过众多的宗教仪式吸取有关自然界、社会生产和生活的知识与经验。民族地区宗教信仰的存在方式一般有自然崇拜和祖先崇拜两种。山神、树鬼、鸟仙、兽灵、石头等都是少数民族先民自然崇拜的对象。有的少数民族有三种祖先崇拜形式：第一种是坟前崇拜，每年在特定的时候村寨中的每个家庭到坟前祭祖，为坟前崇拜。第二种是火塘崇拜，主要是逢年过节或家中有婚丧喜庆之事的时候，在火塘边摆供品，举行祭敬活动。在家庭中，基本上都有两个火塘，一个是做饭用的；一个是供取暖用的。第三种是神灵崇拜。这种形式

---

① 马德清著《中国民间文学集成凉山卷·谚语卷》，凉文出版社 1995 年版。

② 马廷中著《民国时期云南民族教育史研究》，民族出版社 2007 年版。

主要保留在被同化了的汉族家庭中，他们在堂屋正墙上设立神盒，张贴先祖神榜。

贵州省从江县小黄村举行的自然崇拜又分为土地崇拜、水崇拜和火崇拜三种。“祖母坛”是该侗族村寨最神圣的一种崇拜方式，可称之为土地崇拜。这种崇拜方式与侗族地区的“萨岁”是分不开的，因此也叫萨岁崇拜或祖母崇拜。小黄村每年春节期间举行祭萨仪式时，全寨人都要身着盛装拜祭萨坛，喝萨茶，并在鼓楼坪唱萨歌，“多耶”踩堂。寨内的一些重大事件，如每年的八月十五节，鼓楼落成，邀请外寨集体赛歌或赛芦笙，出现火灾或瘟疫时进行扫寨，出寨集体做客或去其他寨子参加芦笙赛、大歌赛、演侗戏等，也都要举行祭萨仪式。水崇拜也是侗族的一种自然崇拜方式。侗族是一个传统的稻作农耕民族，村民普遍畔水而居，他们将水看作是有灵性的，认为水是财富的象征，既可以给人们带来财富，也可以将人们的财富冲走。对水的崇拜是为了能够将自己的财富锁住。火在侗族地区也是至高无上的。寨子的火神在鼓楼的火塘中，家庭的火神在家庭的火塘中。他们将火神分为两种：一是吉神，兴旺、保平。在鼓楼或家居落成时，都要举行生火仪式，在重大的节日要燃起大火。在一些人生重要仪式中，也要请火神保平安。二是凶神，被称为“火殃神”，会带来火灾。侗族主要是木建筑，驱赶“火殃”成了村寨每年的重要活动。可以说在少数民族地区，火塘往往置于家中显著的位置，并成为家庭的象征。家庭中所有的宗教、神灵观念、祭礼、生育习俗、婚丧礼仪、饮食文化等都是与火塘发生着密切的联系，甚至有的民族把火塘与生殖繁衍联系起来，久之，在侗族地区便有了“火崇拜”“火塘文化”等习俗。

佤族信仰自然崇拜，把自然界的万物加以神化，在各种神灵中形成最大的主宰一切的神灵，总称为“木依吉”。在佤族心目中，山有山神，河有河神，日有日神，月有月神，星有星神……佤族村寨有主持大宗教祭祀活动的巫师，每年在生产开始，撒旱谷之前，谷长半尺薅草和含苞之时，谷收完毕，都要杀牲祭祀三至五次。祭祀祈祷内容，就是祈求神灵免灾降福、人畜兴旺、五谷丰收等。这种原始多鬼神教观念和各种宗教祭祀活动的代代相传，无疑是宗教教育的作用和结果。宗教教育的形式主要以家庭教育成员之间的口口相传为主，也有由主持祭祀活动的巫师直接传授的。

拉祜族认为“万物有灵”。人们相信在各种社会生活中随时有可能触犯神灵，因而预知未来和判断事因等成为人们关注的首要问题，于是就产生了占卜摩八、席八，即是拉祜族认为能与神灵相通、能预知未来的人。他们经常出现在拉祜族的生产和生活当中。祖先崇拜是拉祜族原始宗教的核心。将祖先的创业史与造物主厄莎的创世史融合为一体。于是每逢年过节祭祀厄莎与祭祀祖先同时进行，歌颂厄莎与歌颂祖先内容相同①。

贵州黔东南邑沙苗寨人崇拜树。弗雷泽在《金枝》中谈及“树神崇拜”，提到日耳曼人最古老的圣所可能都是森林，所有欧洲雅利安人的各民族都崇拜树神。森林中的一小块空地就是祭拜神树的“圣所”②。在西部民族地区的许多地方，不同的民族都有自己崇拜的树神。鬼师邑沙是苗人的精神领袖，也是传统苗文化的传播者。这片为邑沙人带来福祉的山林，是祖祖辈辈的生命线，邑沙精神文明文化的一切无不与此密切关联。对大自然的恩赐之物，人在用它之前，先有礼拜，然后才有采伐之举，敬畏之中有感恩，感恩才有仁义。这种“取之有时，用之有节”，使其长养有序，生生不息，有利于自然资源的可持续发展。水族对生长在河畔、井边、路旁及村寨门口高大挺拔、粗壮雄伟的古树敬若神明。彝族在祖坟的后面都会选择一棵“神树”，每年清明节都会在树旁宰鸡祭祀，希望神树可以保佑已故者的安宁。

基诺族的风俗习惯、社会行为、道德规范甚至习惯法都与宗教联系在一起，该做什么，不该做什么都是神的旨意，违背了传统的行为规范，就会遭到鬼神的制裁。例如基诺族长者在教育孩子时说：“别人家的东西是不能随便乱拿的。如果你拿了别人家的鸡蛋，那么到你死的时候，鬼魂就会守在黄泉路上，把鸡蛋壳套在你的手指上。这样你就怎么走也走不到鬼寨了，也不能与你死去的亲人相聚了。”③ 基诺族认为，他们的每一种道德行为规范，都有鬼神维护。在教育下一代时，他们便把鬼神作为约束下一代行为的无形力量。孩子们在接受行为规范的教育时，很自然地会感到有无形的眼睛随时在监督自己，久而久之，逐渐养成遵守道德行为规范的习惯。

壮族宗教教育除了家庭祭祀活动外，还通过集体性的祭祀活动来进行。壮族地区每年以村寨为单位举行的最大的祭祀活动有两次：对神树的祭祀和老人房的祭祀。祭祀神树的目的是请求神树保佑风调雨顺、五谷丰登。壮族绝大部分寨子都设有老人房，房前立石狮子、石猫等。老人房周围是村民聚

---

① 王正华、和少英等著《拉祜族文化史》，云南民族出版社 1999 年版。

② 〔英〕弗雷泽著《金枝》，中国民间文艺出版社 1987 年版。

③ 马廷中著《民国时期云南民族教育史研究》，民族出版社 2007 年版。

谈之所。每年三月或五月，各寨都要举行祭祀老人房的活动。届时，杀鸡、宰猪，到老人房祭祀共同的祖先和贤明的长老，寨内长老们聚会议论，决策寨内的大事。老人房是壮族文化传承和社会教育的场所之一。壮族的传统观念也认为万物有灵，周围的一山一石，一草一木，都会显灵，因而要举行许多祭祀活动，相应地产生了对孩子进行为什么要祭祀和怎样祭祀这些神的教育。在一些壮族人的传统观念中，天上的太阳是太阳神，打雷是雷神作怪，刮大风下大雨是龙王翻身。山有山神，山间深谷是鬼魂栖身之地，因此对山有敬畏之感。凡奉为神山的，特别是居住地周围的山，不但禁止开荒、伐木、造坟，而且定期举行祭祀。动物有动物神，例如认为牛有灵魂，每年定期过“牛魂节”。蛙是雷公的儿子，被尊为蛙神，在红水河流域一些地方，每年春节期间要过“蚂虫另节”即青蛙节，举行隆重的祭祀青蛙仪式。在这些原始宗教活动中，大人向小孩子们传授了有关本民族宗教信仰的知识①。

在侗族的传统观念里，世上万物都是有灵的。因此，为了得到神灵的庇护，过得安宁幸福，人们就要经常祭拜这些神灵。如祭树神、水神、山神，等等。但在侗族的信仰体系里，至高无上的神灵是祖母神——萨岁。因此，“祭萨”活动是侗族最为庄严、最为隆重的祭祀活动。透过“祭萨”活动，我们可以发现祭祀活动中含有丰富的传统道德教育因子，祭祀的过程也是对后辈教育的过程。

佤族要记住家里发生大事情的日子，每年的这一天，家里的所有人都不能出远门，否则会遇到不幸的事情。这些日子，不用父母提醒，佤族孩子也会记住，并严格遵守。另外，佤族是多神论者，他们相信万物有灵，认为各种事物的生存和变化都受一种精灵“驾”所支配。在佤族老百姓的观念中，日、月、天、地、山川、河流和有生命的生物及以前不能解释的自然现象与人一样，也有“灵魂”或“鬼神”，并对人有一种强大影响力。在平时的日常生活中，佤族学生也会持有这种观点。当然，随着科学的进一步发展，持有这种观点的佤族学生逐渐减少。

宗教祭祀仪式程序教育是彝族社会传统家庭教育的重要内容之一。彝族习惯性把人区分为两类，一类为专业的神职人员即“毕摩”和“苏尼”，另

---

① 覃乃昌《论壮泰民族传统文化教育的异同及原因（上）》，《广西民族研究》2002年第2期。

一类是普通人，彝语称之为“卓着”。彝族社会要求除“毕摩”“苏尼”外，作为“卓着”即普通人，有义务了解和掌握基本的宗教祭祀程序。而这种教育一般由家庭内有经验并熟悉祭祀程序的父母或其他长辈来承担。他们孜孜不倦地对自己的子女或晚辈传授和讲解各种祭祀程序的名称，从小培养孩子虔诚的宗教情感和坚定的宗教信仰。大部分彝族人主要信奉原始宗教，具体表现为祖先崇拜、自然崇拜和图腾崇拜。一个普通人的一生要经历或举行各种各样的祭祀活动，需要熟悉各种祭祀仪式规程。但一般最常规的祭祀仪式主要有一年一度的“哓补”，汉语叫“挡口嘴”，意为将别人施咒而来的魔鬼邪怪阻挡回去。还有为已故的老人举行“安灵”“送灵”仪式。祖先崇拜是彝族宗教中的核心内容。彝族认为，人死后灵魂还在，它们永恒地徜徉于祖先居住的地方，在精神上与活着的人联系在一起。正常死去的祖辈的灵魂仍未脱离自己的家庭和家族，给后代以精神和力量，所以当父母死后都要在数月内请毕摩为其招魂（彝语叫“伙”），扎制灵牌（彝语叫“麻都迭”），供于住房上方神位。神位是神圣的，不许玷污也不许生人踏入，每逢过年过节都要设案祭奠。根据具体情况，数年后（有的在死后不久，个别女性还在生前）请毕摩作道场念经超度，送灵牌到深山岩洞，表示已将灵魂送到祖先居住的地方，这才算完成了晚辈应尽的神圣义务。正如彝族尔比所说：“父亲欠下儿子的账，就是为儿子成亲安家；儿子欠下父亲的账，就是为父亲送终超度。”这就意味着儿女后代为父母或长辈举行超度仪式是一种天职，一种不可推卸的义务。作为父母、长辈，也必须从小就对孩子进行这种仪式的灌输和熏陶。

孩子年复一年地看着父母重复各种宗教活动，大致学会了整套方法，掌握了时间地点，记住了各种祭祀词语和吉利语，当自己成为家庭的主人后，就可以独立完成各种宗教活动和节庆活动。例如，过年前怎样备年，收割后怎样叫谷魂回家，火把节怎样过，家堂的神龛怎样供奉祭祀、何时供奉、念些什么，都必须在反复学习与实践中掌握，在教与学中学习宗教思想观念和宗教祭祀知识。

四、身心发展教育

西部民族家长注重对孩子进行身体健康教育，注重对孩子良好体魄的锻炼，教育主要是在游戏中和劳动中进行。此外，还注重对孩子心理健康方面的教育，主要表现为让孩子保持愉悦的心情，树立自信心，区分性别角色等。例如成年礼的教育就是让孩子增强自信，正视自己的社会角色，做一个真正的社会人。

佤族父母认为身体健康很重要，孩子必须每天都进行体育锻炼。要求孩子不上学时，尽量参加生产劳动，以增强他们的体力。关注孩子的心理发展，孩子回到家里，佤族父母会和孩子讲一些家常白话，营造出一种和谐的家庭气氛，让孩子与其平等地相互交流，以此增进家长和孩子的感情。因此，佤族孩子和家长的沟通是没有任何障碍的。佤族父母认为孩子的心理甚至比身体都重要，因为如果心情好了，身体就会跟着好起来①。

维吾尔族对男孩、女孩的教育有明显的差别，因为维吾尔族十分重视性别差异，对孩子的人格教育从小就男女有别。笔者认为性别教育是人格教育的重要内容，只有当人对自己的性别有正确的认识并接受性别差异时，才会形成健康的人格。从幼儿起，维吾尔族父母就十分注意孩子在穿着、举止和游戏领域中表现来的性别特征。如即使在幼儿时期也不会给孩子穿有异性特征的衣服。男孩子不留长发，也不允许玩女孩子的玩具和游戏。到了幼儿后期按照民俗传统就要在孩子身上留下某些标志。如女孩子一般五岁左右要穿耳洞，开始带耳饰；男孩子七岁或者九岁时要割礼②，特别是男孩子的割礼可以算是男孩子的成年礼，因为在割礼之前父母会告诉儿子要坚强，再疼也不能哭，接受了这次考验就是真正的男儿。等身体痊愈可以正常走动玩耍时，就要给男孩举办割礼聚会。一般就像婚礼一样很隆重，不仅会邀请男孩的朋友们，父母的亲朋好友都会聚在一起庆祝男孩子第一次接受的人生考验，这也是肯定男孩子在社会中位置的开始③。

彝族社会传统家庭从小十分注重儿童身心健康方面的教育，努力为孩子创设和谐、民主、宽松的家庭环境。主张理性的挫折教育，教会他们正确对待困难，树立自信心。孩子8—9岁以后，家里的一般事情都要与孩子们商量，甚至特意由他们拿主意，找办法，尤其是男孩子。听听孩子们的意见，给他们发表个人见解的机会，旨在培养孩子的决策、判断能力以及主人翁意

---

① 李春梅《佤族和汉族家庭教育的跨文化研究——以云南沧源县为个案》，云南师范大学硕士论文，2007年。

② 割礼就是割除包皮，属于犹太教、基督教和伊斯兰教传统，维吾尔族割礼源于伊斯兰教，在7岁或者9岁那年进行，7岁或9岁源于维吾尔族认为单数，特别是7和9是吉祥的。

③ 参考祖拜热·艾尼瓦尔《维吾尔族家庭教育及其传统文化传承研究》，华东师范大学硕士学位论文，2012年。

识和责任感，有利于他们健全人格的形成。严禁父母在孩子面前吵嘴、闹别扭，有什么大事，都要采取克制的办法，等孩子不在场时再解决。孩子做错了事，要求父母双方口气一致，态度鲜明，严禁袒护。同时要主动帮助孩子对错误的原因进行冷静、仔细、客观的分析，找出合理的答案，让孩子充分认识到问题的根源和严重性，避免再次犯同样的错误，把它作为前车之鉴。在道德教育方面，按照《玛牧特依》中所说："人往高处走，乌鸦朝上飞，兔儿往上跳，火星往上窜，竹筐往上编，成长时期莫学坏，成长时期若学坏，子孙后代难成才。"以此来教育孩子从小积极向上，健康有为，养成好习惯①。

云南基诺山基诺族青年经过成年礼后获得村社正式成员的资格，并由此获得恋爱的权利。基诺族成年礼仪式，不同村寨各有特点，分为女子成年礼仪式和男子成年礼仪式。女子成年礼仪式主要有以下四种。第一种，幺卓寨女子成年礼。仪式举行时，女子的父母要回避，由"米考"（即举行过成年礼的未婚姑娘的专称）先将举行成年礼女子的母亲准备好的围腰缝在受礼女子的短裙上，然后再将其母亲绣有花卉图案的"能帕"披在受礼女子的身上。几天后"考米"们将在田间劳作或寨中行走的受礼者围住并按倒在地，将其缝在裙子上的围腰撕下来，并告诫说："你已经举行了女子成年礼，以后再也不是孩子而是成年姑娘——米考了，今后自己应该围上标志成年女子的围腰了。"第二种，巴洒寨女子成年礼。女子成年年限为15岁，成年礼标志也是围围腰仪式，但不同的是有"饶考俄"（成年未婚男子）介入且举行成年礼的时节与山地农耕季节有关。第三种，巴漂寨女子成年礼。其特点：一是以女子月经初潮为时限，初潮来后母亲就教女儿围上围腰，并换上新衣服；二是围上围腰的女子还要举行由"饶考俄"确认她获得"米考"称号的仪式。第四种，扎果寨女子成年礼。女子16岁即为成年，自己就应围上母亲早已准备好的围裙，并穿上成年新衣。由此便取得"尼高左"（直译为成年男女的"玩的家"）的社交权和恋爱权。男子成年礼也有四种。第一种，幺卓寨男子成年礼。16岁即为成年，即穿上母亲准备的成年服装和标志成年的"通帕"。举行成年礼仪式的那一天，小伙需要理发、沐浴，穿一身新衣服，单独或有伙伴陪同，手端一碗酒到"尼高左"，主动请求加入"饶考俄"社团。第二

① 马史火、张卓然《凉山彝族社会传统家庭教育文化功能述略》，《西昌学院学报》（社会科学板）2007年第2期。

种，巴洒寨男子成年礼。由“饶考俄”成员将成年的男子“劫持”到“饶考俄”聚会上，由“饶考俄”首领讲述参加“饶考俄”可以享有的权利和应该履行的义务后就算完成了成年礼仪式。这一仪式在“劫持”时有一定的暴力倾向，但禁用石头、棍棒打人。第三种，扎果寨男子成年礼。这一种类型具有一定的暴力性和惊险性，对受礼者“劫持”时可以对拒捕者实行轻微的暴力，但大多数先有“饶考俄”首领事先与其家人商量好，出其不意地使其就范。第四种，巴亚寨男子成年礼。兼有以上诸寨特点，仪式一般较为规范。

成年礼在泸沽湖摩梭人中是非常重要的仪式，它标志着摩挲儿童“成为一个人”的开始[①]。仪式的举行使个体成为一个拥有道德、宗教、法律、婚姻与性生活资格的人，成为一个真正拥有完美生命的人。仪式把教育的目的具体化、形象化和直观化了。它既表达了仪式主持人的理想也表达了仪式执行者的理想。很多摩梭儿童对举行成年仪式十分向往，虽然他们未必明白仪式对他们意味着什么。对有的摩梭人而言，成年礼仪式是实现成为一个人的教育目的的具体途径和手段。而手段和内容的情景介入，使目的的实现显得又和谐又自然。采用“随风潜入夜”的教育方式，达到“润物细无声”的效果。

彝族少女的成年礼，彝语称“沙拉洛”，即换童裙之意。一般在女子15—17岁之间举行，个别也有在女子初潮后举行的，但多择单岁，取其吉利，具体日子须请老人择算吉日佳期。由母亲或长辈主持，仪式参加者皆为女性，要改变发式、耳式和裙式。

维吾尔族有诞生礼、摇篮礼、割礼、婚礼、葬礼等重大仪式活动，一般都很隆重。笔者在下文中简单地介绍一种——维吾尔族的摇床礼。因为摇床礼无论是对刚出生的婴儿还是对前来祝贺的小朋友都是人生中第一次关于生命的教育。维吾尔族小孩出生四十天后有个摇床礼，家人会邀请朋友们的小孩和周围邻居的孩子为自己刚出生的孩子祝福。母亲会把孩子放在浸泡过花瓣与金子的圣水中，然后受邀来的小客人会一个一个依次从圣水中舀一勺水，浇在婴儿的头上，边浇边表达祝福。祝福语包括希望婴儿以后拥有的性格和人生等。如小朋友会说“希望你以后做个热情开朗的人，要幸福”，“你要勇敢，坚强”等，每个小朋友祝福完都会得到一份小馕和糖果。“人生仪礼是将

① 吴晓蓉著《教育在仪式中进行》，西南师范大学出版社2003年版。

个体生命加以社会化的程序规范和阶段性标志，其与信仰、生死与生活经验等多方面的民俗文化交织，集中体现了不同社会和民俗文化类型中的生命周期观与生命价值观。”由此可见人生仪礼体现着一个民族的生命观、价值观，维吾尔族孩子们在参加仪式的过程中，接受着本民族生命观与价值观的洗礼，并内化这些价值观，使其得以延续[①]。

五、传统歌舞及手工艺教育

西部地区民族都是能歌善舞的民族，歌舞就像生活必需品一样重要，是生活的一部分。孩子在这种环境中长大，自然也传承了本民族的歌舞文化。民族的手工艺及服饰是最能表达本民族特征的东西，在民族家庭里教育孩子对本民族服饰及手工艺的传承就显得格外重要。

佤族家长在孩子一岁左右时就会无意识地教孩子一些传统的歌曲。在过节时，也会教孩子本民族的歌曲和舞蹈[②]。木鼓是佤族远古文化的典型象征。其文化内容丰富，特色浓郁，源远流长，在佤族文化进程中有重要的统治地位和主导发展的作用。木鼓被佤族称为“考罗”，为佤族独创和独有之鼓，早期是佤族先民用来驱邪除病的祭祀工具，后又是报警、巡夜的工具，夜间村寨之间利用它来传达警报，也作为娱乐的用具。它是佤族幸福和吉祥的象征，是民族感情的寄托物，是佤族文化传承的线索，是代表佤族的自然性格、精神象征和生命图腾的神器[③]。佤族学生很了解木鼓，且对它很有感情，说明佤族家长的家庭教育内容涉及木鼓。

蒙古族的游艺活动形式古朴，内容丰富，具有鲜明的民族风格，在民间传承的许多游戏中，以象棋和鹿棋最具特点。鹿棋蒙古语称“包根吉日格”。这是一个形象地把草原和森林有机结合的独特游戏。它形容在广袤的草原和神秘的山林中鹿与猎犬斗智斗勇的一种拼杀。蒙古象棋中包含着蒙古民族的生产、生活、军事、宗教、竞争、健身、教育娱乐等多种文化价值。当今的国际象棋就是从蒙古象棋演变而来的。博克是蒙古族独有的体育活动，它有独特的服装、比赛规则和方法。参赛的人数少则数十人，多则数百人甚至上

---

① 祖拜热·艾尼瓦尔《维吾尔族家庭教育及其传统文化传承研究》，华东师范大学硕士学位论文，2012 年。

② 李春梅《佤族和汉族家庭教育的跨文化研究——以云南沧源县为个案》，云南师范大学硕士论文，2007 年。

③ 赵富荣著《中国佤族文化》，民族出版社 2005 年版。

千人。比赛开始，选手跳着“鹰步”列队上场，赛毕双双跳着鹰步向观众致意。而射箭至今也是保留项目。射箭比赛分静射和骑射两种，多用静射。靶距射手有30米的距离，每个人限射几支箭，中靶多者获胜。在游牧生活的时代，为了狩猎食物，人们大多使用箭；而金戈铁马的战争时期，为了战胜对手也需要射箭。随着社会的发展，射箭也逐渐演变成了一个传统的体育项目，但却包含着它独特的文化韵味。布鲁，在1300多年前就已成为蒙古族的狩猎工具和出远门时的一种防身武器。布鲁分为图古力噶布鲁、海木拉布鲁和洪敖布鲁。最早是用来打击飞禽走兽等动物的，被击昏或打死的动物，皮毛完好。布鲁曾经是草原那达慕大会的必有的娱乐项目，但是在今天，随着娱乐项目的增多，人们对布鲁的兴趣也在减弱，群众自发组织的布鲁竞赛也寥寥无几。在这样的情况下，鄂尔多斯市蒙古小学在自己的体育课和第二活动课上增加了博克、射箭、布鲁等传统的体育项目。在学校的体育课或间休的时候，学生还玩“沙哈”、踢毽子、拉绳、跳皮筋等活动。这些活动的增设不仅促进了学生的身心发展，也增强了他们的团结意识、竞争意识、抗挫折意识等。以上即蒙古族弘扬和发展本民族文化所做的努力，通过对学生进行本民族传统文化的教育，增强了学生的民族意识，增强了对自身文化的认同，而且实现了蒙古族文化的多样性发展。无论是鄂尔多斯民歌、博克还是象棋等课程设置，学生们都能清晰地认识到这是本民族独特的文化艺术，且教学中对鄂尔多斯民歌、象棋还有博克等的讲解，在这个空间中，学生重温了本民族的一些历史文化，特别是民歌中歌颂的英雄人物，以及民俗文化，更让学生融入历史的文化氛围之中。博克的教学，更能增强学生的竞争、抗挫折意识，对于学生的成长有着不可忽视的作用①。

苗族服饰是苗族传统文化的重要组成部分，被喻为“穿在身上的历史”。有人认为，苗族服装是“化石”，从中可以窥见汉代中原服饰的影子。苗族用针当笔，用彩线为墨，把几百年的苦难和迁徙的坎坷道路绣在衣裙上。湘西苗族服饰具有自己的审美特点，这与他们的历史是分不开的，主要是靠口头文学和服饰图案艺术来记录的。苗族服饰不仅可以抵御严寒酷暑，还可以使人从中领悟到苗族历史文化的缩影和艺术美的享受。苗族服饰是苗族传统文

---

① 张亚文《文化生态学视野下少数民族传统文化教育传承之探究》，苏州大学博士学位论文，2010年。

化中最有特色的内容之一。喜戴银饰是苗族姑娘的天性。苗家姑娘盛装的服饰常常有数公斤重，素有“花衣银装赛天仙”的美称。苗家银饰的工艺，华丽考究、巧夺天工，充分显示了苗族人民的智慧和才能。苗族妇女擅长纺织、刺绣、蜡染，工艺十分精湛。在苗族聚居地区，打工已经成为一种潮流，打工能给自己家庭带来可观的经济收入。虽然大多数年轻姑娘、妇女也外出打工，但现在也出现了一批手艺精巧的、专门留在家乡绣花织布出售的中青年女性。她们以制作传统盛装为业，那些在外打工的虽然不再绣花织布，但她们用挣来的钱向这些留在家乡专做女红的女性定做盛装。在这些新做的盛装中，大家都在追求按传统工艺仿古制作的服装，其价格也越来越贵，一套需要三四百元。这就使苗族服饰的制作不仅没有断代，而且在当今飞速发展的经济时代形成了一种使传统服装文化得以继承和发扬的方式[①]。

阿昌族的服饰别具特色，未婚女青年喜盘大辫子并插花，已婚的则缠藏青高包头。男子一般穿蓝色、白色或黑色的对襟上衣，黑色长裤。女子穿白色或蓝黑色对襟上衣，腰系小围裙，身穿筒裙。女孩子十二岁以后，在家里就要跟着母亲学习纺线、织布，学习缝制民族衣服。在这种教育下，孩子既学习了手工技能的劳动，又学会了本民族服饰的制作。由目前已陆续发表的关于阿昌族是南诏国的民族的研究文章中，可知梁河阿昌族是目前为止唯一保留着宫廷服饰的民族[②]。阿昌族家庭文化中一种重要且独特的文化就是火塘文化。每个阿昌族家庭在堂屋中央（客厅里）都会有一个火塘，火塘用四块厚木板制成正四边形，内装入柴灰，上部敞开，用来烤火取暖，中间放置一个铁制三脚架，用以煮饭、炒菜。全家人茶余饭后，或是有客人来访，都会围坐在火塘周围，谈天说地。一种以火塘为中心，围坐一圈的家庭教育方式也就由此产生了。民族文化的范畴很广泛，包括民族的风俗、习惯、节日习俗、道德水平以及流传长久的民族文学、民族艺术、山歌等。阿昌族孩子通过家族、家庭成员的感染熏陶，通过正规、非正规的家庭教育方式，学习到了许多民族文化。他们从小参与各种习俗活动，茶余饭后在火塘边听故事，对山歌，学习民族歌曲与舞蹈，各种文化深深影响着孩子们的成长。如此一代代反复循环的家庭教育将优秀的民族文化传承下去，虽然与各民族杂居，

---

① 秦中应《当代湘西苗族传统文化的教育传承研究——以湘西州凤凰县苗族为例》，中央民族大学博士学位论文，2010 年。

② 刘江编著《阿昌族文化史》，云南民族出版社 2001 年版。

仍然显示出自己独具特色的风俗习惯，发扬着本民族的传统特色[①]。

第四节　家庭教育方法

“家庭教育的方法，是指家长在对子女实施教育时所选择和运用的具体手段。能不能恰当地选择并创造性地科学运用教育方法，直接关系着家庭教育能不能顺利地进行，直接影响教育的效果，决定着家庭教育的目的和任务的实现。”[②] 西部民族家庭教育承担的任务是多种多样的，由此家长会根据不同的内容使用不同的教育方法教育子女。言传身教、歌声传递、谚语格言、胎教传递、实践教育、阅读经典读物都是家庭教育中常见的教育方法。

一、言传身教法

儿童的思维特点就是具体形象性。具体的形象对他们来说就有感染力、吸引力和说服力，再加上模仿是孩子们的天性，因此家长应该重视榜样示范对孩子的影响，引导他们模仿正面的、积极的言行，以便受到良好的教育。言传身教是西部民族家庭教育中典型的教育方式。有很多宗教礼节、民族风俗教育从孩子刚出生就开始了，所以最早父母就会通过口述、以身作则来教育孩子。关于待人接客、饮食和穿着的教育都是典型的言传身教的教育。父母通过言传宗教中关于“善”“恶”的教义和有关具体事情的故事来教育孩子能做什么不能做什么。同时父母以其自身的榜样作用和行为对自己的子女进行教育、熏陶和影响，使孩子通过父母不断的言传和行动逐渐明白什么是善，什么是恶，懂得明辨是非，并逐渐内化本民族的民俗习惯。

言传，除了生活习惯、礼仪上的教育外还有关于英雄人物、民间故事和民族谚语的教育。父母通过口述历史英雄人物、英雄事迹和民间流传的故事来教育孩子要智慧、果敢、行善。西部民族地区有很多精辟的谚语，父母在教育孩子的时候用，以后孩子在教育自己的孩子的时候再用，就这样一代一代被传承下来。

苗族是一个有语言无文字的民族，大部分文化传习需要通过口耳相传的方式来完成。比如，培养女孩在出嫁前具备妇女应掌握的种植、养殖、纺织

---

① 曹先强编著《阿昌族文化大观》，云南民族出版社1990年版。

② 赵忠心编著《家庭教育学》，人民教育出版社2000年版。

印染、绣花等方面的知识技巧。苗族女孩一般从七八岁开始就要学习织花带、绣花等，在十岁左右技艺就比较娴熟了，有时放牛时也带着，几个女孩在一起绣，比一比看谁绣得更漂亮，遇到技艺高超的会向她请教。大多数苗族女孩都是在老人织花带、绣花时，在一旁跟着学习，老人也会偶尔指点一下，诸如如何配色、针法技巧等等。对男孩子也有相应的教育。以种植水稻为主的地区，男孩子必须学会犁田、播种等基本生产技能。春耕季节，父母亲带领小孩劳动的场面随处可见：母亲在前面掏沟，小孩则在后面跟着抛撒玉米种子；父亲坐在田埂上指导男孩子犁田，不时还要纠正一下扶犁的姿势。父母、长辈的为人处事的行为方式在家庭中展示出来，家庭成员在交往过程中身临其境感受这种行为与方式，而后在与其他人的交往中运用，从而达到学习的目的。如苗族要求对父母要孝敬，对兄弟姐妹要友爱，尊敬长辈，爱护晚辈。要求孩子遇到长辈时要“喊人”，大人遇到孩子时要表示亲切，给见面礼。孩子去拜访长者或亲属要带礼物以表示敬意。在这一过程中，通过教育孩子如何分辨长幼辈分，通过教育孩子如何待人处事，通过父母或者长辈的身体力行，给受教育者做出榜样，让受教育者从小耳濡目染，在潜移默化中了解社交礼仪常识，待人处世原则①。

回族幼儿家长身体力行、以身作则的很多，这表明教育者已经具备了较高的教育水平。幼儿惯于形象思维，更乐于模仿。孟母三迁的典故便从一个侧面证明了这一点。家长行为直接影响幼儿的诸多习惯的养成。这是一个常识性的问题，相信为人父母的都知道，然而真正付诸实践或全面付诸实践的并不多。回族幼儿家长在家庭教育中则较为关注这一点。事实上同样是伊斯兰教的信仰观在起作用，既然伊斯兰教要求每一个穆斯林于生活中实践信仰，那么言行的一致性就十分突出。总之，榜样示范是比较适合幼儿成长特点的教育方式之一，也是回族幼儿家长在家庭教育中惯用的方式。其积极的作用有待进一步挖掘，而其借鉴价值对于我国少数民族教育亦有一定启发②。

言传身教是维吾尔族家庭教育中典型的教育方式，有很多宗教礼节、

---

① 秦中应《当代湘西苗族传统文化的教育传承研究——以湘西州凤凰县苗族为例》，中央民族大学博士学位论文，2010年。

② 马利《回族传统文化中的幼儿家庭教育——以甘肃临夏回族自治州广河县为例》，陕西师范大学硕士学位论文，2010年。

民族风俗教育从孩子刚出生就开始了，所以最早父母就会通过口述、以身作则等方式来教育孩子。待人接客、饮食和穿着的教育都是典型的言传身教的教育。父母通过言传宗教上关于“善”“恶”的教义和有关具体事情的故事来教育孩子能做什么不能做什么。同时父母以其自身的榜样作用和行为对自己的子女进行教育、熏陶和影响，使孩子通过父母不断的言传和行动逐渐明白什么是善，什么是恶，懂得明辨是非，并逐渐内化本民族的民俗习惯。如父母教育子女不能浪费粮食，哪怕是一粒米，掉在地上了都要捡起来洗了再用。孩子问父母为什么时，父母会回答：因为每一粒米都是穆圣的牙齿变来的，都是很神圣的。父母会把饭吃得干干净净，拿着碗告诉孩子要吃成这样才可以。特别是维吾尔族女孩的家务能力，便是母亲从孩子小的时候起就边说边做，通过让孩子观察、实践学会的。维吾尔族生活习俗与礼节很多，可以说在儿童阶段，孩子的每个生活习惯都有着父母言传身教的影子。在儿童时期，孩子的理解力还差，模仿能力却很强，这种时候父母的一言一行为儿童提供了思想言行规范的物化模式，它不仅影响了儿童的行为，而且对其道德认识和道德情感也会产生极强的影响。通过口传心记、观察和实践，维吾尔族小孩在成长的过程中就潜移默化地接受了自己民族的礼仪和风俗习惯。

彝族传统家庭教育注重言传身教、潜移默化的教育方法，十分重视父母或长辈的言行举止对孩子的影响作用，坚持身体力行、从我做起，为孩子做榜样。彝族俗语讲“父母善言教，子女言谦和；行为美的人，所到之处都体面，言语美的人，所到之处朋友多。母亲偷盐巴，女儿就会偷辣椒。父母不文明，儿女讲话粗鲁”。要求父母或长辈在平时的家庭生活中，为孩子率先垂范、做出表率，帮助孩子从小养成良好的道德品质。彝族家庭的这种教育方法促使孩子积极效仿父母，从身边学起，从小事做起，从小培养良好习惯，从而促进孩子身心健康发展。

阿昌族是一个有自己的语言但没有文字的民族，从语言上追溯属汉藏语系藏缅语族。孩子从小受到家庭环境的影响，父母亲自口传阿昌语，孩子最先使用阿昌语交谈，到了快要入学的年龄，又学习汉语，在学习语言的过程中，既保持着本族语言的学习，又接受了早期的汉化教育，孩子们都通晓两种语言。这些少数民族孩子正是通过家庭中父母兄长、家族成员的言传身教、耳濡目染，在家庭教育中开始了对本民族文化的启蒙和最初的认同。其影响之深刻，往往贯穿了儿童日后一生的成长过程，并渗透到其民族性格的形成之中。延承了民族文化，发展并一代代创新了民族文化。阿昌族历史上形成了许多优良的道德观念，如尊老爱幼、诚实公正、平等互助等。在原始社会中，道德与风俗、传统、习惯、宗教等融合在一起，随着社会的发展，它逐渐独立出来，作为一个民族的意识形态和重要的文化现象。当然仍属于风俗习惯教育的内容之一，这些风俗是父母在生活教育中教给孩子的，他们以自身为榜样感化孩子①。

二、歌声传递法

有一个广为流传的说法："侗族三样宝：鼓楼、大歌和花桥。"侗族的大歌是侗族传统文化中最受关注的事物，这是一种无伴奏、无指挥的多声部合唱。侗族没有文字，迄今人们知道的许多有关侗族在遥远时代的故事，都是以歌唱的方式流传下来的。在有文字的民族中，文化传递的方式通常与著述和阅读相关，教育文化所创造的宏大景观都与文字有密切联系。而侗族文化传承的方式之一就是唱歌。这是一种独特的教育文化形态。有关天地起源、日月起源、人类起源、侗族祖先、谷种起源等重大问题的认识和阐释通过歌唱一代一代传下来。这种文化传承主要是在家庭中传递的。此外，歌师是侗族文化水平最高的人，具有对话语的解释权。

侗族家庭对子女的音乐教育，尤其是侗歌的传授，会给儿童带来全面而深远的影响。首先，儿童学唱侗歌的过程也是学习侗语的过程，有助于他们语言能力的进一步增强。其次，正如侗族笃信的"饭养身，歌养心"的道理一样，唱歌不仅有助于培养儿童的节奏感、旋律感等音乐技能，而且能让他们深刻体验到音乐的魅力，受到美的熏陶，更能愉悦其心情、陶冶其情操，对他们良好性格的塑造有不可忽视的作用。再次，侗族儿童学习侗歌最直接的实用之处在于，他们可以顺利地进入社交场合、更好地融入社会，能够尽情且自如地参与村寨内的各种节庆、集会等活动而不被排除在外。在歌声中结交朋友、增进与寨邻的感情。这些对于重视社会关系、群际关系的侗族来说意义重大。当然，学会唱歌也为侗族孩子将来能顺利进行择偶活动打下了基础。继而，侗族儿童学习唱歌的过程也是侗歌发挥认知功能和教化功能的

---

① 孙丽婷《从阿昌族的家庭教育看民族文化的传承》，《德宏师范高等专科学校学报》2006 年第 2 期。

过程。他们可以通过歌词内容学习到民族发展的历史、生产生活的常识、为人处世的道理等等。在长期的濡染和积淀中使自己的知识得到了增长，心智得到了启迪，道德也得到了教化。最后，学唱侗歌可以使侗族儿童更好地了解本民族的历史和文化，有助于培养并强化他们的民族认同感和归属感，更能激发他们对自己家乡、民族的热爱之情。总之，三江侗族世代间的侗歌传授，教给孩子的不仅是侗族的音乐，同时也是侗族生活方式和侗族文化的传承，对侗族儿童的深刻影响是不言而喻的。

传唱山歌是壮族传统家庭教育的重要形式之一。壮族有喜爱唱山歌的传统习俗，不论男女，从四五岁开始就学唱山歌。在壮族家庭中，往往是父教子、母教女，形成幼年学歌、青年唱歌、老年教歌的习惯。父母根据孩子的年龄及心理特点，教唱不同的歌。有传授生产生活知识的歌，有传授伦理道德、历史、天文地理知识的歌。如传授农业生产知识的有《12 个月农活歌》《二十四节气歌》《时令农事歌》，还有专门的锄地、插秧、种玉米、收割、采茶、训牛、打碓、戽水等劳动歌。反映行业劳动的纺纱、织布、织锦、染布、补衣、榨油、建屋、阉猪、货郎歌等。壮族家庭常用这样的歌来教育孩子。这部长歌朗诵起来感人肺腑，唱起来催人泪下，它在壮族家庭教育中的重要作用是不言而喻的。壮族家庭传歌方式，一种是手抄歌本，这种歌本用古壮字抄写，往往是父传子，子传孙，代代相传。另一种是口头传唱，父传子，母传女，从小起，耳濡目染，传了歌，也传了各种知识和做人的道理。近年来，有不少壮族家庭专门请当地歌师唱教育青少年爱劳动、孝敬父母、尊敬长辈等专题山歌并录音，在家里经常播放，既欣赏山歌，又对子女进行伦理道德教育，收到了很好的效果①。

纳西族是一个酷爱音乐的民族，主要有打跳歌、东巴吉日经、纳西净地、纳西酒歌等等。同时，纳西族的民间歌曲有两种形式：叙事歌——唱调子（古老民歌）和短歌、山歌小调（现代民歌）等。通常用《谷气调》《喂默达》《四喂喂》曲调演唱。按历史发展的轨迹来分，有狩猎、游牧时期的《热美磋》，农耕以后的《栽秧歌》《劝牛调》，也有被压迫者呻吟的《喂默达》《拉伯谷气》。新中国成立后有歌唱共产党、歌颂新生活的《阿丽哩》

① 覃乃昌《论壮泰民族传统文化教育的异同及原因（上）》，《广西民族研究》2002 年第 2 期。

《劳喂歌》《三月和风吹》等新民歌。按类别可分为山歌、小调、劳动歌、习俗歌、情歌、丧歌、儿歌等[①]。

傈僳族的《采歌》“采蕨菜呀，采蕨菜，采来蕨菜吃蕨菜；摘酸果呀，摘酸果，摘来酸果吃酸果；宁愿吃野菜，不愿卖儿子；宁愿吃野果，不愿卖女儿”[②]。简单明了的歌词能够让幼儿明白只有自己动手才能有所收获，有助于培养幼儿热爱劳动、珍惜劳动果实的良好品德。再如《除害谣》“江边种着瓜，老鼠夜夜咬，鼠架支起来，老鼠夹死了；山坡种苞谷，老鸦日日啄，弩弓抬出来，老鸦射死了”[③]。一连串生活的真实写照，不仅能够丰富孩子的想象力和联想力，还能够帮助孩子了解掌握简单的生产知识。

三、阅读经典读物法

民族地区儿童经典读物有多种，其中与民族传统有关的具有显著民族特色的故事、诗歌、神话、传说、寓言、笑话、童话、谚语等多种体裁，内容丰富多彩。

在维吾尔族儿童读物中，《桑树荫影的故事》讲吝啬贪婪的财主卖桑树荫影来敲诈勒索穷人，被年轻人艾甫其里木与其他穷人一起，机智地把他赶走，替穷人出了气的故事。这个故事嘲弄了吝啬财主的愚笨、贪婪，歌颂了劳动者的勇敢、机智。诗歌《我是萨迪尔》用简短押韵的儿童诗歌形式，把从小艰辛长大，对山路了如指掌，乐于助人的勇者萨迪尔鲜活地呈现在孩子们的面前。特别是广泛地流传于天山南北，深为维吾尔族群众所喜爱的民间故事《阿凡提的故事》更是小朋友们热爱的读物，也是家长必给孩子买的经典书籍。阿凡提在维吾尔语里是“先生”“老师”的意思，这些故事以阿凡提这个虚构的人物为主人公，他幽默、智慧、勇敢、乐观，骑着他的毛驴到处游走，并借着群众的力量帮助在途中遇到的被奸商、财主压迫的弱者。每个故事简短，构想独特，语言幽默，富有正义感，是儿童喜爱的文学作品。还有众多的具有民族特色的谜语书与笑话书也是维吾尔族儿童喜爱的书籍。这些不仅能够发展儿童的智力，还起到了民族心理品质的传承作用。等孩子阅读水平增高，理解力也有了提高的时候，父母就会给孩子提供本民族的文学作品。像《帕尔哈德与西林》《莱丽与麦吉侬》《纳祖古穆》《苦难记历》等经

---

① 百度百科。

② 左玉堂编著《傈僳族文学简史》，云南民族出版社 1999 年版。

③ 赵忠心编著《家庭教育学》，人民教育出版社 2001 年版。

典的小说或者诗集都是维吾尔族孩子成长过程中必定会接触到的民族文学作品①。

在壮族社会中流传着许多英雄的故事。这些故事都是通过讲或唱的方式来传授的，孩子们从小就能听到许多这样的故事，其可以培养孩子的智慧和对英雄的崇拜之情。《死鬼变活人》这个故事主要讲了刘永福是一个足智多谋的人，初次和番鬼打仗，由于人数不敌对手便打了败仗。后来他想出一个妙招，就是装死对敌人来个攻其不备，挫折不要气馁，终于打了胜仗。这个故事告诉孩子们：遇到事情不要慌张，遇到挑战应该善于思考，沉着应战。刘三姐是壮族民间传说人物。其传说最早见于南宋王象之《舆地纪胜》卷九十八《三妹山》。明清以来，有关她的传说与歌谣文献的记载很多。壮族民间口耳相传的故事与歌谣更为丰富。在都乐村，20 世纪四五十年代，壮族绝大多数都会唱山歌或歌谣，而且基本都是以歌仙刘三姐的名字而传承的。传说中的刘三姐创造了声调悠扬而又寓意深刻的山歌，出口成章，歌颂人们的劳动和幸福的爱情。并且以山歌为武器，揭露反动统治者的丑恶面目，鼓舞群众的斗志，因而得到人们的赞赏。父母在用歌谣教孩子语言的同时，也会给孩子讲山歌的来源和意义，刘三姐便在孩子的心里成了学习的榜样。英雄、榜样是先进典范，对孩子具有潜移默化的教育作用。孩子会模仿或学习榜样的行为，对其正确的行为品质的形成具有积极意义②。

文学作品是一个民族文化灵魂的实体形式，在民族文学作品的熏陶下，一个民族的精神才能在个体内心深处生根发芽，即使是在外力强有力的冲击下，也不丢失自己的本性，并茁壮成长。

四、谚语格言法

壮族人民在生产斗争中认识自然规律，掌握自然规律，利用自然规律为自己服务。这些经验告诉人们要根据自然现象，掌握气候变化的客观规律，不违农时地进行生产劳动，耕田种地，争取农作物的丰收。并勉励人们不要游手好闲，要努力生产，才能过上美好的生活。谚语“立夏不下，犁耙高

---

① 参考祖拜热·艾尼瓦尔《维吾尔族家庭教育及其传统文化传承研究》，华东师范大学硕士学位论文，2012 年。

② 徐曦《广西沂城县都乐村壮族婴幼儿家之教育传统的研究》，中央民族大学硕士学位论文，2010 年。

挂”[①]（挂犁耙，指天旱），就是说如果立夏不下雨，那么就会出现旱灾，收成就会不好。立夏表示即将告别春天，是夏天的开始。人们习惯上都把立夏当作是温度明显升高，炎暑将临，雷雨增多，农作物进入生长旺季的标志。有一个重要节气谚语“小满不满，芒种不管”[②]（满指下雨，不管指无秧插田），指出小满时田里如果蓄不满水，就可能造成田坎干裂，甚至芒种时也无法栽插水稻。因为“立夏小满正栽秧，秧奔小满谷奔秋”[③]，小满正是适宜水稻栽插的时节。人们根据特定节气的气象情况来推测农业的收成好坏。谚语“清明要明，谷雨要淋”[④]，谷雨也就是“雨生百谷”的意思。谷雨，最直白地道出了天况气象与庄稼作物的密不可分。谷与雨肩并肩，你滋润我生长，是莫逆于心的默契。谚语“十月无霜，雄头无糠”[⑤]（无霜预兆次年有虫害），就是说如果十月没有降霜，那么次年就会有虫害，人们就没有粮食吃[⑥]。

在我国的蒙古族中时常流行着这样几句谚语“杂草铲除要趁早，孩子的教育要赶早”。“父亲的教育——黄金；母亲的教育——智慧；哥哥的教育——利益；姐姐的教育——慈爱。”藏族社会中也有“走马是从幼驹训练的，教子女要从小儿奠基”的说法，并认为“畜生只有舔犊的溺爱，人类才有教子成人的理想”，“儿童养成的一切习惯，多是来自父母的影响”，“父母是子女的镜子，一举一动要身体力行”。云南哈尼族的格言则是：“饭团要趁热捏，孩子要从小教。”对此，蒙古族的罗卜桑确丹曾经更明确地总结道“家教是国家的根基。各家的礼仪好，国君自然会变开明”，“若家教荒乱，奋斗依靠、上进的目标无从会有”，因而提倡“蒙古族家教好的家庭为尊贵”。

侗族人民在长期的生产生活实践中积累出丰富的经验，并将其编成朗朗上口、通俗易记的谚语，成了侗族父母向子女传授各种生产知识的极佳教材。

---

① 黄现璠、黄曾庆、张一民编著《壮族通史》，广西民族出版社1988年版。

② 广西壮族自治区编辑组编著《广西壮族社会历史调查》（第一册），民族出版社2009年版。

③ 广西壮族自治区编辑组编著《广西壮族社会历史调查》（第一册），民族出版社2009年版。

④ 广西壮族自治区编辑组编著《广西壮族社会历史调查》（第一册），民族出版社2009年版。

⑤ 广西壮族自治区编辑组编著《广西壮族社会历史调查》（第一册），民族出版社2009年版。

⑥ 徐曦《广西沂城县都乐村壮族婴幼儿家之教育传统的研究》，中央民族大学硕士学位论文，2010年。

侗族在孩子能明白事理时，便从中择取一些简单的内容说给他们听。如通过教“人误一时，田误一年”使儿童认识到不误农时的重要性；通过教“三耘一拔草，禾苗长得好”等谚语，告诉了孩子各种做农活的知识和窍门。这些谚语中既有农谚，也有林业谚语和气象谚语。并且父母会随着子女年龄的增长和心智的成熟又逐渐加入新的、复杂的内容，从而为孩子提供了丰富而全面的生产知识，为他们将来从事生产实践奠定了基础。

维吾尔族父母通过口述历史英雄人物、英雄事迹和民间流传的故事来教育孩子要智慧、果敢、行善。《乌古斯可汗的传说》《艾力·库尔班》《轻·铁木尔英雄》都是维吾尔族民间广泛流传的神话故事。故事里的主人公以自己的智慧、勇敢和超人的神力，都斗过了强大的对手。这些故事孩子们总是听了一遍又一遍，不仅丰富了孩子们的想象力，还对孩子们人格的形成具有一定的作用。维吾尔族有很多精辟的谚语，父母在教育孩子的时候用，以后孩子在教育自己的孩子的时候再用，就这样一代一代被传承下来。如“困难后面隐藏着幸福，回避困难就离开了幸福”，“与其在异国当皇上，不如在本国当乞丐”，“一个简单的玩笑，也要经过深思熟虑再出口”等都是父母在教育子女的时候常说的谚语，简单易懂还一针见血说明了生活的道理。

阿昌族是半山区的土著居民，很早就从事农业生产。他们辛勤耕耘，培植了许多农作物。阿昌族民谚说“人勤地不懒，人哄地皮，地哄人肚皮”，“种田不起五更床，冬来休想粮满仓”①。

纳西族人民在漫长的生产劳动和社会实践中，创造出了大量的文学作品，有神话、传说、诗歌、故事、民歌、大调、笑话、寓言、儿歌、谚语、谜语等。东巴文学，是祭司东巴用象形文字书写在经书中的文学作品。它不同于民间文学和作家文学，是一个独立的范畴。东巴文学所反映的社会内容，包括原始社会、奴隶社会和封建社会各个时期的社会生活，有谚语谣谚、史诗、神话、故事、习俗长歌等。其中最有影响的是史诗和神话作品。创世诗史《崇搬图》（通译为《创世纪》或《人类迁徙记》），英雄史诗《东埃术埃》（通译为《黑白之战》）。这两部史诗均有多种整理本问世。《创世纪》谱写了一曲纳西祖先的颂歌，表述了古代纳西人对于世界万物和人类起源、变化的朴素认识，突出了贬神褒人的思想，展示出纳西先民艰苦卓绝创世立业的历

---

① 罗海麟著《开启心智的金钥匙——云南民族教育》，云南教育出版社1998年版。

程。讴歌了他们征服自然、抗击暴力的英勇斗争精神，讴歌了人民的劳动和爱情、智慧和力量，表达了纳西族憧憬幸福、追求光明，期望民族繁荣昌盛的思想。《黑白之战》集中描写了部落豪酋崛起的英雄时代的战争风貌，揭露和鞭挞了黑暗与邪恶，热情歌颂了光明，伸张了正义，表达了古代纳西人追求、捍卫光明的理想和愿望。此外，还有反映纳西族先民驯化动物的《马的来历》和《虎的来历》。反映狩猎时代艰苦劳动和斗争生活的《鹏龙争斗》《高勒趣》，反映古代纳西族人民同疾病斗争的《崇仁潘迪找长生药》，反映敢于同邪恶势力作拼斗的《丁巴什罗》，鞭挞宗教祭司不劳而获行为，歌颂劳动人民用劳动创造幸福的《普迟乌潞》，鞭挞、嘲笑富豪贪心阴毒的本性，表现穷人不怕富豪威迫的《富人偷牛》。还有讽刺、鞭挞富豪阶级醉生梦死心态，表现古代纳西人民豁达开朗的《买寿卖寿》和《三女卖马》等①。

傈僳族家庭不论男孩女孩都希望其明事理、讲礼貌、善良正直、踏实好学、勤俭节约。因此傈僳族父母常常会把相应的谚语唱给孩子听。如“撵山必须有条好狗，做人必须有颗好心”，“牛要走犁沟，人要走正路”，“鸟美在羽毛，人美在心灵”，“登高山知天高，下深谷知地厚”，“山路越走越近，经验越学越多”，“刀不快石上磨，不懂礼向人学”，“道路走不完、道理学不完”，“没有累死的人，只有饿死的人”，“撒饭不捡饭，饿死三代人”等等②。

上述这些简练通俗的话语分别从不同民族的社会文化背景出发表达了一个共同的认识：少数民族儿童婴幼儿时期的家庭教育不仅直接影响着孩子的成长，而且关系到国家的安定和兴盛。这些粗浅的认识是少数民族社会已具有较强的婴幼儿家教意识的真实见证，是少数民族社会形成从婴幼儿时期开始开展的、自觉的家庭教育传统和风尚的思想基础。通过这些谚语，可以给孩子传授生活和生产的经验，让孩子学习天文地理知识，掌握自然规律，不断增强适应自然界变化的能力，增强驾驭生活的能力。

五、实践教育法

所谓实践教育，是指“根据子女自身发展和社会的需要，让孩子参加各种力所能及的实践活动，从中受到锻炼，以便学会某种技能，掌握其技巧，增长实际才干，培养良好的行为习惯和思想品德”③。

① 百度百科。

② 左玉堂编著《傈僳族文学简史》，云南民族出版社 1999 年版。

③ 赵忠心编著《家庭教育学》，人民教育出版社 2001 年版。

傈僳族家长为了能够让孩子尽快地熟悉生活、生产技能，他们不仅通过言传身教的形式教孩子如何进行生活、生产，还允许孩子以游玩的形式参与到生活、生产的活动中，进行实践锻炼。为了帮助孩子有效地熟练掌握生产技能，傈僳族家庭中的父母、长辈还会为小男孩制作岩桑小弩、黄麻小网等小型捕猎工具，让他们在房前屋后张网捕捉家禽。同时为小女孩制作简易的小型构树纺车，让她们模仿母亲纺纱织布[①]。在幼儿眼中，岩桑小弩、黄麻小网、小型构树纺车等都是新奇有趣的玩具。它们足以引发孩子的好奇心，激发孩子动手参与到生产劳动实践中。借此，幼儿还能够满足自己想要模仿成人活动，试探融入周围生活的心理。这样看来，对孩子来说，学习和使用这些生产工具不会是一种负担。在傈僳族封闭的村寨中，这些游戏活动还能够帮助孩子们在娱乐的同时获得生活生产劳动的乐趣。

彝族传统家庭从一开始就十分注重儿童的社会化教育，把理论上的灌输与实际生产生活的需要有机地结合起来，采取边做边学的方法进行教育，把教育与实践结合得十分紧密。彝族的教育经典《玛牧特依》说："不说一段成不了德古，不拔一剑成不了勇士。人若走得宽，知识比友多；雄鹰飞得远，所见比友多；虎豹走得宽，食物比友多。没有九个鼻孔的猎犬，没有九条腿的骏马，也没有九根舌的德古，更没有九颗心的英雄。"[②] 强调人类的知识来源于实践，实践是人类获取知识的主要手段。这种教育方法，教育目的性和实用性十分明确，可以避免人才培养目标上的盲目性和教学内容上的重复性，减少不必要的资源浪费。这种方法不仅可以强化孩子的社会实践技能，还可以提高他们的实际动手能力。

壮族重视把口头教育和实践教育结合起来。口头教育包括说道理、讲故事、唱儿歌、猜谜语等。但应该说更多的还是在生活和生产劳动的实践中施以各种教育。居住在农村的家庭，家长经常带领孩子一起从事耕作、狩猎、捕鱼、制造工具、纺纱织布、缝制衣服等劳动，而且尽可能让他们参加全过程，使他们在共同的劳动实践中接受有关知识，掌握生产劳动技能。对一些十分顽皮、不服从调教的孩子，除了说理外，也辅以瞪眼甚至打骂的方法，特别是一些文化素质较低、脾气暴躁的家长，当孩子哭闹或做错事时，也有

---

① 云南省民族事务委员会编著《傈僳族文化大观》，云南民族出版社 1999 年版。

② 《玛牧特依》，一般译成《教育卷》《训世经》《训世识》或《教育经典》，是凉山彝族地区一部著名的教育经典文献。罗家修整理《玛牧特依》，四川民族出版社 1985 年版。

以吓唬或用棍棒打的办法对待的。在他们看来，在家听父母的话，尊敬老人，勤劳动，并掌握一定的劳动技能，在学校听老师的话，学习成绩好的孩子才是好孩子。壮族对孩子教育的传统分工大体相同，即父亲主要教孩子耕作、狩猎、制造工具和传授其他文化知识。母亲主要教女孩子纺织、绣花、缝制衣服等劳动技能。在壮族农村的家庭中，女孩子10岁以后一般要逐步学会这些技能，并为日后出嫁和成家做准备。如果女孩子18岁还没有掌握这方面的技能，就会受到社会舆论的压力，并很难受到男青年的喜爱。

侗族儿童也在具体的劳动实践中掌握了许多知识和技能。侗族孩子从小便随父母在田间玩耍，儿童善于模仿的天性使他们乐于跟在成人身后，抱着游戏的心态来模仿各种劳动姿势。等长到四五岁时，父母便鼓励他们做一些力所能及的事，如照料弟妹、放羊拔草等等。并且此时对孩子的劳动教育也有了性别区分，男孩多随父亲、兄长学习扶犁耕地、砍柴狩猎或编织器物等劳动技能，女孩则跟着母亲或姐姐学习基本的织绣技巧，为她们日后掌握织染侗布、编织侗锦等技艺打下基础。

维吾尔族家庭教育中劳动实践的教育，是维吾尔族这个民族能够在严酷的自然环境中创造出绿洲文明，并传承至今的重要因素。劳动实践教育是实实在在的教育过程。通过劳动实践，不仅使维吾尔族的传统生产工艺和生活经验得到了世代相传，也使得勤劳这一品质成为维吾尔族的传统美德，被代代传承下来。

第四章　西部地区的民族宗教教育

宗教是人类社会发展到一定历史阶段出现的一种文化现象。广义的宗教教育指一切与宗教有关的教育和活动；狭义的宗教教育指直接由宗教组织承办，以培养宗教神职人员为目的，以宗教神学知识为内容的教育。中国西部地区的少数民族宗教信仰多样，除佛教、伊斯兰教、基督教各自创立并发展出相对完整和体系化的教育制度之外，形态多样的民族传统信仰和民间信仰中也存在着丰富的教育形式与内容。从教育功能上来看，在制度化学校教育发展普及之前，除了培养专业的宗教从业者外，宗教教育还是少数民族地区家庭教育的必要补充，对西部民族地区的社会文化发展发挥着不可忽视的重要作用。

第一节　藏传佛教教育

藏传佛教（俗称喇嘛教）是佛教由尼泊尔、印度、汉族地区三路传入西藏后，经过与当地传统的本教斗争、融合而产生的独具特色的宗教流派。自公元7世纪松赞干布时代起至近现代，藏传佛教历经演化，不断发展，全面渗透于藏族社会的政治、经济、文化等多个领域。在地域上扩张传播至四川、青海、甘肃、内蒙古、云南等地，甚至漂洋过海传到欧美等外邦之地。藏传佛教教育对接受了藏传佛教的蒙古族、裕固族、土族等少数民族的教育也产生过巨大的影响。

一、藏传佛教教育的起源与发展[①]

据藏文史籍记载，早在公元5世纪时，佛教即非正式地渗入吐蕃社会。7

① 此部分主要参见覃光广、冯利《藏族寺庙教育述评》，《西南民族学院学报》（哲学社会科学版）1985年第4期。

世纪时，松赞干布先后娶尼泊尔尺尊公主、唐室文成公主为妻，两位公主带来了她们虔敬的佛教信仰，建起了藏族地区最早的寺庙——大小昭寺。同时，在她们的倡导下，汉地、印度和尼泊尔陆续有僧人入藏传法，并翻译佛经，有部分藏族群众接受佛法，皈依佛门，西藏的佛教教育就此萌生。其时，松赞干布所派大臣谷米·桑布扎以及十数名贵族子弟赴印度等地留学返藏后创制藏文已获成功，为其后藏族文化教育的发展奠定了必要的基础。公元 8 世纪末叶，位于今西藏山南扎囊县境的桑耶寺建立，第一批贵族子弟剃发出家（史称“七觉士”），藏人出家为僧的制度从此开始。以藏族为主的新的僧伽集团出现了，一批佛教经典也被译成藏文。随着译经事业的发展，一批翻译人员也培养出来了，最出名的有所谓“三老年”“三中年”“三青年”，合称“九大译师”。其后，热巴巾赞普（815—836 年在位）颁行“七户养一僧”的法令，征用民财以养护出家修行的僧侣，让他们完全脱离生产而专心学习佛法。这样，由于文字的创制、宗教学习场所的固定化与专门化、出家研修佛法制度的建立、藏文经书的译出、寺院独立经济的形成等等，藏传佛教的寺院教育已具雏形。

其后，朗达玛（836—841 年在赞普位）在本教徒支持下，夺取政权，以行政手段和暴力行动杀僧毁寺，展开大规模的“灭佛”运动，使一度兴盛的佛教寺院教育日趋衰落。公元 10 世纪起，佛教分别由汉地和印度西路再次来藏，藏传佛教再度兴旺发达。此后，产生了许多宗派，佛法研习上逐渐形成显密兼修，尤重密宗的特点。这一特色决定了藏传佛教后来在寺庙组织制度、教育制度上的民族风格。

公元 15 世纪初，格鲁派（黄教）创建后，藏传佛教进入一个新的成熟期。创始人宗喀巴（1357—1419 年）发动的“宗教改革”运动，强调严守戒律，独身不娶，加强寺院的组织与管理，保证了寺院的独立地位。同时，广泛研习各教派的教义教法，综合各家精义，确定了显密并重兼修，先显宗后密宗的佛教教育内容与方法。制定了一整套佛教教育的制度体系，并在本派寺院施行，从而促进了西藏佛教与寺院教育的迅速发展。此后，格鲁派的势力逐渐壮大，最终在藏传佛教各宗派中独占鳌头，成为主宰整个社会的强大的宗教力量。寺院教育以严格的组织制度作保障，完成了教理的系统化和教学的规范化，把藏传佛教教育发展到有完整教育体制、教育内容、教材、教学方法、学位制度的成熟时期，一直影响至今。

二、藏传佛教教育体制①

（一）宁玛派的寺院教育

宁玛派是藏传佛教各教派中历史最悠久的一个派别。它是最早传入西藏的密教吸收本教的一些内容而形成的一个教派。因该派僧人均戴红帽，故俗称为“红帽派”或“红教”。“宁玛”一词，在藏语中含有“古”“旧”二义。就“古”义而言，这一派自称他们的教法是公元8世纪时，由莲花生传下来的，而藏传佛教的其他教派是在11世纪以后创立的，宁玛派的历史比其他教派早三百年左右，所以是古老的一派。就“旧”义而言，这一派自称他们以传承吐蕃时期所译的密教典籍为主，不同于佛教后弘期仁钦桑波等人所译的新密教经典。由于他们是弘扬前弘期的经典法要，所以称为旧派。宁玛派在其长期的发展过程中，逐步形成了自己的教育特色。

宁玛派的僧徒可以粗略分为两类：一类专靠法术、咒语在社会上活动，他们被称为“阿巴”，意即念咒的人。这类教徒为数不少，至今仍活跃在西藏社会，通常可在一些红白喜事场合见到他们的身影。另一类像其他教派一样，有佛教经典，师徒或父子相授受，传承的系统比较稳定。世袭家传为宁玛派最主要的教育形式。

宁玛派的教育内容庞杂纷繁，其中还有不少内容同本教的内容相似。其主要内容有十八部怛特罗、九乘和大圆满法。宁玛派在佛教的修行及教学方面也进行了富有成效的探索，形成了多种教育方法，其中耳闻传和语旨传是宁玛派教育方法的精华。

耳闻传这种教育方法主要在该派的阿巴经师中应用。阿巴是专在村镇念咒经和行医的法师，他们一般不注重研习教理和著书立说，只靠耳闻相传的方法教育下一代。他们只要有男孩，即从小教读藏文字母，8岁后教咒经，16—17岁后教医学，成人后教防雹、驱邪、降妖等法术和仪轨。所传授的经文和医书需天天背诵，直到熟练。如无子嗣，阿巴则向同氏族子弟或亲朋好友传授咒经和医术，继承其职。这种教育方法，至今还在个别偏僻的农村和牧区应用。

语旨传这种教育方法主要是该派采取极为隐蔽的方式进行传授的，共分

① 此部分主要参见周润年《藏传佛教五大教派寺院教育综述》，《西藏大学学报》2007年第3期。

为两大传授系统：一种称为经典传承，即直接传授旧有经典；另一种称为伏藏传承，即将发掘埋藏的经典直接传授。在修习大圆满时，要求人的思想空虚明净，专注一境，摆脱各种欲望和诱惑。这样，才可能获得修大圆满法的完满成果。宁玛派的这一教法，与汉地佛教中“明心见性”的教义大约相似。

此外，宁玛派在修习方法上比较特别的是，他们习惯在深山密林或幽静的洞穴中独自修习密法。有的还在严寒雪地或酷暑夏日中赤身静坐，苦练功夫。他们练功主要以把握心体和以气养身为主，并逐月减食，力求练成仅在口内含数粒青稞即可维持自己的生命。宁玛派后期寺院的教育方法特别注重戒、定、慧三学的探讨和研究。戒、定、慧三学是佛教修行过程及其教学的三个阶段，每一个阶段都有相应的方法。一般宁玛派的寺院都要求学僧不仅学习密宗佛学理论，同时也要学习显宗佛学理论。当学僧精通这些理论后，即可以开展密宗的灌顶、传承和讲解等实际训练。宁玛派重视发扬学术民主和主张争鸣辩论的教育方法。各寺院的学僧皆可举行公开辩论的学术活动。凡要求进行辩论的学僧，事先要向寺院的领导提出申请报告，并宣布自己辩论的题目。然后寺院的领导根据情况，安排时间和讲坛，届时由申请辩论的学僧主坛演讲，发表自己对教法的见解。寺院的任何一位僧人皆可提出不同意见进行反问或驳斥。

宁玛派的教育方法形式多样，各具特色。宁玛派后期的寺院教育已形成了较为完整的学位制度。学僧最初入寺，不分班级，一律先跟教师学习藏文字母及拼音，然后学习造句，被称为“初学者”或“噶喀巴”。此后，学习必要的咒语和各种宗教仪式中的赞颂词，时间为1—2年。之后，升入普通班，亦称文化班。主要学习五小明学科，兼修一点佛学知识，学习时间5—6年，此间被称为“预备学僧”。到了二十岁左右，正式受了沙弥36戒之后，便可进入教学学院作旁听生，被称为“格吹”。直至受了比丘253条戒律成为一名正式僧人之后，才算正式入学成为教学学院的学生。学僧一旦转入正规，便可将教师讲解的显密经典作为修习的内容，通过考试确定成绩。

学僧在教学学院的学习少则五年，多则十余年。在此期间，除自己学好规定的课程，还要担任学僧的助教，指导低年级学僧进行学习。教学学院的学僧最后经过考试，成绩合格者即可从教学学院毕业。毕业僧中成绩优秀者，便可获得“饶将巴”的称号，相当于博士学位。获得此盛誉的学僧还可得到三项奖品，即一个金刚杵、一个金刚铃和一套喇嘛服装。成绩低于“饶将巴”

的学僧，亦可获得部分奖品。一般毕业的学僧，没有任何奖品。

一位学僧顺利完成教学学院的学习任务和毕业考试以后，才有资格进入训练学院。在训练学院学习的时间大约为6年，前3年学习授权礼仪、教训、护理指导等课程，后3年则是在密室里自修。经过6年的修业，完成所规定的训练项目，可根据成绩的优劣，取得不同的称号。若在修业上有突出成就，则可获得“自善喇嘛”的称号；若在说教别人方面有成就，则可获得“善教喇嘛”的称号。如果既完成了教学学院的学习任务，又完成了训练学院的学习任务，学习成绩均取得优秀者，那么即可获得“教授”的称号。此后，他既可留寺收徒讲学，亦可到各个属寺去当堪布。若需进一步深造，还可到各地寻访名师高僧，以便得到更高的殊荣。

（二）噶当派的寺院教育

噶当派是以所传教法的特征命名的一个教派。“噶”是佛语的意思，根据佛教的说法，佛的一切教诲都是通过语言表达出来的，因此佛语就是佛的言教。“当”译为教诫、教授，即对僧徒的行为持守、修习佛法的指导和指示。“噶当”即将佛的一切言教（包括显密经论）都看作是对于学佛僧人从日常行为到修法成佛的全过程的指示和教导，故名噶当派。噶当派在其发展过程中形成了自己的教育特色。

噶当派的教育形式为教典教育和教授教育两种。教典教育由仲敦巴的弟子博多瓦创立，注重佛教经典的学习。由于噶当派有热振寺和桑浦寺等一批寺院，而博多瓦又是热振寺的堪布，因此教典教育明显属于寺院教育的形式。

噶当派的教典教育由于重视讲授经典，所以比其他教派更容易吸收僧众。这种教育形式从教育史的角度来看，在当时教育不发达的情况下，确实起到了普及知识的作用，使藏族人民较为普遍地受到以佛教为核心的各种知识的教育。教授教育是由仲敦巴的弟子京俄巴（1038—1103年）创立的，这种教育形式偏重于师长的指点教授，注重实修。他们认为，师长在修持中总结的经验教训，并通过其亲自传授，较之诵读佛经有价值得多。教授教育在教育形式上属口耳相传，后来虽有手写于书的历史，但到实际运用时仍有待师长之教授。

噶当派虽然以显宗为主，但也不排斥密宗，而是调和了显密二宗的关系。尤为强调修习次第，主张先显后密，显密结合。他们认为所谓显宗的“观”和“行”，实际上是密宗所共之事，而密宗更有特殊修法，能令人“速急成佛”，在这一点上密高于显。虽然如此，但是他们认为密宗只宜传给经过考验挑选的极少数所谓有“根器”之人，因此噶当派并不广传密宗，主张密宗以显宗为基础，其所传密法以《真实摄经》一系密法为主。

噶当派的教育方法首先要求僧人访求名师，在师长的教导下，去学习佛法。这是教育方法中的一个先决条件，在具备了这个条件以后，方能依次修习。一个僧人从最初学习到最后修成结业的整个过程分为若干次第，让学僧由浅入深，循序渐进地学习。它很像现代教育中将学校分为小学、中学、大学三大教育序列来培养人才那样。噶当派除了上述的教育方法外，还创立了独特的“讲、辩、著”的教学方法。“讲”即讲说佛经。噶当派以善于讲经著称。他们在教学过程中，要求教育者必须具有广博的佛学知识，讲经要逻辑严密，条理清楚，可将枯燥的教义讲得深入浅出，使学僧乐于接受。“辩”即辩论经义。噶当派非常注重辩经这一学习方法，在学习佛教典籍的过程中，多采用辩论的形式。辩论一般是一问一答，双方互相辩难。在辩论中，答辩的人必须保持高度的镇静，集中精力回答问题，不能因为问难的人态度不好而发火。这种辩经的学习方法，使单调枯燥的学经生涯增添了几分学习情趣。通过辩经，使学僧从默背诵读的学习中解脱出来，从而加深对教义的理解。“著”即著述论典。重视典籍的编纂也是噶当派教育的一个显著的特点。该派大力倡导编写和翻译论典。许多学僧一生孜孜不倦，努力著述，编纂出大量的典籍。

噶当派寺院教育分为初级和高级两类学僧教育。僧人最初入寺后，分编在称为“夏仓”的初级学经班内，由一位具有学问的僧人教授藏文书法、正字法、文法、佛学基础知识等，学习时间 5—8 年。一般早晨 7—9 点为上早殿时间，晚上 8—11 点为学习时间，主要以背诵课文为主。初级学经班毕业后，不用考核，即可转入高级学经班学习，学习的内容除“噶当七大教典”外，还有《现观庄严论》《中观论》《因明论注释》《因明学》等。噶当派僧人在取得“格西”学位时，与格鲁派有所不同。格鲁派在考取“格西”学位时必须进行辩经仪式，以显示每个学僧的学问高低。而噶当派在取得“格西”学位时，不进行辩经仪式，首先由寺内众学僧推举出毕业僧中成绩最优秀者，后经领经师和掌堂师等人审议，最后由寺主核准。据说噶当派这一推举“格西”的方式是由仲敦巴创立的，他衡量学僧水平的高低不是仅看学僧的口头辨别能力和表面现象，而更注重学僧的真才实学和实际能力。噶当派学僧获取了“格西”学位后，可留寺任教，亦可在本寺按年限从“格贵”一直升任到“堪布”。

（三）萨迦派的寺院教育

萨迦派是藏传佛教后弘期初期形成的一个重要教派，也是后藏地方旧贵族昆氏家族的教派。它的主寺萨迦寺建立在西藏萨迦地方，由此而得名。因该教派寺院墙上刷有红、白、蓝三色条纹，故俗称“花教”。萨迦派始于公元11世纪后期，创始人是昆氏家族的后代贡却结波（1034—1102年）。他出身于信奉宁玛派的家庭，自幼即受到宁玛派思想的影响，曾从其父兄学习过宁玛派的教法。后到牛古垄寺拜卓弥释迦意希为师，学习新密法“道果法”，创立了自己的一套教法。于1073年建立萨迦寺，开始形成了萨迦派，贡却结波遂被称为该派的教主。贡却结波从一开始就决定了法位以家族相传的形式向下延续，政教两权都集中于昆氏家族。萨迦派完整的教育体系在贡却结波时期尚未形成，而建立一套完整的教育体系的则是他的儿子贡噶宁波。

萨迦派自贡却结波建寺创派以来，其教育形式，都是由昆氏家族的父子或兄弟叔侄世代相传，故有“血统传承”之称。为了保持这种传承关系，他们在兄弟数人中，要留一人娶妻生子，以延宗嗣。这是萨迦派早期教育的特点。自从13世纪中叶以后，萨迦派地方势力集团执掌了西藏全区政教大权，萨迦地方政权一跃而成了统辖整个藏族聚居地区的一个庞大的政教机构。为了适应变化了的政治经济形势，萨迦派在教育形式上，也逐渐由“师徒传承”代替了“血统传承”。后期许多担任萨迦派各寺院住持或政权机构中要职的名僧大德，与昆氏家族无任何血缘关系。后期萨迦派的高僧大德们除继承了早期弘传的主要教法外，还广泛学修显密，从而使该派一直维持下来并有所发展。

萨迦派在密宗方面后来形成三个教育系统。一是由俄尔钦贡噶桑波创立的俄尔系统。二是由图敦贡噶南杰创立的贡噶系统。图敦贡噶南杰创建的多杰丹寺，是萨迦派在前藏传播密法的重要寺院。三是由擦尔钦罗赛嘉措创立的擦尔系统。萨迦派早期的教育内容包括显密两方面。在萨班贡噶坚赞之前，他的前辈们学习的经典有许多种，其中有“十三种金法”，加上《狮子吼法》，称为“十四种金法”。此外还有《金刚蔓灌顶》《成就法大海》《集密法》等。

萨迦派最主要的教育内容是《道果法》。在萨钦贡噶宁波之前，《道果法》仅是师徒口耳相承，不著文字。直到萨钦贡噶宁波著《金刚句偈》，并为口耳相传下来的《道果法》写了9种注释书，这才算第一次将道果说的体系用文字写下来。此后，《道果法》即成为萨迦派教育的最重要的内容。到了萨班贡噶坚赞时代，萨迦派的教育内容出现了一个新的特点，除了学习显密教法外，还要学习《俱舍论》《量释论》等七因明论，以及声明、工巧明、天文历算、诗词、韵律、歌舞、修辞等大小五明。这些课程的设置，说明萨迦派的教育内容不仅仅局限于佛学知识，而且也包括了科技和文化艺术等。萨班贡噶坚赞在著述的基础上，不断积累教学经验，将《三律仪论》《正理藏论》和《智者入门》三种著作列为萨迦派教育的必修内容，对以后萨迦派教育的影响极大。

萨迦派的教育程序分为五个阶段。第一阶段，对于刚入寺院的学僧，多为师徒之间进行的随意性教育。从教育的内容来看，各寺院对僧侣特别是童僧的教育，主要有四个方面：一是文字教育，即教授藏文拼音、语法和书写等方面的基础知识；二是经籍教育，即教授学僧一些常用的佛教经典以及背诵通常宗教活动所使用的经文和咒语等；三是寺规教育，即对学僧进行各种戒律和寺院规章制度等方面的教育；四是技能教育，即对学僧进行各种实用技能方面的教育，如做酥油花和糌粑施食供品，学习跳宗教舞蹈，掌握喜金刚、胜乐金刚、空行母、时轮金刚等仪轨。第二阶段，学僧完成三个月的夏季安居静坐后，即可外出朝拜宗教圣地。在朝圣旅途中，若遇到萨迦派的寺院，必须遵守该寺的戒律和法规，同时要拜见寺院的堪布或高僧，并在他们面前宣誓遵守菩萨行。此外，学僧每到一圣地，皆应表示诚心诚意牺牲自己的一切，为众生谋利。第三阶段，学僧根据自己的条件选择上师，请求上师传授教法和灌顶，同时了解思维过程的三层基础。首先，欢喜金刚的祈祷仪式必须学到；其次，三种密宗的论述必须背诵下来；再次，在心中塑造某些神像的意念。此后应受四种灌顶即瓶灌顶、密灌顶、智慧灌顶和句灌顶。只有完成上述的仪式，方可进入密宗道修行的步骤和次第。学密开始的第一步即是所谓的“四加行”修法，密宗行者视此为入密门的前导。所谓“四加行”即强调皈依发心，大顶礼法，供曼陀罗，念金刚菩萨百字咒或35佛忏悔文。第四阶段，在5—10位已受过具足戒的比丘面前，由堪布为学僧授比丘三具戒。一是别解脱戒，为原始僧伽之普通戒，以个别解脱为目的。二是菩萨戒，以使众生解脱为主。三是密宗戒。堪布要为学僧讲解作为一个比丘所要守持的253条戒律以及穿戴僧服、饮食起居、念经、礼佛等方面的规矩。剃度仪式完成后，受剃者即可成为正式比丘了。此后，他可以继续留在寺院里学习，也可申请到外地学习深造。第五阶段，按照俄尔派的仪轨，此阶段要行七曼荼罗入坛城仪式，受怙主、畏怖金刚、胜乐金刚等灌顶，同时要修习《时轮金刚法》。此外，在这一阶段，还要开展团体诵经、作手印、跳神会以及静修等活动。

萨迦派的学僧经过以上五个阶段的学习，完成所规定的学习内容后，即可依次获得五个不同的学位。这五个学位是：第一学位称为“噶细巴”，藏语意为遵守四命令者；第二学位称为“噶俄巴”，藏语意为遵守五命令者；第三学位称为“噶久巴”，藏语意为遵守十命令者；第四学位称为“饶将巴”，藏语意为广通经义者，相当于博士学位；第五学位称为“班钦”，藏语意为大学者，这是萨迦派给予学者的最高荣誉。获得此种学位，必须精通工艺学、医药学、语言文字学、哲学、佛学、诗韵学、戏剧学、天文历算等“大五明”和“小五明”。“学富五明，善巧五明”是萨迦派对学有成就者的赞誉，也是萨迦派学僧一生追求的目标。获得此种学位的学僧，不仅在萨迦派中享有崇高的地位，而且受到藏族群众的极大尊敬。

（四）噶举派的寺院教育

噶举派是公元11—12世纪藏传佛教后弘期发展起来的，属于新译密咒派。“噶举”是教谕或教传之意。“噶”在藏语中有口授之意。“举”在藏语中有传承之意。这一派传教以师徒相承，口语传授，耳听心会，注重密法，不重经典，所以称为“噶举派”。由于相传此派的远祖玛尔巴、米拉日巴和林热巴等人在修法时，穿白色僧衣（一说该派寺院墙上涂有白色），故俗称“白教”。

噶举派的教育属于师徒相传，其教育形式主要是通过口授耳传进行的，明显带有私塾教育的性质。噶举派的高僧大德多数采取这种教育方式。在噶举派的教育形式中，米拉日巴还创立了用诗歌传教的方法。米拉日巴自幼喜爱唱歌，又有一副天生的好嗓子，大家都喜欢听他唱歌。晚年成了名僧之后，便借用诗歌的形式，向众弟子及信徒们宣传佛法。噶举派的教育内容繁多，各个支派皆有不同的教育内容。噶举派的教育有别于其他教派的教育，其教育特色主要有以下几方面。

1. 重视教师的选择。教育的关键在教师，噶举派非常重视教师的选择，强调教师的作用。他们认为依止上师能得最胜秘诀；依止上师之旨意修持即可获得成就；依止上师能得忏堕集资粮之胜缘；依止上师能得上师之无上加持力；依止上师一切诸佛及佛法即可通过上师体现及表达。因此，一个学僧进入寺院，首先要选择好自己的上师；其次要按照上师所传的教法，勤奋修习。在修习过程中，要不断验证自己所学的法要及所生的境界，并请求上师指正。

2．重视学僧的“根器”。噶举派所说的“根器”就是指一个人的先天素质即天赋，不仅指生理上的先天素质，而且还包括人的悟性、灵觉等精神上的先天素质。噶举派在教育方面十分重视学僧的“根器”，上师根据学僧们的不同“根器”，传授不同的密法，做到因人施教，因材施教，有的放矢，让学僧们根据自己不同的条件向不同方向发展。

3．重视道德修养的训练。噶举派强调僧人学密法前的道德修养的训练，他们首先从调整学僧生理功能入手，使之发生某些变化，使修习者的整个心思不致散乱到善恶不分、物我两忘的境界。这种方法类似于流行至现在的“瑜伽法”。

4．提倡勤学苦修的学风。作为一种教育，不管是世俗的，还是宗教的，都面临着一个实际问题，就是如何转变受教育者的学习态度。因为学习生涯是艰苦的，尤其在寺院里，昏暗的灯光、枯燥的学习环境、艰辛的生活条件等是世人皆知的。在这种情况下，学僧们很容易灰心丧气，去追求一种安逸舒适的生活。噶举派针对这种情况，在寺院教育中大力提倡勤学苦修的学风，为修习佛法而艰苦卓绝、锲而不舍的精神。

（五）格鲁派的寺院教育

公元15世纪初，宗喀巴大师面对藏传佛教的“颓废萎靡之相”，清除颓风，拨正戒行，肃清秽行。由于宗喀巴大师的卓越学识，严格遵守戒律的威望，很快得到了藏族僧俗群众的普遍信仰和崇拜。宗喀巴不仅是宗教方面的改革家，而且在改革藏传佛教寺院教育方面也颇有建树。他将寺院的学经组织和经济组织分开，建立了“以实践和修证为纲领、按部就班、次第整然的学经系统”，因此说宗喀巴大师也是一位寺院教育的改革家。

藏传佛教格鲁派寺院内的学经机构，是藏族封建农奴制社会的一个庞大教育系统。随着“政教合一”制度的确立，藏传佛教格鲁派寺院凭借着宗教和政治上的双重权威，控制了藏族地区的政治、经济、文化、教育、艺术等各个领域，寺院教育成为当时唯一的教育事业，可以说一座较大的寺院就是一所大学或一所专门的学校，旧时藏族社会上有文化的人绝大多数都是僧侣出身。由于藏传佛教的派系复杂，所以各寺院学经制度亦存在着一些差异。藏族地区格鲁派的寺院教育以拉萨的甘丹寺、哲蚌寺、色拉寺以及日喀则的扎什伦布寺，青海的塔尔寺，甘肃的拉卜楞寺等六大寺院最为完备，其规模比汉地佛教寺院大，为藏族地区最高的教育中心，各地数以万计的寺院就是各地的中小教育中心。

藏传佛教格鲁派的寺院教育组织体制都自成系统，以中心寺院为领导，每个寺院又有各自的组织。拉萨三大寺（甘丹寺、哲蚌寺、色拉寺）的组织机构分为三级：最高一级组织称“喇吉”，主管全寺的经济、僧众纪律以及大法会等事宜；第二级组织称为“扎仓”，是寺院的教育单位，主管僧人的生活、学习等方面的事项；第三级组织称为“康村”，是寺院的基层组织。“康村”是按僧人所属地域划分的组织，一个僧人进入寺院，都要按照他的家乡的地域编到一定的“康村”中学习、生活。上述三级组织都有自己的财产，除独立实施内部管理外，下级组织必须服从上级组织的领导。各级组织均实行委员制，并且主持人有一定的任期，以免权力过于集中于个人或受世俗贵族势力的操纵。

学经僧人入寺年龄不等，有5—6岁即入寺的，也有成年以后才入寺为僧的。对刚进入寺院的僧人，寺院不考虑他们的年龄和学历，一律分到各自所属的“康村”。开始不能马上学习，除为老师干杂活外，还要为寺院干各种杂差。在此期间，新的僧侣必须出席“康村”一天早、中、晚三次集体诵经和“扎仓”每天一次的集体诵经，并不得有迟到和早退的现象，一旦缺席，则必遭开除处分。经过一段时间的考察，寺院认为合格后，才对新的僧侣登记造册。按照寺院的规定，学僧由“康村”指定老师，也可以自己找，在老师的指导下学习藏文字母、拼音、常用词汇和简单的文法。当初步掌握了藏文的基础知识后，即开始念诵和背诵一些短小的经文，如《皈依颂》《救度母赞》《忏悔经》《吉祥百拜经》等。对于刚入寺僧人的教育方法主要是死记硬背。

通过启蒙学习后，成绩突出的僧人，由寺院推荐到格鲁派著名的六大寺院（哲蚌寺、色拉寺、甘丹寺、扎什伦布寺、拉卜楞寺、塔尔寺）学习深造。凡进入六大寺院的僧人不管年龄、学历如何，寺院一律以“扎仓”为单位，把他们编入预备班中学习。由预备班升入正式班时间的长短，由每个僧人的老师决定，时间短的只需几个月，时间长的则要数年。转入正式班后，即可以逐年升级。各寺院的班级划分不同，哲蚌寺为15级，拉卜楞寺为13级，各寺院的最高一级称为“增扎堂波”。僧人在学习期间，除了开坛时能听到堪布喇嘛的讲经外，基本全靠自学。

所有格鲁派寺院的学习程序都要遵循宗喀巴大师倡导的先显后密的方法，按部就班地进行学习。显宗学院是研习因明学、般若学、中观学、俱舍学和戒律学的，课程以《释量论》《现观庄严论》《入中论》《戒律本论》《俱舍论》五部大论为主。除五部大论外，还要学习有关高僧大德的著述和注疏。一位僧人从预备班开始学起到修完上述的全部课程，一般需要20年的时间。

显宗学院的学僧一般经过十多年的学习，学完因明学和般若学的课程，能够熟读《现观庄严论》和《释量论》，并且通晓其大意者则授予“然坚巴”（相当于中学毕业）的名号。升到最高一级“增扎堂波”，并学完五部大论，达到既能背诵经文，又能淹通经义，经考试及格者，可获得“噶仁巴”（相当于大学毕业）的名号。此后，若想继续高升，仍要学习一段时间，根据自己的学习成绩，由自己的经师提名，陆续办妥有如散放布施之类的种种手续之后，方可取得参加“格西”考试的权利。“格西”是藏族僧侣学位的总名称，即“格威西年”的简称。“格西”学位共分为四个等级，一等称为“拉然巴格西”，意思是拉萨的博学高明之士；二等称为“措然巴格西”，意思是全寺性的卓越高明的人；三等称为“林赛格西”，意思是从寺院里选拔出来有真才实学的人；四等称为“朵然巴格西”，意思是在佛殿门前石阶上经过辩论问难考取的格西。考取一、二等格西不分寺院的界限，而且规模也很大。西藏和平解放之前，直接由西藏地方政府主考。参与考试的僧人每年藏历正月齐集拉萨，参加一年一度的祈愿大法会（即传大召）。法会上令应试人主坛，由三大寺的大喇嘛及其高僧自由问难，应试人对僧人们提出的问题必须对答如流，准确无误。如应试人对经典不熟悉，便很容易被人难倒。故考取这两个等级的格西一般都具有真才实学，名副其实，其水平相当于现在的博士。考取三、四等格西皆由寺院内部掌握产生，不必要经西藏地方政府批准，三、四等格西相当于现在的硕士。获得格西学位的人，尤其是“拉然巴格西”，在藏族社会中享有很高的地位，受到极大的尊敬。他们不仅可以普遍得到人们的布施和供养，而且可以胜任本地寺院的堪布或寺院的高级僧职和其他重要职位。因此，藏族僧侣把考中“拉然巴格西”看作无上的光荣，就像汉人考上状元一样，是一个普通僧人通向僧侣贵族的唯一途径。但这是极不容易的事情。据统计，在拉萨三大寺学习的僧人有一千五百多人，而能够进入正式班次的不到一半，能够考取格西学位的还不足0.5%。密宗学院是专门修习密宗的最高学府。修习密宗的僧人分为两种，一种是获得显宗格西学位者，还可以进入密宗学院深造，毕业后有高升至“甘丹赤巴”地位的希望。这种僧人一进入密宗学院就属于领导阶层，他们有资格出席领导会议。另一种是无学位者，他们一般由各寺院直接来密宗学院修习，毕业后返乡充当巫师或咒师，也有留在密宗学院谋职者。

拉萨上下密宗学院各设有初、中、高三个学级，三个学级均无固定的修习年限。教学内容主要有四门，即《事续》《行续》《无上瑜珈续》《瑜珈续》。此外，还要修习以《密集》《胜乐》《大威德》三部经论为主的续部密法及经咒、灌顶、坛城仪轨等。结合修行，以求验证，不许专修某一密法而不顾其余。修习密宗的僧人生活艰苦，修行制度严格，注重修习仪轨，较少研习教理。

综上，藏传佛教五大教派的寺院教育不仅具有鲜明的特色，而且历史悠久，影响亦颇深，在藏族教育上占有重要的地位。在藏族教育发展历史上，寺院教育曾是主要的教育形式。千百年来，藏族地区曾用寺院教育代替社会的学校教育，“寺院即是学校，喇嘛就是教师，佛教经典就是教材”。在藏族封建农奴制社会的教育机构中，除了一小部分官办的学校及私塾外，其余大部分都是藏传佛教的寺院教育。历史上，藏传佛教寺院教育不仅具有鲜明的特色，而且对藏族文化的继承和发展以及培养人才诸方面起着重要的作用。从某种意义上讲，它也是学校教育的一种形式，或者说它已具备了学校教育的某些特征和作用。

第二节　南传上座部佛教教育[①]

一、南传上座部佛教传播的文化背景

南传上座部佛教又称小乘佛教，主要流传于斯里兰卡、缅甸、泰国、柬

① 此部分主要参见刀波《试论南传上座部佛教对傣族教育的积极影响》，《民族教育研究》1998年第3期。

埔寨、老挝等国，以及我国云南的西双版纳、德宏等地区。南传上座部佛教（以下简称上座部佛教）对傣族教育的影响与其对傣族政治和经济的影响有显著的不同，这种不同主要表现在两个方面。一方面是影响的程度不同，佛教对傣族的政治和经济影响都很大，但是远远不及对教育的影响。佛教通过对政治的影响，形成政教合一的制度，可佛教仍从属于政治，依附于政治，不居统治的地位。佛教对经济产生了影响，但在影响经济发展的诸多因素中，佛教不是主要因素。佛教传入后，使傣族教育发生了质的飞跃，佛教教育几乎完全代替了世俗教育，跃居到了主要位置，其对教育的作用程度是相当强烈的。另一方面是作用方式不同，佛教对傣族政治的影响主要是在意识形态领域，因而在某种程度上具有间接性的特点。佛教对傣族经济的影响也具有间接性。佛教对傣族教育的影响却没有中间环节，它有直接的教育活动，并在教育的各个环节中取代世俗教育，成为傣族社会唯一的正规教育。由此可见，佛教对傣族教育有更显著的作用和影响，并且这种作用和影响从总体上看，积极因素大于消极因素，它促进了傣族社会的文明和进步。这一点，我们从佛教传入后在傣族教育的各个环节所发挥的作用中可以认识到。

印度是世界古代四大文明的发源地之一，在历史上，它创造了光辉灿烂的文化，为人类的文明和进步做出了巨大的贡献。佛教作为一种文化或文化的载体，为傣族社会带来了先进的文化。这种先进的文化必然对傣族文化产生重大的影响，尤其是对教育的影响就更为显著。随佛教而来的印度文化之所以能对傣族教育产生较大的影响，主要是由当时特定的社会历史条件决定的。在佛教传入傣族地区的初期，傣族仍处于原始社会阶段，在漫长的历史过程中，傣族先民们通过与大自然的艰苦斗争，积累了一定的生产、生活经验，掌握了一些简单的科学常识，并产生了对世界直观、朴素的认识，但从总体上说还处于较低水平。印度文化的传入，丰富了傣族教育的内容，使傣族教育的进一步发展成为现实。

随佛教传入的还有科学技术，如天文历法、医学和数学等。傣族的天文历法有纪元纪时法和干支纪时法两种。其中，纪元纪时法是随印度经由东南亚传入的。公元5世纪以前，印度天文学已相当发达，这种知识随佛教传入缅甸，后经缅甸传入傣族地区。天文历法传入傣族地区后，寺院里的高级僧侣们将其作为一门高深的学问来学习和研究，并建立了自己的天文学，编制出了较为完善和先进的历法。至今傣族仍保留着很多天文学文献，如《苏定》

《苏力牙》《西坦》《历法星卜要略》和《纳哈答勒》等。傣族使用的干支纪时法是由中原地区传入的。这说明在很早以前，傣族就与中原地区有文化交流。傣族医学源远流长，佛教传入前就有了自己的民间医学，佛教传入后，傣医学获得了较大的发展。傣医学家们根据佛经记载的医学资料整理编成《嘎牙山哈雅》一书，是傣医的第一部医学专著。他们在生理、病理、诊断等医学理论上继承和发展了佛教医学，形成了具有傣族特点的傣医学。如傣医借用了佛教的“四大种”，（土、水、火、风）和“五蕴”（色、受、识、想、行）两类概念来建立自己的理论体系。“四大种”在傣语中称为“四塔”。“四塔”“五蕴”是傣医学中极为重要的理论，它对人体病理变化的分析、人体组织结构和生理现象的解释是科学的。傣族数学专著《数算知识全书》和《算法》中介绍了许多数学方面的知识，从中也可以看到来自印度的影响。

随佛教而来的还有建筑、文学、艺术、语言、文字等方面的异域文化，对傣族社会的影响也是很大的，特别是佛教文学对傣族文学的影响尤为突出。

二、南传上座部佛教与傣族文字

在佛教传入前，傣族社会仍处于没有文字的状态，人们靠刻木、结绳的方式记事，民族的历史、文学、教育、艺术、技艺等均靠言传身教代代相传。佛教传入傣族地区以后，情况就发生了根本性的变化。关于佛教何时传入傣族地区，学术界至今没有形成比较一致的意见。关于傣族文字创制的时间也各有说法，但傣族文字是随佛教的传入而创制的观点，学术界基本认同。

印度的巴利文是随佛教进入傣族地区的。巴利文传入后，佛教为了其传播和发展的需要，在巴利文的基础上，结合傣族语言的特点，创制了傣族文字。傣泐文是创制时间最早，使用范围最广的傣族文字。关于这种文字的创制和使用状况，著名学者张公瑾教授认为，傣泐文与佛教的传播关系最为密切，是随佛教的传播而创制的。我国西双版纳等地区，泰国的清迈和缅甸的景栋等地使用这种文字。其形体较之中南半岛各国所使用的印度字母系统的各种文字字母形体（如泰文、老挝文）更为古老。至今在老挝和泰国的北部仍被视为经典文字，专门用于佛教经典中。可见，傣族文字的创制与佛教的传入密切相连，佛教对傣族文字的创制功不可没。

我国云南南部与傣族杂居的许多民族没有自己的民族文字。如与傣族杂居的哈尼族（文字是新中国成立以后创制的）、基诺族、景颇族、瑶族、佤族等不信仰佛教或仅部分群众信仰佛教，布朗族、德昂族等虽然信仰佛教，但佛教对其影响的程度远远不及傣族，原始宗教的势力也非常强大。上述民族历史上均没有自己的文字，其发展速度就由此受到了限制。因此，在这一点上，笔者认为傣族的文明与进步在很大程度上得益于佛教，它大大地推动了傣族社会的发展。就其对教育的影响来说，由于文字的成功创制，使原始教育完全无法与之相比，教育从根本上发生了变化，产生了新的飞跃，从此以全新的面貌与姿态呈现在傣族社会之中。

三、南传上座部佛教与傣族社会的师资培养

从教育学的角度来说，教师是教育活动的组织者和实施者，在整个教育活动中起主导作用。教师还是知识的传授者和学生智力的开发者，担负着“传道、授业、解惑”的重任。在佛教传入以前，傣族没有自己的学校教育，文化知识和技能只能靠言传身教，当然也就没有与之相适应的教师。教师这一重要角色由有生产、生活经验的长者、召曼（村寨头人）和原始宗教的“波摩”（巫师）充当。这一时期，有生产、生活经验的长者们，为了使本民族在长期的社会实践中积累的生产、生活经验和其他常识得以一代代流传下去，他们在日常生活及生产劳动的过程中，通过言传身教，把这些知识传给后代。傣族宗教活动是有严格分工的，阿章管理佛教事务（佛教传入后），召曼管理寨心祭祀，波摩管理祭神事务。召曼，即傣族村寨头人（是寨心祭祀的唯一组织者），他熟悉本民族历史、文化，在村寨中有较高的威望，他作为傣族最初的知识分子之一，在组织寨心祭祀活动的过程中对村民进行教育。在傣族地区，每一村寨都有一寨心，寨心用木桩或石块充当，插或埋入地下，位于村寨正中央。召曼主持祭祀寨心时，全体村民参加。波摩是原始宗教中的核心人物，是民族传统文化的主要传承者和祭神仪式的组织者与领导者，其地位是神圣的。原始宗教起源之初并没有波摩，“当时每个氏族成员都是虔诚的信仰者，又是宗教的具体执行者，如向神叩头、作揖、献祭、巫术等等。进而才由年长者或氏族长从事较多的宗教祭祀和巫术活动”。波摩特殊的地位及职能决定了他必须熟悉和精通本民族的历史、文化以及各种祭祀活动所需的特殊技能，于是他们就成了傣族最早的知识分子和人们所公认的民族精英。村民们在波摩组织的各种祭祀活动中接受本民族的历史、文化及其他知识的教育（其中当然包括不少糟粕）。长者、召曼和波摩在早期教育活动中发挥了很大的作用，但他们所谓的“知识”有限，其教育活动也是非常简单朴素的。

佛教传入后，傣族社会产生了真正的知识分子，为教育普及与提高创造了有利条件。傣族信仰的上座部佛教规定男子必须出家一段时间，为僧时间长者可以晋升为佛爷。这些佛爷在寺院里精通傣族文字并掌握其他有关的知识。他们在寺院里教授文字，讲授佛经和其他一些科学常识，为傣族的教育事业做出了巨大的贡献，他们是傣族历史上第一代严格意义上的老师。这些人还俗后被尊称为“康郎”，即知识分子。这些知识分子遍布傣族村寨，有的成为傣族歌手，有的成为傣族摩雅（医生），有的研究天文地理，有的从事编纂写作。他们走到哪里，就把文化知识传播到哪里，他们是傣族社会中有影响的知识阶层。

总之，寺院里的佛爷和活跃在世俗社会的“康郎”，是傣族社会中最杰出的人才，他们还是佛教培养出来的高级知识分子。这些高级知识分子无论是在寺院的佛教教育中，还是在世俗教育中，都是出类拔萃的教育者。这时，长者、召曼、波摩虽然也存在，并继续行使其教育的职能，但与佛爷和康郎是不可同日而语的。

四、南传上座部寺院与傣族社会的学校教育

佛教传入以前，傣族教育主要由两部分组成，即世俗教育和原始宗教教育。教育在家庭、生产劳动或祭祀活动中随机进行，教育对象和教育场所不固定，教育内容杂乱无章，没有严格的目的性、计划性，处于一种无序的状态。近代意义的教育是一种分班制教育，有固定的教育场所、固定的教育对象、固定的教材等，并按教学计划严格实施教学。

佛教传入以后，傣族村寨几乎均有佛寺，这就意味着每一个村寨就有一所“学校”，这种特殊的学校虽然不是严格意义上的近代学校，但至少在许多方面已有所接近。按傣族佛教的习俗，男子均须入寺为僧一段时间，这就有了相对稳定的“学生”。教学内容相对固定，主要是傣族文字、佛教经典及其他常识。集中学习类似于分班制，为了使入寺为僧的人尽快掌握傣族文字及其他知识，佛爷授课有明确的目的和计划。这在很大程度上保证了教学的质量，较之佛教传入以前的无序状况而言，其变化是非常明显的。

傣族文字是一种拼音文字，学习和掌握它并不是很困难。傣族男孩一般十岁以前入寺，为僧时间大多在五年以内，用三到五年时间掌握全部傣文是不成问题的。傣族佛教教育有一套严格的制度。没有当过和尚的人，就没有社会地位，被称为“岩百”或“岩令”，即没有知识、不开化的愚人。因此，傣族送男孩入寺不存在丝毫的强制性，完全是一种习惯，类似于汉族儿童到一定年龄就入学的做法。傣族佛教教育制度的这种特殊性，决定了傣族群众受教育的广泛性。据有关资料表明，新中国成立前，西双版纳州傣族中识傣文的人约占三分之一。德宏州路西县文教科1950年估计，该县傣族有50%～80%的人识傣文。另据有关部门统计，每一座佛寺，平均每年可以为傣族培养五个知识分子，即佛爷及其以上的高僧，这一数字累计起来是相当可观的。这样，傣族佛寺每年输送到社会上的既有一般层次的普通人才，又有高层次的“学者”（或专家）。对教育来说，形成了一种良性循环的局面，就整个傣族社会来说，它培养了一代又一代的文化人，推动了傣族社会的向前发展。

傣族佛教教育的出现，结束了千百年来傣族社会没有一所学校的状况，这是一次历史性的突破。从此，傣族男孩只要到了一定的年龄，就可以顺理成章地进入佛寺学习，不必为交不起学费而担心，也不会因为是农家子弟而倍受歧视，每个人都有均等的机会接受佛教教育，这是一种权利，同样也是一种义务。这种状况在西双版纳一直延续到十年“文化大革命”前期。也许有人会认为用寺院教育代替学校教育是不合适的，因为寺院教育无法完全担当起世俗教育的重任。

从理论上讲是这样，可我们必须面对一个现实，即在20世纪50年代以前，大部分傣族地区没有一所正规的世俗教育学校，在这种情况下，佛教担当起傣族教育这一重任，实际上是填补了教育的空白，是应该值得肯定的。况且，从这以后，傣族社会的进步是有目共睹的事实。佛教传入傣族地区后，傣族社会逐渐步入了阶级社会，进入阶级社会以后，傣族封建统治者为了维护其封建统治，大力提倡信仰佛教，并从法律上对佛教予以保护，使佛教与政治相结合，形成政教合一的政治制度。这样，佛教堂而皇之地成为傣族社会中占统治地位的意识形态，佛教伦理也随之跃居主导地位，成为傣族主要的社会道德。佛教强化傣族社会伦理道德教育的序幕从此全面拉开，这种强化主要表现在如下几个方面。

首先，从佛教所依靠的力量看，佛教在实施伦理道德教育的过程中，依靠佛教组织的力量和封建政权的力量来贯彻其道德要求。佛教组织在傣族社会中具有较高的权威性，这种权威性是由佛教在傣族社会生活中的神圣地位所决定的。傣族封建统治者为了利用佛教这一统治工具，还在法律上给予佛教崇高的地位，一切对佛教僧侣的侵害行为均是犯上，要受到法律的严惩，这就进一步强化了佛教的权威性，为佛教实施道德教育创造了极为有利的条件。佛教组织在不触犯统治阶级利益的前提下，广泛地进行道德宣传，使佛教伦理为广大的人民群众所接受，达到教育的目的。此外，傣族封建统治者为了维护其统治，也直接通过手中的政权迫使人们遵守佛教道德。如在《领主法律》《封建法规》《祖训》《王政》等封建法律、法规中均以佛教道德作为人们的行为准则。

其次，从佛教在民间采取的教育形式看，主要有三种，一是寺院教育，二是佛教节日及活动中的集中教育，三是家庭中的个别教育。男子人人均要为僧一段时间的习俗决定了傣族社会所有的男子都可以进入佛寺接受正规的、系统的佛教教育，其中就包括佛教伦理道德的教育。这种有目的、有计划的寺院教育，使佛教伦理道德为人们所接受。这些人还俗后，又形成一支强大的进行佛教伦理道德宣传和教育的“专业水平”的队伍。傣族寺院道德教育的特点是，周期短（三至五年），见效快，受教育面广。佛教节日及活动中的集中教育是傣族佛教教育的一种重要形式。傣族佛教节日及活动非常之多，几乎一年到头都有节日及活动，如浴佛节（泼水节）、关门节、开门节、豪干节、献经节、祭佛塔、赕白象和白牛、烧白柴、做帕戛等等。众多的宗教节日及活动，使这种集中教育经常化、制度化，人们在这些活动中自觉接受佛教道德的熏陶，遵守其行为规范，形成良好的社会道德风尚。家庭中的个别教育则是一种平时的、经常性的教育。这种教育是在渔猎、劳作生产和生活的过程中随机进行的，由于家庭中的长辈均为佛教徒，这种教育的作用仍十分显著。

再次，从佛教伦理教育的内容看，佛教伦理是文明社会的产物，它较原始道德更为完整和系统，是一种更先进的行为准则。佛教对道德的起源、理想、规范、评价等问题进行了系统的研究，并对人生过程、善恶问题展开了全面、深入和细致的探讨，形成了自己的理论化、系统化的人生观和伦理学说。这种人生观和伦理学说在当时较好地解决了人们所普遍关注的现实和终极问题，在傣族社会中引起了强烈的震动，有巨大的吸引力。佛教宣扬善有善报、恶有恶报的因果报应、生死轮回思想，主张众生平等、人人皆可成佛。正是这种善恶观念，使佛教充满了伦理道德色彩。劝人为善是佛教伦理道德思想的核心，这些思想非常适合当时从原始社会直接步入封建农奴制的傣族社会。佛教伦理中的戒律包含了许多社会公共道德准则方面的内容，佛教徒把这些规矩带到民间去，使之变为生活的指南。可见，佛教传入傣族地区以后，不仅文化知识教育的面貌改变了，伦理道德教育的面貌也随之发生了变革。佛教伦理道德思想成为傣族社会道德的主宰，成为主要的社会道德。

综上，不难看出上座部佛教传入所引起的傣族教育的巨大变革。这种变革可归纳为两个方面。一方面，从教育内容来看，由原来以生产、生活技能和简单常识为主要内容的教育，演变为运用科学、规范的文字和其他方式开展的以印度文化为主要内容的教育（当然也包括本民族文化和汉文化的教育）；另一方面，从教育形式上看，由原来分散的、处于无序状态下的原始教育，步入到了集中的、有序的、接近近代意义的学校教育。傣族教育的变革的直接后果是带来了文化的繁荣和全民文化素质的提高。傣族各种经典、文献浩如烟海，仅所译之三藏经就号称八万四千部。文学艺术异常发达，尤其是诗歌，千行以上的叙事长诗就达五百部以上，其中的“五大诗王”，少的一万二千行，多的长达十多万行。科学技术在稳步中发展，特别是天文历法、傣医学均达到了较高水平。还出现了《论傣族诗歌》《谈寨神勐神的由来》等文艺理论和哲学著作。傣族知识分子遍布各个村寨，傣族群众的平均识字率高于国内许多民族，整体文化素质位居众多少数民族的前列。在傣族教育发展史上，上座部佛教实际上已经囊括和代替了傣族教育，同时代的世俗教育及原始宗教教育是不能与之相提并论的。当然，上座部佛教教育毕竟是一种宗教神学的教育，其教育的直接目的并不是为了传授科学文化知识，让人们树立正确的人生观、价值观，使受教育者得到全面的发展，而是为了教人出世，厌恶人生，逃避现实，跳出苦海。其教育内容和教育方法也不能与现代正规的世俗教育相媲美。因此，它培养出来的人才缺乏奋斗与进取精神，是无法适应社会进一步发展需要的。一个民族的发展与兴旺，关键在教育，教育发展了，这个民族就有希望，否则将被社会所淘汰。

第三节　伊斯兰教教育

一、伊斯兰教的传入及其在中国西部地区的传播

伊斯兰教教育是伴随着伊斯兰教的传播兴起的。通过回顾宗教发展史可以看出，中国伊斯兰教信众的祖先是到中国经商的阿拉伯、波斯、哈里发帝国派遣来华的官方使节，唐时来华帮助平定安史之乱的阿拉伯、波斯军队，元初大批来华的阿拉伯、波斯、中亚各信仰伊斯兰教的少数民族中的军队、

工匠、商人、学者。在中国的西部地区，信仰伊斯兰教的民族主要有维吾尔族、回族、哈萨克族、东乡族等。伊斯兰教教育在不同时期均对上述民族社会的发展产生过重要影响。

二、伊斯兰教经堂教育的形式与特征

伊斯兰教的经堂教育起源于中世纪阿拉伯国家清真寺内的“麦德莱赛”（意即宗教学校）的教育传统，传入中国后与原有的民间私塾相结合，形成了独居特色的教育制度。经堂教育的主要开展目的是传授伊斯兰教教义和经学知识，培养教授经典的经师和专业从事宣教及带领信众举行宗教活动的宗教专职人员。由于经堂教育开展的场所位于清真寺内，因此也被称为伊斯兰教的寺院教育。

（一）经堂教育的产生与发展

回族制度化的伊斯兰教经堂教育主要形成于明朝，其首倡者是明嘉靖、万历年间的陕西咸阳渭城的伊斯兰教学者胡登洲（1522—1597 年）。被后世俗称为“胡太师”的胡登洲早年曾学习过儒学，后研习伊斯兰教经典，朝觐麦加回乡后有感于当地伊斯兰教发展中普遍存在的“经文匮乏，学人寥落，既传译之不明，复阐扬之无自”的状况，便立志兴学。他借鉴阿拉伯的教育制度，尝试改革伊斯兰教口头传授经典的传统教育方式，开创系统化的教育体制，先在家中招收学生，而后又在清真寺开办学堂。

课堂一般设在清真寺内大殿的北侧厢房，因以讲授经籍为主而被称为经堂。清真寺延聘阿訇担任经师，称开学阿訇。学生实行自助和清真寺补助相结合的方式完成学业，食宿等费用大部分由当地教坊的教民供给。自此，伊斯兰教的经堂教育渐成风气，并不断发展完善，逐渐形成系统化和制度化的宗教教育形式，并从回族主要聚居分布的西北地区推广到全国①。

（二）经堂教育的主要流派②

经堂教育在各地发展演变的过程中，各地域逐渐形成了各自的特点，并因此被人们分为不同的学派。这些学派主要有陕西学派、山东学派和云南学派。

---

① 吴明海主编《中国少数民族教育史教程》，中央民族大学出版社 2006 年版。

② 此部分主要参见〔伊朗〕汉尼·阿德勒《回族经堂教育与伊朗的关系》，《西北民族研究》2012 年第 4 期。

1. 陕西学派（西北学派）

陕西学派是中国明代中叶伊斯兰经堂教育中形成的第一个教学派别。该派比较注重宗教知识的精而专，一般专攻阿拉伯文的伊斯兰教经典，甚至仅专攻教义学。如果学生想学另外一门经典，就要再找一位别的老师。因为胡登洲先生深明儒家的正心诚意之学，贯通尽性穷理之源，精于伊斯兰教“凯拉姆学”，故特别强调伊斯兰哲学的教学与研究，亦传授哈乃斐派法学。

陕西学派又叫西北学派，其开创人就是前面提到的陕西渭南回族经师、教育家胡登洲太师。陕西学派在胡登洲之后的发展中，形成了陕西西安、渭南，甘肃兰州、河州，青海西宁，宁夏吴忠和新疆乌鲁木齐等经学中心，辐射到今天的西北五个省区的回族、撒拉族穆斯林聚居区。明朝中后期形成的山东学派、云南学派等，实际上都是从陕西学派中分化发展起来的，彼此之间形成了源流关系。

2. 山东学派（鲁学）

山东学派以常志美、李延龄、舍起灵等为代表，以讲授阿拉伯文、波斯文 13 本书为主，并以注重苏菲哲学而见长。山东学派注重宗教学识的博而熟，擅长波斯文法，阿拉伯文与波斯文同时教授。讲授教法学，同时讲授认主学和苏菲哲学。讲课时注意循序渐进，由浅入深。以北方流行的 13 本经为基本教材，其中波斯文经典占相当大的比重。不少经师，如常志美先生、舍蕴善先生、米万济先生等均有著作或译作。该派在山东、河北、内蒙古、黑龙江、吉林、辽宁等省，北京、天津等地有较广泛的影响。

3. 云南学派（滇学）

云南学派以马德新、马联元为代表，以改进经堂教育体制，完善经堂教材，以阿拉伯语、汉语经书同时授课为其鲜明的特点。云南学派兼有陕西学派与山东学派之长，精通阿拉伯语教学，亦兼授一些波斯语典籍。常以五本经——《满俩》《白亚尼》《者俩赖尼》《伟戛业》和《尔歌一德》为必修课本，其余经典，则由学生自愿学习。云南学派的影响范围主要集中在中国南方地区，云南、贵州、四川、重庆、广西、广东、湖南、湖北、海南各地的回族穆斯林哈里发大多选择到云南的经堂求学。明末以后，云南回族著名经师马复初、马联元师徒等，还经由缅甸前往阿拉伯国家朝觐游学，保持着与伊斯兰世界的密切学术联系。故自清代中期以来，云南学派编写完善的经堂学校教材，基本上流通到了西北和华北地区，为全国大多数经堂选做基本教材。云南学派的主要经学中心，广布在滇中的昆明、玉溪大营、通海，滇西的大理、蒙化（今巍山彝族回族自治县）、永昌（今保山市），滇南的开远市大庄回族乡、个旧市沙甸区、砚山县平远镇，滇东及滇东北地区的寻甸回族彝族自治县、曲靖市、昭通市等地。因独具教学特色以及云南穆斯林学者著述丰富，该派在经堂教育史上亦占有重要地位。

除了以上三大经堂教育学派外，在清末民初的时候，在西北地区形成了以河州（即今甘肃临夏）为中心并以通讲《戛最古兰经注》《米什卡特·麦萨比哈圣训集》《宗教学科的复兴》等大部头经典为特点的河州派。

（三）经堂教育的体系

明代回族的经堂教育主要分为小学、中学和大学三个阶段，一般均设置在清真寺内。小学是面向适龄儿童开展的基础教育，主要学习阿拉伯语字母的拼读方法、简单的经文和宗教知识等内容，教学没有严格的管理制度，也没有固定的学习期限。中学是针对成年人所开设的学习诵读《古兰经》经文和宗教知识的补习班，因此可以被视为一种普及型的成人教育。大学是指专门培养阿訇等宗教从业者的专门性高等教育。大学的学生被称为“满拉”和“海里发（哈里发）”，他们的学习和生活费用一般都由当地教民负责供给。学生学习的主要课程包括《古兰经》、圣训学、语法修辞、逻辑学、教法学和哲学等，使用阿拉伯文和波斯文的教材。由于培养对象是今后从事宗教工作的专门性人才，大学教育因此成为经堂教育的核心组成部分。

回族经堂教育在其传播和发展演变的过程中，由于各地方所教授的课程和教学方式的差异性，形成了风格各异的学派。早期，西北地区以冯养吾、张少山为代表，形成以精研细讲凯拉姆学和《古兰经》注为特点的陕西学派。明末清初，常志美、李延龄、舍起灵在山东、河北、河南等地设帐讲学，授徒众多，形成以讲授阿、波文十三本经并注重苏菲哲学见长博而熟的山东学派。清代中叶，在马德新和马联元倡导下，形成了以改进经堂教育、主张阿、汉经书并授为特点的云南学派。在新疆地区，经堂教育大多属小型分散的私塾形式。

经堂教育在东乡族中也相当普及，凡建有清真寺的村落都开办有经堂教育，学制一般分为小学和大学。七八岁的幼童进入小学接受启蒙教育，学习基础的阿拉伯文和波斯文拼读，并开始学习伊斯兰教的基本教义，背诵《古兰经》和《圣训》中的章节。经过几年的学习之后，一部分的学习者可以继续进修，接受更高层次的大学教育，进一步学习阿拉伯语和波斯语，以及修辞、逻辑和伦理学的知识，并学习讲解《古兰经》。

第四节　天主教和基督教教育

一、天主教和基督教在西部地区的早期传播

自唐朝基督教进入中土时起，中国的西北地区便有了基督教传播的痕迹。明朝天启三年（1623 年）在西安出土的、由波斯传教士伊斯（Yazdhozid）立于唐建中二年（781 年）的《大秦景教流行中国碑》便足以证明基督教中的聂斯托里派在当时西北地区的传播盛况；唐代景教的几部重要经典，如《序听迷诗所经》《一神论》等也是在敦煌石室中发现的。到了元代，中国的西北地区同样活跃着为数众多的聂斯托里派信徒和天主教徒。据张星烺在《中西交通史料汇编》中根据中西文献的考证，甘肃的沙州、肃州、甘州、凉州，青海的西宁，宁夏，新疆的喀什尔、叶尔羌、赤劲塔拉斯等地就生活着为数众多的景教徒。新疆的伊犁甚至还有天主教神父驻扎在那里。天主教在西北地区的传播延续到民国时期，虽然西北大部分地区地处偏远，但这丝毫没有阻碍宣教士的传教热情，他们在那里派遣神父、擢升司铎、广置堂院、兴办教育和医院，甚至一度使陕西、甘肃等省的天主教传播获得了空前的繁荣。当然，天主教在民国时期西北地区的传播也遇到了很多与其他地区不同的问题，并最终导致这一地区的天主教走向衰落。

二、天主教和基督教在西北地区的传播①

中国的西北地区是天主教最早传入我国的地区之一。除了前面我们提到的种种说法外，有明确史料记载的还有明末清初，一些天主教修会在此地区的传教活动。（崇祯八年）1635 年法籍耶稣会士方德望（Stephanus Faber）曾在陕西传教，开辟洋县、城固和汉中府等教区；这一时期意大利耶稣会修士杜奥定（Augustinus Tudeschini）、葡萄牙人郭纳爵（Igunatiusde Costa）都曾在陕西传教。

鸦片战争后，1844 年，道光皇帝下令对天主教准开教禁，取消过去的限

---

① 此部分主要参见杜玉梅《中国社会科学院图书馆馆藏民国时期天主教中文期刊中的西北天主教资料概述》，《世界宗教文化》2008 年第 2 期。

制。1860年，中法《北京条约》规定传教士有在中国内地自由传教、旅游、居住等特权，并规定中国人有信教自由和信教者的人身财产受到保护。后又在《中法北京续约》中进一步规定："天下黎民任各处军民等传习天主教，会合讲道，建堂礼拜，且将滥行查拿者予以应得处分。"在这个条约的中文本里，担任翻译的法国传教士孟振生等又擅自添加了"并任法国传教士在各省租买土地建造自便"的内容。当时，外国传教士长驱直入中国内地的各个角落，建立据点，划分势力范围，形成了独霸一方的"天主教王国"。

此外，在清朝百年禁教期间，全国发生的15起较大的教案中，与西北有关的就有4起。到了民国时期，西北地区的天主教势力更是随着其在全国范围内的快速发展势头而得以发展。1926年，陕西有教徒62 273人，甘肃、新疆共有教徒13 836人，到1937年分别增至77 371人和22 528人，增长率分别为24.42%和62.82%。

三、天主教和基督教在西南地区的传播与文教活动的开展

（一）天主教和基督教的传播[①]

外国教会势力对西南汉族地区进行渗透的企图由来已久。早在17世纪，罗马教廷即将对我国西南地区的传教工作交给澳门教区处理，不久之后，又设立天主教四川教区，专管对我国西南地区的传教活动。但此时清廷严禁传教活动，因此收益甚微。第二次鸦片战争以后，中国门户洞开，外国传教士利用通过不平等条约获取的特权，深入西南少数民族地区传教。由于西南少数民族地区特殊的社会政治经济情况，外国教会的传教工作在其中的部分地区得以顺利推行。

在四川，法国天主教士于1851年在重庆长安寺街修教堂，建立教会、设立主教，对云、贵、川三省教务进行管辖。为了进一步扩展势力，1856年将四川本部划为西北教区和川东南教区，其中川西北教区地域主要为少数民族聚居地。1862年，法国天主教士邓司铎到达川东土家族、苗族聚居的酉阳州，在距城20里的小摇坝建"公信堂"，吸引当地各族群众入教。1860年，法国巴黎外方传教会把天主教传入四川大凉山的会理县，在彝汉杂居的红布州设立教堂，并以此为据点，先后向冕宁、金犷、越西及大凉山腹心地带发展。

① 此部分主要参见程昭星《天主教基督教在我国西南民族地区传播的原因》，《民族研究》1992年第4期。

1875年，红布州教堂已有教徒200余人。1893年，教徒发展到60余人。1910年，在今西昌建立宁远天主教主教区，建立大小教堂20余处，遍及凉山彝区全境，并建有教会学校、医院和慈善机构多处。外国教会进入川边藏族聚居地区的时间更早。1848年，法国天主教士即在达林埠（今大林坪）建立主教区，随后便在康南各地建教堂13座，在康南各教堂工作的法、奥、意籍的传教士有30余名。为了进一步向西扩张势力，打通通向西藏的道路，教皇在天主教一直未能扎根西藏的情况下，取消“拉萨教区”，成立“打箭炉教区”，后改为“康定教区”。其活动范围包括康定、泸定、道孚、炉霍、巴塘、丹巴、懋功（现小金）、靖化（现金川）、汉源，现属西藏的盐井、贡山和现属云南的维西、德钦、中甸等县，后来康定藏族聚居地区所建的教堂达19个，分堂10个，教徒7000多人。外国教会对四川羌族地区的渗透也是明显的：英国基督教“圣公会”和法国、罗马天主教会分别于1888年和1889年派出传教士由成都到达羌族聚居的茂县，在羌族聚居区设立教堂、学校和医院10余所。与天主教海外派遣会相比，时间稍后进入的基督教，由于其传教手段更灵活，所以在四川各民族地区的传播亦较广泛，效果更为显著。

云南是我国民族较多，少数民族人口比例较大的省份。新中国成立前夕，天主教在云南的分布达56个县市，建立教堂186座，有教徒4万余人。基督教的渗透更为成功。从1881年有第一座教堂起到清末，云南有10个县建立了基督教教堂，1917年扩大到17个县。20世纪30年代，云南有50多个县市有基督教传教士在活动，吸收教徒达4—5万人，建成大小教堂70余座、学校80余所。新中国成立前夕，基督教在云南建立的团体达34个，教堂1096座，教徒数量扩展到2万多人，分布于全省的67个县市。据不完全统计，仅楚雄州基督教各派即建立大小教堂28座，发展教徒6万多人，“按立”（即委任）华籍教牧人员700余人。教徒最多的是武定和禄劝二县。据武定县统计，教徒以苗族居多，傈僳族次之，彝族再次之。

贵州地区少数民族分布广泛，外国教会历来重视对其的渗透活动。早在明朝时期即有外国传教士深入贵州土家族等少数民族聚居的务川县开展传教活动。第二次鸦片战争后，外国教会除力图在贵州的汉族聚居区扩展势力外，更大力加强在各少数民族聚居地区开展活动。据1921年的不完全统计，贵州全省天主教徒达到3万人左右，比1802年的583人增加了几十倍；而布依族、苗族聚居的黔西南地区，也由1802年的5名教徒，兴仁1个堂口，发展到

1922 年的 15 个堂口外加 12 个传教站。在教务发展的情况下，当时的贵州教区主教施恩感到事务太繁，管理不便，主动呈请巴黎外方传教会和罗马天主教教廷，建议将贵州天主教教务划分为贵阳、安龙、石降 3 个主教区分管。除贵阳主教区是设在以汉族为主的地方外，石降和安龙主教区均设在少数民族聚居区。外国教会如何重视在贵州民族地区的传教工作，由此亦可见一斑。而且外国教会在贵州民族地区的传教范围十分广泛，仅安龙教区就包活了贵州黔西南地区的盘江八属和广西北部与贵州相毗邻的 6 个县。其地域东西宽约 240 公里，南北长约 20 公里，面积近 5 万平方公里。基督教传入贵州民族地区的时间稍晚一些，但取得的成绩远大于天主教。当时在贵州民族地区传教的基督教组织主要是内地会和循道公会。他们积极开展教务活动，形成了著名的循道公会石川分教联区和内地会葛布教区。以贵州省威宁县石门坎为中心的循道公会石川分教联区，发展十分迅速，到 20 世纪 40 年代，已有教堂 50 余所，发展教徒 5 万余人。其势力范围包括贵州威宁县，云南省大关县、彝良县、永善县，四川省南部的珙县、屏山县等地的广大苗族地区。贵州省威宁县石门坎一带的苗族，95% 左右都是信徒。以葛布（贵州省赫章县境内）为中心的内地会葛布教区，其发展高潮时期，有 4 个分教区，2 所教堂，活动范围相当于今贵州省威宁县东部、赫章县、水城县、纳雍县、织金县、安顺市、普定县，云南省的镇雄、彝良等县的广大苗族地区及其他民族杂居区，拥有教徒近 3 万人，其中苗族占 80% 以上。除上述地区外，天主教、基督教在贵州其他民族聚居区的分布亦很广泛。

在广西，据史料记载，天主教进入广西的最早记录可追溯到明万历年间。1587 年，第一位来到桂林的传教士为意大利籍耶稣会士罗明坚（Michaele Ruggieri）。1647 年，国内天主教传教士随流亡的南明皇室来到桂林。1900 年前后，奉罗马教皇的旨意，法国巴黎外方传教会有目的、有计划地在桂林地区开展教会活动。美国天主教玛力诺外方传教会于 1919 年进入广西，并从巴黎外方传教会手中取得了桂东北、桂东南的传教权。桂林地区成为美国天主教玛力诺外方传教会的传教基地。罗马教廷于 1938 年正式批准成立桂林监牧区，由美国玛利诺外方传教会领导，美国籍神父罗民劳任监牧（职同主教）。桂林监牧区是广西 4 个教区中成立最晚的一个。1934 年以前，只在桂林、永福土养槽、永福镇、平乐田有巴黎外方传教会留下的 4 座天主堂。到 1950 年 3 月，桂林监牧区已有教堂 15 座，教区的教徒总数为 8400 多人。新中国成立以后，1951 年 1 月，桂林天主教成立了三自（自治、自养、自传）革新委员会。明万历三年（1575 年），罗马教皇将中国列入传教区域时，贵州划归澳门教区管辖。传教士瞿纱微等曾在朝廷任职，永历朝廷还与罗马教廷有交往。清初，永历朝廷退至安龙，天主教亦被带入该地。清乾隆二十年（1755 年），务川毛田一生意人加入天主教。两年后，范益盛到务川传教，便以他家为据点，发展并成立贵州境内第一个教会，约 20 人。乾隆二十七年（1762 年），罗马教廷传信部令贵州与四川传教区合并，由四川代牧主教选派中西传教士前往贵州管理教务。乾隆三十二年（1767 年），范益盛被罗马教廷委任为四川宗座代牧及云贵两省署理主教。范曾亲到务川毛田、思南一带给新奉教者讲道，给一些成年人付洗。1847 年下半年，传教士白斯德望第一个到镇远传教。随着清朝政府解除“教禁”，镇远天主教受到较少限制。同治十年（1871 年），李万美被任命为贵州教区主教。这一时期，贵阳的教堂达 5 座。到 1922 年，贵州教徒增至 3.6 万人，较 1893 年增长一倍多。1958 年 5 月，贵阳教区神父陈原才当选为贵阳教区正权主教。贵阳教区自选自圣主教，使天主教在贵州省的发展和传播进入一个新的阶段[①]。

（二）教会文教活动的开展

为了扩大教会影响，教会投资在西南民族地区兴建了一系列文教机构和慈善机构。这些措施和物质手段对于吸收当地各族人民入教无疑是十分得力的。所以外国传教士说：“为了扩张精神上的影响而花一些钱，即使只从物质意义上说，也能够比用别的方法收获更多。”仅在天主教安龙教区即开办了安龙圣心小学、兴义普义小学、安龙拉丁修生院、安龙童贞院，在各堂口还设有经言学校，名为养育院的孤儿院。还设立了安龙诊所、兴义诊所、安龙大海子麻风病院。基督教更重视这方面手段的运用，所开办的学校、医院和慈善机构数量更多。仅以循道公会为例，为了扩展循道公会的势力，针对当时其传教地区各族人民尤其是苗族等族人民渴望得到受教育机会，甚至认为读书是摆脱被奴役地位唯一出路的情况，十分重视以办学校为手段，借以吸引群众信教。

1910 年，西南教区苗疆部设立了管理本传教系统在苗族地区教会教育事

---

① 参见黄宗贵、潘文君、刘琼《天主教在西南民族地区传播与发展问题的思考——基于广西贺州、贵州凯里的调查》，《中南民族大学学报》（人文社会科学版）2010 年第 4 期。

业的专门机构——教育委员会。1942 年，循道公会在西南教区内的小学发展到 52 所，在校学生 1500 余人，毕业生 3000 余人。新中国成立前夕，其所创办的学校计有：初中 2 所，完全小学 5 所，初级小学近 60 所，护士学校、圣经学校和替盲学校各 1 所。针对当时教区户各族群众生活十分困苦、疾病流行的情况，天主教、基督教各海外遣使会（也译为差会）开办救济机构，设立医院、诊所。这被作为开展传教活动的一种强有力辅助手段广泛加以运用。据史料记载，1934 年，广西融县、怀远一带苗族地区仍“小儿无衣裤者，十居其二；卧榻无衾褥者，十居其六；穿服褴褛者，十居其九；鬻卖子女者，其事尤寻常”。贵州省黔西县石板乡的二十多户苗族农民，每年秋收后交租余下的粮食，勉强够吃一年的只有一户，够吃三个月的有四户，其余人家吃不到两个月就断粮了，只有靠吃野菜充饥。二十多户人家无一户有棉被，都盖的是秧被，穿的是破旧的麻布衣，很多十七八岁的姑娘因为没有裤子穿而不能出门，有一百多户人家没有房子住，不得不以山洞为家。经济状况的低下，生活上的窘迫，使得西南各少数民族地区卫生状况十分恶劣，根本谈不上什么医疗条件，因此疾病流行（疟疾猖獗、麻风盛行、寄生虫病普遍）。贵州民族地区有这样一首民谣：“月谷子黄，摆子（即疟疾）逼上床，十个九人死，剩下也难逃。”生动反映了当时疾病肆虐的情况。人们生病后只能求助于神巫或自己所掌握的极为有限的草药知识，因此死亡率很高。

云南许多少数民族大都只有本民族语言而无文字，或借用其他民族的文字，或停留在刻木结绳、代代口传的原始状态之中。缺乏文字，对于基督教的传播非常不利。早期进入边疆的传教士几乎都意识到了这一点。为了便于传教，传教士不约而同地开展了创制文字的工作。他们草创了景颇文、苗文、傈僳文、拉祜文、佤文等近十种少数民族文字，皆以拉丁字母拼写少数民族母语而成，结构简单，极易掌握，只需三至五个月就能写读俱通。尽管这是用于传教的、简单的少数民族文字，但也在少数民族中激起了强烈的反响，并使基督教有了在较大范围内以较大的规模在少数民族中获得较快发展的手段。

由于传教活动的直接推动，教会学校大量出现。这种以民族文字和教会学校为载体的文化教育活动，在很短的时间内达到了相当普及的程度。至 1950 年，在以滇、黔、川三省交界的苗族地区为中心的循道公会西南教区，先后共开办中学五所、小学近百所。这种情形不仅在苗族中如此，在其他少数民族中也大体相似。例如，在景颇族地区，教会学校在教会活动中最引人注目。在云南和缅甸交界的北部景颇族地区，“从片马往密支那走，每个较大的村子就有一所小学，小村子两三村合有一所，小学不收学费，并且还发衣服、用具。家庭只供食。教师都是本民族到缅甸读过书的人回来担任，所教都是教会的教义之类”。

在怒江傈僳族和怒族地区，虽然教会学校的数量不多，但群众性的文字普及活动却十分有效，识字的傈僳族和怒族达半数以上。据统计，到20世纪40年代末，教会在云南德宏等地建立了10余所学校，学生多达5000人，每年挑选一些景颇族青年由教会资助送往缅甸八莫学习。办学促进了传教，仅德宏的景颇族中就有6000余人信奉基督教。在滇北地区，基督教内地会办了6座总堂、45座分堂和212座支堂，每一支堂都办有一所初级小学。此外，基督教一些主要教派在边疆经营多年，几乎都形成了各自庞大的教育体系。教会在云南少数民族地区所从事的教育活动主要是合二而一的宗教教育和民族文字教育，教堂就是学校、学生就是信徒的现象十分普遍。因此传教士们热衷于传播他们草创的少数民族文字，从而也就对教会的扩张和发展起到了比内地更为直接而有效的推动作用。同时，也正由于这种文字和教会教育的一体化状况，基督教对云南部分信教民族的文化变迁产生了深远的影响①。

许多少数民族对于文字的缺失感到遗憾，但却有着对读书识字的盼望。1904年7月，当黔西北4位苗族（大花苗）人赴云南昭通找到传教士柏格理（Samuel Pollard）时，表示“非常迫切地想要读书”。由于柏格理和汉族教师都不懂苗语，只得教他们学汉语，读汉文。1905年8月，柏格理进入黔西北威宁苗族地区石门坎传教，仍然使用中文的福音书教信徒识字，同时以此传教。用汉语传教和教书效果并不理想，柏格理意识到必须为苗人创制文字，编写苗文读物。正如传教士郭秀峰（A. G. Nicholls）所说：“1904年，云南和贵州交界的花苗开始对福音感兴趣，这时用书面形式传递福音显得很有必要。他们没有文字，没有任何描述性的写作，一直生活在极其愚昧的状态中。传教士不得不迅速做出决定为成千上万急切盼望的苗人创制文字。”在滇西傈僳族中传教的傅能仁和巴东也因目睹了傈僳人没有文字的困境，而萌发了要

① 参见张晓琼《近代基督教传入对云南部分信教少数民族的文化影响》，《民族教育研究》2001年第3期。

为傈僳族创制一种文字工具的念头。其他少数民族文字的创制也大致如此。19 世纪末至 20 世纪二三十年代，在滇、黔、川边活动的传教士为了便于在少数民族中宣教，先后创制和推广了几种少数民族文字。英国循道公会传教士柏格理创制了老苗文（柏格理苗字）；英籍内地会传教士胡致中（M. H. Hutton）创制了黑苗文（注音字母苗文）；英籍内地会传教士傅能仁（James O. Fraser）和缅甸克伦族传教士巴东（Rev. Bathow）创制了西傈僳文；美国浸礼会传教士库森（Cushang）、欧·汉逊（O. Hanson）等创制了景颇文；美国浸信会传教士永文生（Vincent Young）创制了拉祜文、佤文；英籍内地会传教士张尔昌（Gladstone Porteous）等创制了彝文。少数民族文字的创制，为传教士在西南少数民族中开展文字布道工作提供了基本条件①。

传教士进入西南少数民族地区后，兴办了大量教会学校，此外也办有一些圣经短训班。少数民族文字创制成功以后，除用于圣经和宣教小册子的翻译以外，还有一个重要的用途是编写教材用于学校教育，让少数民族有书读，从而提高他们的文化水平，增强信徒理解基督教义的能力。此外，少数民族信徒中的知识分子也运用传教士创制的文字编写了一些课本②。

对此，与创办学校的目的一样，洋教会在较大的教堂附近设立了育婴室、孤儿院，接收当地各族群众因为贫穷而无力抚养的孩子和失去父母的小孩。对于一些很贫困的信徒，还给予物质上的小恩小惠，解决一些燃眉之急；同时设立医院、诊所给当地群众看病，或在教堂内备有药物，用于给附近群众治病。由于“教堂无偿发放医药，并给人治病，前来教堂做礼拜的群众越来越多，其中的一部分人主要就是为了求药治病而来的”。对于像患麻风病这样被人们嫌弃的病人，外国传教士还开设专门麻风病院进行诊治。教会医院、诊所对于教徒与一般群众相比，又有优待，经传教士医治，还可以减免费用。

传教士的这些做法，对于十分贫困，需要救济，深受疾病困扰又缺医少药的少数民族群众来说，具有很大吸引力，使他们乐于入教。虽然教会办学校、开办慈善机构，在一定程度上改变了西南民族地区文化极端落后、现代卫生医疗状况几乎空白的情况，有着不可忽视的某些客观上的积极意义，但

---

① 参见陈建明《近代基督教在西南少数民族地区的文字布道及其影响》，《世界宗教研究》2011 年第 6 期。

② 参见陈建明《近代基督教在西南少数民族地区的文字布道及其影响》，《世界宗教研究》2011 年第 6 期。

其本质意义正如《人民日报》揭露的那样："最初之教会学校，实为辅助传教而设，传道者即不能成人之信仰，乃开设学校，博得孩童于教义影响之下。追教徒团体日渐发达，教堂渐设立，于是乃不得不推广学校，以培养牧师之基础。"就连外国传教士也直率地承认："信徒之增加，大多得之于教会学校。"教会办医院、慈善机构的目的，同样如此。

第五节　其他民族宗教及民间信仰教育

一、彝族毕摩教育①

毕摩是彝族传统社会中从事宗教职业的社会阶层。毕摩阶层因其为社会提供宗教信仰方面的服务而享有特殊的地位和声望。在长期的宗教实践活动中，毕摩队伍在新成员的补充和再生产方面形成了一套独特的传承制度和培养制度。毕摩的传承和教育维系着毕摩阶层的存在和延续，促进了本族宗教信仰的巩固和发展。

（一）毕摩的传承

毕摩的传承指的是毕摩地位、身份的传递和继承。与社会中的财产继承和权利继承不同，毕摩这一职业传承的特点是其神职地位和身份的继承。

首先，传男不传女。毕摩阶层是一个仅限男性的单性阶层，奉行传男不传女的传承原则。女性没有接受毕摩教育，从事毕摩职业的权利和机会。在彝族的宗教观念中，女性污秽不洁，不能充任人与神、人、鬼之间的中介。在彝文经典《鬼的起源》一书中，甚至把鬼的来源归之于一个美丽的姑娘之宜乍。彝族历史上只出现过一个女毕摩，即著名毕摩阿苏拉责的女儿、学生拉责什色。

其次，以毕摩世家家传为主导。有一些家族被社会认可是从其祖先开始就从事毕摩职业的家族。比如，吉克家族、沙马家族、的惹家族、吉里家族等等。这些家族有从事毕摩活动的传统，并且都有自己的《毕摩谱系》作证明，是毕摩世家，即世世代代做毕摩的家族。在毕摩的传承中，以是否出身、来源于这种毕摩世家，区分出家传与非家传两种形式。其中，家传是毕摩传

---

① 此部分主要参见巴莫阿依《试论彝族毕摩的传承和教育》，《民族教育研究》1994第3期。

承中的主流。

其一，从人数上看，在毕摩阶层中家传毕摩的人数多，而非家传的、拜师学成的毕摩只占少数。其二，家传毕摩拥有为各家族、家庭祭祖的世袭特权。祖先崇拜是彝族宗教信仰的主导形式。祖先是与人们祸福兴衰关系最密切的神灵，祭祖的活动纷繁多样。能够主持祭祀祖先的仪式活动，对毕摩来说是很大的荣誉。而垄断祭祖特权的是出身于毕摩世家的毕摩。除了拥有祭祖特权，家传毕摩还拥有主持招魂、咒人咒鬼等大型仪式的特权。非家传的毕摩无论知识多渊博，技能多高，只能参与反咒、除污、净宅、送鬼等小型的仪式活动。其三，家传毕摩因有自己的毕摩祖先做护法神，有祖传的经书和法具，因而在人们看来法力高，可信度高。因为上述几个原因，家传毕摩在毕摩阶层中地位最高、威信最高，从仪式中获得的收入也最多。

为了保证毕摩的身份和职业在本血族中的延续，毕摩世家出身的毕摩有义务向其子孙传授毕摩的知识和技能。而凡是出身于毕摩世家的子弟也有学习毕摩知识技能，从事毕摩职业的义务。一般来讲，父亲做毕摩，儿子也要做毕摩，祖先是毕摩，子子孙孙都是毕摩。毕摩的职业和身份就这样在毕摩世家中延续承袭，不会中断。

此外，以非毕摩世家家传为补充。非家传的毕摩指没有毕摩家传背景而拜师学成的毕摩。彝语称之为“之毕”。“之”意为杂、混，“毕”指毕摩。习卜家传的毕摩没有做毕摩的义务，但有自愿做毕摩和其出生时母亲的岁位要让其做毕摩两种情况。所谓岁位，近似汉族的命宫，是彝族人推测人生、把握未来的一种占卜方式。彝谚曰“东方‘毕尔’，西方‘觉洛’”。“毕尔”是毕摩神，“觉洛”是鹰神。鹰神也是毕摩的护法神之一。如果一个人出生时，其母亲的岁位在东方或西方，会遇到“毕尔”神和“觉洛”神，此人即应该也适宜从事毕摩的职业，这是神意使然。如果不做毕摩，可能会触怒“毕尔”神和“觉洛”神，进而招致疾病和灾难。反之，如果做毕摩，神灵会保佑他法事顺利，仪式成功。有的父母在孩子童年时就送其到毕摩家去学习，而有的是在得病或受灾后，占卜得知是“毕尔”神或“觉洛”神作怪，才向毕摩学习、从事毕摩活动的。没有毕摩家传背景的人要做毕摩，一般要向有家传背景的毕摩拜师求学。家传的毕摩除有义务培养自己的子孙外，也有义务教授每一个向其拜师求学的人。如此看来，毕摩阶层的大门似乎是对彝族社会中的每一位男性打开的。如前所述，没有家传背景的“之毕”只能做一些小型法事，经济收入很有限（毕摩的职业收入与其主持的仪式活动的频率、性质和规模有关），加之由于没有祖传的经书、法具，没有自己的祖先做护法神，可信度不高，“之毕”始终不能成为毕摩阶层的中坚力量。因而，在无毕摩世家背景的人中，学习、从事毕摩活动的人是相当有限的，在毕摩的传承中只能视为一种补充成分。

尽管彝族早已步入阶级社会，但传统的氏族组织和血缘关系并未被彻底打破。以血缘关系为纽带组织起来的社会虽经过历史变迁，但由于以自然经济为基础的社会结构变化不大，血缘关系及其传统得以长期延续，并成为一种极为强固的文化意识和心理力量，渗透到彝族社会生活的方方面面。这种血缘观念和意识也左右着彝族毕摩的传承制度。在传男不传女的传承原则中，表面上反映出来的是对女性污秽不洁，不能做毕摩的看法和认识，但实际上，传男不传女与彝族社会的父系继承制度紧密相关。葬谚曰“鸡蛋是肉又非肉，女儿是自家人又不是自家人”。女性在十七岁以后就嫁往夫家，族籍也从娘家移至夫家，成为夫家家族的一分子。即使没有出嫁，十七岁以后也要举行假婚仪式，象征性地嫁给石头、木桩或磨子等。从此，不再被视为父亲家族的成员，不再参加父亲家的宗教仪式活动。在彝族人看来，毕摩职业是一种神圣的职业，这种职业和身份只能在家族内部延续传递，使家族永远保持毕摩世家的殊荣和地位。这份殊荣和地位不能让姻亲家族共享。毕摩传承中规定传男不传女的根本原因即在于此。就非毕摩世家的人也能够做毕摩来看，毕摩阶层似乎带有开放性，但这种开放是有一定限度的，以不触碰毕摩世袭的血缘准则为条件，主要表现在人们观念中的家传毕摩和“之毕”的界限非常明确，祭祖仪式和咒人咒鬼、招魂等仪式从不让“之毕”参与。“之毕”没有也不可能有自己的毕摩谱系，永远也不能发展成为毕摩家族。一般来讲，很少有几代人连续做“之毕”的。可以认为，毕摩这个以职业为特点而形成的社会阶层最终还是走不出血缘的藩篱，脱离不了彝族家支、家族的血缘脐带而彻底迈向业缘。

（二）毕摩教育的内容

毕摩地位和身份的传承除了靠一定的传承制度来维系，还要通过毕摩教育来实现。毕摩教育的目的就是为毕摩行业培养合格的毕摩，造就主持宗教仪式活动、为人们祈福避灾的神职人员。彝族的宗教信仰是一个以祖先崇拜为核心，集自然崇拜、灵物崇拜和多神信仰为一体的复杂的宗教体系。各种祭祀、巫术仪式纷繁多样，仪式程序神秘烦琐，有关的彝文经书晦涩难懂。要做一个合格的宗教神职人员，必须具备专门的知识和与鬼神交往的特殊技能，这就需要专门的教育和培训。

毕摩教育注重与从事毕摩活动相关的专门知识的传授和特殊技能的培训。作为宗教职业者，毕摩的职能主要是司祭仪、行巫医、决占卜、主盟祖。他们主持的宗教仪式主要有安灵、送灵、禳灾、除祟、祈福、驱鬼、治病、求育、招魂、占卜、盟誓、神明裁判等。为了适应上述毕摩职业活动的需要，毕摩教育的具体内容主要包括以下几方面的知识。

神鬼知识。神鬼信仰是彝族民间普遍的信仰。而毕摩是人与鬼、人与神之间的中介，直接与鬼神打交道。这就要求毕摩必须具备比常人更多、更丰富的神鬼知识。在彝族的宗教信仰中，神鬼的种类很多，仅风湿病鬼一类就有二十余种。

经书知识。彝族有自己的文字和用这种文字写成的卷帙浩繁的彝文古籍。而彝族文字和彝文古籍主要掌握在毕摩手中。彝文古籍中绝大部分是有关宗教内容的经书。这些经书是毕摩主持仪式活动的重要根据。毕摩诵经的程序和内容指导着仪式活动的进行和开展。可以说，仪式是在诵经中进行的，诵经是仪式的主要内容之一。在毕摩看来，经书是他们的一种法具，具有特殊的法力。因而，经书的抄写、装帧、分类、流通和收藏有一定的制度和禁忌。通晓彝族文字、熟谙经书内容、了解毕摩的书籍制度，是做毕摩的基本功，也是毕摩教育的主要内容之一。

家谱和历史地理知识。彝族毕摩必须熟知各家族、家支的谱系和其祖先迁徙的路线，熟知各家族、家支历史上生活的空间环境和发生的重大事件，了解彝族地区的山形地貌。在彝族的送灵仪式上，毕摩为亡魂念《指路经》，按死者生前所属的家支及居地，一站一站地把亡魂送归祖先发祥分支之地。在指路时，要描述各地的自然景色和地形地貌以利亡魂顺利通过，还要为亡魂介绍与一定地方、地名相联系的重要的族史、典型的祖绩。

历法星占知识。毕摩善于从一定的时间、空间中去把握神鬼活动，探索神鬼意向。由于推算岁时节候的历法和观察星辰运动的知识与各种宗教仪式的时间、空间，与仪式的周期、规律有密切联系。彝族的历法具有明显的仪式历的特点，彝族关于星辰运动的观察带有浓重的预示人事祸福的占星术的意味。历法和星占知识作为毕摩教育的重要内容，是生徒在未来的职业活动中，察祸福之机、窥吉凶之时，与神鬼打交道的有力武器。

医药知识。毕摩治病的特点是巫医并用或巫医互用。彝族认为，疾病是病鬼缠身而致。疾病一般以鬼名命名，如“录色”为麻风鬼，“略那”为肺病鬼，“的木”为出疮鬼。在毕摩的送病鬼、咒病鬼、赶病鬼仪式中，医疗活动是其程序之一。这些医疗活动有服药、针刺、药物蒸汽熏治等。毕摩有内容丰富的医药书，如《献药经》《造药治病解毒书》《医算书》等等。毕摩在教授生徒的过程中，要传授有关的医药知识，让生徒掌握诊断疾病的方法，懂得如何采集动植物药，如何加工配制药物以及如何对症下药治疗疾病。

造型艺术知识。毕摩教育中十分重视绘画、草扎、泥塑、雕刻、剪纸等方面知识的传授与学习。彝文经书或首尾配以神鬼绘画和神枝图；或图文并茂，以画释文，以文解画。经书中除黑白绘画还有一些彩色绘画。草扎和泥塑一般用来制作鬼像，在送鬼咒鬼仪式上使用。剪纸亦是毕摩的基本技能之一，剪纸图案多为各种祭品，有日月星辰、动物植物、日常生产生活用品、家畜家禽等，用以祭祖送鬼。毕摩制作法具和祖先、图腾等偶像还需要木雕艺术。

仪式仪轨知识。毕摩教育的最终目的就是培养能够独立主持宗教仪式的接班人。彝族宗教仪式的特点是献祭与控驭并重，祭祀与巫术并行。仪式活动已形成相对固定的程式，仪式中各种惯制、禁忌神圣严格。比如仪式择日择牲就颇为讲究。大型仪式不仅要择日，还要择年、择月、择时辰。牺牲则讲究公母、毛色、年龄、质量。献牲方式有活献、生献、熟献、血祭、角祭等等。再如，各种仪式以树枝插成仪式场，不同的仪式所需树枝种类不同、数量不同、插法不同、象征的内容不同。要胜任毕摩工作，就必须通晓仪式规范，熟悉仪式程序，掌握仪式知识。

（三）教育形式和教学方法

毕摩教育是一种师徒式教育。在彝族传统社会中，还没有出现专门的毕摩教育机构。一般来说，一个毕摩带一个生徒或同时带数个或十数个生徒。生徒，无论从祖业者或是自愿做毕摩者，都要拜师求学。教师，彝语称为“笔磨”，“笔”为毕摩“毕”的音变，意为做仪式，“磨”意为有知识有经验的长者。生徒，彝语称为“毕惹”，“毕”意为做仪式，“惹”意为生手、幼者。师与生、授与受之间的关系具有师徒关系的性质。这种师徒式的教育在形式上有如下特点。

其一，教学没有固定的场所和固定的时间。毕摩最主要的任务是主持各种仪式，因而对学生的教育活动一般要服从于其宗教活动。彝族地区的宗教活动很频繁。毕摩带着生徒从一家到另一家、一村到另一村应主人家之约做仪式，仪式时间地点经常变换，所以教学难以有固定的场所和时间。

其二，教育活动和仪式活动融为一体。由于仪式活动频繁，毕摩除利用仪式间隔教授生徒外，更为重要的是在仪式活动中传授做毕摩的知识和技能。学习期间，生徒跟随毕摩四处游毕作法，在仪式中担任助手，随时请教老师，观察仪式程序，体会仪式内涵。如此耳濡目染，亲自操作，事半则功已倍矣。可以说，每一次仪式活动都是传授毕摩知识技能的课堂，仪式过程也是一种教育过程。

其三，师徒以道义相结合。在彝族地区，有自愿做毕摩拜师而结成的师徒关系，有从祖业跟随父亲、祖父或叔父、伯父学习而结成的师徒关系，还有不同家族的毕摩之间易子而教结成的师徒关系。教师与生徒以道义结合在一起，老师义务教授，学生学习一律不纳学费，老师没有薪金。老师对学生关心体贴，学生对老师尊重照顾，师徒关系很融洽。学生学习、领悟的情况一方面关系到自己将来的毕摩前途，另一方面也关系到其毕摩老师的声誉。因而，在教育活动中，无论是教师还是学生一般都持主动、积极的态度。

在这种师徒式的教育模式中，毕摩教师一般采取个别传授的方式，没有统一规定的教学方法。他们各自按自己学生的知识水平、领悟能力进行教学，根据自己仪式活动的情况安排教学进度，自行掌握教学内容的广度和深度，合理分配时间。即使几个生徒或十几个生徒跟随一个毕摩学习，由于学生学毕有早有晚，年龄有大有小，天资有慧有钝，基础有深有浅，毕摩教师也很注重根据每个学生的具体情况来教学。这种强调学生个性差异和特点的施教法有利于提高学习效果。

毕摩经书同时也是生徒学习的主要教材。学习经书从识字开始。彝族文字很独特，基本上是独体字，一个字代表一个音节，异文别体很多，学习起来比较困难。但有经验的毕摩老师善于寻找文字形与音、形与义、形与形之间的特殊联系，采取对比法、换位法、形象法教学，学生学习起来也蛮有兴趣。有了一定的文字基础，便开始学习经书。学习经书有三大环节，即读经、背经、抄经。彝文经书无句读，只有段落篇章符号，经书中保留了很多古词古语，经书的文学用语和宗教用语与口语也有差别。因此，读通经书也非易事。毕摩教师通过带读的教授方式帮助生徒读经，带读常常在仪式中进行。背经要求滚瓜烂熟。因为背经是用语言与神鬼沟通，所以仪式中背经时，要能顺口而出，若中途停顿或出现错误，便会影响仪式效果。毕摩教师每教一本经书，待学生会读或会背后，便无偿地将此书借给生徒抄写。学习抄经，不仅要向教师学习经书的格式、写法，学习替字、同行替、隔行替、换字符号和段落篇章符号的用法，还要学习如何制作笔、墨，学习如何制作卷轴式的经卷供抄经所用。由于所读、所背、所抄的经书就是未来主持仪式活动的根据，生徒学经时也较认真。后世毕摩经书教学的严重不足在于，教师主要要求学生会读能背，对经书内容、名物、典故的阐释讲解重视不够，因而许多生徒"读望天书""诵望天经"，不解经意。

除了以经书为教材，随着毕摩教育的发展，还出现了一些专门为教授生徒而编写的教材。如《锁生特依》记录各种鬼怪神灵的名称、形状、特征。这些通过毕摩教师精心选择、编排出来的教科书较之用经书作教材来说，更符合学生学习的特点，更能体现教学的顺序和规律。就拿语言形式来说，经书一般用诗体，而教材则用口语化的叙述体，这就有利于学生掌握书中的知识和技能。由于教材内容经过较仔细的筛选和较合理的组织，有准确、规范的特点，因而毕摩师生们都推崇其为知识的范本。有的为了使教材便于长期使用和收藏，防止破损，干脆以白布当纸，书写在布上。

毕摩老师在教学中还善于用口诀和谚语的形式进行教学。在长期的仪式活动中，毕摩们总结出许多有关毕摩知识技能的口诀和谚语，并用之于教学。例如送灵仪式上用牲的口诀有"断魔黑母鸡""招魂黄母鸡""咒鬼黑色公山羊""供牲白色公绵羊"等等。"断魔""招魂""咒鬼""供牲"分别是送灵活动中的不同仪式，所用的牺牲种类不同，颜色也不同。

谚语也是毕摩对生徒进行教育的手段和方式。如"无论多么贫贱的主人约请，也要高兴地去做仪式"，"土司管辖不分城内城外，毕摩做仪式不分亲戚"，"毕摩不如约做仪式的可以杀"，"毕摩三天听后面，是否吉祥与平安"。这些口诀和谚语简练、通俗，容易记诵。用在教学中，对于生徒掌握毕摩的知识技能，了解毕摩的道德规范效果很好。演示法和操作法是毕摩教学中两种相关的方法。演示以毕摩老师为主，老师言传身教，如从制作鬼像、剪纸、捏泥人、画鬼板到念诵经书的各种唱腔，如禅鸣腔、蜂鸣腔，从神枝的制作、插法到仪式中法具的使用等，都先由毕摩老师做示范，耐心讲解其中要领、诀窍。而操作则以学生为主，通过观察老师的演示，自己模仿、重复，并在老师的指导、纠正下，最终形成技能、技巧。待学生已达到一定的熟练程度后，就到仪式中去应用、检验。演示法和操作法对于培养生徒的仪式操作能力至关重要。

综上，毕摩的教育形式和教学方法是一种传帮带的师徒式教育法。这种方法以重实践、重操作为特点。在教学活动中，既强调老师的主导性又很重视学生的参与性，既强调知识的传授学习又很注重技能的培养锻炼。这种重实践、重操作的师徒式教育，是实现毕摩的教育目的、完成培养毕摩接班人之目标的有效途径和方法。在历史的进程中，毕摩神职地位、身份的传递和毕摩知识技艺的传授，培养造就了一批又一批的毕摩人才，使毕摩这一神职阶层在彝族社会中得以长期存在和延续。而一代又一代的毕摩们在他们的教育活动和宗教活动中，保存和传播着彝族古老的原始宗教信仰，同时也不断地发展和丰富了彝族的传统文化。

二、哈尼族摩批教育①

哈尼族的“摩批”也叫“贝玛”“比摩”等，也译作“莫批”“磨批”“摩匹”等。摩批是哈尼族社会中从事传统宗教祭祀活动的祭师。他们既要主持丧葬祭礼、超度亡灵、杀牛祭祀等重大活动，又要主持村社和家庭的一般公祭和祭祀活动，为其占卦、求神、驱鬼、叫魂等。他们不仅是宗教活动的主持者，而且是哈尼族历史文化的保存者和传播者，与头人和工匠一起被哈尼族称为三种能人，还被群众誉为哈尼族的知识分子，在哈尼族中享有很高的威望。摩批在哈尼族社会中地位较高，他们一方面要主持大大小小的宗教祭祀活动，另一方面还承担着保存和传播哈尼族文化的重任。并不是什么人都可以做摩批的，要想成为一名合格的摩批，就要接受严格的教育。摩批教育属于民间教育。

（一）摩批教育的内容

要成为一名合格的神职人员，就必须具备专门的知识和与“神鬼”打交道的特殊本领，这就需要专门的学习和教育。摩批教育的内容很多，主要有以下几方面的知识。

1. 哈尼族的历史知识

哈尼族的历史是一部民族迁徙的历史。无论从汉文典籍对哈尼族历史的

---

① 此部分主要参见李泽然《论哈尼族的摩批教育》，《民族教育研究》2006年第6期。

零星记载来看，还是从各地哈尼族普遍流传的口头资料来看，哈尼族都是从青藏高原向南迁徙而来的。首先，据汉文史籍记载，哈尼族先民与古代的氐羌存在渊源关系，与彝、纳西、傈僳、拉祜等民族同源于古代的氐羌族群。公元前3世纪时，“和夷”（哈尼族）居住在今四川大渡河以南、雅砻江源出的连三海周围，或大渡河与金沙江相交汇的地区。后来“和夷”分两路往南迁徙：一路自川西南迁经昆明滇池一带，再往南迁至滇东南的六诏山地区；一路自滇西北迁经大理洱海一带，然后又分别南下到今哀牢山、无量山区的哈尼族地区。其次，从各地哈尼族的民间传说来看，普遍认为其祖先是从遥远的北方的一个名叫“农玛阿美”的地方来的，后逐渐向南迁徙时，曾一度居住在“谷哈”和“轰阿”（指滇池和洱海湖滨平原）的广大地区。然后才到今天所居住生活的地方。哈尼族的迁徙历史主要反映在迁徙史诗中，目前已搜集整理出版的代表作有广泛流传于红河地区的《哈尼阿培聪坡坡》（哈尼先祖的迁徙）和流传于西双版纳地区的《雅尼雅嘎赞嘎》（哈尼人的迁徙史）及《哈尼先祖过江来》等。它们系统地叙述了哈尼族祖先从北向南曲折而又漫长的迁徙过程。由于摩批在举行重大的宗教活动时都要背诵迁徙史诗，让众人也借此机会了解本民族的历史，所以迁徙史诗是每一个哈尼族摩批必须学习和掌握的知识。

2．神话传说知识

哈尼族的神话已形成自己的体系，神话故事已成系列，主要包括宇宙万物的由来、人类的诞生、神和人的谱系、动植物的家谱等内容。涉及开辟神话、洪水神话、日月神话、自然神话、物种起源神话、文化起源神话、祖先神话、英雄神话、火神话、图腾神话等。哈尼族的传说分为：祖先传说、史事传说、风物传说、习俗传说、人物传说、动植物传说等。这些神话和传说是哈尼族物质生活和精神生活的一部分，他们的生活离不开这些神话传说和有关的民俗活动。作为一个摩批，这些知识也是必须学习和掌握的。因为在哈尼族的农耕、办丧事、起屋盖房等活动中要涉及这些知识。

3．神鬼知识

哈尼族的宗教属于原始的多神教，哈尼族普遍认为万物都是有神的：天有天神、地有地神、寨有寨神、山有山神、树有树神、雷有雷神、庄稼有庄稼神等。并认为神既能保佑人、畜和庄稼，能给人以幸福，又能伤害人、畜和庄稼，给人带来不幸和灾难。所以人们应经常祭祀、讨好它们，决不能得罪它们。摩批自诩为人与神鬼之间的中介，直接与鬼神“打交道”，所以摩批有丰富的鬼神知识。传授神鬼知识，了解各种神灵鬼怪的名称、习性及其具体特征，了解它们给人们的生产、生活及身体带来的灾难或益处等，才能在祭祀活动中对症下药，更好地驾驭或对付鬼神，保证仪式活动顺利进行，为人们驱邪避灾、逢凶化吉。

4．祭词知识

哈尼族的口传文学十分丰富，有创世史诗、哈尼族的迁徙史诗、神话传说、民间故事等，而这些口头文献主要由摩批所掌握。哈尼族的口头文献大部分涉及有关宗教的内容，这些文献是摩批从事祭祀活动的重要依据。祭祀仪式是摩批在吟诵祭词中进行的，所以吟诵祭词是祭祀活动的重要组成部分。摩批吟诵的祭词所涉及的范围相当广泛，所涉及的内容相当繁杂。通晓哈尼族口头文献，熟记其内容，是做摩批的基本功，也是摩批教育的主要内容之一。

5．家谱和地理知识

摩批除了要熟记哈尼族祖先的迁徙路线之外，还必须熟记各家族、家支的谱系和其祖先在历史上生活的空间环境及发生的重大事件，了解哈尼族地区的山河地貌。在哈尼族葬礼的送灵仪式上，摩批首先要赞颂死者一生的伟绩，目的是让死者的后人铭记死者生前的功绩，发扬其创业精神。其次要背诵死者家族、家支的家谱，一方面借机向本族后代传授家谱，让族人了解家谱的分支源流、分支家谱的发展情况及家族中各家支的分布地区，进而了解与本家族相关的社会发展脉络；另一方面好让死者的亡灵被送回到祖居地后能顺利找到本家的先灵们。摩批在为亡灵念指路经时，要按死者生前所属的家族、家支及其居住地，一站一站把亡灵送回祖居地——农玛阿美。在指路时，要描述沿途各地的地形地貌和自然环境，以利亡灵顺利通过。同时，凡是本家族的祖先在历史上发生过重大事件的地方，都要向亡灵做介绍。因此，家谱和地理知识也是摩批教育中的重要内容。

6．祭祀仪式知识

经过长期的发展和完善，哈尼族在宗教祭祀方面的仪式活动已形成了较为固定的程式，仪式中要严格遵循各种惯制和程序，对各种禁忌要神圣对待。如仪式的择日择牲就要求很严格：举行大型祭祀活动时，不仅要择日，而且要择年、择月和择时辰。牺牲则讲究公母、单双、毛色、肥瘦、年龄、骟性等。献牲方式有活献、生献、熟献及血祭、头祭、角祭、腿祭、尾巴祭、毛祭、肝祭等。对于摩批的弟子而言，要胜任摩批工作，就必须通晓仪式程序、熟悉仪式规则、掌握仪式知识等。

7. 民间故事知识

哈尼族民间流传的故事很多，所涉及的内容与范围十分广泛。包括自然界的动植物、人类、鬼神、太阳、月亮和星星等。一棵树、一座山、一块石头、一个池塘都有它的故事。要想成为一名称职的摩批，就得学会讲故事。

8. 生产生活知识

哈尼族先民迁徙到滇南山区后，在与自然界的长期斗争中，经过一代一代的辛勤劳作，在哀牢山和无量山中开垦出了数十级至上百级甚至上千级的梯田，创造了举世闻名的以梯田为代表的哈尼族农耕文化。与此同时，在长期的社会生产活动中，哈尼族还创造了与梯田农耕文化相适应的生产生活歌——四季生产调。四季生产调是根据哈尼族地区一年四季中自然物候和节令的不同特征，总结出的与之相应的梯田农耕活动的规律。它既是一部歌谣，唱述了一年四季农事活动的规律，又是一部指导哈尼族生产生活的古规，人们所进行的农事活动均以四季生产调为指南。可以说，哈尼族的四季生产调既顺应了自然万物的发展规律，又反映了哈尼族先民所发现的独具特色的农事活动规律。

9. 医药知识

哈尼族认为，生病是由于鬼怪缠身或魔鬼把人的其中一个灵魂拉去阴间做苦役之故（哈尼族认为一个人有十二个灵魂，丢了其中的任何一个灵魂，人都会生病）。摩批治病的特点是巫和医并用，或巫和医互用。摩批在咒鬼怪、赶病鬼、送魔鬼的仪式中，还要开展医疗活动。这些医疗活动包括扎针、敷药、药物蒸汽熏治、服药等。摩批有丰富的医药知识，在教授弟子的过程中，要传授有关的一切知识，让弟子掌握确诊疾病的方法，懂得如何采集药物、如何加工配制药物、如何治疗疾病等。

（二）摩批教育的形式

摩批教育是一种师徒式的教育。一般来说，一个摩批带一个或同时带数个或十几个生徒。生徒，无论从祖业者或是自愿做摩批者，都要拜师求学。这种师徒式的教育形式有以下几种。

1. 在宗教祭祀活动中进行教育

在哈尼族传统社会中，还没有出现专门的摩批教育机构，摩批的教育主要是在祭祀活动中进行的。摩批的主要任务是主持各种宗教仪式活动，因而对弟子的教育一般要服从其宗教活动。哈尼族地区的宗教活动很频繁。摩批带着生徒从一家到另一家、从一村到另一村做祭祀活动。在祭祀活动中，摩批向生徒传授做摩批的知识和技能。学习期间，凡是摩批有祭祀活动时，生徒都要跟从，并在祭祀时担任助手，一方面可以随时请教老师，另一方面要观察祭祀的程序、体会祭祀的内涵。较长时间的跟师学习，耳闻目睹，有利于生徒的尽快成长。可以说，每一次祭祀活动都是传授摩批知识和技能的课堂，祭祀过程同时也是一种教育过程。

2. 在节日、婚嫁等活动中进行教育

不论是在“嘎通通”（十月节）、“库扎扎”（六月节）、“和实扎”（新米节）等节庆活动中，还是在嫁娶、贺新房等场合，甚至久居远方的亲人回来时，哈尼族都习惯唱古老的酒歌。演唱者一般都是摩批或歌手。演唱的内容包罗万象，有人类和天地万物的起源、哈尼族迁徙的历史、哈尼族建寨安家和开荒垦田的过程，以及生产生活、婚姻家庭方面的知识和经验等。在不同的场合，演唱的内容是不同的。如贺新房时，主要演唱“赫确么确确”（同生同长），说的是两个青梅竹马的青年男女在生产劳动中产生了爱情，不仅结了婚，而且靠勤劳的双手盖起了新房的全过程；久未见面的亲人从远方回来时，演唱家族的历史和祖先的奋斗史，共同缅怀祖先的伟绩、重温家族的发展史；过“六月节”要演唱四季生产调；过“十月节”要演唱哈尼族的迁徙史诗等。这些节庆和婚嫁的场合，也是摩批教授生徒知识的地方，一个好学的生徒是不会错过这些学习机会的。

3. 在生产生活中接受大众的教育

摩批教育以一对一，即师傅教生徒、生徒向师傅学习的方式进行。除此之外，想成为一名摩批，还要在生产生活中向大众学习各方面的知识，以补充自己知识的不足。这种学习主要包括两个方面：一方面，向其他摩批学习。尽管摩批的知识很丰富，但每个摩批所掌握的知识是有限的，而且每个摩批也有自己的特点。所以，生徒除了向自己的师傅学习之外，还要向其他摩批学习，以此来丰富自己的知识。另一方面，向广大群众学习。人民群众既是历史的创造者，又是各种生产和生活知识的发明者。

（三）摩批教育的特点

哈尼族的摩批教育不同于学校教育，因而摩批教育有自己的特点。

1. 从教学时间和场所来看，既没有固定的时间，也没有固定的场所

尽管哈尼族地区宗教活动很多，但流动性很大，一般都是摩批根据需要带着生徒走家串寨进行祭祀活动。师傅对生徒的教育也主要是在这种祭祀活动中进行的，不另设专门的场所和规定时间。所以，哈尼族摩批的教学活动是没有固定的时间和固定的场所的。

2. 从教学方法上看，具有直观性和示范性的特点

摩批的教学活动不像课堂上进行的教学活动那样以老师讲学生听为主。摩批的教学是在祭祀活动中进行的，他们大多以身作则，亲自示范，在活动过程中传授给生徒仪式的程序、注意事项、需要记住的祭词等。此外，让生徒做下手，有些部分的活动逐渐由生徒来做，这对生徒的成长是很有益处的。通过多次参加这样的实际活动，生徒的实际操作能力就会大为增强。可以说，哈尼族摩批的教育主要是在实践过程中进行的，因而具有直观性和示范性。

3. 从教育内容来看，具有广泛性和丰富性的特点

哈尼族摩批要教和学的内容是相当广泛的。上至天文，下至地理，从神话传说故事（包括创世神话、天地万物起源的传说等）到哈尼族迁徙史诗，从祭词知识到神鬼知识，从生产生活知识到医药和工艺知识等等，内容包罗万象，十分丰富。

4. 从摩批传承的角度看，具有神秘性的特点

哈尼族的摩批一般都是以师徒式的方式培养出来的，但个别摩批是因遭遇一场大病而突然成为摩批的。对这种现象，目前还不能完全作出科学的解释。但我们看到，他们的父辈毫无例外都是摩批。由此，我们是否可以这样说，由于父亲是摩批，从小耳闻目睹父辈的各种宗教活动，在浓厚的祭祀气氛中受到熏陶，并起到潜移默化的作用，到了一定的年龄就有了突然的爆发，从量变发生了质变，成了摩批。

三、满族萨满教育①

满族先世自古信奉萨满教。历史上，萨满教观念作为民族集体意识、一种集体表象，对该民族产生着持久的影响，业已积淀为民族的共同心理和共同的价值取向。这种集体表象在该集体中世代相传，在集体的每一个成员身

① 此部分主要参见郭淑云《从“教乌云”看满族萨满教的宗教教育——依据对吉林省九台市满族石氏家族的田野调查》，《社会科学战线》2009 年第 3 期。

上留下深刻的烙印。同时根据不同情况，引起该集体中每个成员对有关客体产生尊敬、恐惧、崇拜等感情。

（一）选拔学员

培养新萨满，关系到萨满祭祀传统能否继承下去，也是“教乌云”的宗旨所在。近世以来，东北满族诸姓多行家祭，家萨满是满族“教乌云”的主要培养对象。满族石氏家族至现代还保留着以降神附体为特征的“野祭”形态，恪守神选萨满的传统。“教乌云”活动本来主要以萨满助手栽立和制作供品的锅头为培训对象。但是，随着社会的变迁，神授萨满已中断近50年，为了使家族祭祀传承下去，他们创造性地培养了一种新型萨满——“标棍”萨满。因此，该家族近年来的“教乌云”活动，将培训“标棍”萨满作为主要内容。“乌云班”的学员，主要依据家族认可和本人自愿相一致的原则，由族长、分支族长、萨满和大栽立等家族祭祀的主要成员一起开会讨论人选，再征求本人及其父母的意见。也可由本人或其父母提出，经家族会议讨论认可。如本人不同意，即使被家族选中，也不可强求。选拔学员主要考虑人品、智力、身体、家庭几方面因素。以忠厚正派、聪明伶俐、积极进取、尊老爱幼、年轻体健、热心家族事业者为最佳人选。对小时候因病因事许愿当萨满、栽立者，家族多遵从其意愿，允许其参加学习。这种情况过去非常普遍，近年已不多见。

（二）开班拜祖

“教乌云”开班时，由老萨满主持开班仪式，相当于一个短期培训班的开学典礼。其内容和形式均富有宗教意义。届时，新学员要在老萨满和老栽立的主持下，祭拜祖先：悬起祖谱、焚香、杀牲、摆供、动法器。老萨满和新学员面向祖爷依次跪地，由老萨满祈祷祖神保佑新学员学业有成，家族祭祀传统承继不绝。祭毕，众人磕头。拜祖仪式旨在使新学员树立对祖神的崇敬之情，增强他们的使命意识，为圆满完成学习任务奠定思想基础。

（三）九天换供

“教乌云”以九天划分学习阶段，这种教育体制具有特定的宗教意义和独特的宗教仪式。“教乌云”期间，虽非正式祭祀，但毕竟要动法器，因此始终要摆供品，以示对祖先神的尊敬。每九天为一个学习阶段，每九天一换供品、供酒与供果，清理香案，拂去香灰与积尘。每过九天的换供日，是“教乌云”的重要日子，老萨满、老栽立都要到“乌云班”现场，亲临指导，并对学员前一学习阶段的内容进行考核，然后转入下一个学习阶段。

（四）“落乌云”

“教乌云”学习期满要举行“落乌云”仪式，相当于毕业实习。这既是对新学员学习成果的一次检验，也是对祖先和全氏族的一次汇报。通过“落乌云”仪式，使新萨满和栽立得到一次实际锻炼的机会。“落乌云”既是“教乌云”的一个重要环节，又自成系统，既不同于阖族大祭，又是一次实实在在的祭祀活动。传统的祭礼是按特定的年份，由主祭萨满主持，依传统仪式进行的；“落乌云”仪式则根据“教乌云”的实际情况择时进行，由新培训的萨满和栽立担任祭祀仪式的主力，仪式的内容依新学员学习情况而定。通常情况下比正常的祭祀仪式的内容有所简化。如石氏家族小韩支系新培养的接续萨满石宗多“学乌云”时年仅 16 岁，老栽立和族长考虑到他的年龄小，身体尚未长成，2004 年“教乌云”时，只教会了他放本家族的主要神灵。以接续萨满石宗多为主祭萨“教乌云”的内容既包括德育教育，也包括祭祀的基本知识、祭祀礼仪、规则礼法和各种萨满技艺，主要分以下几方面。

1．宗教道德教育。包括对家族的责任感、对萨满教的虔诚信仰、对祖先的尊敬之心和为人处事等方面的教育。主要通过老族长、老萨满对萨满候选人口耳传授，讲述萨满神话、家族历史、族源传说和族法家规等，树立他们的家族意识和宗教意识，培育他们的道德观念。

2．祭祀礼仪。主要包括祭祀仪式的程式、禁忌；祭坛和神堂的布置、神偶的供奉、供品的摆放、神器的使用、年息香的研制及各项禁忌。负责供品制作和摆放的锅头主要学习酿制米酒，制作打糕、水团子，杀牲、摆腱子等方法、礼仪和禁忌。

3．萨满技艺。包括击鼓、甩腰铃、舞蹈套路和步伐、鼓点节奏、响器配合等。

4．萨满知识。包括萨满神歌、祭祀用语、神话传说等。

以上内容是满族家祭萨满和锅头必须具备的知识和技艺，也是满族“教乌云”的主要内容，诸姓之间大同而小异。传授方式包括口传亲授、讲练结合、复习与考试兼备。

1．教育体制。从“教乌云”活动可以看出，满族“教乌云”活动具有明确的目的性。在长期的实践中，“教乌云”的教学内容、方法不断得以完善，形成了大体固定的要素。教育的组织，时间、人员的选定等都自有规则，并形成初步的考评体制。

2. 教育模式。实现了宗教观念与现代教育模式的有机结合。“教乌云”在教学方法、组织形式等方面，吸纳了一些现代教育形式，如采取短期培训班形式，具有集体学习、相互促进、时间集中、讲练结合等特点。这与中国北方其他民族传统的新萨满跟随师傅在实践中学习的教学模式不尽一致，是满族萨满教教育的显著特点。

3. 教育主体和对象的同一性。“教乌云”具有突出的氏族性，教育的主体和教育对象都是血缘群体氏族，使教育主体和对象具有同一性。代表氏族利益的氏族组织是“教乌云”的组织者。老萨满受氏族的委托，为了实现延续氏族祭祀文化传统的目的，承担培训技艺、传授知识之职。新学员均来自本氏族，由本氏族成员共同推举，最后由氏族组织机构确定。活动所需经费由氏族成员共同承担。这种严格的氏族性，是满族萨满教教育的突出特征。

4. 教育性质。满族“教乌云”尽管在教育方法上吸取了现代教育的某些模式，从教学内容上看，也具有一定的通俗性，讲授一些传说、故事等通俗易懂、易激发兴趣的内容，但宗教性始终是“教乌云”的灵魂所在。宗教观念是“教乌云”活动的指导思想，萨满教仪式贯穿活动的始终，从开班到学习阶段的转换再到毕业，都以特定的仪式为表现形式，从而强化萨满教观念，体现了突出的宗教性。

这种全民性的信仰以其独尊的地位影响着满族人的精神世界和社会生活，并通过神话、传说、神歌和祭祀仪式等独特形式，世代传承着本民族古老的思想观念、道德观念、知识体系、行为模式等传统文化。祭祀仪式是氏族对族人进行宗教教育的最佳时机，祭祀场所就成了对人们进行宗教教育的独特的课堂。正因如此，对信仰萨满教的民族来说，萨满教宗教教育具有全民性，对每一个个体而言，又具有终身性，与人的生命相伴始终。

第五章　西部地区的民族基础教育

我国地域辽阔，自然条件差异大，人口众多，多民族聚居。各地文化传统和社会资源较为悬殊，基础教育发展之路及所呈现出的现有格局，均与各地文化传统、政治、经济发展背景分不开。重视地域文化及其社会发展条件的差异性，探索文化冲突与融合过程中符合我国社会多元发展对人才培养的要求和学生身心发展特点的基础教育问题、特征和模式，可为西部教育研究工作提供重要基础。

同时，由于西部少数民族历史悠久，源远流长，勤劳勇敢的各族人民创造了丰富多彩、各具形态的民族文化，为西部基础教育的多样化发展创造了重要条件。

第一节　多元文化背景下的西部民族基础教育

多元文化作为一种客观存在受到了越来越广泛的关注，并且对我国基础教育的发展提出了新要求。要求教育要能够在多元文化背景下培养学生、教师在多元文化世界中的跨文化适应能力和发展能力。多元文化背景对我国西部民族基础教育的发展提出了多样性的发展要求与实践要求。1949 年以前，由于各种原因，少数民族地区社会发展水平整体上滞后，大多处于前工业社会的发展水平，学校凤毛麟角，80% 以上的人口是文盲，教育发展严重滞后。新中国成立以来，特别是 20 世纪 80 年代中期国家实行普及九年制义务教育以来，少数民族地区基础教育发展迅速，入学率迅速提高，初等教育及义务教育普及率迅速提高，基础教育初步形成体系，走过了一个从“无”到“有”的发展历程，正处在从追求数量和规模到追求质量和效益的过渡性发展过程中。目前，我国基础教育发展，如“普初”“普九”等已经取得了重大成果和进展。但是，少数民族地区基础教育发展水平同全国基础教育发展水平仍有很大差距。中国80%以上的少数民族人口分布在西部地区的5个自治区、3个少数民族聚居省、30个自治州、83个自治县（旗），同时，这些地区又是经济欠发达的地区。截至2002年，西部地区仍有372个县（市、区）以及新疆生产建设兵团的38个团场，共410个县级行政单位尚未实现“两基”。西部地区“两基”攻坚已经成为提高整个中国人口素质的当务之急。全国已基本实现“两基”目标，而少数民族比较集中的8个省（自治区）的“普九”率只有52.7%，特别是在22个人口较少民族中，有12个民族达到小学文化程度的人口比例不到全国平均水平的一半。在边远贫困少数民族地区，其九年制义务教育的普及已经成为全国“普初”“普九”攻坚战的重点和难点①。截至2004年，全国有3000万人尚未脱贫，农村人均纯收入约为全国平均水平的70%左右，大部分仍然集中在西部少数民族地区，而且近来返贫问题较为严重。

一、民族文化与西部民族基础教育

在社会生态系统中，文化是一个独特的构成要素。作为社会子系统的教育，也必然与文化之间存在千丝万缕的联系。目前学术界对文化的界定有广义和狭义两种。广义的文化指的是人类社会历史实践过程中所创造的物质财富和精神财富的总和。狭义的文化指的是社会的意识形态以及与之相适应的制度和组织机构②。民族教育在一定的文化背景中进行，了解民族文化的含义有助于探索民族教育在符合社会发展要求的同时，采取特定的教育形式，在保持优秀传统文化的基础上赋予民族教育以时代发展的气息。

一个民族之所以成为民族，其根本就在于有自己特有的文化，且这些相对稳定的文化特质，会体现在民族群体中每一位成员的思维方式和行为方式中。“在我国，民族文化是在其特定范围的，在没有特别说明的情况下，一般都是指我国境内的55个少数民族的文化”③。

西部民族文化，是以民族为依据而划分的区域文化。以西南地区为例，从与行政区划的关系来看，它大致包括今天的云南、贵州、四川、西藏、广

---

① 巴战龙《西部少数民族地区基础教育新课程改革存在的问题与困难》，http://epc.swu.edu.cn/article.php?aid=408&rid=4。

② 孙若穷著《中国少数民族教育学概论》，中国劳动出版社1990年版。

③ 张景梅《和谐社会与民族文化》，《贵州民族宗教》2005年第6期。

西等地区的民族文化。一些具有相对独立文化性质的民族文化，如迪庆、甘孜、阿坝地区的藏文化以及云、贵、川交界的凉山彝族文化构成了西南民族文化的有机的地域文化。在西南民族文化中与地域构成因素相关的文化，还有滇文化、夜郎文化、南诏大理国文化等。从单个民族文化角度看，则有彝族的毕摩文化、纳西族的东巴文化、傣族的贝叶文化、哈尼族的梯田文化、苗瑶的芦笙文化等。地域和民族是与西南民族文化相关的两个基本范畴，两者相互区别而又存在诸多交叉，使各民族文化形态丰富而复杂①。

西部地区是我国少数民族的聚居地，主要有49个少数民族生活在这里。民族自治区总人口达6569.66万人，其中少数民族人口为3905.11万人，占民族自治地总人口的59.44%。少数民族人口占9省区总人口的14.7%，远高于全国平均水平。但这里的民族教育却相对落后，据1990年人口普查资料，生活在西部地区的主要少数民族每千人拥有小学以上文化程度的人口数均低于全国平均水平。民族教育落后导致民族人才匮乏。西北地区的甘、宁、青、新4省区少数民族人口占全部人口的30%以上，但少数民族专业技术人才却只有9万多人，仅占4省区专业技术人才总数的10.2%，占少数民族人口数的0.3%，不及全国平均水平的1/3。西部地区必须加强少数民族教育，以适应西部地区经济社会发展的需求。

民族文化对民族教育的影响主要表现在以下方面。

第一，民族文化影响着民族成员对民族教育重要性的评价。民族教育即在各个民族当中开展的现代学校教育。在现代民族教育中要传递的种种信息必然有不少超出传统民族教育范围的内容。在担负民族教育工作的人看来，这种现代的形式和内容都是出于对各民族繁荣发展的考虑而设的，是绝对必要的，其积极性也是无可争议的。但在各民族群众那里，他们会以自己在传统文化中形成的价值观来评价这种教育的形式和内容，认识民族学校教育的功能。这是在不同的民族文化背景中办教育都要面临的现实问题，需要从办学的形式和内容上做出适应性调整。

第二，民族文化影响学生的价值观念。民族文化会通过学生的价值观来影响民族教育的效果。如果学校的教学内容和形式与学生已知的伦理道德和价值观念相符合，学生们会如鱼得水，孜孜不倦；如果二者相互抵触，那结

① 陈时见著《西南民族学校教育发展导论》，商务印书馆2012年版。

果就必然是格格不入。这就要求学校必须具备多元文化的领导力。

第三，本民族文化影响学生的学前知识结构和认知方式。每个人从呱呱坠地时起，就通过耳濡目染而学习着在本民族、本地区的自然和社会环境中生存所必需的知识，按照本民族的文化模式去了解世界。这一特点决定了每一个民族的少年儿童在入学之前都已经有了一套与其他民族的少年儿童不同的学前知识结构和认知方式。而且，每个民族的语言都能为按照本民族传统方式生活的人提供足够的表达手段。以上影响决定了民族学校教育必然是一种跨文化的教育，而跨文化的教育中又不可避免地包含有许多跨时代和跨环境的内容。这就让民族基础教育面临着众多新问题。因为在许多民族的传统生活方式中没有这些事物，甚至在他们的语言中也无法找到与这些新事物相对应的词语，这就会使情况变得相当复杂。民族学生只能按照自己的知识结构和认知方式去联想，或者是表现得束手无策，并最终选择逃避或躲避。因为它们使学生感受到了挫折和压抑。由此说明，在民族教育中主动地选取与民族文化相适应的形式和内容对提高工作成效具有何等重要的意义[①]。

二、西部民族基础教育发展的双重属性

（一）西部民族基础教育的现代化

教育的现代化是一个国家教育适应现代社会发展要求所达到的一种较高水平状态，是传统教育在现代社会的现实转化，是包括教育生产力、教育制度体系、教育思想观念在内的教育形态的整体转换运动，是包括教育思想观念、教育制度、教育内容、教育方式等要素在内的教育系统全面进步的过程[②]。

在西部民族地区，除了民族学校教育系统之外，还存在着本民族固有的种种教育实践活动。民族文化的广义教育方式，往往还包括民间教育、宗教教育等。但非正规教育系统中对民族文化知识的渗透，是缺乏系统性的。非正式教育中对民族文化中愚昧落后、错误的知识、思想、观念的筛选性是不强的。也就是说民族民间教育、家庭教育、宗教教育等方式是民族教育的重要组成部分，但民族教育既要发展现代化，又要发展多元文化的任务还需要正规学校教育的参与。现代化进程对民族传统文化及其传承方式，更多提出

① 孙若穷著《中国少数民族教育学概论》，中国劳动出版社 1990 年版。

② 谈松华著《中国教育现代化的区域发展》，广东教育出版社 2003 年版。

的是改革与扬弃的要求；而对现代民族学校教育系统而言，更多提出的则是完善和发展的要求。民族现代化进程的一个重要方面便是民族教育的现代化。学校将民族文化融入课堂，结合当地特色设置校本课程，在教学中有意识地渗透民族传统教育因素等，促成民族文化的保存、积淀和增值。如布依族地区结合实际，对学校体育与健康课程内容资源进行有效的开发研究，将其丰富的民族传统体育活动及便于在体育教学中开展的民族体育项目，按竞技、娱乐、健身等分门别类地加以改进，引进教学。布依族的射弩、扭扁担、扳手杆劲、打毽、踩高跷、丢花包、打格螺、打“耗子”等体育项目，以及《刷把舞》《粑棒舞》《糖包舞》《转场舞》等传统舞蹈均可进入课堂。课程的辅助教材（如丢花包、打格螺等）和课程的主要教材（如踩高跷、射弩等）使丰富多彩的布依族文化通过体育教学在学校得到有效承传。由此可见，少数民族传统体育资源校本化建设，需从实际出发，重点突出地方性、民族性、教育性、健身性、娱乐性、安全性，结合布依族地区学校的实际和可能，将便于开展的、群众喜闻乐见的项目引入学校，编入教学内容体系。将布依族体育文化与学校体育课程资源有机结合，形成独具特色的学校体育校本课程。努力做到既有趣味，又能锻炼身体；既能培养学生的民族热情，又能使学生养成终身体育锻炼的习惯。

总之，民族学校的建设是现代化推进的趋势和保证，也是西部地区民族文化发展的必然需要。为了更好地扶持民族教育的发展，有必要大力发展民族学校。主要是在民族聚居地区，开设民族学校，给予特殊的政策支持和经费投入，吸引少数民族子弟入学。此外，采取切合当地民族的形式，有助于更好地发展民族教育。

（二）西部民族基础教育的多样化

民族教育要促进多元文化的发展，首先要通过教育使人们正确认识民族传统文化的作用，使人们尊重民族传统文化，坚持民族文化平等观，保持文化的民族特性。其次，对民族优秀文化选择、整理，并将其纳入教育体系，使教育成为承担民族地区传统文化传承的重要途径。最后，文化的超越与创造，既是教育的使命，又是教育的功能，要使教育具有多元民族文化创新的功能[①]。然而，我国积极探索发展民族教育事业的途径，仍存有不尽如人意之

---

① 周鸿著《西南民族现代化与文化变异》，四川人民出版社 2002 年版。

处：一是社会制度的统一性掩盖了民族文化多元性的旧教育模式尚未被完全突破；二是不少民族地区在强调民族教育特性的时候对本地区、本民族文化的总体背景认识不深①。

在西北民族地区，地理环境和气候条件会影响到民族学生的入学年龄、上学时的交通方式和在校读书时间，这就要求西部民族基础教育在办学方式上应更加灵活多样才行。从入学年龄看，如儿童发育年龄与所处地区有一定关系，那么各地区适宜入学的年龄就会有所差异。人口密集地区的校址一般距离学生住所较近，学生入学年龄可适当提前。反之，人口稀疏、道路崎岖、学生住所距离学校较远的地方，学生的入学年龄则应予适当向后放宽。从学校布点看，在交通相对便利、人口分布较为集中的地区，可以集中办学，扩大学校规模，增加学校班数，从而减少学校布点。在丘陵山区等地广人稀、交通不便之地，可适当增加学校布点，便于学生就近入学。在必要的情况下，还可以设立复式班进行教学，也可以根据条件，建立寄宿制学校，以缓解学生上学交通不便的困难。在草原牧区，生活场所大都随季节的变化而变化，因而牧区可以设立“流动学校”，学校与牧民一同迁移，以保证儿童的就学机会，也可以建立较为固定的寄宿制学校。从时间上看，农耕地区大龄学生在农忙及青黄不接时，要协助家长放牛割草，下田干活，生产度荒，学校应予考虑，提供时间上的方便。畜牧地区冬季寒冷，幼龄儿童出门上学容易出现危险，学校也应适当安排假期。另外，学校还要照顾到有些学生要带弟妹上学，或只能在晚上才有空读书等特殊困难，给予特别安排②。

在西南民族地区，从地理位置上看，山峦纵横，河流众多，既有横断山、大巴山、巫山、大娄山、乌蒙山等高山陵，还有低洼的盆地，和缓的丘陵，以及长江、澜沧江、怒江、金沙江、珠江等六大水系的大小河流。西向为西藏高原，南向为云贵高原，北向为四川盆地，全境海拔高度相差悬殊。西南地区自古就是我国各民族聚居地，发展到今天已经形成汉族、壮族、彝族、苗族、瑶族、回族、藏族、白族、哈尼族、土家族、傣族、拉祜族、佤族、纳西族、景颇族、布依族、侗族、水族、仡佬族、仫佬族、布朗族、毛南族、普米族、独龙族、阿昌族、德昂族、基诺族等30余个民族大杂居、小聚居的

---

① 董建中著《云南少数民族教育发展与改革》，云南民族出版社1993年版。

② 陈时见著《西南民族学校教育发展导论》，商务印书馆2012年版。

格局。各民族都有各自悠久的历史和独具特色的文化。西南地区民族基础教育面临的艰巨任务是如何尽可能地在民族地区开展多元文化教育。

第二节　西部民族基础教育的发展历程

民族基础教育作为我国教育体系中的重要组成部分，在培养少数民族人才，传承少数民族文化的过程中发挥着巨大的作用。在社会变革背景下，西部各少数民族文化在演变和发展的过程中拥有巨大的发展空间，同时也面临着空前的困境。

一、西部民族基础教育的发展背景

新中国成立后，废除了民族压迫，少数民族语言文字得到了充分的尊重和发展。从 20 世纪 50 年代起，国家大力帮助少数民族使用和发展自己的语言文字，为一些没有文字的民族创制了新文字，改进或改革了一些不完善的民族文字；在积极发展少数民族语言文字的同时，提倡少数民族学习汉语文，大力发展少数民族的双语教育。

20 世纪 50 年代末期和“文革”期间，在极“左”路线和思潮的影响下，导致了对各民族语言文字发展特点的认识有所偏失，即只强调共同性，否认少数民族和民族自治地方的特殊性。在民族语和汉语的关系上，认为少数民族语言文字的发展可以“突变”，少数民族可以通过“直接过渡”的办法使用汉语文。这些认识，致使少数民族语言文字以及民族地区双语教育的发展受到了严重的制约。比如正在试行的民族文字停止试行，已制订并准备试行的民族文字不再试行，一些老文字的使用范围受到限制，在一些少数民族聚居区的中小学，一律用汉语授课。这致使党的民族政策包括民族语言政策和民族教育政策受到全面的干扰和破坏，使整个民族教育事业从办学形式到服务宗旨都脱离了民族地区的实际，极大地影响了少数民族整体文化素质的提高，文盲率回升，严重地阻碍了民族地区经济、文化等各项事业的发展。拉大了边疆民族地区和内地之间经济、文化上的差距，对民族地区的社会进步、经济发展、文化繁荣，造成了不可估量的损失。

十一届三中全会后，党中央提出了“调整、改革、整顿、提高”的方针，先后召开了全国民族语文工作会议和第三、第四次全国民族教育工作会议，确立了新时期民族语文工作的指导思想，对民族教育的改革和发展做出了整体部署。二十多年来，我国民族教育事业大体上经历了拨乱反正、逐步恢复、稳步发展和深化改革、加速发展几个阶段。客观地说，这二十多年是我国民族教育事业发展最快、改革力度最大、质量和效益提高最明显的时期。当然，发展的道路并不平坦，新的形势会面临新的问题。

（一）西部民族基础教育发展的重要举措

我国是一个统一的多民族、多语言、多文字的国家。各少数民族在生产力水平、经济发展程度、文化观念、语言文字、风俗习惯、宗教信仰等方面，都与汉族有明显的差别。从语言文字使用的角度看，汉语文已成为各族人民经济活动、文化往来和生活交往的通用语，而少数民族语言是本民族聚居区的重要交际语。上述特点和差别，必然会反映到民族教育上来。就教育本身而言，各地区、各民族之间原有的基础不同，发展也不平衡。我们既应当承认民族特点、民族和地区之间的差别，又要坚持贯彻“平等、团结、互助”的民族政策，积极创造条件，努力缩小民族间、地区间教育发展水平的差距，使各民族在教育上享有平等权益，实现协调发展。这就要求我们在发展民族教育的具体方针、政策和措施以及教育体制和办学形式等方面，不能搞“一刀切”，而应当根据不同情况，提出不同要求，做出不同规定，采取不同措施，以更好地适应民族教育事业发展的需求。

少数民族大多处于边疆或偏远地区，交通不便，信息闭塞，经济发展不平衡，教育特别是基础教育发展水平不高。针对这种状况，党和政府坚持把民族教育特别是少数民族基础教育作为一项重要的社会公益性事业，不断加大政策的倾斜力度以及政府的管理和投入力度。为了进一步改革和发展民族教育，各级政府在采取不断加大对民族教育的扶持和投入力度、政策倾斜、组织发达省市支援民族教育、发展和改革民族高等教育、加速培养各类专门人才等行之有效的措施之外，还积极采取了以下重要举措。

1．采取灵活多样的办学形式，发展民族中小学教育

从实际出发，采取适应民族特点、符合当地实际的形式发展民族教育事业，是党和政府在吸取历史经验教训的基础上制订的一项重要方针。根据这一方针，各民族地区在发展民族中小学教育的过程中，发展并逐步完善了适合民族地区特点和实际的灵活多样的办学形式。比如，除开办普通中小学外，在少数民族人口集中的地区恢复设立了一批民族中小学；在人口稀少、居住分散、交通不便的少数民族牧区和山区，发展了寄宿制、半寄宿制民族中小

学。目前，全国民族地区寄宿制中小学已达六千多所，成为我国少数民族牧区和山区的主要办学形式。在一些传统观念和宗教习俗影响较大的地区，为提高女童入学率，采取单独开办女童班、女子学校等做法，已经取得了初步成效。在城镇重点中小学或条件较好的中小学开办民族班。在一些边远偏僻、经济贫困地区，作为全日制正规教育的补充形式，因地制宜地采取早晚班、隔日制等非正规教育形式。此外，还采取了“易地办学”的特殊形式，帮助情况更为特殊的民族地区发展教育事业。上述一系列措施的实施，有力地促进了民族中小学教育的发展，大大提高了儿童尤其是女童的入学率和巩固率。如塔塔尔族是我国人口比较少的一个民族，却是我国唯一没有文盲的民族。塔塔尔族特别重视教育尤其是对女童的教育。他们认为，女孩将来要做妈妈，她们的受教育水平关系到下一代教育的质量。如果家里穷，只有一个教育机会，这个教育机会理所当然地属于女孩①。

2. 加强民族语文授课和民族文字的教材建设，积极推进双语教育

中国的少数民族教育，在很大程度上是一种民族语文教学和“民汉双语双文”教育。它是贯彻落实《宪法》《民族区域自治法》和《教育法》有关规定的重要举措，具有双重功能：一是充分尊重并保障少数民族使用本民族语言文字接受教育的权利，继承和发扬少数民族的优秀传统文化；二是在民族地区的学校加强双语教育，推广全国通用语——普通话，不断提高少数民族学生的汉语文水平，为少数民族学生适应国家现代化建设的需要创造条件。

我国的国情以及历史的经验已经证明，在少数民族聚居区，少数民族受教育者不学母语，不用母语接受教育特别是基础教育是行不通的；只会母语，只用少数民族语言接受教育，不会汉语或不用汉语接受教育也不符合广大少数民族群众的意愿，同样是行不通的。因此，我国的少数民族教育不仅要考虑到本民族母语的学习和教授，也要考虑到国家通用语的学习和教授。只有这样，才能有利于普及教育并提高教育质量，有利于少数民族优秀文化传统的继承和发扬，有利于各民族科技文化的交流，有利于各民族的长远发展。

随着民族自治地方自治权益的落实和巩固，民族地区循序渐进地发展了民族语文教学。各民族聚居地方从实际出发，因地制宜，实施民族语和汉语双语教学，逐步形成了三种“双语双文”的教学模式，即“民族语文授课为

① 滕星、胡鞍钢编《西部开发与教育发展博士论坛》，民族出版社2001年版。

主，加授汉语文”“汉语文授课为主，加授民族语文”“以民族语文授课为主，逐步过渡到汉语文授课为主”。另外，一些地方则因地制宜地采取了“双语单文”的教学模式。为了加强民族文字的教材建设，中央和地方各级政府从人、财、物等方面给予了大力支持。为了提高民族文字教材的质量，在有关省区建立健全民族文字教材编译出版机构的基础上，先后成立了跨省区的协作机构。目前，少数民族地区的双语教育体系已经基本形成，全国共有一万多所学校使用二十一种民族文字开展不同类型的“民汉双语双文”教学，在校学生达六百多万人。

云南是全国少数民族种类最多的省分之一，世居少数民族二十五个，其中，十三个跨境而居。全省八个民族自治州、二十九个民族自治县。在不通汉语的少数民族人口聚居地，无论是国家课程还是地方课程都需要用汉语和民族母语或民族文字进行教学，否则，将会脱离少数民族的实际，给教学带来困难。

3．加强少数民族教师队伍的建设

各级政府采取了一系列特殊措施，对民族地区的师范学校进行了必要的整顿和充实。为改变民族地区办学条件差、教育质量不高的状况，各级政府通过不同途径增加投入，改善了民族地区师范学校的办学条件，增办了一批民族师范学校。目前全国有民族师范专科学校四十多所，民族中等师范学校一百一十所。为满足边远地区教育发展对师资的需求，各级政府还根据当地实际，改革师范院校的招生、分配办法，采取定向招生、定向分配或开办民族班、预科班等措施，使边远地区的学生“进得来、学得好、回得去”。与此同时，各地民族中等师范学校加强了教育教学改革的力度，努力培养“一专多能”的新型教师，以适应民族贫困地区教育综合改革的要求。

为适应民族教育发展的需求，教育部建立了全国少数民族师资培训中心和预科培养基地，实施了“二十一世纪民族贫困地区中小学教师综合素质培训计划”及“明天女教师培训计划”。在此基础上，有关部门正在通过各种途径逐步扩大师资培养和培训的范围，使少数民族地区的一线教师特别是双语教师都能在教育教学上得到提高。经过二十多年的努力，已经逐步建立起一支稳定的少数民族教师队伍。

4．促进中等教育与初等教育的衔接，发展民族贫困农村地区的教育

为了进一步深化民族教育改革，在加强基础教育的同时，各级政府从民

族地区的实际出发，积极探索少数民族贫困地区教育发展的新路。在贫困山区和边远牧区进行了一系列教育综合改革，促进教育为民族地区经济建设和群众脱贫致富服务。比如，在调整民族地区的中等教育结构、发展职业教育和成人教育方面，主要采取了以下形式：开办中、初级职业学校，培养当地经济发展急需的中、初级实用技术人才；开办农民文化技术学校，进行实用技术培训；采取多种形式对不能升学的初中和小学毕业生进行一定时间的实用技术培训；在初中、小学阶段渗透职业技术教育因素，等等。一些民族贫困地区还尝试开办了"多功能学校"，以充分发挥农村中小学的作用。上述举措的实施，促进了人口资源向人力资源的有效转化，加快了经济发展和群众脱贫致富的速度。

5. 正确处理基础教育和宗教教育的关系，努力构建和谐教育环境

宗教文化是少数民族的一种重要文化形态，它对民族传统文化的形成和发展有深刻的影响。我国各少数民族大都信仰宗教，不少民族基本上是全民信教。宗教教育和民族教育之间存在着复杂关系：一方面，从某种意义上说，宗教教育和现行的民族教育体制是两条并行线；另一方面，在一定条件下，宗教教育和民族教育又相互影响。许多宗教活动民俗化，使宗教信仰与民族的传统、习惯融合在一起，成为民族文化及心理素质中的一个重要组成部分。在一些地区，宗教教育成为儿童启蒙教育的重要内容，有的少年儿童因参加宗教活动而停学，影响了义务教育的实施。面对一些地区存在的宗教与教育"争生源、争地盘、争经费"现象，为了更好地落实党和国家的宗教政策和统战政策，认真对待和处理宗教教育和现代教育之间的矛盾，努力构建和谐的教育环境，各级政府采取了一系列有效的措施。在消除宗教对现代教育消极影响的同时，充分调动宗教界人士的力量，引导他们为民族教育事业的发展献策献力。

（二）西部民族农村地区在我国第八次基础教育新课程改革中存在的问题与挑战

课程是基础教育改革的核心内容。新中国成立后，共进行了八次基础教育课程改革。随着我国改革开放和社会主义现代化建设进入新的时期，基础教育课程存在的问题、弊端逐渐凸显，主要表现在以下几个方面：第一，教育观念滞后，固有的知识本位、学科本位问题没有得到根本的转变。第二，传统的应试教育势力强大，素质教育不能真正落到实处。第三，课程结构和

教学要求比较单一固定，缺乏灵活性和弹性。根据教育部2001年颁布的《基础教育课程改革纲要（试行）》，基础教育新课程改革的主要内容涉及：课程结构、课程管理、课程标准、课程评价、教学过程、教材开发与管理、新课程改革的组织和实施、教师的培养和培训等方面。新课程改革的最高宗旨和核心理念是“一切为了每一位学生的发展”。

十年多过去了，尽管新一轮基础教育课程改革取得了明显成效，积累了丰富的经验，但是，从现实情况看，深化课程改革并把改革推向新阶段，仍面临着环境与观念转变、制度完善、教师提高、投入和保障等方面的问题与挑战。这些问题与挑战在广大农村地区表现得尤为明显。尤其是广大边疆民族农村地区的师资、课程资源等还不能满足课程改革需要。传统的教育观念和教学方式仍然在广大农村中小学课堂教学中有所反映。基础教育课程改革国家评估结果也显示，在课程改革推进进程中，城乡差异明显，农村地区对课程改革的信心、对课程理念和课程改革目标的可实现程度的估计、对新课程教学方式的认可等都明显低于城市地区。通过对调研结果的分析，这些挑战和问题主要表现在观念认识层面、政策管理层面、理论研究（专业支持）层面、操作实施层面、资源保障层面和社会支持层面。

1. 西部基础教育新课程改革政策执行主体认识不到位

教育行政部门的一些主要负责人对基础教育课程改革的重大意义的认识还不到位，还没有从社会和时代发展对人才的新要求以及全面实施素质教育的战略高度，深刻认识基础教育课程改革的重要性和必要性。对课程改革的目标任务不甚了解，没有从根本上树立正确的教育质量观，依旧存在以升学率评价学校办学和教师教学质量的简单做法。存在着消极观望、规避风险、无所作为的倾向，致使课程改革出现推进乏力、流于表面、应付拖沓等现象。一些教师甚至是教育管理者对此轮课程改革的一些理念理解得不够透彻，特别是对评价制度改革、教材多样化、用教材教而不是教教材等理解不透彻，不能充分做到以培养创新精神和实践能力为重点，促进每个学生身心健康发展，满足每个学生终身发展的需要。另外，教材的选用政策和方法还未被学校和教师所了解，广大教师甚至包括各级教育行政部门对教材选用的意义认识不到位。

2. 西部基础教育新课程改革政策体系有待进一步完善

一是对农村课程改革的政策关照尚需加强。课程改革以来颁布了一系列课程政策文件，主要包括三个层面：课程的总纲；学段实验方案和学科课程标准；专题性或单科性指导意见。此外，还有一些补充性的规定。这些课程改革的政策文件在对全国课程改革发挥引领和指导作用的同时，却表现出对农村教育的改革问题关注不够，反映不足，尚需要进一步完善。2001 年教育部颁布的《基础教育课程改革纲要（试行）》共 9 个部分 20 个条目，其中只有第 2 部分第 6 条专门讲农村课程改革。也就是说，《纲要》关于农村课程改革的规定只有 1 条，仅占到总条目的 5%。学科课程标准中选择的内容题材及其教学理念也与农村生活存在一定距离。另外，指导和规范部分新课程的政策文件不尽完善。如《综合实践活动课程指导纲要》至今未正式出台，制约了综合实践活动课的实施；部分学科缺少相应的学科《教学指南》，教师特别是农村教师开展新课程教学依据不足。尽管课程标准有“教学建议”，但其中的若干阐述比较含糊、笼统，缺少对教师明确、细致的指导，使得相当多的一线教师特别是农村教师不能真正理解课程标准。

二是课程改革质量监测评估体系不完善。其一，目前，我国还未能建立起健全的课程监测评估体系。教育部虽然在北京师范大学和华东师范大学建立了基础教育质量监测中心，但尚属于起步和经验积累阶段，而且对我国幅员辽阔又差异明显的实际来说，很难全面、准确地把握各地基础教育质量，特别是课程改革的整体状况。其二，在广大农村地区还没有建立起有效指导当地基础教育课程改革研究和资源开发的实验基地和机构，中央与地方、政府与学校、教师与专业支持队伍之间未能建立有效沟通机制，不能全面地反映基础教育课程改革的实际状况，特别是农村学校实施新课程过程中遇到的困难和问题不能得到及时反馈，独特的课程改革案例和成功经验不能得到很好的总结和推广。不完善的课程改革监测评估体系和机制，制约了基础教育课程改革的步伐。

3. 新课程改革理论研究对西部基础教育发展中面临的特殊问题关涉不足

首先，基于新课程改革中对西部民族基础教育课程改革的相关理论研究严重滞后。既有的一些研究只是从改革的外围或表层做文章，或是对一些理念、理论基础是否适合国情的争论，没有形成或提出有效指导西部地区民族基础教育课程改革和教学理论体系完善的理论。加强指导西部地区民族基础教育课程改革的基本理论问题研究，已是课程论和教学论研究者的当务之急。其次，基于我国西部地区民族中小学实际的研究仍然不足。各学科课程标准研制初期虽然开展了若干专题研究，进行了一定的调研，但是主要依据的仍然是传统与经验。由于时间紧迫和经费不足，基础性研究薄弱，特别是教学研究薄弱。目前的教学研究还不足以支撑一个高质量的国家课程标准及其实施。同时，基于我国国情、解决实际问题的研究甚少，缺乏立足本土、用于支持一线教师课程实施的优秀案例和典型素材。在对西部中小学教师培训过程中，尽管也采用了一些案例与材料，但国外案例、沿海发达地区的案例与材料偏多，概念与理论偏多，针对我国西部基础教育改革与发展实际的案例与材料很少，对教师教学的有效指导不够，培训实效性有待提高。

4. 新基础教育课程改革在西部地区民族中小学实施有难度

一是许多学校尤其是农村学校适应新课程与教学难度大。这次课程改革不是单方面的局部改革，而是从育人观、发展观的根本性转变出发，对课程目标、课程结构、课程内容、教学方式、课程评价、课程管理进行全面的调整和革新。改革本身的系统性、复杂性所造成的难度在教师整体水平偏低的农村学校显得更加突出，学校和教师适应难度较大。主要表现在：一是对综合课程适应较困难。这次课程改革强调课程结构的综合性，小学以综合课程为主，初中设置分科与综合相结合的课程，农村教师适应起来较困难。二是对实施探究教学不太适应。这次课程改革强调引导学生主动参与、乐于探究，培养学生搜集和处理信息的能力、获取新知识的能力、分析和解决问题的能力以及交流与合作的能力。许多农村教师反映“现在探究的内容多，但探究是什么？我们对这个概念特别模糊，虽然参加了很多培训，但也没有真正讲清楚……再说，都是探究，没有教师的教授，学生根本没办法学习”。可见，教师们对新课程倡导的探究式学习和合作学习的理念还不能深刻理解，观念上未能完全接受，实践中还不会操作，不知如何把握、如何组织，难以保证教学质量。另外，只有课程标准，缺少教学指南和学习质量评价标准，给中小学教师实践新课程带来了许多障碍与困难。教师普遍反映，课程标准中的教学要求比较概括，过于笼统，缺乏可操作性，这不利于教师把握教学内容的广度与深度。三是部分课程（主要是综合实践活动课）实施艰难。据我们调查，综合实践活动课实施的总体状况是：就全国范围看，综合实践活动实施的总体状况是城市开设较好、农村开设较差；小学阶段开设较好（无升学压力），中学阶段难以推进。国家规定综合实践活动课平均每周达到3课时，但调查表明，不足20%的学生表示能开到3课时，近25%的学生表示没有固定课时开课。在仅有的课时中，还有31.9%的学生反映有时改上其他课，8.8%的学生表示都改上其他课，且初中比小学更明显。可见，综合实践活动课程只在部分学校、部分班级中开设，并且仅仅停留在公开课和观摩课层面上，特别是有些农村学校，还只是一门课程表上有而实际未开设的课程。

5. 西部地区民族基础教育资源保障体系有待夯实

学校课程资源严重不足，教师意见反映强烈。有研究者在东中西16省区市“新课程资源开发情况调查”中了解到，在近300所学校中，接近90%的农村学校反映现有资源不能满足或不能完全满足新课程的要求，尤其是缺少实验室、语音室、计算机教室、多媒体教室等现代化教学设施。如信息技术教育是实践性和操作性很强的学科，但多数农村学校现代化教学设施不足，难以进行正常教学。课程资源不足直接影响到体现此次新课程改革亮点之一的综合实践活动课的有效实施。

6. 西部地区民族基础教育的发展需要社会专业体系的有力支撑

教师是实施课程改革的主体力量，坚强有力的教师培训和扎实有效的专业发展支持机制，是推进基础教育课程改革的根本保证。目前，各级学校完备的专业支持机制依然没有很好地建立起来。在西部地区，多数中小学教师不能经常得到专家指导。从校本教研成效看，教研内容主要围绕着考试进行，而缺乏对于教师教学能力、研究能力、持续发展能力的培养。从地域上看，也是东部地区较中西部地区、城市学校较农村学校、重点学校较薄弱学校开展得好。特别是西部农村，教研员量少质低，难以承担繁重的教学指导任务已是不争的事实。

（三）进一步推进基础教育课程改革辐射西部民族农村地区的政策建议

从总体情况来看，基础教育课程改革进入深化发展新阶段。其阶段性特征是：符合时代精神和素质教育要求的基础教育课程体系已初步建立，但尚不完善，部分新课程实施艰难；中小学教育教学观念与方式正在发生积极转变，但束缚改革创新的体制性障碍依然存在；课程改革已由实验探索进入常态推进，但缩小城乡差距、全面提高教育质量的任务十分艰巨；各地区在改革过程中探索、积累了丰富的实践经验，但系统总结、提升和推广的任务依然繁重。正确认识当前基础教育课程改革所表现出来的阶段性特征，是深化课程改革的前提和基础，也是提出进一步推进和深化我国基础教育课程改革对策建议的前提。《教育部关于深化基础教育课程改革进一步推进素质教育的意见》在充分肯定和总结课程改革的成效和经验基础上，提出了进一步深化基础教育课程改革的主要任务。为了切实贯彻好《意见》精神，针对深化基础教育课程改革面临的挑战和问题，提出如下对策和建议。

1. 深入开展课程改革的政策、理论学习和业务培训，不断提高实践者对课程改革的理性认识

要从人的全面发展和社会需求的高度，从两个“为了”目标出发，深刻认识此次课程改革的重大意义。建议各级教育管理者、教师通过各种形式，加强政治理论学习，深入学习领会科学发展观的要务，以此为指导，与教育实践相结合，深入学习《中共中央国务院关于深化教育改革全面推进素质教育的决定》以及《基础教育课程改革纲要（试行)》，不断提升教育者的自身素质和修养，这是搞好我国基础教育课程改革的前提和基础。加强与课程标准、教材相匹配的教师培训，让教师能够了解课程标准制定者、教材编者的意图，理解教材编写的特点、体例，掌握教材的内容，提升教师的专业化水平和教育教学能力。

2. 加快完善基础教育课程改革配套政策体系，为学校和教师提供行动指南

2001 年颁布的《义务教育课程设置实验方案》以及《普通高中课程方案(实验)》，确立了基础教育课程政策的基本框架。但相应的教师标准、教学标准与评价标准还有待于进一步开发。具体而言，缺乏统一教师资格标准与教师专业素质标准，教师入行的基础知识与技能不足，专业发展不够规范，以致无法保障高质量的课程实施；缺乏统一的教学标准指导、有效的课堂教学活动；缺乏统一的学业成就标准与综合素质标准，不能对学生的学习进行动态的跟踪评价，并反馈至学习过程，从而改进教学。建议国家在现有的国家教育方针、教育法规的基础上，制定有关的教师标准、教学标准及评价标准，指导地方的课程改革实践。第一，完善有关的教育资格准入制度，制定教师资格标准，包括教育专业素质方面的标准。第二，开发能够有效指导课堂教学的教学标准，尽快制定、出台各学科教学指南。第三，开发学业成就评价标准及综合素质评价标准。在此基础上，进一步完善有关质量保障的行政管理制度及监测督导制度。制定和完善课程实施的专题性文件，如“综合实践活动实施指南”“课程资源开发利用指南”等。课程标准、教材及相关政策文件的修订要充分考虑各地经济社会发展水平和特点，对农村地区课程设计和

实施提出明确的指导性意见，让农村学校在实施新课程过程中有法可依、有章可循，防止在改革中偏离方向，确保教育教学质量。

3. 创新基础教育课程管理体制机制，保证改革的制度化和规范化

课程管理体制的优化和创新是推进和深化基础教育课程改革的关键环节。目前，我国实行国家、地方、学校三级课程管理体制，但是地方管理体制不够清晰，使得在工作中，责权利不统一，部分课程改革的任务由于职责不明晰而不能得到落实。第一，要进一步理顺国家、地方和学校在基础教育课程管理中的关系，建立协调机制，改变三级课程管理中简单分权的局面，在保证学生达到国家课程基本要求和质量标准的前提下，不断加大地方和学校对课程的管理权和调整权，支持和引导地方课程和校本课程的开发。课程改革参照《义务教育法》及有关教育方针与政策，在省、地（市）、县（区）三级政府的管理分工方面，进一步明确各级政府的职责，加强省级政府的统筹责任，特别是在经费及其他资源方面的统筹责任，保障不发达地区学校教师参加课程改革培训经费和紧缺教学设备与教学资料经费，积极推进义务教育均衡发展。第二，继续推进以校为本的教学研究制度，保证课程实施的有效性，促进教师的专业发展。要坚持民主参与、科学决策的原则，建立和完善各级课程决策的咨询和审议制度，确保课程改革的全面、协调、可持续发展。第三，完善基础教育课程教材管理制度。基础教育课程教材管理制度，是促进基础教育课程改革与发展的基本保障。要积极开展国内外教材的比较研究，根据我国国情和学生身心发展的特点，进一步明确教材的功能与定位，提倡教材多样化，鼓励编写适合城乡一体化的教材。不断完善教材编写的立项核准、审查审定、出版发行和选用制度，制订更加科学的教材评价指标体系和合理的教材审查标准。完善经济适用型教材政府采购和教材循环使用政策。初步建立国家基础教育教材信息数据库、基础教育教材评价监督机构和教材审查委员专家库。

4. 改革和创新教师培训模式和方法，切实提升教师的专业化水平

目前，教师的职业素质与专业素质都与基础教育课程改革的要求有距离。建议：第一，根据课程标准开发相应的教师培训课程模块，发挥各级各类培训主体的作用，包括（国家、地方）各级教研室（教科院/所），高等学校的教育学院、专门承担培训任务的师范院校，以及教育研究机构等。由师范院校牵头，各部门分工合作，利用各自的比较优势，开展有关课程改革的教师

培训。第二，采用跨学科研究的办法，研发课程培训模块，初步设想课程模块是否可以分为通识模块与专业模块两部分。通识模块包括有关教育教学的最新理论成果、最新教育政策、最新管理知识（例如压力管理）、研究方法、信息通信技术等；专业模块包括有关学科内容的培训，建议更多地引入新课程的知识及探究式教学方法，要特别加强新学科，例如综合实践活动课的培训与专业支持力度。第三，采用远程、面授、教研相结合的三位一体的培训方式。远程培训可以集中优势资源，远程培训以传授知识为主，面授以解决问题为主。在教研部分，教师进一步深入探索培训成果，通过研究，发现新问题，找到新方法，改进教学。第四，完善有关教师评价办法。例如，根据国家课程标准，制定统一的教师资格更新考试，把有关课程与教学的内容作为重点考核内容。第五，发挥课程改革的模范试点作用。例如，利用乡镇的中心小学，或遴选一至二所小学作为乡镇课程改革示范小学，充分发挥其在课程改革方面的示范、引领与辐射作用，使其成为本乡镇小学教师培训和交流中心及信息资料基地。

5. 加快农村基础教育课程改革监测支持系统，完善农村课程改革推进机制

建议采用跨部门、跨行业的办法，深入研究农村课程改革的具体措施。例如，教育部与农业部、人力资源与社会保障部合作研究农村以及城乡劳动力转移过程中的教育需求，结合农业发展与农村产业结构调整，制定具体的指导农村课程改革的规定和意见。第一，在各级政府领导下，依托地方教育行政部门、教研室、教科所或师范院校，尽快建立上下有效沟通、全国联网的基础教育课程改革监测支持系统，覆盖到县。建立课程改革实施过程的评估与公告制度，由各级政府教育督导部门定期对本地课程改革经费落实情况、中小学校开足、开齐国家课程情况进行专项督导。在地方教育行政部门，设专人负责课程改革基本状况数据搜集、更新工作和教师教学及研究成果发布等工作，建立课程改革进程数据库，及时将基层特别是农村课程改革的进展情况、主要问题和困难、主要经验和成果向上反馈，推动政府相关决策的跟进。第二，每个地市（有条件的县）设立基础教育课程发展研究中心，可以设在当地教育行政部门或教研部门，尽可能吸收当地政府、经济及科技领域专家等进入研究团队，主要致力于开发适合于当地特别是农村中小学课程改革需要的课程资源，为地方课程和校本课程开发提供咨询和指导，为农村中

小学教师提供课程教学方面的专业支持。第三，在国家课程改革实验区的农村地区，开展区域教研、联片教研试点工作，探索适合于较为分散的农村学校的教研方法与途径，逐步建立农村区域教研、联片教研制度，并带动农村校本教研的发展。第四，在每个乡镇选取一至二所中心小学、一所初中作为推进课程改革的基地校，强化其在课程改革方面的示范、引领、辐射作用，使其成为本乡镇中小学教师培训和交流中心、信息资料中心。多渠道筹措落实课程改革专项经费，并重点向农村倾斜。针对贫困地区，各级财政和教育行政部门要给予专项经费支持，重点保障农村学校教师参加课程改革培训经费和紧缺教学设备与图书资料经费。湖北等地以专项经费形式面向农村中小学教师免费开展新课程改革培训的经验值得推广。

6. 以质量为导向，完善基础教育课程教学质量检测评估机制

目前，我国尚未建立健全的课程监测体系，虽然教育部在北京师范大学和华东师范大学建立了基础教育质量监测中心，但远不能满足课程改革发展的实际需求。建议尽快建立以教育部基础质量监测中心为牵头单位，各省（自治区）、地（市）、区（县）监测中心组成的基础教育质量监测网，建立课程改革实施过程的评估与公告制度，全面反映基础教育课程改革的实际状况，及时反馈农村学校实施新课程过程中遇到的困难和问题，并在此基础上总结和推广独特的课程改革案例和成功经验。建立基础教育课程改革实施监控体系，以政府购买服务的方式，依托现有国家级教育研究机构和各省教科院所，对课程改革实施状况进行过程监控，及时反馈课程方案在不同地区、不同学校的实施程度、水平和相关举措，积累数据和案例，为课程方案、课程标准的修订提供实践依据，为课程的不断革新提供自下而上的推动力。逐步实现国家教育督导工作重心的转移，从对基础教育事业发展方面的督导转向对教育质量的监测和评估。定期对不同学段、不同科目、不同区域的教育教学质量进行督导检查，对学生的学业成就进行抽样测试，评估达标程度，并基于影响因素分析进行干预，提高教育教学质量。

7. 强化中国特色基础教育课程理论研究，为课程改革提供理论支持

中国特色基础教育课程理论是引领中国基础教育改革发展的重要依据。中国特色基础教育课程理论建设要以科学发展观为指导，不断弘扬我国优秀的教育教学思想，系统总结我国基础教育课程改革的基本经验。借鉴国外课程改革的最新成果，深入研究课程改革与发展中的重大问题，努力构建指导

和引领我国基础教育课程改革与发展的课程理论体系。教育科研系统和高等院校应在课程理论建设方面发挥主导和示范作用。以教育部委托的17个师范大学基础教育课程研究中心为依托，不断加强基于我国中小学实际和解决实际问题的案例研究、课例研究和合作行动研究，尽快开发出用于支持一线教师课程实施的优秀案例和典型素材，不断提高教师实施课程的专业能力和理论化水平。

二、西部民族基础教育的发展现状

（一）新疆维吾尔自治区民族基础教育发展现状

新疆维吾尔自治区位于我国西北部，是我国面积最大、陆地边境线最长、毗邻国家最多的省级行政区。新疆维吾尔自治区内居住着包括汉族、维吾尔族、哈萨克族、回族、柯尔克孜族、蒙古族、锡伯族、塔吉克族、乌孜别克族、满族、达斡尔族、俄罗斯族、塔塔尔族等13个世居民族在内的47个民族。其中维吾尔族是人口最多的群体。2008年新疆总人口为2130.81万人，其中少数民族人口1294.48万人，占60.75%，各民族人口数见下表。

表5－1　2008年新疆各少数民族总人口数（单位：万人）

维吾尔族	汉族	哈萨克族	回族	柯尔克孜族	蒙古族	锡伯族	俄罗斯族	塔吉克族	乌孜别克族	塔塔尔族	满族	达斡尔族	其他民族
983.18	836.33	151.05	95.30	18.64	18.10	4.32	1.16	4.54	1.69	0.49	2.59	0.68	12.74

资料来源：新疆维吾尔自治区统计局编《新疆统计年鉴2009》，中国统计出版社2010年版

新疆中小学共用汉族、维吾尔族、哈萨克族、柯尔克孜族、蒙古族、锡伯族和俄罗斯族等民族的7种语言授课，除了满族、回族和大多数达斡尔族用汉语授课，塔吉克族、塔塔尔族和乌孜别克族用维吾尔语或哈萨克语授课外，其他各民族都用本民族的语言文字授课。

新中国成立前，全疆文盲人口率达90%以上。新中国成立初期，南疆只有小学没有中学，农牧区初等教育几乎是空白，中等、高等教育数量少，用少数民族语言进行教学的学校更少。新中国成立初期，新疆尚未形成现代教育体系。

改革开放以后，新疆义务教育发展取得显著成就，迈入新的发展阶段。

全区城乡义务教育全面普及，双语教育推进步伐加快、力度加强，教师队伍学历层次进一步提升，办学条件明显改善，教育信息化建设发展迅速，教育质量进一步提高。

1. 九年义务教育全面普及。2009 年，“两基”人口覆盖率达到 100%。2010 年，全区有小学 3598 所，在校生 193.58 万人，小学适龄儿童入学率为 99.78%。全区有普通初中 1160 所，在校生 100.33 万人，初中阶段适龄少年净入学率为 97.15%。

2. 义务教育阶段双语教学快速推进。目前，全区接受双语教育和民考汉的义务教育阶段学生 59.21 万人，占少数民族在校生总数的 31%。在区内 8 个城市举办疆内初中班，办班学校达 17 所，在校生 15 000 人。

3. 教师队伍学历层次进一步提高。2010 年，全区义务教育阶段有专任教师 21.77 万人，其中少数民族教师 13.26 万人，占 60.91%。普通初中、小学教师学历合格率分别达到 99.33%、99.70%。

4. 义务教育校点布局规划工作取得重大成就。全区义务教育学校校点设置由 2005 年的 7170 所减少到 2010 年的 4758 所，净减了 33.64%，年均减少 482 所。校均在校生规模由 2005 年的 511 人增加到 2010 年的 631 人，净增了 23.48%，办学效益有了明显提高。

5. 教育事业投入逐年增长。义务教育学校预算内教育经费支出由 2004 年的 81.84 亿元，增加到 2010 年的 248.06 亿元，年均增幅为 24.82%，高于同期一般预算财政收入 19.07% 的年均增幅。教育事业费公用经费所占比例由 2004 年的 15.79%，提高到 2010 年的 34.42%。

2004 年至 2010 年，义务教育学校完成基本建设投资 161.57 亿元，其中：中央投资 36.05 亿元，占总投资 22.31%；地方投资 74.97 亿元，占 46.40%；各类自筹投资 50.55 亿元，占 31.29%。义务教育事业各项投资均呈逐年增长的趋势，为推进义务教育学校标准化建设和今后可持续发展奠定了良好基础。当前自治区义务教育学校教育发展中心集中在学校标准化建设和义务教育均衡发展规划的落实。

为贯彻落实《自治区中长期教育改革和发展规划纲要（2010—2020 年）》，推进义务教育均衡发展，积极开展创建“教育强县”活动，根据《中华人民共和国义务教育法》《新疆维吾尔自治区实施〈中华人民共和国义务教育法〉办法》《关于自治区推进义务教育均衡发展的指导意见》，新疆维吾尔自治区制定了新疆维吾尔自治区推进义务教育均衡发展规划。

党中央、国务院高度重视新疆教育事业的发展，明确了教育服务于自治区跨越式发展和长治久安的任务。由于该区地域辽阔，民族众多，交通不便，义务教育学校仍然存在着办学条件不足，学校基础设施短缺，教学设备、生活设施不配套，校点布局分散等问题。同时，优质教育资源分布不均衡，教师队伍整体素质不高，双语教师严重短缺，教学质量不高等问题也导致个别城市和县镇学校择校情况严重，在校生规模超标，大班额现象较为突出。一些县市教育资源不足，义务教育学校标准化建设、均衡化发展的任务繁重，急需加大投入。加快推进义务教育学校标准化建设步伐，是促进自治区教育跨越式发展，提升教育服务经济社会能力的重要保证。

（二）宁夏回族自治区民族基础教育发展现状

长期以来，宁夏回族自治区对民族教育采取“优先发展，重点倾斜”的政策，确保“资金投入向民族教育倾斜、优惠政策向民族教育倾斜、重点工程向民族教育倾斜、工作重点向民族教育倾斜”的4个“倾斜”。在重点解决民族教育的难点问题和薄弱环节的同时，实施了一系列教育重点工程，大力加强民族教育的投入。自治区投入3亿多元实施的“百所回族中小学标准化建设工程”，规划分期分批建设100所办学条件一流、管理一流、教育质量一流的回族中小学。这些学校普遍成为当地校园校舍最漂亮、内部设施最完备的学校，受到了全区回族群众的广泛赞誉。而“双百”工程的另一项“百名优秀教师支教工程”，则切实加强了民族教育的师资建设。与此同时，自治区在银川市创建了可容纳1.6万名宁南山区学子的宁夏六盘山中学和宁夏育才学校，充分体现了“扶贫教育、民族教育、优质教育”三大理念。快速发展的民族教育，使越来越多宁南山区的回族孩子，有机会走出大山，来到都市学习、生活，提升了民族教育的质量和水平。目前，全区各级各类学校有在校生139万人，其中少数民族学生达到47万人，比例达到了33.81%，与全区少数民族人口自然比例大体相当。全区有独立设置的少数民族中小学达220所，其中小学173所、中学44所、民族中等职业学校2所、民族高校1所，实现了民族教育与全区教育同步协调发展，全区已经形成了完善的民族教育办学体系。

在宁夏义务教育发展历程中，有两个里程碑性的事件，使全区义务教育的整体面貌发生了翻天覆地的变化，这便是“两基”目标的实现和“两免一补”政策的实行。据统计，自实施“两基”攻坚以来，宁夏已累计新建、改扩建学校719所，建筑面积达到300万平方米，使全区农村学校的办学条件得到极大改善，一批批花园式学校如雨后春笋般涌现出来。目前，全区农村小学生均校舍建筑面积由3.68平方米提高到4.08平方米，初中生均校舍面积由5.05平方米提高到5.66平方米。农村中小学校舍砖瓦化率达到95%以上，成为当地农村最好的建筑，为推动全区教育事业持续健康发展奠定了坚实的物质基础。

2005年春季开学，宁夏在国家扶贫开发重点县实施了“两免一补”政策。为了使这项政策覆盖到更多的群体，自治区将“两免一补”的范围扩大到城市困难群体，引黄灌区的贫困乡村以及移民吊庄地区，今年又将这一政策推广到全区所有城乡义务教育阶段学校，使全区义务教育阶段99万学生享受到了这一政策。在免除杂费、教科书费的同时，还为寄宿的农村学生每人每天提供了2至3元的生活补助。这一系列惠民政策，确保了“义务教育阶段贫困学生不因家庭经济贫困而辍学，一个也不能少”目标的实现。而从2006年秋季起，自治区在全国西部地区率先实现了覆盖全区城乡的真正意义上的免费义务教育，又为享受“两免一补”的学生免费提供一套教辅材料，将“两免一补”扩展为“三免一补”。这项工作也成为全国首创，开辟了全区义务教育发展的新纪元。

宁夏教育50年发展大事记

1958年10月，宁夏回族自治区文教厅正式成立，李微冬任党组书记。

1962年7月31日，宁夏师范学院和宁夏农学院联合举行首届毕业生毕业典礼，宁夏第一批高等学校毕业生共162人。

1984年1月9日，自治区教育厅下发《关于加速我区普及初等教育步伐的意见》，要求各市、县结合实际情况贯彻执行。

1986年1月17日，自治区党委、政府做出《关于改革和加强教育工作的决定》。《决定》明确了教育体制改革的根本目的，提出要在全区有步骤地实施九年义务教育。同年3月14日，自治区第五届人大常委会第十六次会议通过《宁夏回族自治区普及初等义务教育暂行条例》，条例内容共包括23条，自1986年7月1日起施行。

1993年8月21日，自治区第七届人大常委会第二次会议审议通过了《宁夏回族自治区义务教育条例》，这是一部贯彻落实义务教育法及其实施细则的地方性法规，也是贯彻执行《中国教育改革和发展纲要》的一项重大举措。

2000 年 4 月，自治区各地开始通过合并、联办、共建、改制、兼并、成立职教集团等多种形式，发展中等职业技术教育。同时，各地也对普通中学布局结构、教育规模进行了调整。

2002 年 1 月 1 日，《宁夏回族自治区民族教育条例》经自治区人大常委会审议通过，并于 2002 年 1 月 1 日起施行。同年 2 月 26 日，由原宁夏大学、宁夏农学院合并而成的新宁夏大学成立大会举行。

2003 年 9 月，宁夏博士点建设实现了“零”的突破：国家学位委员会第二十次会议批准宁夏大学为博士授予单位，专业为草业科学。

2004 年 6 月 2 日至 4 日，自治区教育厅在银川召开全区普通高中课程改革实验启动暨工作会议，部署新课程实验的具体实施工作。同年 7 月 29 日，自治区政府召开全区“两基”攻坚暨农村寄宿制学校建设工程实施工作会议。

2006 年 1 月 15 日至 16 日，自治区党委、政府召开全区职业教育会议，制定出台了一系列进一步加快职业教育发展的政策措施。

2007 年 6 月 24 日，自治区“两基”工作顺利通过国家教育督导团的评估验收。

（三）陕西省民族基础教育发展现状

陕西是一个少数民族居住散杂的省份，人口较多的有回族、满族、壮族、藏族、朝鲜族、蒙古族、维吾尔族等，其中回族人口最多。在地域分布上是大分散，小集中，城镇多，农村少。全省 107 个县、市、区都有少数民族。居住在城镇的占 70%，居住在农村的占 30%。全省有 3 个回族镇，37 个少数民族聚居村委会，177 个村民小组，2 个街道办事处，31 个居委会。

新中国成立 60 多年来，在党和政府的正确领导和亲切关怀下，陕西民族教育发生了巨大的变化。特别是党的十一届三中全会以来，省委、省政府以邓小平理论为指导，认真贯彻落实党的民族政策和教育方针，把民族教育作为“教育奠基，科技兴陕”的重要组成部分，作为提高少数民族人口素质，培养少数民族干部，增强民族团结，促进各民族平等和共同繁荣的大事来抓。积极采取特殊政策和措施，使陕西民族教育事业有了长足的发展。

陕西民族教育，起源于陕北革命。1935 年至 1948 年，党中央和毛主席在陕北革命期间，就十分重视少数民族教育。1937 年中央党校举办了民族班，这是党培养少数民族干部的开端。1939 年 7 月，中央党校成立了一个回族班

(37班)。1940年8、9月间，陕北公学成立了蒙古族青年工作队。1940年8月，陕北公学成立了少数民族工作队。1941年6月，在少数民族工作队的基础上成立了民族部，王铎担任主任。民族部成立后，第一次招生18人，学员主要是蒙、回、藏、彝、苗、满等族。随着民族工作发展的需要，为了进一步贯彻党的民族政策，发展少数民族的文化教育事业，培养少数民族干部，系统研究我国的民族问题，于1941年9月18日在革命圣地延安创办了第一所民族学院——延安民族学院。办院初期，学员主要来自陕北公学民族部、中央党校民族班和其他学校，以及一些机关、单位的少数民族干部，共有学员300多人。根据办学宗旨，在院、处下设有比较庞大的研究室，专门研究民族情况、民族历史、文化和民族问题等，实行教学与研究相结合。整个学制年限分3期，每期2年，共6年毕业。教学活动的安排，学习和教学占9个月，生产劳动占2个月。根据学员原有文化程度编班，有研究班、普通班和文化班；也有按民族编的回族班、蒙古族班。研究班和普通班高年级开设的课程有：马列主义、哲学、政治经济学、中国革命问题、民族问题和时事政策等。普通低年级和文化班主要开设政治课和文化课。政治课包括：中国革命问题、民族问题和时事政治；文化课有汉语文、民族语文、历史、物理、数学和自然常识等。在教学中认真贯彻理论联系实际的原则，与国内外实际、各民族的实际、学员的思想实际相结合。始终把思想教育放在重要位置，贯穿于整个教学和学校的各项活动。对学员着重进行爱国主义、国际主义的教育，时事政策的教育，马克思列宁主义民族观和党的民族政策的教育，使学员坚定无产阶级立场，确立科学世界观，掌握马克思主义的思想方法。1948年延安民族学院停办。从中央党校的民族班到民族学院，10多年间，共培养了近100名具有共产主义觉悟的、德才兼备的少数民族干部。他们在我国民主革命和社会主义革命和建设时期，发挥了骨干作用，为抗日战争，解放战争，新中国的成立和各民族的团结都建立了不朽的功勋。

新中国成立以前，陕西有少数民族学校8所，分别是西安市的西仓门小学、化觉巷小学、第六区中心国民小学、私立明德小学、私立精一小学、私立保宁小学、新市区伊斯兰小学（私立）和汉中塔尔巷初级小学。少数民族居住相对集中的宝鸡、安康等其他地区，也有的设回族小学，但学校规模很小，时办时停。少数民族学龄儿童入学率很低。

“文革”期间，陕西民族教育同样受到严重的挫折，民族学校均被撤销。

党的十一届三中全会以来，省委、省政府在拨乱反正的过程中，全面落实党的民族政策，对少数民族教育制定了一系列特殊的政策措施。主要表现在以下几个方面。

1. 合理恢复发展民族学校和民族班，民族教育网络体系基本形成。党的十一届三中全会后，省委、省政府认真贯彻落实党的民族政策，对“文革”前的回族学校陆续恢复了原来的校名。并逐步落实了有关优惠政策。如西安市分别将回族学生较多的三十二中和化觉巷小学等14所学校命名为回族中学和小学。其他地市也相继在少数民族聚居的地方命名了一批民族学校。对加强和发展少数民族教育制定了一系列文件。1981年4月，省委、省政府转发省委统战部、省民委《关于落实民族政策几个问题的意见》的通知，1987年10月，省委、省政府批转《关于我省民族工作几个问题的意见》的通知，1992年3月，省政府办公厅转发省民委、省教委《关于进一步加强我省少数民族教育工作的意见》通知，1992年12月，省委、省政府《关于进一步加强民族工作的意见》和《陕西省九十年代少数民族经济和社会发展规划纲要》等重要文件，都对少数民族教育提出了明确的要求。1997年，省民宗委、省教委联合发了《关于重新认定我省民族学校有关问题的通知》，各地市根据文件精神，又重新认定了全省民族中小学。并在一些重点中学和大学设立了民族预科部和民族班。目前，全省有民族幼儿园19所，人园儿童1725人，城镇少数民族儿童入园率达85%以上。民族小学40所，民族学校和普通学校共有在校少数民族小学生10 955人，是1959年的1.2倍，适龄儿童入学率达99.3%。民族中学3所，中学民族班4个，民族中学、中学民族班和普通中学共有在校少数民族中学生6454人，是1959年的3.3倍。大学民族部、民族班11个。大学民族部、民族班和普通高等学校共有少数民族大学生4311人，是1959年的9倍。民族学校布局合理，一个从幼儿教育、基础教育到高等教育的网络体系基本形成，基本满足了少数民族子女入学的需要。

2. 民族教育投入不断增加，办学条件明显改善。从1981年开始，省委、省政府逐步加大了对民族教育的投入，省财政列支经费15万元，1985年增加到50万元，1994年增加到100万元。特别是近十年来，在实施九年义务教育的大背景下，把落实“普九”资金与落实民族教育的优惠政策结合起来。同时，开展群众集资、对口支援、民族企业和社会各界投资，修建了一批民族幼儿园和民族中小学，原有校园的破旧面貌大为改观。农村大都建起了砖木结构的校舍，城市基本实现了楼房化。民族学校的办学条件发生了历史性的变化。如1985年至1994年，省民宗委投资100多万元，对宁陕县江口回族镇中心小学、高桥小学、烧房坪小学，镇安县西口回族镇程家小学，茅坪回族镇中小学等进行了全面翻修和扩建。1985年，西安市教委对回族学生较多的四十一中和二十五中投资130万元，分别修建起了教学楼，共6548平方米，并给两所中学新增教学设备580台（件），价值5.6万元，另拨给教学仪器专款13万多元。1993年又给回族中学和二十五中投资100多万元，各修建一栋2000多平方米的办公实验楼。西安市的8所民族中小学在1994年前全部实现了校舍楼房化，现在大部分学校有专用电教室和微机房。安康地区先后为紫阳县、宁陕县、安康市的部分民族小学投入专款300多万元，翻新校舍，添置教具。汉中市民族小学新建了一座面积2719平方米，具有民族特色的教学楼。现在学校不仅有普通教室，还有音、体、美等专用教室。现代教育设施已经进入陕南地区的民族校园。陕北的定边县民族小学，几十年前只有几间房子20多个学生，现在学校占地面积9500平方米，建筑面积5000多平方米，学生近600人，成为当地办学条件最好，知名度最高的一所学校。

3. 加强民族学校管理，提高民族教育质量。1989年8月，省委办公厅转发省教育厅、省民委党组《关于正确处理我省一些地方宗教影响学校教育问题的意见》。各地把加强民族学校的管理，提高民族教育质量作为一项重要任务。对那些领导班子薄弱，教学秩序混乱，教育质量不高的园、校、班，进行整顿和改进，限期改变面貌。1991年7月，省民委和省教委印发了《关于加强高等院校少数民族学生管理工作的通知》，1992年3月，陕西省人民政府办公厅转发了省民委、省教委《关于进一步加强我省少数民族工作的意见》，对少数民族教育提出了规范性的要求，使民族教育逐步纳入法制轨道，教育质量普遍提高。如汉中市民族小学学龄儿童入学率、巩固率、升学率近10年来均达100%；华清中学西藏班1989年在全国统考中名列第三，受到了全国教委和西藏方面的好评；陕西师范大学预科部多年来培养大学生1700多人，其中有3名考取博士研究生，40余人考上硕士研究生。这些学校分别多次受到地市级、省级、国家级的表彰奖励。

在抓好教育质量的同时，加强德育工作，大力推行素质教育。1993年7

月，省民委和团省委举办了陕西省少数民族中学生夏令营活动，一些学校还经常开展大型活动，对学生进行马列主义基础知识教育、党的民族政策教育、爱国主义教育、集体主义和社会主义教育。进行革命传统教育和道德教育，培养学生的人生观、价值观。1985 年 4 月，西安市少数民族小学，3 所民族中学的领导和教师 10 余人，赴上海、南京、武汉、郑州等地，学习外地教改经验，把少数民族聚居的西安市莲湖区作为成功教育的实验区。1994 年 10 月，西安市教委召开了两次成功教育现场经验交流会，市二十五中等民族学校在会上介绍了实施成功教育的经验，并在全市推广了莲湖区成功教育的经验。1998 年 12 月，陕西省在西安市召开成功教育现场经验交流会，向全省推广了莲湖区的教育成功的经验。

近 20 年来，少数民族学生高考升学率不断提高。据统计，全省少数民族考生，1979 年被大专院校录取 21 人，1988 年被大专院校录取 72 人，1998 年被大专院校录取 430 人，呈直线上升趋势。少数民族考生的录取比例每年都超过汉族考生的录取比例。

4. 积极采取特殊措施，努力办好民族班。一是在重点中学设立民族班。1986 年至 1989 年，陕西省民族事务委员会、省教育厅先后在镇安县中学、汉中市二中、宝鸡中学开设了民族班，面向全地市招生，学制 3 年，每年招收 1 个班，每班 45 至 50 人。民族班的经费由省民委和省教委单项列支。在招生上降分照顾、管理上集中统一、教学上分类指导、生活上适当补助。1987 年 4 月，省民委、省教委联合召开全省民族高中班教学管理座谈会，交流经验，研究解决办学中的实际问题，并组织有关的地市民族、教育工作部门的负责同志和学校校长，赴山东、辽宁、北京等地参观学习，以促进民族高中班的教学管理工作。10 多年来 3 个民族班共培养合格的高中毕业生近 1000 人，有 200 多人考入高等院校。二是在职业中学设立民族班。1980 年和 1992 年，省民委投资分别在安康高新职业中学、西安爱华高级职业中学等职业学校设立民族班，开设专业技术课，培养了一批专业技术人才，为城镇少数民族青年就业和农村少数民族脱贫致富创造了有利的条件，受到当地少数民族群众的欢迎。三是在高等院校设立民族班。1980 年以来在陕西师范大学设立少数民族预科部，共培养少数民族大学生 1700 余名。在西北政法学院、西北林学院、西安公路交通大学、西安矿业学院等 11 所高等院校也相继开设了民族班。1991 年，在西北大学举办了阿语文化专科班，创办了西安穆斯林文化进修大学等，为少数民族地区培养了一大批高级专业人才。四是认真办好西藏班。1985 年，省教育厅根据教育部、国家计委的援藏要求，在临潼华清中学设立初中西藏班，每年从西藏招收 100 名藏族学生，共招收了 13 届 1057 名学生。1989 年，又在乾县师范学校设立中师西藏班，共招收了 8 届 455 名学生。各类民族班的开办，为少数民族和民族地区培养了一批批人才，促进了民族地区文化建设事业的发展，为民族平等、民族团结和各民族共同繁荣做出了贡献。

5. 加强民族教育的领导，狠抓师资队伍建设。党的十一届三中全会以来，各级政府和有关部门，重视民族学校的领导班子建设。注意把那些精通业务、具有一定的行政领导能力的中青年教师，选拔到学校领导班子。如西安市对回族中学、二十五中等学校的领导班子进行了多次调整，加强了领导力量。1992 年 9 月，少数民族较多的西安市莲湖区在教育局设立了民族基础教育办公室，制定了民族中小学发展计划和民族教育费的使用办法等。莲湖区还规定民族中学的校级领导至少有一名为少数民族干部。民族学校的教师队伍不断充实，逐年增加，教师的学历水平和业务能力逐步提高。据统计，目前全省共有少数民族教师 894 人，其中有教授 4 人，副教授 20 人，高级讲师 11 人，中学高级教师 50 人，小学高级教师 98 人，还有许多教师被评为省级或国家级的优秀教师。如汉中市民族小学 40 名教师中 40 岁以下的年轻教师占 80%。全校专任教师学历全部达标，并有 12 名取得了专科学历。西安市洒金桥小学，定边县民族中小学有多名教师被评为省级或国家级优秀教师和民族团结进步模范。

（四）青海省民族基础教育发展现状

青海省在《青海省中长期教育改革发展规划纲要（2010—2020 年）》（简称《规划纲要》）中明确提出：要进一步转变思想观念，跟上现代教育发展步伐，努力缩小发展差距，全面推进民族教育又好又快发展。至 2015 年，基本解决学前 1 年教育，基本普及高中阶段教育，使 15 周岁以上人口均受教育年限提高到 9 年，全省教育发展总体水平达到西部平均水平。

为提升全省教育发展水平，西宁市于 2010 年着力解决教育发展的深层次问题。进一步深化教育发展的保障措施建设，加大了中小学布局调整力度，实施了西宁四中、西宁十一中、西宁十四中等 37 个校舍安全工程和学校布局调整工程。至年底已累计完成投资 4 亿多元，建设面积 20 万平方米。各级各类学校从609所调整至485所。按照青海《规划纲要》要求，2011年是青海省校舍建设的攻坚之年。青海省政府已确定中小学布局结构调整和校舍安全工程要完成总目标的70%，各地区有关部门也都做出了全面部署，确保完成中小学校舍安全工程和中小学布局调整任务，全面实现全青海省民族教育发展目标。

（五）西藏自治区民族基础教育发展现状

西藏是我国重要的边境民族地区，位于青藏高原西南部。1951年5月和平解放。当时，人口有105万，2005年末根据人口抽样调查资料推算，全区常住人口约为277万人。西藏是一个以藏族为主体的少数民族自治区。除藏族外，还有门巴族、珞巴族、回族、纳西族等少数民族以及尚未确定族称的僜人、夏尔巴人，加上汉族和其他民族，全区现有45个民族成分。世居民族有藏族、回族、门巴族、珞巴族、纳西族等，还有尚未确定族称的僜人、夏尔巴人。其中门巴族、珞巴族等少数民族主要分布在西藏的南部和东南部。西藏各地群众信仰的宗教主要有藏传佛教（藏语系佛教）、伊斯兰教和天主教。

新中国成立前，西藏基本上没有专门的现代意义上的正规学校，这里的教育形态以寺院教育、官办教育和私塾教育为主，适龄儿童入学率不到2%，文盲率高达95%。据资料统计，当时西藏地方办的学校约有20所，私塾所馆近百个，在校生最多时未超过1000人。僧侣即教师，经文即课本，经堂即课堂。没有专门管理教育的机构，无统一的学制，教学方法以读写为主，随遇而教，遇事而学①。

西藏和平解放以来，党中央对西藏的教育事业非常重视，通过自治区党委、政府的艰苦努力，在内地各省市的大力支持和帮助下，西藏教育从无到有，从小到大，办学规模不断扩大，办学层次、水平和效益不断提高，已经形成比较完备的教育体系。特别是借助“两基”攻坚规划的全面实施，按照自治区学校规范化建设标准，经过几年努力，学校在布局结构调整、提高规模效益、实施规范管理、改善办学条件等方面取得可喜成效。目前，各级各类学校发展到1010所，适龄儿童入学率达94.72%，青壮年文盲率下降到22%。

① 苏德、陈中永著《中国边境民族教育论》，中央民族大学出版社2012年版。

表 5－2　1995—2006 年西藏教育发展基本概况（单位：人）

年份	学校数	在校生人数			
		合计	小学	初中	高中
1995	4051	291 362	258 651	27 355	5356
2000	978	369 039	313 807	43 121	12 111
2004	1010	463 062	327 067	109 255	26 740
2006	2590	626 357	460 526	128 154	37 677

资料来源：教育部发展规划司编《中国教育统计年鉴 2006》，人民教育出版社 2007 年版

西藏由于地广人稀，农牧民居住分散，学生上学路途遥远，为提高义务教育的普及程度，国家在西藏实行了许多特殊优惠政策。从 1985 年开始，国家拨出专款在农牧区实行以寄宿制为主的中心学校办学模式，距学校 2 公里以外的学生都可以住校。义务教育阶段的农牧民子女都可享受“包吃、包住、包学习费用”的“三包”政策，保证每个学生每月有伙食费 80 元，每个住校生有一套行李，每生每年有 2 套衣服（冬夏各一套），学生享受免交学杂费、课本费、作业本费政策。农牧民子女中小学住校生“三包”经费标准不断提高，平均生均达 1350 元。“1950 年和 1991 年相比，全国各类学校在校学生平均增长速度为 3. 38 倍；少数民族在校生增长速度为 13. 5 倍；藏族学生增长速度为 15. 3 倍”①。新中国成立之初，中央级有关地方民族学院、部分普通师范院校民族班，也都通过代培、培训、短训等多种形式，为藏区基层中、小学培训师资。1980 年以后，内地院校“对口支援西藏”培养培训师资，在内地班校中专门的师资班建立西北、西南两大少数民族师资培训中心。注重专业思想、职业道德及教材教法等内容的培训与考核。1974—1980 年间，国家还先后派遣援藏教师 2969 人。

经过几十年的反复实践与探索，基本上牧区办学都是以开办寄宿制学校为主。当然，为方便学生，学校在学习周期安排上，也做了许多灵活的处理，如上课 10 天，放假 4 天，以便学生回家和返校有充足的时间，有利于学校的管理。拉萨从 2005 年起，每年从市级财政中拨出专款 100 万元对农牧区教学

① 夏铸著《藏族教育的改革与发展》，青海人民出版社 1993 年版。

点进行改造。

（六）广西壮族自治区民族基础教育发展现状

广西壮族自治区聚居着壮、汉、侗、瑶、苗、京、布依、仡佬、毛南、水、彝、仫佬等12个民族，属于典型的边境民族地区。

党的十一届三中全会以后，广西各级政府认真贯彻党的民族政策和教育方针，恢复并建立了比较完整的民族教育体系。与此同时，全区形成独立建制的学校166所，其中民族小学102所，民族中学39所。

1992年，全国全面贯彻“普及农村九年义务教育”后，广西已基本上达到寨有民办小学，村有完全小学，乡有初级中学，县有高级中学、师范学校和职业学校。1981年以来，广西壮族自治区先后在24个边远山区县和少数民族聚居区举办寄宿制民族班，主要招收边远和贫困落后少数民族地区的小学三四年级的学生。寄宿制民族班一般集中在办学条件较好的乡镇级完小。在17个边远山区县和少数民族聚居县举办寄宿制民族初中班，一般集中在办学条件较好的县城中学，招收边远贫困山区少数民族学生，解决这些地区小学升初中难的问题。在15个边远山区县和9个地区的重点高中开办寄宿制民族高中班，主要目标是向上一级学校输送合格的少数民族学生。国家给予寄宿制中小学的在校生专项补助，以确保他们有一个良好的生活、学习环境。

民族幼儿教育是指对零岁至六七岁的民族儿童实施的启蒙教育。不同民族独特的民族意识与民族情感就是在这一时期打下坚实而又难以磨灭的基础的[①]。广西壮族自治区融水苗族自治县是一个以苗族居多的多民族杂居的自治县。长期以来，苗族的后代主要是在家庭和社区中感受着民族文化的熏陶。孩子们从家庭、院落、田间地头，在与成人、同伴的交往中，在各种节日、盛典中感知、体验与领悟着本民族的文化精髓，苗族所特有的宗教信仰、风俗礼仪、服饰艺术等民族特色文化正是以这种传统的，不分时间、空间的渗透于生活中的“随境式教育”[②]一代代地流传下来的。1935年，在原融水县

① 孙杰远、徐莉著《人类学视野下的教育自觉》，广西师范大学出版社2009年版。

② 随境式教育指历史上自发地形成的、内生的教育，主要为民族幼儿家庭教育和民族幼儿社会教育，教师由长者、巫师等承担，以具体的生活场景为教育活动开展的场所，教育内容具有随机性与灵活性。

县立女子分校旧址建立起了融水县第一所幼儿园。这标志着“专业化教育”[①]初见雏形。发展至今，该县现有学前教育机构共23所，幼儿教师89人，有不少教师直接从小学抽调而来，这些学前教育机构的办学条件参差不齐。条件差的幼儿园，只有一间房屋和一些简单的教育设备。课室内空间利用不足，课室环境布置缺乏童趣。幼儿园教育活动安排松散、随意性较大，以集体授课为主要方式，以读、写、算能力的培养为主要任务。有的幼儿园使用相关幼儿园的适应性发展课程教材，辅以其他各类幼儿英语教材及识字教材。

（七）贵州省民族基础教育发展现状

1982年贵州省人民政府召开第三次全省民族教育工作会议，对民族教育地方中小学的权力下放，各地陆续建立了一批民族中小学。据1998年统计数据，贵州省民族中小学有200余所。

在民族贫困人口相对集中的县（市、区、特区）和州（地、市）等条件比较好的小学、中学建立高小、初中、高中寄宿制民族班，把边远贫困乡村中有发展潜力的少数民族优秀学生层层选拔，在中心城市重点校进行重点培养，为民族地区培养较高层次的人才铺设一条特殊通道。全省41个县市开办了140个寄宿制民族班，在校生7000余人。实践证明，开办寄宿制民族班是贵州民族地区基础教育发展的一项特殊而有效的发展措施。

针对民族地区女童入学难的问题，抓好女童的入学工作，办一批女子学校、女子班，减免学费，开展以提高民族地区女童教育为主要内容的转向工作，取得了很好的效果。尤其是民族地区，形成了积极促进女童入学的好风气。如三都水族自治县开办女童班之前，全县学龄儿童入学率不足72%，开班后入学率上升到82%。据1998年统计数据，全省女童入学率达到97.11%。以三都民族中学为例，学校自1986年开办女童班以来，先后考取中专以上学校的有23人，考取州内中专中师的有47人，考上大学的有4人，成才人数近180人，为社会各行各业输送了大批的优秀女性工作者。

民族语言用于辅助教学。在新中国成立以前，没有任何一所学校是用少数民族自己的语言进行教育的。新中国成立后，贵州省凯里等民族地方进行了大胆的双语教学试验，取得了较好效果。1983年，贵州省民委和省教育厅

---

① 专业化教育指以民族托儿所、民族幼儿园为主的各种专门机构及社会组织对民族幼儿实施的启蒙教育，有专职教师、正规教材以及固定的时间和场所。

共同发出了《关于民族学校进行民族语文教学试验的通知》，使民族文字辅助教学的试验由农村扫盲进入正规教学，由单一的民族语文教学发展到汉语和民族语文双语教学。目前，大部分民族学校（尤其是民族小学）低年级多由本民族的教师担任，用本民族语言教学，中年级到高年级用民族语言辅助汉语进行教学。用水族、布依族、彝族这三个民族的三种语言翻译的小学课本，已经分发到民族小学试用。

（八）四川省民族基础教育发展现状①

四川省主要的少数民族是彝族和藏族。1985 年，四川省委、省政府《关于加强民族教育工作的决定》在强调开办寄宿制民族中小学的重要意义时规定，“寄宿制民族中小学要实行多规格、多层次、多渠道办学。每个州、县要根据需要与可能条件，规划好重点寄宿制与普通寄宿制中小学、办寄宿制民族小学的布局，逐步达到民族聚居区的县、区、乡都有寄宿制班（校）”，“要逐步使各类寄宿制特别是重点寄宿制民族初中、高中、高校的学生数达到一个合理的比例”。1987 年，四川省三个少数民族自治州寄宿制中小学已经达到 626 所，2070 个班，占三州少数民族学生总数的 24. 68%。到 1998 年，已有 2/3 应办寄宿制学校的乡办起了寄宿制学校，其中 1/3 的寄宿制学校达到了示范或合格要求，自费寄宿生呈增长趋势。寄宿制班校的发展寄托了民族教育发展的希望。

此外。还恢复建立了一批民族中小学，还举办了中小学寄宿制民族班、中等专业学校和普通高等学校民族班（预备班），全部招收少数民族学生。

四川民族地区（甘孜、阿坝、凉山）地处长江上游，是全国生态环境的敏感区和生态环境的脆弱区，也是长江上游建立生态屏障的主战场。这里由于历史、自然、经济等诸多原因，土地贫瘠，刀耕火种，毁林造田，森林锐减，水土流失，形成了“越穷越砍、越砍越穷”的怪圈，使民族地区绿色教育任务更加沉重。四川是一个多民族省份，全省少数民族共有 360 多万人口，占全省人口的 3. 67%，聚居甘孜、阿坝、凉山三个自治州，杂居在 76 个县市。2000 年国家“八七”扶贫攻坚计划虽然结束了，地区贫困人口大幅度下降。但还有 13 个县未普及小学教育，45 个县未普及九年义务教育；20 个县未实现基本扫除青壮年文盲，小学入学率不到 60% 的还有 4 个县；在 60% ~

① 陈时见著《西南民族学校教育发展研究》，商务印书馆 2012 年版。

80%之间的有5个县。县的初中入学率仅为百分之几。已普及小学、普及九年义务教育和扫除青壮年文盲的地方，也是低层次的。可见，民族地区的教育是四川省教育最薄弱的环节和最大的难点。

（九）云南省民族基础教育发展现状①

云南地处祖国西南边陲，是一个集边境、山区、少数民族三位一体的省份。全省有8个民族自治州、29个民族自治县，其中有25个为边境县。2006年年底，云南边境县总人口有614.4万余人，其中少数民族人口367.5万余人，占59.8%。有12个国家级口岸，8个省级口岸，90多条边境通道和边民互市点。

云南的教育事业大致始于明朝时期，推行儒学教育，这也是云南官方教育的开始。到元代，云南已有学宫11座。明朝时期，昆明创建五华书院，后全省创建书院56所。清康熙初年，云南有学宫91所、书院219所、义学638馆。1910年，云南有各级各类学堂949所，学生57 808人。辛亥革命后，军阀混战，教育处于停滞状态。

新中国成立初期，全省有中等技术学校6所，在校生1623人；中等师范学校11所，在校生5170人；普通中学134所，在校生2.23万人；小学5320所，在校生16.8万人。但学校分布不均衡，43所大中专学校在昆明，边远贫困山区和少数民族地区仍缺乏教育设施，文盲率极高。小学入学率低，仅为20%。

1975年，全省有小学32 772所，在校生316.72万人；普通中学253所，在校生19 930人；中等师范学校12所，在校生6486人；高校7所，在校生10 126人。“文革”期间，教育事业停滞。改革开放后，云南教育开始迅速发展，到1999年，云南省已经形成了较为完善的教育系统，基础教育、中等教育、高等教育、成人教育等均取得了较快的发展。普通小学22 705所，其中完全小学15 297所，教学点25 459个，一点一师19 364个。普通中学2225所，其中高中407所，初中1818所。普通高等学校24所，其中本科学校11所，专科学校13所。

1988年，云南省召开第三次民族教育工作会议，提出了发展民族教育的十条措施。包括省定民族中小学按一类标准配齐设备，完善3000所半寄宿制

① 罗明东等著《区域教育可持续发展研究》，科学出版社2005年版。

高小，在民族地区的中小学中加强双语、双文教学，加强对“一师一校”的管理领导，在没有民族中学的35个贫困县的一中增设民族部，由云南教育学院实验中学（现为云南民族中学）为12个特别贫困的少数民族开办民族部；加强10所民族师范学校的建设，在10所地州民族干校开办职业技术培训班等。

1998年，云南省少数民族小学生达到174.59万人，占学生总数的36%，中学生为47.14万人，占学生总数的31%。全省少数民族适龄儿童入学率达98.73%，进入新中国成立以来云南民族教育发展的最佳时期。

2003年，云南普通小学减少为20 296所，其中完全小学14 757所，教学点19 154个，一点一师2676个。普通中学增加至2275所，其中高中增加至421所，初中增加至1854所。普通高等学校也由24所增加至34所，其中本科学校16所，专科学校7所，高职院校11所。

云南是一个多民族的边疆省份。据1990年第四次人口普查统计，全国有55个少数民族，云南有51个，其中4000人以上世居少数民族有25个。云南少数民族人口1200多万，占全省总人口的33.4%，占全国少数民族人口的13.5%。因此，云南少数民族教育是云南教育中的重要组成部分，对云南教育有着重大影响。“云南少数民族教育的发展是极其缓慢的，1949年中华人民共和国成立前，云南少数民族教育还存在三种形态”①。

1．原始形态的教育。主要是边境地区的独龙、佤、傈僳、怒、布朗、景颇、德昂、基诺等族，拉祜、瑶族的一部分，克木人，约50万，占当时云南少数民族人口的10%。这些民族基本上没有学校教育，没有文字，靠结绳、刻木记事，数豆记数。教育主要是以家庭组群的形式，传授一些生产、生活经验和知识。

2．古代教育。主要是小凉山地区处于奴隶社会末期的彝族，约5万人，巫师培养其宗教接班人；其他处于封建农奴制、封建社会的傣族、藏族、哈尼族、阿昌族、普米族等，白族、回族、彝族、纳西族等一部分，约145万人，教育大权掌握在喇嘛、佛爷手中，在寺庙中学习宗教及其他文化。属于古代教育的少数民族人口约150万人，占当时云南少数民族人口的30%。

3．近代教育。主要在傣族、彝族、苗族、白族、回族、壮族、纳西族、

---

①　杨崇龙著《云南教育问题研究》，云南教育出版社1995年版。

蒙古族、布依族等民族中，约300万人，占当时云南少数民族人口的60%。这些民族的一部分同汉族杂居，所受教育同内地汉族相似，高等教育、初高中及职业技术教育都已经出现。此外，英、美、法等国传教士在边疆、内地一些少数民族聚居区开办了一批基督教、天主教教会学校。

1950年云南没有专门为少数民族举办的高等学校。全省民族教育只有1所初级师范、5所中学、45所小学、75所教会学校，学生2万多人。全省文化教育十分落后，贫穷愚昧共存，云南民族教育几乎是一张白纸。

1999年，全省已有在学少数民族博士生24人，硕士生244人，本专科生15 498人，普通中等专业学校学生43 892人。普通中学生516 776人。与新中国成立前相比，取得了较大发展。

（十）甘肃省民族基础教育发展现状①

新中国成立前，甘南农业地区尚处于封建社会发展阶段，半农半牧区和纯牧区还有奴隶制残余，土司制度与佛教寺院政教合一的体制，统治着甘南牧区。藏族人民在政治上、经济上遭受反动统治阶级的残酷压迫和剥削，备受歧视和摧残。陷入贫困愚昧的境地，生产力水平低下，社会发展缓慢，文化教育极其落后。20世纪初，甘南藏族地区仅有卓尼的一所私塾。1921年，国民党洮岷路司令、卓尼上司杨积庆将这所私塾改为卓尼初级小学，次年又改为柳林小学，这也是甘南近代教育的开端。

此后，国民党政府和当地土司为了在思想上控制当地人民，以达到“安抚”“教化”之目的，开始兴办小学。同时，在当地贤达人士和热心教育组织的大力倡导下，甘南初等教育有所发展。到1949年，甘南藏族地区共有小学91所，学生1933人，其中藏族学生245人，学龄儿童入学率为1.3%。学生集中分布于夏河、临潭、卓尼、舟曲等少数民族城镇，地处偏远的碌曲、玛曲、迭部等少数民族地区没有学校。

藏族聚居的天祝县境内，20世纪初只有少数私塾。到1949年，有完小1所，初小5所，在校学生203人，农牧民子弟很少。在肃南，僧人顾嘉堪布、马罗汉等于1939年前后，在莲花、慈云、马蹄、明海、红湾等寺院创办私立初级小学6所，到1949年仅有学生77人。在蒙古族聚居的肃北地区，1913年前，青海北左翼右旗旗王所在地设有一所学校，曾有肃北蒙古族子弟在此

① 杨军《甘肃民族基础教育问题研究》，《甘肃民族研究》1996年第1期。

就学。1946年，肃北设治局在马鬃山明水设立中心小学一所，但无少数民族子弟进过此校。阿克塞的哈萨克族聚居地区，1949年前没有学校。张家川回族聚居区，1949年有公、私立小学20所，学生近千人，但学校时办时停，很不稳定。

随着民族初等教育的发展，新中国成立前，民族中等教育也有所发展。1928年，在甘南藏族地区成立了最早的一所由临夏、卓尼两县合建的临潭县立初级中学，成为临卓地区汉藏学生就学的最高学府。在临夏地区，经地方贤达人士的大力倡导和资助，也陆续建立了几所中学。到1949年甘肃解放时，少数民族地区设有普通中学5所，在校学生389人，其中少数民族学生38人。

新中国成立以后，党和国家对民族地区的教育非常重视，根据民族地区实际制定了适合民族地区特点的方针政策，采取了特殊措施，在人力、物力、财力上大力扶持和优先照顾，使民族教育事业得到了较快的发展。民族教育事业呈现出一派蒸蒸日上的景象。旧中国遗留下来的民族教育事业极其落后的状况开始发生了历史性的变化。其间，虽遇到不少挫折，走过不少弯路，但综览40年甘肃民族基础教育的发展历程，所取得的成就是辉煌的。

1. 基础教育的规模日益扩大

新中国成立前，在国民党统治下的甘肃，民族基础教育的发展极其缓慢和落后。1949年甘肃解放时，全省少数民族地区仅有初等和中等师范学校各1所，在校少数民族学生仅18人；普通中学5所，在校少数民族学生38人；小学302所，少数民族学生3463人。学龄儿童入学率只有8%，文盲率高达百分之八九十。肃北蒙古族、阿克塞哈萨克族的贫苦牧民中，没有一个能识字读书的人。天祝藏族地区、肃南裕固族地区也是文盲充斥。

新中国成立后，给甘肃民族基础教育带来了希望和生机。在党和国家的大力扶持下，民族基础教育发生了翻天覆地的变化，特别是十一届三中全会以来，对民族地区的教育进行了调整、整顿，并采取了抓质量、抓重点、讲实效的措施。中小学的布局、结构已逐步趋向合理，形成州、县有民族中学，乡、村有民族小学的民族教育网。文盲率大大降低，原先文盲充斥的肃北蒙古族自治县和阿克塞哈萨克族自治县都已先后普及了初等教育。

2. 民族教育体系初步形成

新中国成立后，随着民族地区经济建设和文化教育事业的腾飞，仅仅依靠当时基础教育的规模，已不能满足民族地区各项建设事业的需求。因此就需要建立与民族地区经济发展相适应的民族教育体系，才能更好地发挥教育对经济的促进作用。1980年，经中共中央国务院有关领导批示同意由教育部和国家民委共同起草的《关于加强民族教育工作的意见》中明确指出："要逐步建立适合少数民族地区特点的民族教育体系。"在这样的形势下，建立适应甘肃民族地区发展的民族教育体系已是当务之急。在中央和地方各级政府的支持和努力下，经过几十年的发展，甘肃民族教育体系已初步形成。在民族基础教育大发展的同时，民族高等教育也有了相应的发展。国家先后在甘肃成立了西北民族学院、合作民族师专、西北少数民族师资培训中心、临夏教育学院等民族高等院校，并在甘肃农大、西北师大、兰州医学院举办少数民族本、专科班。在兰州师专、庆阳师专开设民族班，形成了初等教育、中等教育和高等教育一条龙的体系。与此同时，职业技术教育和成人教育也得到了长足的发展，初步形成了学前教育、普通教育、职业教育和成人教育各类教育相互配套的教育网络。民族教育体系的建立，为甘肃民族地区各项事业的发展发挥了不可估量的作用。

民族地区教育基础薄弱，培养合格的中学生难度大，少数民族学生升入高校的机会少。针对这种状况，1981年开始，省教委决定，在9所重点中学开设民族班。1982年开始，又在3所中等师范学校和3所高等院校开设了民族班。1980年，甘肃省部分高等学校和中等专业学校，还为甘南藏族自治州举办民族补习班，对少数民族优秀高中学生进行重点培养。通过这一系列的措施为甘肃民族地区培养和输送了一批各级各类的少数民族专业人才。

3. 增加教育经费投资，改善办学条件

新中国成立后，党和政府针对民族地区教育基础薄弱的状况，在财力、物力上给予大力支持。教育经费逐年增加，特别是十一届三中全会以来，甘肃省按照《关于加强民族教育工作的意见》中指出的："对民族地区除正常的教育经费外，要给予特殊的补贴。"对民族自治州、县的教育投资有较大幅度的增长。仅以临夏自治州教育事业费为例，1979年至1984年6年累计，仅国家拨给正常的教育事业费，就达4679.7万元，相当于1950年至1974年25年教育事业费的总和。由于历史和经济条件等各种原因，民族地区的校舍数量不足，危房旧房多，改造修建进展慢。为此，从1983年开始，在安排校舍修建补助费时，对民族地区给予了必要的照顾和一定程度的倾斜。从1983年到

1988 年对民族地区共安排校舍修建专项补助费 5331.34 万元，人均 20.65 元，高于全省 14.24 元的人均值。同时坚持国家办学和集体群众办学并举的两条腿走路的方针，除国家扶持外，还充分挖掘地方财政的潜力和调动集体、群众集资办学的积极性。提倡学校开展勤工俭学。通过这些措施，大力改善了民族地区学校办学条件，为甘肃民族教育的正常发展奠定了坚实的物质基础。

同时，也存在一些问题，如藏族纯牧业区的学生入学率比农业区和半农牧区都要低。1999 年，甘南州藏族儿童入学率只有 87.3%。有的民族县基础教育呈宝塔状，一年级学生多，越往高年级，人数就越少。碌曲西仓乡中心小学全校有学生 110 人，全乡入学率 52%，藏族学生一年级有 17 人，升入四年级后只有 5 人。1994 年，全省 9 个牧业县一年级有学生 18 219 人，到 1998 年毕业时只有 8910 人，流失了 9309 人，巩固率为 48.9%[①]。藏族学生的学业成就很低的情况也较为突出。

中央民族大学的滕星教授认为："少数民族学生的低学业成就使得他们处于更为不利的境地，同时也成为我国少数民族教育事业发展的'瓶颈'。"[②]

（十一）内蒙古自治区民族基础教育发展现状

内蒙古自治区地处我国北部边疆，总人口近 2320 万，是以蒙古族、达斡尔族、鄂伦春族、鄂温克族为主体的多民族聚居地区，少数民族人口占总人口的 20.76%。内蒙古自治区是一个边远的、经济欠发达的少数民族自治区，其中边境牧业旗县科技教育落后。全区 19 个边境旗市，总人口为 177.5 万人，占全区人口总数的 7.46%。截至 2005 年年底，19 个边境旗市共有小学 835 所，在校学生 13.14 万人；初中 148 所，在校学生 9.43 万人。新中国成立前，内蒙古的教育事业十分落后，没有大学，只有中学 29 所，全区人口 90% 以上是文盲。内蒙古自治区成立以来，教育部门重新修订了中小学蒙古语文教学纲要，整合了课程结构和知识体系。在确保蒙古语授课和汉语文教学质量的同时，还选择有条件的学校，从小学开始实施"双语""三语"教学，深化民族教育教学改革，为推进素质教育奠定了基础。在教育工作中一直把发展蒙古族及其他少数民族教育作为重点，积极探索出适合地区实际与民族特点的"两主一公"（"两主"：以寄宿制为主，以助学金为主；"一公"：

---

① 杜生一著《甘青藏族现代教育发展研究》，民族出版社 2006 年版。

② 滕星《西方低学业成就归因理论的本土化阐释》，《广西民族学院学报》2004 年第 3 期。

公办学校）的办学模式。同时，自治区采取措施不断加强民族学校师资队伍建设和少数民族文字教材建设。全区已初步建立起从幼儿教育到研究生教育、层次结构比较合理、具有鲜明特色的比较完善的民族教育体系。

第三节　西部地区民族基础教育的特殊问题

特殊问题一：近十年来，中国农村经历了历史上力度最大的学校布局调整。从宏观背景上看，农村城镇化发展为农村学校布局调整提供了战略预期，农村生源总量减少为农村学校布局调整提供了客观依据，义务教育由普及向提高转型、学前教育向农村地区的渗透为农村学校布局调整提供了政策可能。在宏观层面，学校布局调整是一种社会发展的必然，但在民族地区，如何科学调整农村学校布局仍需要探讨；在微观层面，学校布局调整是否会对学生的学业成绩产生影响也存在争议，会对学生及其家庭的生活，以及教师的工作产生哪方面的影响也存在模糊性，其社会效益值得考量。

特殊问题二：边境地区是我国少数民族的主要聚居地，也是易受外部环境影响的地带。由于边境地区的地域、民族分布及构成的特殊性、宗教信仰的多元化与战略地位的重要性，使得该区域的民族问题大都是涉及民族团结、各民族共同繁荣发展、社会稳定与国家安全的重大现实问题。当前，西部地区民族关系面临着国际政治和民族问题、极端民族主义倾向、社会失范和民族冲突、经济文化贫困、生态环境恶化等带来的多种复杂问题，这些问题直接或间接地影响了我国的国家安全。基于这样的现实状况，我们必须从维护民族团结和国家统一的大局出发，切实认识到大力发展边境民族教育的重要性、迫切性和艰巨性。通过发展教育，引导广大民众形成正确的价值观，强化民众的国家认同、文化认同和国防意识，提高民众保卫国家边防的自觉性与主动性。

特殊问题三：党中央和国务院已经将西部开发作为国家发展和建设的重点。在目前西部地区各方面都比较落后的情况下，依靠外部力量的援助与支持，将是西部地区进行开发与发展的前提条件。在整个西部大开发的背景下，教育先行将是一种必要而具战略性的选择。西部教育的发展也将在一定程度上依靠外部资源（包括智力与资金等方面的援助）而实现。

一、农村中小学校布局调整

2001 年，教育部采取了一系列重大的措施调整农村中小学布局，此次调整主要是针对农村中小学整体办学条件较差、师资水平不高的现状而开展的。十余年的实践证明，布局调整改变了部分学校的办学状况，扩大了优质教育资源的辐射作用，促进了农村寄宿制学校的快速发展，但同时也出现了不少问题，如辍学率反弹、学生家庭负担加重等。

2002 年和 2003 年，国务院和财政部分别下达了《关于完善农村义务教育管理体制的通知》和《中小学布局调整转向资金管理办法》，进一步推动了农村中小学布局调整的步伐。2006 年，教育部先后发出《关于实事求是地做好农村中小学布局调整工作的通知》和《关于切实解决农村边远山区交通不便地区中小学生上学远问题有关事项的通知》，强调农村小学和教学点的调整要在保证学生就近入学的前提下进行，在交通不便的地区仍需保留必要的小学和教学点，防止因过度调整造成学生失学、辍学和上学难问题。

《国家中长期教育改革和发展规划纲要（2010—2020 年）》明确指出，“适应城乡发展需要，合理规划学校布局”，促进城乡教育均衡发展是各级政府的首要责任。因此，我们迫切需要研究农村学校布局调整的现状，以探索该项改革是否实现了国家的政策目标以及其在改善农村基础教育方面成效如何。

（一）云南农村中小学布局调整概况

云南农村中小学校分布较为散乱，规模较小，地区间和乡镇间也存在分布不均的问题。例如在云南的丽江地区，丽江华坪县人口约 15 万人，有小学 151 所，教学点 161 个，在校生 19 046 人，平均在校生 61 人。永胜县人口 37.4 万，有小学 268 所，教学点 277 个，在校生 44 439 人，平均在校生 81 人。两个县在小学数量与人口比例、在校生人数、小学分布方面均存在较大的差异。而在中等学校方面，初中主要分布在县、乡、镇，高中则主要分布在丽江县①。2009 年年底，迪庆州以集中办学为重点的新一轮教育综合改革启动，按照新的办学思路，迪庆州设置 1 所高等职业学院、1 所民族中专、3 所普通高中、7 所初中、37 所完全小学、1 所九年一贯制特殊教育学校。并在管理体制上探索“学区管理”模式，允许学生跨越县（区）或乡（镇）就近入学。

因此，云南省在实施中小学布局调整政策的过程中，在边境民族地区开

① 数据来源：丽江地区教委编《丽江地区教育志》，云南民族出版社 1999 年版。

办了不少寄宿制学校，许多原来居住在村级小学的边境少数民族学生都进入了乡镇一级寄宿制学校。此外，还鼓励和支持勤工俭学活动。云南省陇川县很多寄宿制学校都开辟了勤工俭学菜地、猪圈，在很大程度上能满足学生伙食需要。学校将菜地分配给各个班级管理，学生在课外劳作中，充实了课外生活。

（二）内蒙古自治区农村中小学布局调整概况

以内蒙古通辽市库伦旗和锡林郭勒盟东乌珠穆沁旗为例，其农村牧区中小学布局调整大致情况如下[①]。

库伦旗位于通辽市西南部，辖 10 个苏木、镇，186 个嘎查村，总人口 17.56 万人，其中农业人口 13.8 万人。由 11 个民族构成，其中蒙古族 56%，是一个以蒙古族为主体的多民族聚居旗。学校布局调整开始实施后，全旗学校由 2000 年的 38 所减少到 2007 年的 32 所。其中城镇级学校有 15 所（包括幼儿园），农村学校有 17 所。库伦旗有两所高中，分别是库伦第一中学（蒙语授课学校）和库伦第二中学（汉语授课学校）。

东乌珠穆沁旗（东乌旗）位于内蒙古自治区锡林浩特市东北部。东乌旗是一个以蒙古族为主体的多民族聚居的边境纯牧业旗。全旗辖 14 个苏木、57 个嘎查、1 个镇和 1 个国营林场，人口 3.4 万人。截至 2001 年 9 月，全旗中小学共 22 所，其中普通完全中学 2 所，小学 19 所，民族职业中专学校 1 所，全旗在校学生人数 9433 人。从学校布局特征来看，普通完全中学、民族职业中专学校和 3 所旗直属小学和道木德高毕小学分布在旗政府所在地乌里雅斯太镇，其余 15 所小学分布在各苏木和国营林场。

以甘孜为例，为把康定打造成为“藏族聚居地区一流教育强县”，康定县未来十年预计累计投入资金 9.46 亿元，实施学前教育工程、义务教育均衡发展工程、高中教育普及工程、寄宿制教育提升工程、教育现代化建设工程、校园文化拓展工程、平安校园建设工程等建设项目。努力构建了“城镇为重点、乡（镇）为基础、公办为主体、民办为补充”的学前教育办学体系。建立以“城区中小学为中心，片区中心寄宿制学校为重点，乡（镇）中心校为基础”的中小学布局。按照“提升核心区（老城区）、发展两翼”的办学思路，扩大高中办学规模，形成“满足县域初中毕业生接受高中阶段教育需求”

---

① 苏德、陈中永著《中国边境民族教育论》，中央民族大学出版社 2012 年版。

的高中教育体系。确保实现全县教育科学发展、均衡发展，实现教育资源配置最优化。

近年来，在自治区对民族中小学实施布局结构调整后，全区民族普通高中集中到了盟市所在地，民族普通初中集中到了旗市所在地，民族小学集中到了苏木镇。因此，农牧民子女须从小学就离家在外住宿，由于年龄小、自理能力差、家长焦虑等原因，导致了农牧区适龄儿童入学率低下。另外，上寄宿制学校的费用较高，按照从小学到高中，送往苏木镇小学、旗市初中、盟市所在地的高中就读计算，1个孩子的上学费用相当于就地入学的5倍。

（三）广西壮族自治区农村中小学布局调整概况

近些年来，广西积极稳妥推进国家关于义务教育学校布局调整的政策，以乡镇中心小学和人口居住相对集中的村完小为重点，结合边境农村地区“三通”（通水、通电、通公路）工程，有效推进寄宿制学校建设和偏远地区教学点的合并建设工作，努力提高建校效益和办学效益。据统计，2009年广西边境县（市）共有1003个教学点，299所幼儿园（含公办、集资和半集资私立幼儿园），1515所小学，178所初级中学，12所中等职业技术学校，25所普通高中，5所教师进修学校。小学适龄儿童入学率保持在99%以上，小学生辍学率控制在0.3%左右。初中阶段适龄学生入学率平均达到97%，初中学生辍学率低于3%。现有的学校布局，较之以前较好地解决了边境地区学生上学的需求问题。

二、西部边境地区民族教育问题

我国边境民族地区主要有以下特点①：一是少数民族聚集。内蒙古、新疆、宁夏、西藏、广西等地区为少数民族自治区。云南等省的边境地带也有大量的少数民族居住。二是经济欠发达，环境较艰苦。我国陆地边境线多数位于西部地区。边境地区地貌以森林、草原、高原为主，自然环境复杂，交通闭塞，边境人民和外界的来往相对较少。三是文化教育事业相对落后。少数民族特有的发展历史、传统文化注定了边境地区的文化多元性和复杂性。大力发展边境地区的经济、社会、文化、教育等各项事业，是实现各民族共同繁荣的重要内容。

居住在新疆的跨境民族有：哈萨克族、乌兹别克族（在中国叫乌孜别克

---

① 苏德、陈中永著《中国边境民族教育论》，中央民族大学出版社2012年版。

族)、吉尔吉斯族（在中国叫柯尔克孜族)、塔吉克族、俄罗斯族、维吾尔族、鞑靼族（在中国叫塔塔尔族)、东干族（在中国叫回族)、蒙古族。其中，哈萨克族、乌兹别克族、吉尔吉斯族、塔吉克族分别为哈萨克斯坦、乌兹别克斯坦、吉尔吉斯斯坦、塔吉克斯坦4个新独立国家的主体民族。哈、吉、塔3国与中国的边界长达3300多公里。这些跨境民族不仅传承本民族的传统文化，在房屋建筑、风俗习惯、禁忌信仰、婚丧嫁娶、生产劳动等方面具有鲜明的民族性，而且在宗教信仰上普遍信仰伊斯兰教，因而与中亚邻国的民间信仰、传统文化及宗教等方面保持着很大程度的同源性①。

云南有16个少数民族跨境而居。截至2007年，云南25个边境县中已有20个县实现了“两基”目标（基本实现九年义务教育，基本扫除青壮年文盲)。由于周边国家在边境教育上实施了一系列特殊优惠政策，云南边境地区曾经出现过一些学生到国外就读、极少数代课教师流失到国外教书的情况。2000年5月16日，《云南省民族事务委员会、云南省财政厅关于下达边境沿线村公所以下小学免收教育经费的通知》（滇族联发〔2000〕8号、云财预〔2000〕47号）规定，按每生每学年150元标准给予补助。2002年9月29日，云南《关于下达2002年“三免费”教育经费的通知》（云财教〔2002〕175号）将“三免费”（免除书费、杂费和文具费）政策从小学生扩大到初中生，小学继续执行每生每学年150元的补助标准，初中每生每学年补助250元。2005年，云南省将“三免费”与国家“两免一补”（免课本费、杂费，补助寄宿生活费）政策相衔接。据不完全统计，实施“三免费”以来，边境地区和迪庆藏族聚居地区先后有6000多名中小学生重返校园，在境外上学的一些少数民族学生也因此重返家乡上学。入学率、巩固率和完学率均有明显提高。在临沧市的一些边境校点，“三免费”前的三率为60%～70%，实施免费教育后，达到98%以上。

云南边境民族地区的教育是我国整个教育事业中不可缺少的一部分，但由于受战事和特殊地缘政治的影响，云南边境民族教育发展的总体状况落后于全国，成了影响和制约我国整体教育水平和质量的重点所在。因此，要从整体上提高我国的科技水平和教育水平，实施科教兴国战略，就必须大力发展边境民族教育。而国门学校的建设，可以引领边境民族教育事业的发展，

① 苏德、陈中永著《中国边境民族教育论》，中央民族大学出版社2012年版。

推动科教兴国战略的实施。

为了明确与保证民族地区教育发展的权利与义务关系，我国的《宪法》《民族区域自治法》和《教育法》等都有规定支持和帮助少数民族和民族地区发展教育的条款。例如，《教育法》就明确规定“国务院及县级以上地方各级人民政府应当设立教育专项基金，重点扶持边远贫困地区、少数民族地区实施义务教育”。

同时，为了推进少数民族和民族地区教育事业的发展，国家颁布了一系列的行动规划和实施纲要。自新中国成立以来，教育部和国家民委先后召开了五次全国民族教育工作会议。在2002年7月第五次全国民族教育工作会议上，就着重研究了贯彻落实国务院《关于深化改革加快发展民族教育的决定》，这次会议明确了我国现阶段民族教育工作的方针、政策、重点内容及发展方向等。2005年，《国家教育事业发展“十一五”规划纲要》明确提出，坚持分区规划、分类指导的原则，强调公共教育资源向农村、中西部、贫困地区、边疆地区和民族地区倾斜。为了大力推动边境县教育事业的进一步发展，2009年，教育部与国家民委在内蒙古呼和浩特市召开了全国边境县教育事业发展研讨会，交流、研讨边境县教育事业发展的有关问题，提出促进边境县教育事业发展的政策措施。此次会议提出在2020年前民族地区教育，特别是边境县的教育水平要与全国齐平，同时要超过周边国家的教育水平①。

在《守望边疆：广西边境民族地区教育质量保障与特色发展研究》② 一书中，作者钟海清、高枫从边境民族地区教育的基本特点和发展规律出发，对广西边境民族地区教育面临的问题及其原因进行了分析，并提出相应的对策，提出具有可操作性的广西边境民族地区教育发展战略。

三、西部地区民族基础教育发展的援助

中央与地方政府的政策和对口支持是提高西部地区基础教育质量的主导力量。但是西部地区复杂的地理环境、经济、文化和民族等诸多因素导致政府难以在质量和数量上充分满足当地的教育需求。国内外许多非营利组织机构在西部基础教育领域扮演着特殊的角色及发挥着重要的作用。例如，非营

① 《全国边境县教育事业发展研讨会在鄂尔多斯闭幕》，http://www.nmrb.cn/Item.aspx?id=208035。

② 钟海清，高枫著《守望边疆：广西边境民族地区教育质量保障与特色发展研究》，人民教育出版社2011年版。

利组织机构筹集更多的社会资源，包括政府和市场资源，国内和国外资源，物质和人力资源；根据地方需求和文化、民族、经济等因素提供不同层次和类型的基础教育服务，包括校本培训、女童入学、双语教学等；让受益人群直接参加项目设计，在项目实施过程中和结束后通过媒体或组织本身的宣传渠道向公众发布，并将项目的成果反馈给政府作为基础教育相关领域决策的参考。

（一）乡土教材的开发与援助

乡土教材是相对国家统编教材而言的。它关注的重点是乡土的历史和文化。在国家三级课程管理体系背景下，许多民间机构将目光投向这一领域。钱理群教授早年主编的《贵州读本》就是早期的乡土教材。钱理群教授认为乡土教材的编写有其深刻的文化背景，在全球化背景下年轻一代的思想和精神面貌虽然总体上积极向上，但年轻人的生命选择和文化选择也日益表露出他们正在急于逃离乡土的文化世界。而乡土教材的生命力在于民间的自发成长，在于文化多样性和教育多元化。自从一些非政府组织进入乡土教材及其后续开发领域后，乡土教材渐渐融入了更多的现代公民思想。

编写和推广乡土教材是北京天下溪教育咨询中心的核心项目之一。2003年，天下溪以“一方水土一方人”的文化理念，开始在环境教育的项目地尝试编写乡土文化教材。2006年，教育部和国家民委联合发文，招募志愿者搜集整理乡土教材。政府和民间开始形成对乡土教育的共识：从实求知、走向乡土。天下溪更坚定了在编写乡土教材的路上全力前行的决心，并在乡土教材的开发中形成了自己的理念、逻辑和工作方法。天下溪认为乡土文化就是当地生活智慧和人文精神的集中表现，乡土教材的推广是为了使学生能够提升生活能力，既能走出家乡，也能留在当地更好地生活。天下溪坚持与项目地教育局合作，由一线教师参与教材编写的原则，使乡土教材能够进入课堂，保证教材能够在当地推广使用。目前，天下溪已经开发了十余种乡土教材，有：《草海的故事》《白鹤小云》《霍林河流过的地方》《与鹤共舞》《扎龙》《我爱拉市海》《家在科尔沁》《奇奇格的故事》和《美丽的湘西我的家》等，2010年又完成了羌族文化语言教材《沃布基的故事》。

羌族是中国最古老的民族之一，这个民族对中国历史和中国文化发展的影响深远——传说羌人是炎帝的后代，中国著名的治水英雄大禹是羌地的子孙。从2009年开始，天下溪在赛门铁克的支持下，与阿坝州教育局合作，选定了茂县这个中国最大的羌族聚居区为项目工作地。茂县全县总人口10.35万人，其中羌族人口9.11万人，占全县总人口的88%，约占全国羌族人口的47%。这里还集中了一大批关注羌族文化的文化人和教育工作者。天下溪很幸运地与当地文化教育工作者建立了很好的合作关系，共同完成了适合当地小学五级学生使用的包括羌族文化和羌语教学在内的乡土文化教材——《沃布基的故事》。它以一个羌族孩子的视角来展现羌族文化的内容和内涵，文字平实生动，意在引导学生在日常生活中认识家乡、理解本民族文化的独特价值，并以家乡文化作为自己成长的基点之一。这本教材将由阿坝州教育局在州内的所有羌族学校推广使用，并将给北川羌族自治县和平武县的羌族小学赠送一定数量的教材，让羌族孩子了解本民族的历史和文化，成为一个有根的人。

教材开发者试图在教材中展现当地地理、历史、民风民俗、传统文化、资源、生计、经济发展等主题，在形式上力求生动有趣，同时融入了天下溪特有的教育资源——活动与游戏，使教材更能体现学生的参与性和互动性，使学生喜欢，感觉亲切，以培养他们对家乡的关注，对乡土价值的理解与认同，推动当地文化传承及可持续发展。

教材设计精美，著名摄影家陈锦先生为教材提供大量体现羌族文化的照片，茂县小学生创作的羌族文化写生画使教材更具趣味。

（二）西部基础教育信息化建设援助项目①

为贯彻中共中央办公厅国务院办公厅《关于加强信息资源开发利用工作的若干意见》（中办〔2004〕34号）文件精神，国家基础教育资源共建共享联盟与中国互联网协会宽带P2P应用推进联盟携手合作，联合举办了“国家基础教育资源网上西部行”活动。此次活动于2006年6月2日正式启动，到2006年年底结束。在7个月的活动期间，联盟面向新疆、内蒙古、宁夏、贵州、青海等地具有网络条件的学校免费播出从小学到高中各年级的课件929节，累计播出时长1238小时。据统计，在线收看小学课程的总人数为15 750人，收看初中课程人数为525 000人，收看高中课程人数为126 000人，7个月的观看总人数达到666 750人。此次活动得到了教育部、信息产业部、中国

①《支援西部教育——“国家基础教育资源网上西部行”》，http：//www. g12e. com/new/201108/zf469625365413811021505. shtml。

互联网协会及部分 IT 企业的大力支持。

（三）西部基础教育中小学校长培训援助项目

“教育部—中国移动中小学校长培训项目”是教育部与中国移动联合实施的公益项目，旨在提高中西部地区中小学校长办学、治校能力，促进义务教育均衡发展和城乡教育协调发展，也是“蓝色梦想—中国移动教育捐助提升计划”的重要组成部分。该项目已经持续实施了 6 年，使数百名中西部校长带着丰硕的成果与宝贵的经验从首都回到中西部地区，近 3 万名校长通过远程教育参与了培训，为中西部地区基础教育事业的发展贡献了力量。

以 2012 年北京市“教育部—中国移动中小学校长培训项目”为例，参加此次培训的 73 名校长来自四川、广西、新疆、宁夏、甘肃、云南 6 省区的中小学，他们走进北京的部分优秀学校，在半个月中担任这些学校的“影子校长”，与这些学校的校领导班子成员共同工作，交流经验，取长补短。

（四）西部民族基础教育的国外援助项目

美国福特基金会是全球较大的私人基金会之一，主要在全球范围内资助与社会发展有关的研究与发展项目。针对我国西部地区少数民族贫困地区普及义务教育步伐缓慢的现状，通过采取校长培训、校本师资培训、建立图书室、提供文艺和体育器材、开展文体活动、举办家长学校、改进课堂教学、资助困难女童和少数民族学生等措施，改善项目学校儿童的生存状况和学习环境，并推动当地基础教育的发展，使项目学校适龄儿童入学率得到提高。例如，西北师范大学王嘉毅教授申请的“甘肃省少数民族贫困地区基础教育发展研究”项目以“促进基础教育发展和儿童健康成长”为目的，希望通过此项目的实施和研究，探索出一条加快少数民族贫困地区教育普及和提高教育水平的有效途径。

（五）西部少数民族贫困地区女童教育援助计划

2002 年启动的中英大龄女童合作伙伴项目①是中国商务部与英国国际发展部签署的女童国际合作项目，由全国妇联具体实施。项目目标是使中国西部贫困地区的大龄女童能够参与经济和社会发展，并从中受益。该项目免费为部分 15—18 岁辍学在家的女童提供培训。培训内容包括蔬菜选种、果树嫁接、花卉栽培、农药的安全使用、刺绣针法、绒线编织等。对于那些即将外

① 钱理群、刘铁芳著《乡土中国与乡土教育》，福建教育出版社 2008 年版。

出打工的女孩，还教授实用的生活技能，包括：如何使用公共设施、如何自我介绍、如何给家里寄东西、危及防护与自救和预防艾滋病等。结束时能够使项目县中的12 000名辍学大龄女童接受培训。

贵州省三都水族自治县在瑶山民族小学为三年级以上的女生中开设手工刺绣课，提高了少数民族女童上学的巩固率。云南省勐海县民族小学，根据哈尼族学生的民族特色，开设了女童班，女童班学生的劳动技术成品“哈尼包”曾获“全国青少年和儿童造型艺术展二等奖”。

中国—联合国计划开发署401项目——“以女童为重点，促进贫困地区九年制义务教育”的实施过程中，四川省、广西壮族自治区女童教育模式研究对民族学校女童教育的发展起了重要的指导作用。四川省以项目文本为基础，创造性地探索了具有创新性和广泛推广价值的四川女童教育“整合模式”，有效地提高了民族地区女童入学率、巩固率、完成率以及女童教育教学的质量①。

第四节　西部地区民族基础教育的可持续发展

从当前西部农村经济发展的实际需要以及农村经济进一步发展的角度看，西部农村教育的主要力量应放在普及义务教育和加强农（职）业技术教育上。应该看到，尽管目前农村经济的发展水平还较低，农业生产对劳动者文化素质的要求还不高，但随着社会的进步，经济的高度发展必然要求教育提供高素质的劳动力。伴随着农村产业结构的不断调整和优化，劳动力将不断转移和开发。农业产品中科技含量的不断增加，必将进一步提高复杂劳动在农业劳动中的比重，也将使具有较高文化水平的人在农村经济发展中获得更多的机会。这些都需要农村教育有针对性地、适时地为劳动者的技术更新与岗位转换提供服务，也将进一步刺激和促进农村教育规模的发展和层次的提高。在现阶段，根据西部农村经济和社会发展的现实需要以及农村教育发展的实际水平，西部农村义务教育应以为当地经济建设和社会发展服务并兼顾升学为办学方向，应主要致力于为本地农村经济和社会发展培养“留得住、用得上”的适用人才。这是西部农村义务教育课程改革和发展的基本方向。

① 陈时见著《多元共生与多样化发展》，商务印书馆2012年版。

一、西部地区民族农村基础教育课程改革现状

西部农村基础教育是促进西部民族农村建设的持续性发展动力。西部民族农村地区基础教育课程改革与发展应充分关注区域少数民族学生的族群认同与国家认同的协调。课程改革是基础教育改革的核心，基础教育是其他各类教育的基础。我们要重视西部民族地区农村基础教育课程改革的教育价值，及时充分审视西部地区民族基础教育可持续发展对于引领西部社会和谐发展的意蕴。

（一）基础教育课程改革在西部的实施状况

21世纪初，我国西部民族农村中小学根据农村经济和社会发展的需要开展了课程改革。其主要措施有：1. 以主要为农村经济建设和社会发展服务兼顾升学为办学方向；2. 以提高农村劳动者的素质为主要目标；3. 形成普通初中教育和农业技术教育相结合的多种课程结构；4. 编写和使用补充教材与乡土教材；5. 教育教学过程与农村生产、生活相结合，加强教学实践环节；6. 实行“双证”毕业制度。这些措施体现了西部农村义务教育课程改革的方向。

但目前西部农村基础教育课程存在的突出问题还是课程的适切性不够。具体表现为：课程和教材脱离当地农村生产与生活的实际，教育教学脱离农业生产劳动；忽视创新精神和实践能力的培养；课程模式单一，缺乏弹性和选择性，统一性过强，多样性较差；课程评价体系比较落后，等等。这些问题使农村中小学教育难以满足西部经济和社会发展的需要，不能适应农村学生多方面的教育需求。一些学校的升学率虽然很高，为上级学校输送了大量的新生（这些新生在当地只是同龄人中的少数），但这些学生中的大多数最终都流向了发达地区。西部教育“为他人作嫁衣”的状况应当改变。致力于为本地培养适用人才，是西部农村基础教育改革中的一个重要的努力方向。增强农村基础教育课程的适切性，为提高西部农村人口素质和农民脱贫致富服务，是西部农村基础教育课程改革的关键所在。

基础教育课程的突出特点是具有普及性、基础性和学术性。而西部地区农村经济与社会的发展则要求农村基础教育课程的个性化、职业化和实用化，从而引发了西部农村义务教育课程中的三个主要矛盾：1. 课程的普及性（统一的要求）与个性化（体现地方和学生差异的要求）的矛盾；2. 课程的基础性（不定向的）与职业性（面向农村的）的矛盾；3. 课程的学术性（为升

学服务的）与实用性（为就业和生产生活服务的）的矛盾。对这三个问题的不同回答，决定着农村基础教育课程的目标与价值取向。解决这些问题，将有助于农村基础教育课程理念的转变，进而指明西部农村基础教育课程改革和发展的方向。

此外，西部地区农村基础教育课程改革还要在以下几方面下功夫。1. 明确西部地区农村基础教育课程的基本价值取向和目标定位；2. 确定西部地区农村基础教育课程的基本结构及各类课程的适当比例；3. 开发能够促进西部地区农村经济与社会发展的基础教育有效课程模式及具体课程形态；4. 选择适合西部地区的农村基础教育课程开发模式；5. 建立具有西部地区特点的农村基础教育质量标准。这些都是西部农村基础教育课程改革的当务之急。做好这些工作，将为西部农村基础教育课程改革与开发奠定有效的实践基础。

（二）西部基础教育学校地方及校本课程开发

校本课程开发是以学校为基地进行课程开发的开放民主的课程决策过程，即校长、教师、课程专家、学生以及家长和社区人士共同参与学校课程规划、实施和评价过程。少数民族教育既要考虑和适应本民族的文化环境、本民族的发展需要，又要兼顾以主体民族为主的统一多民族的发展和需要。在课程资源的开发上要体现两条原则：一是乡土性原则。一定要结合当地善良淳朴的民风民俗，优美的自然风光，独特的历史遗迹，丰富的人文资源、社会资源，编写与当地生产、生活相关和开设学以致用的种养和手工制作等实用课程。二是民族性原则。少数民族历史、地理、科学、艺术等应该在地方课程与校本课程中反映。这些课程的内容一方面要适应少数民族学生的认知特点并以学生的直接经验为基础。另一方面要有助于形成民族成员的自尊心、自信心、培养民族成员的自豪感和认同感，从而培养学生对中华民族的热爱之情。

云南省政府根据边境经济以及社会现状，为初中阶段学生开设“三生教育”（热爱生命、学会生存和生活的能力）课程。教材由地方教育出版社出版发行。在中小学开设丰富的云南特色特产、云南的自然资源、珍惜生命远离毒品等地方课程。

“民族文化进课堂”是少数民族地区实行双语教学工作的延伸和发展，也是深化素质教育的一项有特色、有实效的重要举措。例如，贵州省已有431所学校开展了民族音乐、民族舞蹈、民族传统体育、民族工艺制作、民族民间戏曲、地方文学等多种形式的民族民间文化教育进课堂活动。贵州雷山县是贵州省的苗族聚居区，该县的民族学校将苗族人民的民间音乐、绘画、舞蹈、体育、文学、传统工艺等纳入教学活动中，让学生从小就受到民族文化的熏陶。当地学校还鼓励学生在校园里说苗语，唱苗歌，着苗装。

二、西部地区民族基础教育中双语教学的发展

西部各民族的分布纵横交错，形成大杂居、小聚居的格局，汉族遍布各个角落。这样的分布特点是形成语言的复杂性的重要因素。在西部众多的少数民族中还保留有本民族文字的有藏族、傣族、壮族、拉祜族、苗族、景颇族、布依族、哈尼族、侗族、土族、彝族、瑶族、傈僳族、白族、佤族、纳西族等民族。民族语文和汉语在少数民族教育中有几种使用情况：民汉双语文教学是我国少数民族教育用语的主要形式；在不懂汉语，而母语是本民族语的闭塞少数民族聚居区，使用母语进行成人扫盲和儿童启蒙教育；汉语参与教学是我国民族学校教学用语的一种形式，与汉族杂居和说汉语的少数民族，一般接受汉语教学。现阶段，国家对少数民族语言文字管理工作十分重视，出台许多政策加强管理与运用，稳步推进“双语教学”，把学前“双语”教育纳入义务教育范围，扩大“双语”教学覆盖面；鼓励各民族公民互相学习语言文字；加强少数民族语言文字翻译出版工作；加强对少数民族濒危语言的抢救、保护工作等。

“一般来说，共同的居住区域和共同的经济生活是形成民族的必要前提，但只是在具有共同的语言和共同的文化的情况下才会形成民族的内聚力——民族感和民族的排他力——区别于其他民族的愿望。语言在民族诸特征中占有这样重要的地位是由于它和全民族的每一个成员全面相通，最深刻地反映了该民族的特征。它是维系民族内部关系和人们区分不同民族时最明显的标志……语言之所以是民族的重要特征，还在于民族的其他特征往往要通过语言来表现。如独特的文化、心理往往是通过词义来表现的。”①

语言与民族的关系错综复杂，它不是一对一的整齐配合，也不能简单概括为一个民族使用几种语言或几个民族使用一种语言。民族语言的使用情况十分复杂，表现为以下两种种形式：一是语言的借用。回族在形成的过程中曾使用过阿拉伯语和波斯语，但未形成统一的语种，到今天大多是借用汉语。

① 陈松岑主编《社会语言学导论》，北京大学出版社1985年版。

二是语言的并用、兼用和兼通。是指一个民族同时使用几种民族的固有语言，云南二十五个少数民族中，大约有三分之一兼用汉语，如藏族、普米族、苗族、瑶族、彝族、怒族、壮族、白族、傣族、布依族、布朗族、德昂族等民族都在局部地区放弃本民族固有的语言而使用汉语。如怒族并用怒苏、阿依、柔若三种语言，瑶族并用勉、布怒语言，景颇族并用景颇、载佤两种语言。如藏族还兼用普米语、纳西语、羌语，苗族还兼用侗语、瑶语，怒族还兼用独龙语、傈僳语，普米族还兼用白语，白族还兼用傈僳语，德昂族兼用傣语，瑶族兼用壮语。

民族地区实施的少数民族语言和汉语的双语教育，充分体现了党的民族平等和各民族语言文字一律平等的政策，体现了国家对少数民族语言文化的尊重。从长远的、发展的观点看，少数民族地区实施的双语教育，不但有利于促进少数民族经济、文化和教育事业的发展，也有利于维护国家统一，促进民族团结，构建和谐社会。因为语言不单纯具有交际的功能，它还具有重要的情感功能和认同功能；语言文化的多样性不仅是维持人类社会“生态系统”平衡的基本保证，更为人类社会的可持续发展提供了重要源泉和动力，是人类社会更具活力和创造力的重要保证。

“双语”的内涵，一般是指个人或集团使用两种或两种以上语言的交际现象。我国构成双语的语言主要有三种情况：汉族使用本民族语言，又兼用另一种少数民族语言；少数民族既使用母语，又兼用汉语；少数民族使用本民族语言，又兼用另一种少数民族语言。总而言之，只要根据不同的交际对象使用两种或两种以上语言进行交际的，均可以认为是双语现象。我国西部共有十二个省、区、市，据统计有四十九个少数民族聚居在西部。这些少数民族中，许多都有自己的语言和文字。所以，走进西部民族地区，就会发现汉语和民族语并存的双语现象。我国的共同语是汉语，我国实行民族平等与语言平等政策，各民族都有使用和发展本民族语言文字的自由。所以我国所讲的双语，就是各少数民族在使用母语之外，还要兼操汉语。

所谓双语教学，是指在一定的教学阶段内进行母语和第二语言的教学，使学生学会两种语言。世界上提倡双语教学的国家一般都是以本国的少数民族学习国语为主要宗旨。我国的双语教学主要是针对五十三个有语言、二十一个有文字的少数民族学习汉语文而言的。少数民族学校的双语教学，不仅涉及教材、教法、课程，还涉及教学用语、学制、办学形式以及教育体系等一系列重大而又十分复杂的问题。它已超出了教学与教法的范围，涉及民族学、语言学、教育学、心理学理论。因此，双语教学中存在的问题严重地影响和制约全国各个民族地区教育工作的顺利开展。解决好双语教学中存在的问题，推动民族教育的发展，也就成为当前民族教育工作的一项重要任务。

（一）双语教材

教材是语言文字的载体，进行双语教学对教材的要求很高，如果缺少相应的教材，双语教学的实施是难以想象的。目前我国除了既有语言又有文字的民族有相应的双语教学教材外，其他民族基本上没有本民族的双语教材。一是由于这些民族本身没有文字，给教材的编写带来了很大困难；二是由于教材编写所需的人力、物力、财力匮乏，使许多工作搁浅。即使对于有教材的少数民族来说，现行的双语教学教材中也存在着许多问题，如许多教材实际上是汉语教材的翻译本，不符合少数民族语言规律，与民族文化背景存在着许多差异。民族中小学的双语教材还未很好地达到系统、科学、标准、实际的要求。还不能充分适应不同层次、不同规格的民族学校的需要。此外，与双语教材相应的教学大纲、教学参考书、工具书、教学辅导材料、教学挂图和课外读物等还未形成一个完整的体系。

当前，在少数民族文字教材建设和发展中面临的普遍问题是：由于民族语文教学学校的生源减少，导致了民族文字教材发行量的下降；经费短缺，导致了民族语文教材出版受到严重的制约；民族语文教材脱离本民族、本地区实际，内容单调陈旧，不受师生的欢迎。这些既是各级教育主管部门应当继续研究解决的问题，也是全社会都应当关注的问题。因为少数民族教育特别是双语教育是文化传递和传播的重要途径，除了具有促进民族地区经济发展的功能之外，还具有发展民族优秀传统文化和现代科技文化的功能。扩大规模、增加投入、改善办学条件虽然是发展民族教育事业必备的物质条件，但是，要真正办出可持续发展的民族教育，真正办出有实效、受广大受教育者欢迎的双语教育，还必须重视教育的文化传承功能和创新功能，这就涉及教材的民族化问题和地方性课程、课本的开发问题。

在双语教育实践中，编译适合本民族母语文化特点的教材显得十分重要。一些地区所采用的单纯翻译汉文教材的办法，虽然省时、省力、省钱，但只能是权宜之计。因为汉文教材是根据母语为汉语的儿童的心理发展规律编写的，不完全适合汉语为第二语言的少数民族儿童的学习心理特点，在使用过程中自然会出现不适应的现象。

我国少数民族复杂多样的经济生活、社会组织、伦理观念、思维方式、风俗习惯以及民族性格，把少数民族的现代教育和传统文化教育紧密地联系在了一起。如果教科书中缺乏少数民族传统文化方面的内容，没有民族历史传统、神话传说、节日庆典、服饰礼仪等内容的学校教育，意味着越来越多的少数民族学生正在或者已经割裂了与本民族传统文化的联系。一个脱离了当地文化传统的受教育者，事实上也是难以完全融入主流社会的。他们常常游离于本族文化传统和主流文化传统之间，成为主流社会的“边缘人”。因此，少数民族教育必须在帮助受教育者继承本民族文化历史传统的基础上，进一步使其构建正确的民族观、人生观、价值观和世界观。这就要求教材的编写既要按照少数民族儿童心理发展规律，遵循第二语言教学的原则和规律，又要具有培养学生跨文化技能的功能，使其真正发挥传承民族文化、教授现代科学技术和文化知识的功能。

少数民族的双语教育不仅担负着传承民族传统文化、传授现代科学技术和文化知识的功能，它还具有促进民族传统文化教育和现代跨文化教育相互交融的功能。因此，加强双语教育跨文化课程体系的建构至关重要。在课程设置的文化选择方面，双语教育的课程设置和教材建设，既应当兼顾民族传统文化和现代科学技术及文化知识，更应当重视不同文化的交融和创新问题。这就要求在双语教育的课程设计和地方性课本的开发中，立足本民族，面向全国，放眼世界。

具体而言，课程的内容应当有助于学生全面理解少数民族的文化和民族特征，充分考虑受教育者的学习特点和实际需求，有利于逐步形成多元化的价值观念、态度和行为，培养受教育者的跨文化技能。在学生评价程序中，应当考虑少数民族学生的文化背景，等等。在地方性课程或校本课程的开发中，还应当重视课程结构的合理性，充分利用学科课程、活动课程和潜在课程等多种课程类型，并通过各种活动调动学生的积极性和主动参与意识，充分发挥学校和教师的决策权、主动权，使民族地区的学校真正成为所在社区现代文化科技知识与本民族优秀传统文化的学习中心、传播中心，成为民族新文化创新的基地。

总之，我国民族教育包括双语教育的改革和完善是一项长期的系统工程，面临的问题还很多。在经济全球化的今天，它需要政策、立法、资金等方面的保障，需要教育界及社会各界的协同努力。面临新形势和新问题，我们应当立足于少数民族地区语言文字使用和双语教育的现实，遵循语言文字发展和双语教育的规律，客观认识和预测各种语言社会文化功能的现状和发展趋势，制订切合民族地区实际的语言文字和双语教育方针，采取行之有效的措施，推动少数民族语文和双语教育的稳步发展。

在双语教学教材建设工作上，现已取得了一定的成绩，在有本民族语言文字的藏族、蒙古族、哈萨克族中都有了本民族的双语教材。但是目前所做的这些工作远未从根本上缓解双语教材缺乏的状况，而且在现行的这些双语教材中存在着许多问题。比如所编写的教材往往是编译汉语的多，本民族土生土长的作品少，存在着一种“表面民族化”的现象；许多教材缺乏系统性、连续性，内容也较为抽象，缺乏具体操作性，难以适应不同层次、不同规格的民族中小学的需要；教材建设也难以做到配套完善，许多双语教材往往是只有教科书，但缺少必要的教学大纲、课外读物、教学辅助材料等。这些问题不同程度地影响和制约着双语教材建设工作的进程，有必要进行深入的研究。

多年来，云南省采用18种文字对14个少数民族的小学生进行双语教学。为使教材翻译准确、语言规范、简洁易懂，有利于民族文化传承，云南省积极开展民文教材建设。截至2010年，先后编译审定了彝文、傣文等14个民族、18个文种的不同年级的民族文字教材300余种，由云南民族出版社印制出版后，免费发行到各民族地区双语教学点供学生使用。同时，对现有7600余名双语教师分期分批开展培训，并邀请专家举行专题讲座。据统计，“十一五”期间，各级财政投入用于民文教材编译、审查和双语教师培训的经费达1600多万元。目前，已有近一半的双语教师接受过培训，全省接受双语教学的在读学生达165 033人。云南省丽江纳西族自治县已有几所民族小学进行了纳西文教学实验，一些纳西族村寨实现了纳西文青年无盲村。

随着现代藏族学校教育的发展，开创性的藏语文教材建设工作也相应起步并迅速发展。青海、西藏先后成立了专事民族教材的编译机构，有计划地系统地开展了大量有效的工作。1982年，在国家教委和国家民委的倡导支持下，成立了五省（区）藏文教材写作领导小组，统一协调藏文教材的编译、出版、发行工作。到1989年，共编译出版了中小学教学大纲、课本、教参资料 222 种[①]。

（二）双语教学队伍

师资力量是双语教学的一个最为关键的因素。要确保双语教学的健康发展，保证双语教学质量，必须有一支数量多、质量高、稳定可靠的双语师资队伍。双语教学师资队伍建立的模式有两种。一种模式是在一定数量的训练有素的教师中，一部分人能用民族语言教学，另一部分能以汉语文教学，这两部分教师在数量上应分配得当，如果教师在总体数量上是足够的，但民族语文教师得不到满足，双语教学也不能顺利进行。如目前有些民族地区的小学就十分缺乏能用民族语文讲授自然、音乐的教师，中学则缺乏能用民族语文讲授政治、历史、地理的教师，能用民族语文讲授数理化的教师就更缺乏了。这种局面的存在往往使双语教学计划和课程设置难以落到实处。另一种模式是培养和提高教师个人的“双语”素质与才能，建立“双语”教师队伍。实践证明，这类教师由于兼通双语，能够较好地了解和把握两种语言的异同，并能预见到学生学习的难点，而且能在具体教学中使两种语言交替并用，相互解疑，加快学生理解和掌握知识的进程。课程的最终实施要靠教师，因此，大力发展双语教育，提高民族地区双语教师的素质是当务之急。建议政府及各级教育部门在已有师资培养和培训计划的基础上，进一步扩大双语师资的培养和培训范围，既要保证合格双语师资的持续输送，又要使一线双语教师都能在教育教学上得到提高。这是双语教育以及相关的课程建设得以最终落实的重要保障。

民族师范院校承担着为民族中小学培养大批合格教师的重要任务。培养一批训练有素的、具有双语教学能力的教师又是民族师范院校一项独特和艰巨的任务。但是，目前云南省民族师范院校就其规模、数量和培养能力来讲，都难以完全满足民族中小学对双语教师的需求，为缓解这一矛盾，可以适当从当地知识分子、干部中选拔一批懂双语、有经验的人，通过必要的培训，充实到师资队伍中去，鼓励他们从事双语教学工作。

按照“十二五”教育发展规划，云南省将在云南民族大学建立省级“双语教师培训基地”，在大理学院、楚雄师院等八个州市的高校建立州市级“双语教师培训基地”。同时，增加教师编制，设立双语教师特岗，出台政策解决

---

① 杜生一著《甘青藏族现代教育发展研究》，民族出版社 2006 年版。

双语教师待遇问题，稳定师资队伍；加强民文教材建设，争取用五年时间，完成小学六年级民文教材的编写审定，编写部分双语教学指导参考书，启动双语双文音像教材建设。

（三）双语教学模式

不言而喻，作为民族基础教育工作重点的双语教学，其成败直接影响着民族基础教育质量的高低。因此，努力搞好民族地区的双语教学工作，克服消极因素，也是当前民族基础教育发展的当务之急和关键所在。

在实践中，各地根据本地的实际情况总结出了许多很好的经验，如甘南州提出的“两个为主”的双语教学模式就是一个很好的例子。其具体做法为：一个为主是以藏语文为主，即在牧区、半农半牧区等群众通用藏语的地区，教学以藏语文为主，单科加授汉语文，小学毕业后，藏语文要求达到初小程度，到高中毕业时，藏语文要求达到高小或初中毕业程度。另一个为主是以汉语文为主，即在城镇、农区或藏族、汉族杂居的地区，群众通用汉语，教学以汉语为主，单科加授藏语文，小学毕业时，汉语文达到高小程度，藏语文达到初中程度，初、高中毕业时汉语文分别达到初、高中程度，藏语文分别达到高小和初中毕业程度。实践证明，这一经验取得了良好的效果，值得各民族地区效仿。

广西壮族自治区根据本区的实际情况，建立了“壮汉双语文同步教学”的双语教学模式和“以壮为主，壮汉结合、以壮促汉、壮汉相通”的办学方针。广西边境学校力图通过加强民汉双语教育来促进广西边境民族地区少数民族文化和少数民族传统的发展。如：从2009年秋季学期开始在学前班开设“壮汉双语”教学。东兴市京族学校充分利用京族的民族语言与越南语相通的优势，从小学四年级开始每周安排两节越南语课，帮助学生学习越南语言文化，培养跨文化交流能力。

在云南，“民汉”双语教学有双语单文型和双语双文型两大类，各个模式都有其自身的应用特点。双语单文型的双语教学形式随着学习的深入会逐渐减少民族语言的使用，目的是为了达到完全的汉语教学；在双语双文型的教学形式中，学习民族语文不是以辅助汉语教学为目标的，而是主要针对本民族文化的保存与发展。

（四）西部各地区双语教学发展现状

1. 新疆维吾尔自治区基础教育双语教学现状

随着改革开放的发展和新形势提出的新要求，新疆各地，尤其是中小学采取多种方式，全面实施双语教育，并取得明显成绩。如 1999 年，新疆仅有 27 所中学开设了双语实验班，学生人数 2629 人。到 2004 年年底，新疆已在 52 所中小学开办了 946 个双语教学班，学生人数达到 35 948 人。截至目前，新疆学前和中小学（含职业高中）少数民族接受双语教育和民考汉的学生达到 119.87 万人，占学前和中小学少数民族在校生数的 48%，实现了双语教育发展速度与双语教育质量的大幅度提高。

新疆双语教育存在的主要问题：

（1）双语教育发展不平衡，制约了双语教育的发展。主要表现在双语教学班就读学生占少数民族学生总数的比例仍然很低，双语教育发展不平衡问题日益突出。这种不平衡不仅仅体现在基础条件上，即使是一些汉语言环境和条件都很好的地区和县市，双语教育的推进速度和质量仍然不尽如人意。在推进双语教育工作中存在着两种倾向，一种倾向是个别地区和县市过分强调语言环境等客观条件，存在等、靠、要的思想，推进工作迟缓。另一种倾向是有的地区和县市不顾师资条件限制，盲目地推进双语教育的规模，造成双语教育发展速度与双语教育发展质量失衡，出现了双语教育发展规模、速度上去了，而双语教育发展质量偏低的现象。

（2）双语教育师资队伍数量不足、质量偏低，不能适应双语教育工作的需要。长期以来，新疆少数民族双语教师队伍缺乏、双语师资队伍整体素质偏低、双语水平偏低。自治区教委为此采取了多种措施，加以改进和提升，但这个问题和矛盾至今没有得到全面解决。这与基层推进双语教学的愿望和要求，以及不断扩大的双语教学规模之间形成强烈的反差。这种反差在基层，尤其是在偏远农牧区的学校表现十分突出，已成为制约推进双语教育的主要瓶颈。

（3）现有双语教育办学条件不足，无法适应双语教育发展需求。新疆双语教育实施以来，学生家长，尤其是少数民族学生家长送子女学习双语的热情空前高涨。几年来，少数民族学生家长送子女到汉语言学校和双语学校学习的人数剧增，汉语学校和双语学校教学资源紧张，办学条件严重不足。一方面是班额过大，学生拥挤在一起，另一方面是语音室等学习汉语的设备严重不足，不能满足学生学习双语的愿望，影响了双语教育的质量。

（4）双语教师培训质量不高，难以适应双语教育实践需求。在双语教师培训方面，有些院校为了片面追求汉语水平考试（HSK）达标率，在对双语教师培训期间，只是集中力量全程应付考试性培训，使得双语教师能力和素质的培训变成了应试培训，忽视了教师口语、基础知识和专业能力的培训，更忽视了双语教学教法的培训。此外，有些双语教师由于敬业精神不强、基础太差等原因，尽管经过培训也只是具备了基本的汉语表达水平和教学能力，发音不准、语法有错、板书不规范，对教材理解缺乏深度，对新课程理论还不熟悉，这在一定程度上制约了双语教育的质量。

为科学推进少数民族学前和中小学双语教育工作，依据《中华人民共和国宪法》《中华人民共和国民族区域自治法》和《中华人民共和国国家通用语言文字法》，贯彻《中共中央国务院关于推进新疆跨越式发展和长治久安的意见》（中发〔2010〕9号）、《教育部等十部门关于推进新疆双语教育工作的实施意见》（教民〔2010〕6号）和《自治区党委人民政府关于大力推进"双语"教学工作的决定》（新党发〔2004〕2号）精神，结合实际，制定了《新疆维吾尔自治区少数民族学前和中小学双语教育发展规划（2010—2020年）》[①]。

2. 四川省基础教育双语教学现状

四川省民族聚居的地区主要有藏族聚居地区、彝族聚居地区和羌族聚居地区。四川藏族聚居地区就有四大方言区，四川彝族聚居地区有两大方言区（整个彝族聚居地区有四大方言区），羌族聚居地区也有两大方言区。这些少数民族聚居的地方，学生大多只会讲母语，必须用双语教学使之进入现代教育领域（因为少数民族语言文字中大多没有数、理、化、计算机等知识和术语）。实践证明，双语教学的实施，极大地加速了少数民族语言文字的现代化进程，扩大了少数民族受教育面和提高了受教育的程度。并且对于少数民族教育的"普九"和扫除青壮年文盲工作起到了至关重要的作用。

为加强双语教育工作，四川省采取了几项主要措施：第一，抓好彝、藏文教材的建设工作。藏文教材在1981年以来已由藏、青、川、甘、云5省区协作编译完成，今后主要是配合做好教材的修订、完善工作。第二，大力抓好双语教学师资队伍建设。在职小学教师的培训由县负责；在职中学教师的提高和小学新教师的培养，由州负责。中学、中师新教师的培养由省统筹安

---

① 《新疆维吾尔自治区少数民族学前和中小学双语教育发展规划（2010—2020）》，新疆教育信息网，http：//www. xjedu. gov. cn/jgsz/syjxgz/2012/48245. htm。

排。第三，加强双语教学的研究、实验工作，稳步提高教育质量和办学效益。目前，以藏语文和彝语文教学为主的教学模式实行了由小学到大学单独考试的制度。普初和扫盲工作在一些基本没有现代学校的少数民族聚居地区全面展开，已有33个县、100余个乡镇实现了基本普及初等教育，2个县、10多个乡镇基本普及了九年义务教育。

3. 青海省基础教育双语教学现状

1981年，省教育厅在黄南州召开了民族语文教学工作会议，明确地规定了各级各类学校双语教学的原则和要求，为实施双语教学打下了良好的思想基础。目前，青海省大致形成了双语教学的四种类型：第一类，除开设的汉语文课程外，其他课程均用民族语文授课；第二类，部分课程用汉语文授课，部分课程用民族语文授课；第三类，除开设民族语文课，其他课程均用汉语文授课；第四类，全部课程均用汉语文授课。在藏族教育中，藏汉双语教学也存在这四种类型。

据统计，截至2001年，青海省开展藏汉双语教学的民族中小学共有1040所，在校学生108 441人。其中藏族小学1000所，在校学生93 747人；藏族中学40所，在校学生14 694人。由于双语教学地区间的差异性，各地根据不同的语言实际，采用了多种类型的双语教学模式，目前，全省大致形成了以下几种类型的藏汉双语教学模式：第一类，除开设汉语文课程外，其他课程均用民族语文授课；第二类，部分课程用汉语文授课，部分课程用民族语文授课；第三类，除开设民族语文课程外，其他课程均用汉语文授课。为了协调小学和中学阶段双语教学计划，全省以藏语文授课为主，单科加授汉语文的中小学统一执行原国家教委转发的《五省区义务教育全日制藏族小学、初级中学及中学教学计划》；以汉语文授课为主，单科加授藏语文的民族中小学，均执行原国家教委颁布的《义务教育全日制中小学初级中学课程计划》和原国家教委印发的《现行普通高中教学计划的调整意见》。随着各地办学条件的改善，部分藏族中小学开始加授了英语和计算机课程。

4. 甘肃省基础教育双语教学现状

甘肃是我国多语言的省份之一。世居甘肃的十个主要少数民族中，藏族、蒙古族、哈萨克族既有自己的语言，又有自己的文字。东乡族、保安族、撒拉族、土族、裕固族目前只有本民族语言，没有本民族文字。而且由于各地所处的地理环境、语言环境、人口数量以及杂居散居的不同，其语言使用情况也各有不同。第一种情况是聚居于边远山区的少数民族完全以本民族语言进行交际，不懂汉语，如甘南州的部分藏族地区。第二种情况是少数民族和汉族杂居地区的少数民族兼通汉语和本民族语，双语教学基础较好。第三种是同一个民族中使用几种不同的语言，如裕固族现使用三种语言，一种是西部裕固族语，属阿尔泰语系突厥语族，一种是东部裕固族语，属阿尔泰语系蒙古语族，一种是汉语。这种民族语言复杂和繁多的特点增加了甘肃省民族地区双语教学的难度，也使甘肃省的双语教学的工作相对重要，因此搞好双语教学工作对甘肃省民族基础教育的发展至关重要。

1980 年，教育部和国家民委在《关于加强民族教育工作的意见》中明确指出："凡是有本民族语言文字的民族。应使用本民族的语文教学，学好本民族的语文，同时兼学汉语文。"为此，甘肃省教委根据本省的实际情况，采取了多种措施，加强了民族语言文字的教学和教材的建设。在有语言文字的藏族、蒙古族、哈萨克族中，逐步恢复了"双语"教学工作。目前，甘肃省民族地区已有 1 所师专、3 所中专、261 所小学开设民族语文课，共有 27 035 名学生学习本民族语文，847 名教师从事民族语文的教学。为适应教学需要，从 1982 年开始参加了五省区藏文教材协作组织，省教委每年派出了 3—5 名同志赴青海参加藏文教材编译工作。经过 8 年的努力，藏文中小学教材已基本满足教学需求。蒙古文、哈萨克文教材由内蒙古、新疆编译供甘肃省使用。为增加蒙古文、哈萨克文教材内容，1986 年，省教委给肃北、阿克塞自治县拨了教材费，委托县教育部门编写。在重视民族语言教材建设同时，也加强了民族语文教师的培训，除在甘南州建立民族师专、民族师范外，还与兄弟民族省区开展教育协作，积极培养藏文、蒙古文教师。通过多种措施，使民族地区双语教学初步形成体系。

5. 西藏自治区基础教育双语教学现状

"双语"教学是基于使用不同语言（包括文字）的不同民族之间相互交流交往、相互学习借鉴而采取的包括探索其教育、教学规律在内的教学模式。《藏族教育的改革与发展》一书中提出了藏汉双语教学必须坚持以藏语授课为主的原则。在广大藏族聚居地区，各级各类民族学校以藏语言文字为主进行双语教育教学，既符合党和国家对少数民族语言文字的基本政策和法律，又符合藏汉双语教育教学的客观需要和现实情况。十几年来，通过实施藏汉双语教学，我国西北五省藏族聚居地区民众的藏汉双语水平有了普遍的提高。

藏汉双语教学的模式是藏族地区中小学校长期探索的教学活动的固定类型，较之一般教学模式，藏汉双语教学模式是指在教学过程中运用母语和汉语两种语言进行授课。就目前的情况来看，藏汉双语教学的模式有三种：一是在西藏主要采用的以藏语文为主的双语教学模式；二是在甘肃主要采用的“藏加汉”（即以藏语文的学习和教学用语为主，单科加授汉语文）“汉加藏”（即以汉语文的学习和教学用语为主，单科加授藏语文）的“双语”教学模式；三是在各高校主要采用以汉语授课为主的“双语”教学模式。

三、西部地区民族基础教育中的学生发展

任何人都生活在具体的世界中，学生个体在学校教育中成长，学校为广大青少年提供了为促其发展尽可能的资源和自我实现的平台。西部地区的中小学生在发展自己对外部世界丰富性的认识中多了一丝恐惧，少了一份冲动。西部地区中小学生能否清晰、合理而自主地规划自己的人生，努力实现自己的理想，提升自己的生命质量是西部地区民族基础教育中关于学生发展的精神使命和价值取向。

（一）西部地区民族中小学生发展的基本情况

在西部，大部分民族中小学校都位于比较偏远、落后的地区，经济不发达、信息闭塞、交通不便。一些民族学生在语言学习方面有困难，且存在民族自我观念浓厚、有突出的宗教心理意识、学习的动机不强等特点。

据2005年中国教育统计资料显示，我国现有在校中小学生170 790 097人，其中少数民族学生16 118 977人，占在校学生数的9.44%。全国在校小学生总数为108 640 655人，其中少数民族学生10 780 687人，所占比例为9.92%；全国在校初中生62 149 442人，其中少数民族学生5 338 290人，所占比例为8.59%。比较我国少数民族中小学生的数量可发现，初中阶段少数民族学生比小学阶段少了5 442 397人。西南部分省区民族学校数量及在校学生数量，详见如下表格[①]。

---

① 陈时见著《多元共生与多样化发展》，商务印书馆2012年版。

表5-3　西南部分省区民族学校数量及在校学生数量

项目	民族小学		民族中学	
	小学（所）	学生数量	中学（所）	学生数量
贵州	159	60 409	109	78 395
云南	138	72 807	94	——
广西	157	71 623	36	17 604

（二）西部地区民族中小学生的民族成分

就民族学校学生的民族分布来看，可将民族学校分成单一民族为主体、复合民族为主体和多元民族为主体的民族学校。其中单一民族为主体的民族学校是指在学校中几乎所有学生都是同一个民族的，这类学校往往坐落于以一个民族为主体的民族自治县或自治乡内。例如，云南省基诺山民族小学，其94%的在校学生都是基诺族。复合民族学生为主体的民族学校是指学校中某一个民族的学生的数量不占绝对多数，民族学生的民族成分一般为2—4种，这类学校一般坐落于多民族聚居的民族自治区。例如，贵州省水龙民族小学，原来坐落于贵州省三都水族自治县的打雾寨，后于1942年迁至水龙引朗村，该校水族、侗族学生占学生总数的73.4%。云南省元江县的羊街中学，是坐落在元江哈尼族彝族傣族自治县的乡级中学，学校主要由哈尼族、彝族、傣族三个民族的学生及汉族学生构成。多元民族为主体的民族学校是指在学校中没有一个民族的学生数量超过50%，而且学校中民族学生的民族类别在5个民族以上。这类民族学校基本上坐落在城市的民族杂居区。有些民族学校学生的民族类别多达十几种，甚至几十种，如大理民族中学、玉溪民族中学、云南民族中学、贵阳民族中学等。其中云南民族中学有民族总人口在10万以下的包括云南的7个特有少数民族（独龙族、怒族、德昂族、基诺族、阿昌族、普米族、布朗族，及莽人、阿克人、克木人），共1500名学生[①]。

（三）西部地区民族中小学中的留守儿童

留守儿童是指农村地区因父母双方或单方长期在外打工而被交由父母单方或长辈、他人来抚养、教育和管理的儿童。这些留守儿童要么由在家的单亲（一般为母亲）看护，要么被留给了其爷爷奶奶、亲戚朋友、邻居等代为

① 陈时见著《多元共生与多样化发展》，商务印书馆2012年版。

抚养。由于存在家庭教育的缺失，健康和安全难以得到保证。这一群体在人身安全、文化教育、思想道德、心理情感乃至行为方式等方面所出现的一系列问题，尤其是心理问题日益加重，违法犯罪的案例数量逐年上升，这些就是所谓的“留守儿童问题”。

留守儿童大都处在义务教育学习阶段，而义务教育阶段是青少年学习的基础时期，对一生起着至关重要的作用。留守儿童中还有很多“双差生”，在学习方面还存在很大的问题。首先，留守儿童在思想认识上普遍存在“读书无用论”的误区。部分进城打工者甚至对他们的孩子灌输“金钱至上”的观念，这种观念直接扭曲了儿童对金钱的认识，使他们无心专注于学业。其次，留守儿童的学习缺少辅导和督促。留守儿童的监护人一般为儿童的爷爷奶奶，属于隔代教育，这些监护人很难对留守儿童进行有效的指导。而且他们一般都对儿童娇生惯养，纵容他们，不敢对其批评教育。第三，留守儿童对学习的逆反心理严重。处于义务教育阶段的儿童，其行为在很大程度上处于他律阶段，心理发展处于逆反期。而留守儿童由于缺少有效的约束管教和正确的引导，使他们滋生了一些逆反心理，由此不少留守儿童有旷课、逃学、打架等不良行为。而在当前升学压力下，教育观念相对落后，学校和老师把注意力放在学习成绩优秀的学生身上，这就忽视了对留守儿童的关心，于是他们就产生了较强的抵触情绪，时间长了，就会导致恶性循环。

1．西部地区农村留守儿童教育现状

西部地区农村留守儿童数量在不断上升，有关留守儿童家庭教育缺失进而影响其身心健康发展的问题，已经引起了社会各界的高度关注，各级教育部门及地方政府也及时采取了一些相关的补救措施。然而，这是一个长期的社会问题，只要社会保障体系发展的进程跟不上“民工潮”发展的步伐，只要中国农民工存在，有关农村留守儿童的教育问题，就是一个必须引起社会高度重视的问题。要加强留守儿童的关爱教育，我们首先要了解分析农村留守儿童现行教育中所存在的问题，然后才能对症下药。

(1) 家庭教育的缺失，影响留守儿童的正常成长

家庭是儿童成才的摇篮，家庭教育是学校教育的依托。单亲留守家庭一般都是父亲外出务工，母亲照管孩子。由于母亲还要承担农活和家务，有些家庭还要照顾老人，大多数母亲劳动强度大，无暇顾及和管教孩子，也不注重与孩子的沟通。隔代留守家庭，祖辈们大多只重视给孙辈们物质、生活上

的满足，认为“吃饱穿暖”就行，而对留守儿童学业、精神和道德上的管束与引导不够。隔代监护人的年龄多数都在50—70岁之间，他们受教育程度普遍较低，有的甚至是文盲，由此祖辈监护人对留守儿童的身心教育存在着某些不足，特别是当有几个孙辈一并交给他们照管时，就更显得力不从心。另外，有些在外务工父母出于补偿心理，经常给家里寄钱、寄物，导致一些留守儿童花钱大手大脚，在一定程度上影响了孩子的健康成长。因此，父母教育的长期缺失，必然会影响到孩子身心的健康成长。

(2) 监护人对监护权重视不够，影响留守儿童的健康成长

由于监护人对留守儿童管教方法的不当或者缺失，使少数农村留守儿童身心得不到健康的成长。由于祖父母年长或因经济生活等多种原因，不能对留守儿童进行认真的监护，甚至使一些留守儿童接受基础教育的权利无法得到保障。特别是在思想道德教育方面，大部分留守儿童都处于成长发育的关键时期，由于不能得到父母在思想认识和价值观念上的引导和帮助，极易产生人生价值观的偏离和个性、心理发展的异常，一些人甚至会因此走上犯罪道路。由于意识上存在偏差，留守儿童的父母又不注重和孩子的沟通，使得部分留守儿童心理素质和承受能力不能正常发展，少数孩子性格孤僻、对人冷漠。等等这些，由于监护人对监护权重视不够，影响了留守儿童的健康成长。

(3) 学校缺乏针对性的教育管理和人文关怀，也不利于留守儿童的健康成长

由于家庭对“留守儿童”学习监督的弱视，目前农村学校又没有设立针对留守儿童教育的专门机构，普遍存在着对留守儿童关爱、督导教育的重视不够。和“留守儿童”居住在一起的祖父母或外祖父母，他们这一代人的文化教育程度普遍不高，知识水平有限，有的人甚至是文盲，根本无法对孩子的学习进行有效的督促。年轻的父母在家一般都会检查孩子的作业、限制孩子看电视的时间。学校也会定期召开家长会，以便及时掌握孩子的学习状况和思想动态。但父母外出以后，这些监护孩子的职责都会出现不同程度的缺失，而外出务工的父母所能做的，最多只能隔几天打个电话问问孩子在学校的表现、考试成绩等情况，根本无法提供实质性的帮助和监管。农村教师队伍师资编制较紧，老师负担普遍较重，班级的学生人数较多，对于这些需要老师给予特别关爱的留守学生，由于教师精力有限，无暇顾及，也不利于留

守儿童身心的健康成长。

2. 加强农村留守儿童教育工作的保障条件

（1）改革城乡教育管理体制，为农民工子女进城接受义务教育提供条件

目前我国实行的城乡户籍管理制度，实际上将城市、农村儿童人为地分离开来，使城乡儿童在不同的管理体制框架中，接受不均等的教育资源和社会福利条件。农民工进城务工，大部分人由于文化水平低，不得不从事一些经济收入较低的工作。学校对农民工子女收取一些额外的费用，诸如“赞助费”，这使得经济本来就无绝对保障的农民工，不得不将自己的孩子留守在农村。因此，应当按照推进城乡一体化、积极探索农村社会化服务的新方式，建立并完善农村公共服务体系，切实为农村留守儿童等特殊群体提供实实在在的帮助。各级政府应制定和实施儿童教育的优惠政策，采取相应的配套措施，使流入城市的农民工享有与城市人口平等的权利和社会权益，从根源上铲除阻止农村儿童进城读书的障碍。同时要逐步实现户籍制度改革，逐步取消农民工子女在城市上学的限制，为他们提供均等的接受教育的机会。

（2）发挥农村基层组织作用，建立“关爱留守儿童”的专门机构

2007 年全国妇联等 13 部门联合开展了关爱全国农村留守、流动儿童的大行动，旨在通过实施“共享蓝天”的维权、关爱行动，切实地推进全国农村留守、流动儿童问题的有效解决，促进农村留守、流动儿童的健康成长。各级地方政府也应该加大“关爱留守儿童”教育宣传力度，形成全社会都来关心留守儿童的良好氛围。农村基层组织有必要成立农村留守儿童领导小组，关心留守儿童的生活及学习。村委会应建立农户邻里管护网，做到每个留守儿童均有专人照看，使留守儿童充分感受到大家庭的温暖。

（3）发挥学校教育优势，加强关爱留守儿童的教育工作

各中小学应当为农村留守儿童建立专门的档案，针对学生的不同特点进行分类管理。老师应与外出务工家长及其监护人经常保持联系并建立留守学生的成长记录卡，对留守儿童进行正确引导。学校要采取一系列措施加强对学生的抗挫折和战胜困难的教育，增强他们的心理承受能力。教师对留守儿童要加倍关心和照顾，随时关注留守儿童身心健康。有条件的农村中小学也可探索出办学的新模式，使每个留守儿童都能在学校得到师长们的细心关怀，使他们在学校健康快乐地成长。

（4）扩大寄宿制学校规模，为农民工解决“后顾之忧”

各级教育部门要针对当前双亲外出务工的中小学学生双休日和寒暑假无人监管的情况，结合“农村中小学危房改造工程”“国家贫困地区义务教育工程”等项目的实施，在有条件的地方，改扩建一批农村中小学寄宿制学校，解决农村留守儿童无人照看、学习和安全得不到保障的问题，解除进城务工农民工的“后顾之忧”。同时还必须加强对寄宿制学校的教学、生活、安全等方面的管理，建立“打工村儿童扶助中心”，面向所有的在读学生，聘请专门教师来管理学生的学习和生活。重视留守儿童的全面发展，为留守儿童提供良好的学习和生活环境。

（5）关心农民工子女的教育问题，完善留守儿童的社会保障机制

解决农村留守儿童问题的根本出路在于社会保障机制的完善和健全。各级政府应当从政策法规的制定、出台及其落实上，为切实解决这一问题做出更多的努力。在城市教育管理体制中要充分考虑进城务工人员子女入学问题，采取积极措施鼓励并扶持务工人员携带子女进城上学，这也将有助于解决农村留守儿童的教育问题。要进一步落实“普九”“两免一补”等农村基础教育政策，减轻农民工子女上学负担。要完善农村劳动力转移配套政策及权益体系，为农民工创造良好的生活和工作环境，创造有利于“流动儿童”的学习生活环境，尽可能减少农村留守儿童数量。在家庭教育缺位的情况下，地方政府应采取行之有效的措施，为留守儿童营造一个良好的成长环境。

（6）关注西部留守儿童，加大对西部教育的扶持力度

在我国广大农村地区尤其是在西部地区，由于很少或没有相关的农村儿童教育组织，使得农村基层组织在儿童教育方面的作用微乎其微。因此，政府应考虑划拨专项经费成立专门的农村留守儿童教育监护机构，构建农村教育监护体系，从提供心理指导到学业关怀，形成有利于农村留守儿童健康成长的环境。同时政府要加强农村留守儿童监护人的培训工作，教给监护人科学的教育观念和指导方法，使农村留守儿童形成正确的人生观和世界观，培养他们的健康人格，提高其综合素质。农村基础教育的受益人不仅仅是个人，也不限于地方，而是与国家利益、民族利益及全体公民的利益息息相关的。

（四）西部民族学校的少数民族女童教育

在少数民族女童教育中，学校教育起着重要的作用。1990 年联合国的《儿童生存保护和发展世界宣言》第 12 条指出：从发展的眼光看，女童是世界妇女的未来，女孩的教育直接关系到下一代妇女文化素质的高低。因此，

世界各国要"一开始就给予女孩同等待遇的机会"①。各国研究数据表明，女童在学校每学习一年，生育率下降5%～10%，而受过教育的母亲，其孩子的存活率更高②。例如甘肃省的一项调查数据表明，女童的受教育程度与其母亲的文化程度成正相关。(如下表所示)

表5-4 父母亲文化程度与女童未入学率的关系③

父亲文化程度	女童未入学率	母亲文化程度	女童未入学率
高中以上	1.4%	高中以上	0.1%
初中	7.1%	初中	1.2%
小学	29.2%	小学	7.7%
文盲、半文盲	54.4%	文盲、半文盲	83.3%

少数民族女童的教育状况直接影响到少数民族整体素质的提高。而女童的教育问题主要集中于边远的少数民族贫困地区，所以要加速边远少数民族地区的经济发展，必须切实落实少数民族女童的教育，进而提高少数民族妇女的素质，带动少数民族地区的发展。

1. 民族女童受教育现状与对策

1990年世界全民教育大会指出："在那些女性入学率和识字率远远低于男性的国家里，其首要任务就是要增加女童和妇女的入学机会，改善其教育质量，并消除一切阻碍她们积极参加教育的因素，对教育中任何有关性别的陈规陋习都必须加以铲除。"这说明重视女童教育已成为当代的一个国际性趋势。

西北贫困地区由于自然条件、文化历史传统、生产力水平、教育发展水平等多方面的原因，女童教育仍然落后于全国平均发展水平。以甘肃为例，甘肃省作为一个民族成分较多的省份，少数民族人口仅占全省总人口的8.3%，但文盲率却高达72.65%，其中妇女的文盲率竟高达85.84%。据1993年统计，全省民族地区有学龄儿童30.5万人，其中女儿童14.7万人，

① 黄明光《联合国女童教育策略及中国民族地区实施简况》，《中国民族教育》1996年第6期。

② 中国儿童抽样调查办公室编著《中国儿童状况的调查与研究》，中国统计出版社1990年版。

③ 韦钰编著《中国妇女教育》，浙江教育出版社1995年版。

女童的入学率仅有48.2%。小学在校学生共有25.7万人，其中女生8.2万人，占在校生的33.1%。少数民族人口比例高的甘南州，女童的入学率也仅有37.6%，小学在校的女童仅占30.8%。而在临夏州的一次调查中则发现，全州有少数民族学生的学校有725所，其中有一名女童的37所，没有女童的学校多达79所。甘肃省1995年女童入学率比全国平均水平低31.26%，小学生辍学率、小学女生辍学率分别比全国平均水平高11.86%和21.48%，全省小学留级率、小学女生留级率分别比全国平均水平高71.97%和71.75%。由此看来，甘肃省女童教育中存在着相当严重的问题。尤其是西部贫困地区少数民族女童教育更是薄弱，如甘肃省东乡县，1997年小学适龄儿童入学率只有75%，其中女童入学率为51%；小学合格率仅为44%。因此，女童教育仍然是普及西部贫困地区初等教育的主要障碍。

西南地区少数民族女童入学受教育也出现“三低一高”现象，即入学率低、巩固率低、在校学生中女生所占的比例低，辍学率高。四川昭觉县的女童入学率只有10%~30%，青海循化县女童入学率是30%。广西凤山县西南部的江州瑶族乡，全乡瑶族适龄儿童384人，其中适龄女童161人，占瑶族适龄儿童42%；已入学女童38人，仅占适龄女童的23.6%。由于受家庭经济状况、社会文化观念、家长受教育水平、地理环境及女童自身主观认识等因素影响，西部贫困地区女童往往不能上学或中途辍学。这就导致西部贫困地区妇女文盲率很高，严重影响西部人口的总体素质。而解决女童受教育难的问题须做好以下几项工作。

一是广泛宣传，大力动员，形成全社会都来关心女童教育的社会舆论导向，以此来抵制那些影响和束缚女童就学的封建思想意识。让民族地区的群众真正地认识到女童受教育的重要性。只有从思想认识上真正地肃清了制约女童受教育的封建保守的陈腐观念，女童受教育才能从根本上得以保证。

二是改善办学条件，采取灵活多样的办学措施。兴建一批寄宿制学校，以解决那些不能就近入学的女童上学难的问题。在经济贫困，封建思想较为浓厚的地区，要通过举办女童班或女子学校来提高女童入学率。在办学形式上，要把正规教育形式和非正规教育形式结合起来。在那些办学确有实际困难的地区，可以通过早晚班、夜校、巡回教学点等形式促使女童接受教育。在教育内容上，也应根据当地农村生产和生活需要适当补充一些实用教材。有条件的学校应为女童开办实用技术班，教授缝纫、裁剪、编织、家禽饲养、果树栽培等实用技术，让她们在学校里能掌握一技之长。

三是采取优惠政策，鼓励女童入学，对女童的学杂费进行全免或部分免除；给女童发放生活补助费，对学习优秀的女生发给奖学金；对有一定教育程度的女生在招工或就业时应予以优先考虑；大中专学校招生中要降低女生的录取分数线，其比重要大于男生；对积极送女孩人学的家长，要给予表彰和鼓励。

此外，在学校里要增加女教师的数量。女教师工作往往耐心细致，对女生的生理心理特征较为了解，在教学和日常生活中会给女生带来许多特殊而有利的影响。同时，女教师教女学生也符合一些少数民族的风俗习惯。

2. 西部民族地区学校女童教育开展的形式

西南民族学校开展女童教育的形式有两种，一是采取集中办学和办寄宿制学校为主的形式吸引女童入学，该形式主要依靠政府支持。西南民族地区的各级政府始终把女童教育作为一项薄弱环节予以特殊扶持。各级群众组织开展了“希望工程”“春蕾计划”等活动。西南民族地区，尤其是较贫困的山区采取了灵活多样的办学形式。正规教育与非正规教育相结合，如半日制小学，耕读小学，早、午、晚班，巡回教学，送教上门，女子小学，女童班等。二是依靠社会个人或慈善团体的积极捐助，在一些民族学校设置形式多样的女童班等。地处广西壮族自治区融水苗族自治县的融水民族中学，通过慈善机构及个人捐资助学开办女子班，并计划每年开设1—2个女子班，有香港福幼基金会捐助的“香港福幼女子班”，该校自筹部分资金开办的“红瑶女子班”，香港荣荣集团捐助的“荣荣女子班”，另外还有新加坡人士捐助开办的“珊珊女子班”“振梅班”等。

以广西龙胜侗族女童班为例①。

女童班是龙胜县教育的“一朵奇葩”。民族地区因生产力落后，人们对劳力相当渴望，多子多福、传宗接代的思想比较普遍，且由于存在父权和夫权权威，民族男尊女卑、重男轻女的思想受其影响而不断得到强化并流传下来。一些地区中流传有这样的俗语“送女读书，不如在家养猪”，所以女童的升学受到一定的阻力，少数民族族妇女文化素质相对较低。1995年，少数民族女童入学率仅为95.5%，辍学率高。为了提高女童入学率和少数民族妇女的综

① 孙杰远、徐莉著《人类学视野下的教育自觉》，广西师范大学出版社2009年版。

合素质，培养少数民族妇女拔尖人才，从1995年起，龙胜县先后开办了女童班、女子初中班和女子高中班，形成女童一条龙教育。女童班设在少数民族聚居区，坚持“女生+少数民族+边远贫困+成绩优秀”的招生原则，实行寄宿制、全日制教育。在教好文化课的同时，根据各地实际情况，在女童(女子)班里开设民族刺绣工艺课程及科学种养技术课程等。至2006年7月，共开办女童班22个，学生849人，女子初中班10个，学生480人，女子高中班3个，学生187人。

由于国家“两免一补”政策的实行，有些民族学校学生不用交学费。如贵州省荔波县瑶山民族小学对学生实行“三包”(包吃、包住、包书本笔墨和学杂费)，以此减轻家庭贫困学生上学的压力。但是有部分学生对知识的渴求不强烈，要么中途辍学，要么经常逃学。

四、西部地区民族基础教育中的教师发展

(一) 民族地区基础教育师资队伍发展概况

改革开放以来，我国民族地区师资队伍建设大致经历了三个阶段。

第一阶段：1978年到1990年。师资数量严重不足，国家采取一些特殊政策，建设师资队伍。

一是提高民族地区教师的待遇，减少民族地区的民办教师数量，以减轻群众负担，稳定教师队伍。1979年和1980年，教育部、财政部、粮食部、国家民委、国家劳动总局分别印发《关于边境县（旗）、市中小学民办教师转公办教师的通知》和《关于加强民族教育工作的意见》，由政府拨出转向劳动指标，把经过考核合格的民办教师转为公办教师。这一时期基本解决了民族地区民办教师的问题。

二是大力发展民族师范教育，培养合格少数民族师资。1980年教育部、国家民委印发的《关于加强民族教育工作的意见》提出：“各自治区和各少数民族较多的省，一定要建立并办好一批民族师范院校。一般的师范学院和师范学校也应设民族师范班，招收少数民族学生入学。”此后十年中，我国培养少数民族师资的基地已形成网络，并有一定的规模。1991年，我国中等师范学校在校生中，少数民族学生占10.1%，超过了全国人口中少数民族人口占8.4%的比例。

三是补充大量代课教师。这一时期公办教师中大部分也是“民转公”教师。

从全日制师范学校毕业的教师极少，大量的初、高中毕业生临时代课，进而成为合同制代课教师。

第二阶段：1990 年到 2000 年。师资需求基本平衡，教师队伍也相对稳定，学历达标成为这一时期教师队伍建设的基本目标。1993 年颁布的《中华人民共和国教师法》明确规定：小学教师学历必须达到中师以上，初中教师学历必须达到大专以上，高中教师学历必须达到本科以上，同时必须取得教师资格证书。学历达标成为这一时期师资建设的基本目标。随着师范毕业生的不断充入和教师学历进修，民族地区教师学历合格率得到很大的提高，且与全国差距逐渐缩小。

第三阶段：2001 年至今。调整结构，提高效益，全面提高教师队伍素质。教师供需状况由供不应求变为结构性过剩，民族地区城镇教师相对过剩，农村教师不足；小学教师相对过剩，初中教师略有富余，高中教师则严重缺乏；传统学科语文、数学教师相对过剩，英语、计算机、音体美教师不足。中小学教师供需状况结构性过剩，使我国民族地区对教师的需求由着重弥补数量的不足转向全面提高教师队伍的素质。

（二）西部地区民族基础教育师资配置的现状

师资力量薄弱，影响整体教育质量的提高。西部民族地区适应其经济发展的专业技术学校少，而且师资待遇更低、师资和教学质量极差，学校数量与西部民族地区人口数量的比例很不协调，教育队伍极不稳定，合格教师较少。1995 年国家教委有关资料显示，西部民族地区农村中小学教师达不到规定学历的占 41.7%，初中、高中教师达不到规定学历的达 53.6%。云南省有 75 所小学，每所学校仅有 1 名教师，有些地区的一个教师要教几个年级。由于教学质量差，很多中小学毕业生都不具备相应的文化水准，很多小学毕业生不能升入初中，初中生不能升入高中的比例就更高。目前，西部民族地区小学和中学的教师学历合格率大多低于全国平均水平，高中教师的学历合格率更低。例如，小学教师学历合格率，根据统计，1999 年青海、宁夏和新疆分别为 94.3%、95.3%、96.8%；初中教师学历合格率上述三个地区分别为 81.5%、90.1%、87.0%；高中教师学历合格率分别为 46.9%、68.2% 和 52.7%。虽然宁夏、新疆的初中、小学教师学历合格率较高，但有文凭而实际能力低的现象比较普遍，特别是少数民族教师。在学历结构上，高等学校教师具有硕士和博士学历的在西部民族地区的高校中很低。在教师素质方面还存在着比较严重的高学历、低能力的问题。

1. 师资数量上的差异

从具体的分布情况来看，随着教学层次的提高，教师数量不足的问题越来越突出。在小学阶段，目前教师的数量已基本满足需求，但中学阶段，教师的缺口较大。与全国共有的现象一样，师资分布城乡差距较大，所不同的是这种差距在少数民族地区表现得更为突出。城镇地区教师数量相对饱和，但是偏远农牧区教师数量奇缺，而且这些地区现有教师的显在流失率和潜在流失率的比例较之城镇地区都是有增无减。体现少数民族教育特点的双语教学的师资数量更是严重不足。

2. 师资质量上的差异

衡量一个地区师资质量的主要指标一般是看该地区教师的学历达标率。从往年各级教育师资水平来看，西部地区在各项指标上均位居末位，反映出西部地区师资水平在整体上处于落后的局面。西北五省区是我国少数民族分布较为集中的地区，能够较为典型地反映少数民族地区师资水平的状况。在小学阶段和初中阶段，西北五省区专任教师中高中以上学历所占的比例与全国的平均水平相差不大，个别省区还高于全国平均水平，甚至与东部发达地区相比，其差距亦不甚明显。这主要是由于近年来随着全国普及义务教育水平的不断提升，义务教育阶段师资的整体水平也得到了相应的提高。但从高中阶段的总体情况来看，师资质量的差距则表现得十分突出。这种情况反映出在义务教育阶段师资配置达到相对均衡的同时，少数民族地区高中阶段师资质量低下的状况又凸现出来。这是今后少数民族地区师资队伍建设中面临的一个重要问题。

3. 教师队伍结构失衡

首先是学科结构不合理。在少数民族地区，这种状况最为明显地存在于初中和高中阶段。普遍的表现是，语文、数学、物理、化学等学科的教师基本满足，而英语、音乐、美术、体育、生物、信息技术等学科的教师严重不足。其次是年龄结构不合理。从整体上看，少数民族地区师资的年龄结构呈现出断层的态势，即年轻教师和年龄较大的教师比重大，而中年教师的比重小。主要原因是中年教师年富力强，教学经验丰富，大部分是教学骨干，因此成为许多条件较好的地区和学校的重点“搜寻对象”。西部民族地区尤其是边远贫困地区的中年教师流失情况十分严重。

4. 教师比例失调

少数民族地区特别是偏远地区，宗教信仰、文化习俗上对女性有着独特的观念，尤其是在信仰伊斯兰教的地区，女性从事教育职业的概率远比男性要低得多。所以女教师的数量普遍较为缺乏。在城市，女教师比例可达到70%以上，而在农村则相反，女教师的比例仅占42%，在甘肃、西藏、贵州、四川、宁夏、青海等西部地区的农村，中小学女教师的比例尚不足三分之一，而且多在中心小学，16所村小就有13所没有一名女教师。

比如，在撒拉族、藏族聚居的边远牧区、山区，连一名女教师都没有。女教师的缺乏一方面反映出少数民族地区男女在受教育的机会上是不公平的，另一方面直接的影响就是女童教育的阻力重重，因为在许多民族地区，有无女教师成为家长是否送女童上学的决定性因素。

（三）西部民族地区师资队伍建设存在的问题

近年来，为了推进贫困地区、民族地区的教育均衡发展，中央和地方政府相继出台了一系列加强师资队伍建设的政策。如“特岗”计划、免费师范生政策及“硕师”计划等。这些都有效地促进了少数民族地区师资队伍的建设。近年来，贵州省安顺市少数民族地区的师资队伍数量不断得到补充，教师整体素质也逐步得到提高，但该市少数民族地区师资队伍建设仍然存在诸多亟待解决的问题。少数民族地区教师仍然缺编严重，尤其是存在严重的结构性缺编。按黔府办发〔2002〕89号文件要求，教职工与学生比例按县镇1：21—24、农村1：23—28测算，安顺市所辖少数民族自治县小学教师应配5772人，实际现有5602人，缺编170人；初中教师应配教师2966人，实际现有2556人，缺编410人；高中教师应配576人，实际现有487人，缺编89人。特别是英语、体育、音乐、美术等学科教师更是严重缺编，所开设的相关课程因无专任教师往往只能由其他学科教师兼任。在贫困偏远的少数民族地区，由于人口分散、教学点分散，导致这些地区的小学、教学点往往出现“一师多班”“一师多科”的现象，教师严重缺编。少数民族地区中小学教师整体素质偏低。虽然近年来一些新毕业的大学生不断补充到教师队伍中去，使少数民族地区教师的整体素质有所提高，但原有的老教师总体上学历都比较低，有的教师虽然通过自学考试、函授培训、“三沟通”培训等大规模的学历补偿教育和在职培训提升了学历，但多数教师由于“功利”的驱使，往往以取得学历为目的，学教不配套，学历含金量低，实际教育教学能力水平和整体素质并没有得到同步提高。大部分少数民族地区教师教育思想观念陈旧、知识老化、教学方法落后，对新课程改革的理念方法知之甚少，难以适应教育改革发展的需要。由于少数民族地区教师整体素质偏低，使少数民族地区学生不能充分享受优质教育，影响了教育公平的实现，不利于我国教育的均衡发展。

（四）西部民族地区师资队伍培训

坚持为民族基础教育服务，为民族中小学培养大批政治思想素质和专业素质都合格的人民教师，是民族中小学教育发展的迫切需要，而且也是民族地区中小学教师教育发展的必由之路。

1. 职前民族师范院校的教师教育

众所周知，基础教育是整个国民教育的“奠基工程”。民族基础教育发展规模的大小、速度的快慢、质量的高低都与民族师资的培训息息相关。但是从目前民族中小学师资队伍状况来看，其现状是不容乐观的。中小学师资数量严重不足，尤其缺少双语教学师资，教师合格率偏低，教师素质不高，民办教师比重较大，缺乏必要的教师培训，进修的手段和环节等问题依然严重地制约着民族基础教育的正常发展。究其根源，就不能不使我们把问题的焦点集中在以民族师资培训为主要任务的民族师范教育机制上。目前民族师范院校培养的毕业生都不能充分满足中小学教育的需求。造成这些问题的原因是多方面的，不仅有社会的原因，也有学校自身的原因。从社会原因来看，主要是当前教师社会地位偏低，待遇太差，对教师职业的重要性只停留在口头上，没有落到实处。受其影响，许多毕业生选择志愿时不愿报考师范院校，造成师范院校生源危机，往往降格以求，又引起了学生质量不高的问题。在校学生受其影响，也不安心本专业的学习，毕业后千方百计地想办法“跳槽”，师范毕业生外流现象十分严重。许多偏远地区的中小学分不进去一个师范院校的毕业生，只有依靠民办教师或对现有教师“拔高使用”来维持学校的正常教学。据调查，近年来给甘南州分配的大专毕业生 367 名，实际报到只有 218 名。在此期间，全州调出骨干教师及科技人员却有 672 名，全州教师合格率偏低的问题十分严重。1993 年，甘南州小学、初中、高中教师学历不合格的分别为 45.5%、60%、60%。从学校自身的原因来看，首先是当前商品经济观念的冲击使师范教育的“服务功能”也发生了偏移，尤其是高等师范院校。面对生源危机，经费紧张的不景气状况，也不得不转而适应商品经济的潮流，增设非师范专业，招收自费生等，造成学校教学设备紧张，师资力量分散的局面，影响师范生的教学质量。许多教师卷入“商潮”，热心于从事第二职业者比比皆是，对本职工作则是得过且过，有的则干脆辞职不干，弃教经商。其次，师范院校培养的学生在专业和能力上都与民族中小学的实际需求相距甚远。从民族中小学教师的专业结构来看，小学、初中普遍缺少音、体、美教师，高中则普遍缺乏数、理、化专任教师，英语教师则更是奇缺。但是师范院校在招生和毕业生分配时，往往对这种现状缺乏周密的考虑。致使民族中小学师资队伍的专业结构很不合理，许多师范院校的毕业生学非所用，造成人才的极大浪费。此外，从近几年对师范院校毕业生追踪调查的情况看，师范院校的毕业生中所存在的一个普遍问题是缺乏师范生所应具备的基本能力和素质。突出表现为实际动手能力差，缺乏组织教学的能力，缺乏必要的教育学、心理学知识，板书、普通话等基本功不过关等。由此也暴露出师范院校在学生培养中只重视知识教学，忽视或很少考虑学生基本素质和实际操作能力训练的弊端。

2. 职后中小学（幼儿园）教师专业发展

少数民族地区由于历史原因、地区环境、经济条件的限制，教师质量问题、教师专业发展问题，一直是困扰少数民族地区教育的难题。

（1）教师职后教育的内容

民族学校教师继续教育一般都集中于双语培训、计算机培训、新课程改革培训。首先，双语培训是民族学校教师培训的特色。如贵州省成功地探索了在学前和小学低年级以“民族语言辅助教学”方式开展“双语教学”的模式。目前，全省共有1749所学校（教学点）开展了苗、布依、侗、彝、水、瑶等语种的双语教学。

（2）教师职后教育的形式

一是挂职锻炼与培训。如四川省甘洛县积极开展送教帮教活动。主要是选派中小学校长和青年教师到一些品牌学校进行为期一年的管制锻炼和学习培训。

二是鼓励教师参加自学考试和带职函授。一些民族学校实施教师继续教育优惠政策，鼓励中青年教师参加各级各类学历提升教育。这种培训方式丰富了民族学校教师的教学理论水平，为教师的教学实践打下坚实的理论基础。

三是立足学校本位组织开展中小学教师基本技能的培训和提高工作。学校层面开展基本技能培训的灵活性很大。如贵州省荔波县瑶山民族中学举办英语和语文教师的技能大赛，以赛代训，督促教师提升教学技能。

(3) 切实完善教师专业发展支持系统

教师专业发展离不开与之配套的支持系统，并且两者之间具有内在的一致性，相关调查的情况也基本如此。因此，致力于民族地区农村教师专业发展，必须切实完善其支持系统。

一是要统筹协调相关因素，完善其政策保障体系。专业发展是教师队伍建设的核心指向，政策保障起着至关重要的作用，必须做好政策的制定、执行和评估工作。首先，在政策制定中，要以教师专业发展作为政策的出发点，认真调研民族地区农村教师在专业发展方面的帮扶需求，譬如究竟是需要对学校发展定位理解帮扶还是对教师专业信念、专业技能的帮扶，是日常教学的帮扶还是对解决学生管理方面的帮扶等，切实建立城乡学校教师合理流动机制。其次，在政策执行中，既要提高政策主体的执行力，促进政策效用的最大化，也要充分发挥当地学校的主动性，鼓励教师到城市学习、合作和交流，实行城乡学校之间的资源共享、教分互认，统筹考虑、有效整合现有的各种资源，确保城乡教师合理流动和共同发展。再次，在政策效果评估中，要改变行政化的一元式评估机制，实现评估主体的多元化，即教育行政部门、学校、教师、学生、家长都应参与到政策的评估中来，要注重农村学校及农村教师在教师专业发展政策中的话语权，以真实反映民族地区教师专业发展的实际状况，为其随后的政策调整与完善打下坚实的基础。

二是要加强培训的针对性和吸引力，促进教师参加多种形式的继续教育培训。从调研来看，民族地区在农村教师继续教育培训方面存在专业发展氛围不浓、基础较弱、成就感缺失、缺乏规划和实效性较差等问题。这种培训现状不利于教师专业发展，必须在搞好教师继续教育培训方面下大功夫，切实扭转这种不利局面。为此，要给予民族地区农村教师继续教育培训的政策倾斜，提供专项财政扶持，强化培训要求，同时要建好继续教育培训网络，发挥远程教育的培训优势。还要大力开展校本培训战略，校本培训是一种比较方便、易于全员参与、针对性较强的培训方式，有利于切合教师的教学实际，提高教师参与的积极性和培训效果，校本培训实施中要切实制订好规划，建立合理的激励机制，鼓励教师扎根民族地区，立足本职求发展。同时，还要重视和引导教师的自主专业发展，因为教师的专业发展不仅仅是一个接受教育培训的过程、经验积淀的过程，更是一个提升教师自主发展的内驱力，发掘教师个人教育生活体验，增强教师个人教学实践感悟，强化教师的交流合作和自我反思的过程。民族地区农村教师由于受到诸多条件的限制，也许不能通过经常性的外出学习、交流来提升自己，但可以坚持学习和研究，如修改教案、记教育日志和教育叙事、交流教学反思等。这些做法可使教学常教常新，是提升教师自主专业发展的重要途径。

三是要培育社会支持体系，拓展教师专业发展支持系统。民族地区农村教师在专业发展进程中所存在的支持系统薄弱的状况，迫切需要争取有效的社会支持来改变。近年来，一些社会组织，譬如中国教育协会、中国青少年发展基金会、中国国际教育交流协会、中国成人教育协会、联合国儿童基金会等机构，经常参与我国西部民族地区的教育培训和教师发展项目，有效地弥补了政府支撑不足或失灵的问题。由此可见，我们今后要更加重视和积极培育各类社会机构的支持。只有这样，才能不断拓展教师专业发展的支持系统，进而促进民族地区农村教师获得良好的专业发展。

五、中小学（幼儿园）教师的多元文化教育能力

多元文化教育就是在当今多种文化相互依赖的世界中，使所有学生不论其文化的差异，包括性别、族群、语言、社会经济地位、学习技能、信仰、态度和价值观以及学生自身概念和文化水平等，都能获得在国家主流文化环境中生存所需要的认识、技能和态度。同时也有助于学生在本民族亚文化和其他少数民族亚文化中生存所需要的能力的一种教学和学习取向。民族地区农村教育有其鲜明的民族特色和地区特色，从渝东南民族地区来看，它是以黔江为区域中心，以苗族、土家族为主，拥有四个少数民族自治县的民族地区，每个地方有各自独特的民族特色和地区特色。教师担负着民族文化传承与保护的重任，在民族特色和地区特色缺失比较严重的今天，渝东南民族地区农村教师专业发展迫切需要守望民族特色和地区特色。要通过构建与区域农村民族文化相一致的区域特色教育走廊，不断形成在继续教育课程设计、校本培训、区域联动发展等方面的民族特色和地区特色。要通过坚守民族特色和地区特色来获取更多的支持渠道。尤其是获得中央财政和市级财政的重点扶持，为教师专业发展提供更丰富的资源和更大的平台。同时，要充分立足教师工作和民族地区农村学校场景，确保教师获得更多的有利于实现持续发展的机会。

（一）多元文化教师应具备的多元文化教育观

理解多元的历史观。多元历史观是基于对世界观、世界遗产、本民族及其他民族的贡献等几个方面的理解。教师的这些知识可建构学生对多民族和多种民族群体的历史及其当代发展的意识，使学生掌握特定文化的基本价值及其社会化方式，而不只是集中于表面的食物、节日、英雄和一些历史事件等。

发展文化意识观。随着世界的“变小”，面对文化矛盾，增进各种文化之间的相互理解就显得至关重要。教师的文化意识应从观念意识个体对自己已有的世界观的认识和意识，多元文化观对多样的思想和行为的认识，以及如何相互比较、立足其他观点反观自己的思维方式等维度去理解。文化意识的培养是一个渐进的过程，教师在教学中要选择合适的教学材料，及时地检查自己的假设、评价、时空概念等，以促进观念意识的良性发展。

反种族主义、性别偏见和一切形式的歧视观。它强调的是破除与性别、民族、民族群体相关的陈见，强调人类的基本相近性。在教学中，教师应充分认识到这一观念的价值，并建立起道德思考的技能，使自己的理解、态度和行为符合民主理想，如尊重、公正和机会均等等。

全球意识观。它是针对现代出现的许多全球性的问题，如人口增长、移民问题、生态环境、政治、科学、法律、卫生、国际国内冲突等而提出的。要求教师深化对世界状况和发展的全球意识及相应的合作意识等的认识。

认知能力的平等观。无论是教师，还是学校管理人员，都应该建立这样一种观念，即全体学生在认知能力上的平等观，无论他们是什么族群与性别、社会背景如何、讲什么母语，他们在认知能力上是没有差别的，他们都是具有相同的发展可能性的个体。

学习方式的差异观。来自不同文化背景的学生，由于生态环境和家庭教养方式的差别，他们在学习方式上都可能不同。同时，同一族群的学生，其个体在学习方式上也存在差异。因此，教师应该帮助学生发现适合自己的学习方式，并根据其学习方式设计课程，如个别化教学、合作式教学、师生互动教学等。

学生自我概念发展观。多元文化教育要求教师发展学生积极的自我概念，教学中要从认知、技能、情感三个方面培养学生的自我概念。在认知方面，使学生认识到文化之间的平等。在技能方面，使学生获得接受、理解和欣赏不同文化的能力。在情感方面，使学生形成多元文化社会所具有的价值观和态度。

（二）多元化教师应具备的技能

提高跨文化的意识和能力。跨文化能力是指解释有意识的交往，如语言、符号和姿势、一些无意识的暗示，如体态语言以及不同于自己文化方式的习惯的能力，重点是移情和交往。这一目标注意到不同文化背景的人之间的人际交往可能被因各自条件所限而产生的行为和知识所阻隔。因为人的经验常被限制在自己的文化准则之内，而不能理解基于不同准则的交流。发展社会行动技能积极参与社会的必要的知识、态度和技能。强调对地球公民发展全球责任感所必需的要素。如个人意义、政治作用、参与态度、局部行动和全球思维等的认知和理解。

第六章　西部地区的民族职业教育

中国已经成为全球经济增长最快的国家之一，在过去的 30 年里，其年均增长率达到了 9%。2010 年，中国 GDP 规模已经超过日本，成为世界第二大经济体。《中国国民经济和社会发展第十二个五年（2011—2015）规划纲要》（“十二五”规划纲要）将年均 GDP 增速目标调低为 7%，可见我国政府已清楚地认识到在包容性增长与可持续发展的战略框架内维持经济增长和社会发展，使经济增长方式由低附加值向高附加值方向转变，实现本国经济从投资主导过渡到消费主导的重要性。而提高劳动力素质与劳动生产率已明显成为“十二五”规划顺利实施的促成因素。

从 20 世纪 80 年代起，中国人力资源在数量与质量上均有明显提高。仅在短短的几十年内，九年基础教育即已在全国范围内普及，普通教育与中等职业教育得到了大力发展，高等职业教育规模也在迅速扩张。2010 年，我国 13 亿总人口中有 7.8 亿就业人口，其中有 1.14 亿为高技能型人才。劳动力平均受教育年限为 9 年，而新增劳动力平均受教育年限已经达到 12 年。

《中国教育改革和发展纲要》指出：职业技术教育是现代教育的重要组成部分，是工业化和生产社会化、现代化的重要支柱。积极发展职业技术教育对我国社会主义现代化建设极为重要。职业技术教育指的是对受教育者进行专业知识、技能和技巧的教育，主要为社会培养各级各类实践应用型的专门人才，以及在职人员转业或提高的教育。新中国成立前主要用职业教育一词，新中国成立后多使用技术教育一词。两者有区别和联系。职业教育偏重于培养学生从事某种职业的知识、技能；技术教育偏重于培养近、现代技术人员。20 世纪 80 年代起把职业教育和技术教育合在一起称为职业技术教育，包含两重含义。职业技术教育现在通常也简称职业教育。

《中华人民共和国职业教育法》中明确指出：“职业教育是国家教育事业

的重要组成部分，是促进经济、社会发展和劳动就业的重要途径。”1998 年联合国教科文组织正式批准的《国际教育标准分类法》规范了“职业或技术教育”这一概念，称之为“主要是为引导学生掌握在某一特定的职业或行业或某类职业中从业所需的实用技能、专门知识和认识而设计的”，其中的“从业所需”就把教人学习技能的目的清晰地表达出来[①]。由此，就广义上分析，职业教育就是培养人学会生存技能的社会活动。狭义的职业教育指的是学校形态的职业教育。

学校形态的职业教育通常具备以下三个特点[②]：一是技术实训性。帮助学习个体掌握专业技能是职教活动的基础，且专项技能的实训，突出体现了与其他形式的教育活动的不同。二是社会适应性。职业教育的办学要建立在充分调查社会发展需要的基础上，如办学方向、办学层次、专业设置、课程选择、职业培训等，都要主动适应社会经济发展需要。三是职业定向性。不同类型的职业学校的办学特色彰显其不同的职业定向，且主要从其不同的人才培养目标可见一斑。

第一节　西部地区民族职业教育的发展现状

职业教育是我国国民教育体系的重要组成部分，是我国经济和社会发展的重要基础。推动职业教育的改革与发展，是实施科教兴国战略、促进经济和社会可持续发展、提高我国国际竞争力的重要途径，是加快人力资源开发、全面提高劳动者素质的必要要求。国务院颁布的《关于大力发展职业教育的决定》以及中办、国办联合出台的《关于进一步加强高技能人才工作的意见》，都充分表明了党和国家对职业教育发展的高度重视。

西部地区民族职业教育起步较晚，资源相对不足，如何立足我国国情和职业教育现状，提高西部地区民族职业教育质量，是当前我国职业教育发展面临且迫切需要解决的重大课题，同时也将成为我国促进经济和社会科学发展的重要战略之一。

一、西部地区民族职业教育的发展概况

虽然我国的职业教育思想萌芽于古代，但正式将其纳入学校系统并成为

① 刘合群编著《职业教育学》，广东高等教育出版社 2004 年版。

② 刘合群编著《职业教育学》，广东高等教育出版社 2004 年版。

独立体系是1903年。清政府颁布了《奏定学堂章程》，又称“癸卯学制”，第一次将实业教育纳入学制，并开始了初等实业学堂、中等实业学堂、高等实业学堂的职业技术教育层次类型划分的尝试。1917年，黄炎培等教育界人士在上海创办了中华职业教育社，提出职业教育目的是“谋个性之发展；为个人谋生之准备；为个人服务社会之准备；为国家及世界增进生产能力之准备”。中华职业社对当时中国职业教育的发展起着重要作用。1951年，政务院做出了改革学制的决定，将职业学校改称为中等专业学校，重视生产与教学相结合。1958年，中共中央、国务院颁布了《关于教育工作的指示》，提出要打破单一的教育模式，走多种形式办学的道路，中等专业学校、农业中学等各类职业技术学校规模和数量迅速扩大，由于过于追求发展速度也使教育质量下滑。“文革”期间职业教育发展几近停滞状态。

1978年党的十一届三中全会以来，我国职业教育得到恢复和发展，在努力办好技工学校和中等专业学校的基础上，部分普通高中开始改办成职业技术学校、职业中学、农业中学。例如1994年全云南省中等职业学校已经发展到419所（其中，中等技术学校114所，中等师范学校28所，技工学校81所，职业高中196所），开设工、农、林、医、财经、师范、政法、艺术、体育、管理、旅游、服务、修理等科类，近400个专业（工种），招生84306人，超过了普通高中招生人数（普通高中招生人数为62 456人）。中等专业学校中招初中生的比例已达到86%，中等教育结构较为合理。此间云南省职业高等技术教育尚未发展起来，初等职业技术教育已有很大发展。1994年有初级专业中学35所，在校生7604人；有乡镇农民文化技术学校1470所，村级农民文化技术学校3570所，培训各类人员367万人次；建立乡镇农业技术推广站1341个，成立农村各种技术研究会、协会、学会6484个；开办初中后“3+1”职业技术培训班861个，在校生31 327个。普通中小学普遍开设劳动技术课，部分学校实行初三、高三分流，对学生进行职业技术培训①。

藏族职业教育始于清末。民国时期曾在西康、甘、青、川藏族聚居地区试办过一些国立初级职业技术学校，但量少质差。新中国成立后，在一些中小学和专业学校中，举办培训班，开办技工学校。五省（区）藏族聚居区内，都先后办过这类学校。培养了一批有初级知识、懂业务技术的工人、农牧民

---

①　杨崇龙著《云南教育问题研究》，云南教育出版社1995年版。

和基层干部。1985 年《中共中央关于教育体制改革的决定》颁布后，在“调整中等教育结构，大力发展职业技术教育”的精神指导下，藏族职业技术教育的发展得到了教育界的普遍关注。1986 年 10 月，甘肃省召开了甘南州教育工作座谈会。1987 年 1 月，召开了甘南州职业技术教育工作会议，决定脱贫致富必须以“发展职业技术教育为突破口”。确定了以联办为主，长短结合、以短起步、讲求实效、逐步发展、形成体系的职业教育发展方针。1988 年，全州有 3 所职业中学，1 所农牧民文化技术学校，1 所普通中学附设职业高中，3 所普通中学附设职业班（两年制），10 所普通中学附设短训班，4 所小学设专业技术课[①]。

例如，青海海北藏族自治州民族职业技术学校，位于州府门源镇，1986 年创办。设矿业、商贸、农业、文秘、热动力、汽车驾驶与修理、矿山机电等专业。学制分 3 年、2 年 2 种。注重理论与实践结合，学校教育与社会教育结合，除专业课外，专设民族理论与民族政策公共课。据《教育年鉴》（1949—1984 年）记载，到 1986 年，青海省的 5 个藏族自治州和 1 个蒙古族藏族自治州，设有中等专业学校 13 所，每个州都有 1 所卫生学校。

为使教育面向经济建设主战场，逐步使应试教育向素质教转轨，结合民族山区生产与生活的实际需要，注重普通教育与职业技术教育互相沟通、互相渗透与促进、协调发展，培养当地急切需求的各类初级科技人才。主要做法有增设农业职业中学，在普通中小学开设劳动技术科或办职前培训班。据 1999 年统计：西盟、澜沧、孟连、沧源、耿马、双江等县在校职中生近 2000 人。其中，西盟、沧源二县有四五百人，还在 4 所镇农村中学里开班“3 + 1”职训班，以满足民族群众脱贫致富的需要。

1985 年中共中央在《关于教育体制改革的决定》中，提出要实行“先培训后就业”的劳动就业制度，提出要“逐步建立起一个从初级到高级、行业配套、结构合理又能与普通教育相互沟通的职业教育体系”，职业教育改革和发展迈上了新的台阶。随着 1991 年国务院颁布《关于大力发展职业技术教育的决定》、1993 年国务院印发《中国教育改革和发展纲要》、1996 年《中华人民共和国职业教育法》等各种法律条文及各种地方性《职业技术教育条例》的出台，我国职业教育正逐步走上法制化、规范化和科学化的发展道路。

---

① 杜生一著《甘青藏族现代教育发展研究》，民族出版社 2006 年版。

少数民族职业教育是民族教育的一个组成部分，因此对民族教育的分析将有助于我们了解少数民族职业教育所处的现状与面对的问题。社会转型为民族教育带来了冲击和挑战，但同样也带来了发展的机遇。从总的方面看，民族教育在改革开放多年的社会转型过程中，确实有了很大的发展，以下几个方面可以证明。1. 随着受教育人口的大幅度增长，已经初步形成了包括幼儿教育、基础教育、职业技术教育、高等教育和成人教育在内的比较完整的具有中国特色的民族教育体系。2. 加大了对民族教育的财政性投入。“九五”期间，中央财政设立了国家贫困地区义务教育工程专款 39 亿元，其中 22 亿投向了少数民族人口集中的西部 12 省（区、市）。3. 民族地区两基效果显著，义务教育得到普及，青壮年文盲率已平均降到 15% 以下。4. 形成了一支稳定的少数民族专任教师队伍。据 2009 年统计，全国各级各类学校少数民族专任教师已达 113.6 万人，形成了在数量和质量上基本适应教学需要的少数民族专任教师队伍。5. 双语教学得到进一步重视和加强。目前全国共有 1 万多所民族中小学使用 21 种民族语言开展双语教学，还有许多地区在开展民、汉、外 3 种语言教学实验。6. 民族教育法制建设取得了新进展。部分省、区、市对民族教育工作做出了法律规定，加强对民族教育工作的依法管理，使民族教育的发展有了法律保障。改革开放以后，民族教育的确有了更快的发展，但是这样的发展并不是均衡的。城乡之间、区域之间、不同民族之间的差异依然存在，甚至还在扩大①。

日喀则地区白朗县中学职教中心，是英国救助儿童会申报由欧盟投资开办的，是日喀则地区规模较大的职教中心之一。学校有专用的校舍，有教室、车间、仓库、教职工办公室等，有种植基地，开办了民族绘画、蔬菜种植、缝纫裁剪、卡垫编织、木工制作、农机维修 6 个专业。学生与白朗中学及其他学校相互沟通，招生较为灵活，有 3 年制、有“1＋2”、有“2＋1”等模式。关键是按学生的发展需求和意愿来办班，为广大农牧区孩子走出校门能自谋职业、发展生产提供学习的基地。目标是“上学有基础，就业有技能，致富有门路”。如学生制作的木床、桌椅，编织的卡垫，缝制的藏棚、门窗帘已具有一定的工艺水平。农机具维修也达到一定专业水平，得到农牧民的欢

① 钱民辉《少数民族职业教育的问题构成及对策分析》，《民族教育研究》2010 年第 6 期。

迎和信任。毕业的学生或走进城镇，或返回农村。他们正运用自己所学的技术寻求创业之路，为自身的发展，也为当地经济的发展发挥作用。据1990年的不完全统计：从1950年到1990年间，大专、中专毕业的藏族学生总数达91 730人[①]。目前，在各级党政部门担任重要领导职务的干部管理人员中，大多数是新中国成立后成长起来的。在工、农、牧、医、水、电、林、路、气象等各条战线工作的绝大多数专业人才，为振兴藏族聚居地区民族经济，推动藏族社会发展进步发挥着主力军和骨干带头作用。

在甘肃省内的民族聚居地区，近年来职业教育虽有所发展，但是总体水平还很低，有些地区仍是空白。据调查，全省民族地区有普通中学119所、中等专业学校9所，农业中学13所。从学校数量看，普通中学、中等专业学校和农业中学之比是10:1:1。这显然与中央要求普通中学与职业中学在数量上达到1:1的比例相差很远。但是，当前学校教育在“片面追求升学率”的影响下，过于强调普通性，忽视职业教育的内容，致使许多升学无望的民族学生毕业后无一技之长，缺乏生产知识和技能，在校所学的书本知识与实际生活相距甚远，造成劳力资源的巨大浪费。据统计，甘肃民族地区每年有80%的高中毕业生因不能升学而需要从事生产劳动和其他工作。这部分学生流入社会后无所事事，必将给社会带来巨大的压力。

目前，甘肃省民族地区职业技术教育中存在的主要问题是：第一，思想观念陈腐保守。鄙视职业教育的陈腐观念普遍存在。尤其是在“片面追求升学率”的影响下，更为严重。许多人把上大学作为唯一的选择和出路，宁可加入千军万马挤独木桥，也不愿走职业教育这条阳关大道。造成职业学校生源紧缺，学生素质偏低的问题。第二，职业教育办学形式单一。目前所办的民族职业学校以职业高中为主，除独立的农业技术学校外，就是附设农业班，在办学形式上和层次上都比较单一。而且这些职业学校主要都是由国家和地方政府筹办，进行统一的招生、分配和管理。这种单一的办学形式必定造成投资渠道单一和社会资金的利用不足。为此，就必须有效发动社会各界力量，充分发挥他们办学的积极性，实行多渠道、多层次、多种形式办学，国家、集体、个人一起上，既要办职前教育，又要办职后教育；既要办长期班，又要办短期班；既要办中级班，又要办初级班。只要有利于民族地区经济发展

① 杜生一著《甘青藏族现代教育发展研究》，民族出版社2006年版。

的办学形式，就要大力提倡。第三，职业教育层次结构单一。职业教育就其层次来看，共分为初级职业技术教育、中等职业技术教育和高等职业技术教育。这三个层次分别是与普通教育小学毕业生、初中毕业生和高中毕业生毕业后的三次分流相衔接的。但是在甘肃省民族地区目前却存在着职教层次单一的局面，职教层次仅限于单一的高中阶段，对初中阶段和小学阶段的职业教育重视不足。因此仍不能从根本上满足民族地区经济发展对多层次、多规格人才的需求。甘肃省目前的经济文化都很落后，扫盲任务尚未完成，经济发展水平对劳动力的要求并不高。第四，认真解决职教师资紧缺的问题。为此可以通过聘请中专、职业中学教师兼课，也可对原有教师进行职业技术培训，还可通过聘请当地“土专家”和有经验的老农来讲课等办法加以解决。第五，切实解决职教教材严重不足的问题。为此，教育部门要组织力量编写职业技术教材。各地也应根据当地实际编写一些符合实际的乡土教材。

二、西部地区民族职业学校的教育体系

职业学校教育是指各级各类职业学校对受教育者所实行的有目的、有计划、有组织的传授专业知识、培养职业思想和职业道德、发展职业能力的教育活动。职业学校教育分为初等、中等、高等职业学校教育。在我国实施高等职业学校教育的有高等专科学校和高等职业技术学院、职业大学及成人高等学校，也可以由普通高等学校实施。实施中等职业学校教育的有中等专业学校、技工学校、职业高中等。中等专业学校培养具有一定专业理论知识和应用技能的技术人员、管理人员和其他专业人员。技工学校培养具有一定专业知识和操作技能的中级技术工人，职业高中培养具有一定文化水平、一定专业知识、专业技能和职业能力的技术人员、管理人员、中级技术工人或其他专业人员。普通中学按照教育行政部门的统筹规划，适当开设职业技术教育课程。初等职业学校主要在农村设立，是相当于初中阶段的职业教育。它适合广大农村的条件和需要，是我国职业教育体系的一个特点。总体而言，西部民族地区学校职业教育体系以中等职业教育为重点，同时积极发展高等职业教育。

（一）职业学校教育的层次结构

1. 初等职业教育

初等职业教育主要是培养初级技术工人、农民和从事其他行业的熟练劳动者的职业教育。初等职业教育的招生对象为小学毕业生。学制一般为3—4

年，传授职业技术知识和技能。这一形式在农村得到了广泛实施。同时也是对尚未能升入初级中学的小学毕业生提供接受教育的机会。

2. 中等职业教育

中等职业教育的培养目标为中级技术工人、技术人员和基层管理人员及其他中级专业人员。初中毕业生可进入中等专业学校、技工学校、职业高中等中等职业技术学校学习，修业2—5年。

3. 高等职业教育

高等职业教育培养应用型高级专业技术人才和管理人才，是职业教育的最高层次。修业2—3年。高等职业学校主要包括职业技术学院、职业大学、高级技工学校、职工大学、职业技术师范学院等院校。

（二）职业学校教育人才培养类型

人才培养类型主要以培养目标的不同划分为技术型、管理型和技术工人型。技术型人才是第一线生产中从事产品或设备的工艺、装配、调适、测控、使用、维修等技术型工作的人员。技术工人主要是直接参加第一线生产的操作工人。我国的技工学校和中专学校就是按人才培养目标的不同而形成的学校类型。但随着办学体制和管理体制改革的深入，职业学校的培养目标也越来越多元，无论是技工学校还是中专学校都会培养技术人才和管理人才。

（三）职业学校教育的办学体制

我国职业学校的办学体制是从完全由国家办学、逐步发展为国家办学，部门办学、企事业单位办学、社会力量办学和联合办学等多样化的办学体制。

（四）职业学校教育的办学形式

随着生产力的发展，职业教育的形式结构日趋复杂化和多样化。按办学主体划分，可分为公办、私立、政府办、企业办、社会力量办学等；按学制划分，可以分为全日制、部分时间制、业余制；按授课方式划分，可分为面授、函授、面授与远程教育相结合；按结业方式划分，可分为学历与非学历教育。

（五）职业学校教育的专业结构

新中国成立以来，我国职业学校的专业设置由国家统一进行管理和规划，因此职业学校的专业结构也相对稳定。中等专业学校包含中等师范学校和中等技术学校两种。中等师范学校培养小学教师；中等技术学校，培养工、农、医、文、理、财经、政法、体育、艺术等科类的中等专业技术人才。中等专业学校的专业设置由国务院相关部门按专业系统归类管理。技工学校的专业设置由劳动部门进行管理。职业中学的专业设置由地方教育部门进行管理。农村职业中学主要针对农村产业结构来设置专业或工种。

（六）职业学校的办学规模

根据《2007年全国教育事业发展统计公报》，全国中等职业教育（包括普通中等专业学校、职业高中、技工学校和成人中等专业学校）共有学校14 832所，比上年增加139所。招生810.02万人，比上年增加62.2万人；在校生1987.01万人，比上年增加177.12万人[①]。说明全国中等职业教育招生人数，已超过国家“十一五”职业教育规划中的年招生规模。根据《教育部办公厅关于公布2007年认定的国家级重点中等职业学校名单的通知》（教职成厅〔2008〕1号）文件，教育部2007年认定的国家级重点中等职业学校共115所：其中广西3所、内蒙古3所、新疆1所，3个自治区共有7所，占全国的6%，西藏、宁夏2个自治区无国家级重点中等职业学校；少数民族聚居区的国家级重点中等职业学校，贵州1所、云南2所、陕西4所、甘肃4所，4省共11所国家级重点中等职业学校，占全国的10%。对所在的国家级重点中等职业学校进行评估替代制度，有力地推动了中等职业学校的建设和布局结构调整工作，促进了中等职业教育整体培养能力的提高。但仅隔一年，各地区国家级重点中等职业学校就有增有减，也反映出中等职业学校的建设发展和布局结构既不稳定也不平衡。根据掌握的专科高职院校资料，截至2007年5月8日，全国具有招生资格的专科高职院校共有1173所，其中西藏3所、新疆20所、宁夏8所、广西37所、内蒙古27所，5个自治区共有95所高职院校，占全国的8%；少数民族聚居区的专科高职院校，青海5所、甘肃21所、云南34所、贵州22所，4省共82所高职院校，占全国的7%。

三、西部地区民族职业学校教育体系存在的问题

西部地区民族职业学校要提高职业教育质量，增强自身特色，更好地为区域经济社会发展服务，就必须按照科学的方法，分析尚需解决的问题，并完善和调整民族职业学校教育体系。

（一）民族地区职业教育适应性问题

近几年，民族职业教育反映出的一个突出问题是：无论在办学模式还是

① 李尔昌《浅析民族地区职业教育的专业设置方向》，《民族教育研究》2010年第3期。

在专业设置上都与地方经济社会发展不相适应。这也是政府与民众对职业教育失去了兴趣和信心的主要原因。有学者撰专文指出：中等职业教育是国家教育体系的重要组成部分。在新的形势下，民族地区的中等职业教育必须进行适应性改革，也就是中等职业教育的发展必须与民族地区社会经济文化的需求一致。要达到这一目的，必须对民族职业教育的教育部门的区域设置、学制、教育内容做调整，形成一个能深入民族地区社会生活的多样化的教育网络。

这样的教育网络绝不是单一的，而应是多元化并能适应民族地区经济文化的现状和发展需求的。当然，民族地区经济文化的发展已经呈现出对高级技术人才的需求，发展高等职业教育也成为民族地区发展高层次教育网络的迫切任务。为此，有学者经过实际研究后认为：民族地区高等职业教育的定位应该以坚持服务地方社会经济为目标，以就业为导向，培养面向地方生产管理服务一线的实用型和技能型高级人才；必须确立“围绕产业办教育，办好教育促产业”的办学思路；在促进农村剩余劳动力转移方面拓展办学空间；与民族地区新农村建设相适应并呈良性互动。要实现上述设想就得加强改革，突出办学特色，走产学研相结合的发展之路。这样的设想其实也是根据民族职业教育的现状而提出的。但是现实与设想之间还有相当大的距离。具体地说，这种不适应主要表现在对民族地区特殊的经济文化的不适应，以普教模式办职教，缺少特色办学；对民族地区经济文化发展的不适应，表现在专业设置传统、单一、滞后，缺少改革创新的动力与精神。

（二）外出务工低龄化群体化和长期化所带来的问题

一些打工群体大都是小学毕业后就外出务工了，他们没有经过专门的职业培训，也没有进行职业培训的条件，在城市里从事一些体力劳动，甚至是劳动密集型的繁重体力劳动。这样的劳动，可以满足外出务工人员基本的生活所需，在维持最低的生活水平后还会略有节余。这是他们能长期在外打工的主要原因。在许多农村和少数民族地区，小学一毕业或有的还没毕业就外出务工了。在许多农村和少数民族地区，不仅职业教育出现了生源问题，就连初中和高中也存在着生源问题。这些年所属地区不得不对学校规模做出频繁的调整，但是这样做随之带来的新问题就是升学比例更低，在年轻人心目中，打工比上学显得更加实际和可行。

（三）少数民族教育结构优化以及被边缘化的职业教育

少数民族教育结构优化主要是促进义务教育的均衡化发展。这既能体现义务教育作为最重要的公共事业的公平化，又能落实民族教育政策的平等化。经过这些年的努力，特别是通过立法等多项措施并举，无论是在经费保障方面还是在教育质量方面，已经使得义务教育的区域之间、城乡之间和校际之间的差距有了明显的改善。但是少数民族职业教育并没有得到同样的重视，一些少数民族地区甚至连职校教职员工的基本费用都不能保障。这样的职校，有的办成中考和高考的复读班、辅导班，或各种社会培训班，只能被动地在市场中求生存。

上述几个方面构成了今日少数民族职业教育所面临的危机与困境。再加上政府的投入有限、市场的适应有限、教育发展的统筹有限等因素，限制了少数民族职业教育的改革与发展。为此，我们应当针对这些问题进行认真的分析，结合少数民族地区的特点和社会整体发展的特征，提出相应的对策和建议。

作为多民族的边疆省份，云南省有少数民族人口1400多万，约占全省总人口的1/3。省委、省政府历来重视民族教育工作，把民族教育纳入地区经济和社会发展规划，并制定了一系列特殊政策措施予以大力扶持，这对云南民族地区职业教育的发展起了重要的推动作用。但少数民族地区职业教育仍存在影响其发展的一些因素。

1．观念有待更新

少数民族在语言、文化、心理、风俗和生活习惯上与汉族地区的人有较大差异。有的民族，如佤族、基诺族等，他们有自己的饮食习惯和生活习俗，不愿离家到外地生活、寻求就业机会。他们接受职业技术教育的愿望不强，少有到外地打工挣钱的要求。此外，社会各界对职业教育的重视也不够，长期以来人们没有充分认识到民族地区职业教育的巨大经济功能，不重视农村职业教育，教育与农业生产、农村经济发展的实际相脱离。受传统文化和心理因素的影响，少数民族地区职业教育发展艰难。

2．办学经费严重缺乏

云南省在人才培养和教育开发上比较偏重于基础教育和高等教育，虽然省财政从2006年开始，计划每年安排职业教育专项经费2000万元，并且从全省农村科学技术开发和技术推广资金、民族机动金、扶贫和移民安置资金中安排一定经费，加大对民族贫困地区职业教育和职业培训的扶持力度。但总体来说，民族职业教育的办学经费仍然不足。根据2006年对11个县职业高中有效数据统计，总投入1396.6万元，生均经费为2452.7元，其中财政性投入为1037万元，占74.2%，学杂费278.3元，占20%，社会投资只占0.35%。对云南省8个少数民族自治州下辖的58个县（区、市）和20个市辖少数民族自治县（区、市）78个少数民族自治地方的测算汇总分组显示：2006年，少数民族地区农村绝对贫困人口规模为146.8万人，云南少数民族地区农村绝对贫困人口占全省农村绝对贫困人口的比重达65.1%。因为家庭贫困，大约有40%的学生缴不足学费。从总体上看，职业高中的教育经费收入只能支付教职工工资和校舍建设。设备投入几乎没有，办公经费严重不足，学校负债较多，办学条件达标率远低于全国平均值。

3. 女性职业教育不受重视

据“五普”数据，在6岁及6岁以上少数民族人口中，小学文化程度以下的人口占少数民族总人口的比重高达74.80%，比汉族63.0%的同类比重高出11.80个百分点，这样的现状严重阻碍了民族职业教育的发展。低素质农村劳动力难以接受科技知识，农业生产率难以提高，他们也很难进入非农产业。另外，西部贫困地区女性职业教育整体发展水平不高。

表6-1　十一省（区）女性职业教育情况

	1990年		1995年	
	在校女生（万人）	女生所占比例（%）	在校女生（万人）	女生所占比例（%）
中专学校	24.49	41.8	39.38	45.9
职业高中	25.15	47.3	35.61	49.4
职业初中	6.65	41.3	9.20	44.3

资料来源：国家教委计划建设司编《中国教育事业统计年鉴1995》，人民教育出版社1996年版

西部地区职业学校女生比例仍普遍低于全国水平（除宁夏和新疆外）。有些地区的职业学校没有围绕本地区社会经济发展需要办学，教学内容与社会现实需要相脱节，在专业设置方面缺乏适应女生特点、特长的课程。

4. 民族教育专业面窄，应用型、技能型专业不足

目前，民族职业教育专业设置不合理。在职业高中和高等院校中，财经、

信息技术、工学、师范类招生较多，而能源、社会公共事业、法律、管理学等社会急需的专业招生较少。如2001年某少数民族自治区全区普通高校工学招生11 400人，师范类招生15 659人，而管理学招生4042人，法学只招生1398人。

综上所述，西部地区民族职业教育在社会转型期遇到的问题是一个复合型问题。其一，是人们对职业技术教育的地位、作用认识不足，认为职业技术教育层次低、不正规。其二，职业技术教育体制不顺，办学的规模效益尚未体现。其三，办学条件有待改善。其四，师资水平亟待提高。其五，产学研机制有待完善，职业学校拥有专业技术，是发展校办产业和进行科技扶贫的独有条件。其六，职业教育与基础教育、高等教育之间的沟通与衔接不够紧密。这些问题既相互独立又相互关联，共同构成了对少数民族职业教育的挑战和冲击①。这些问题有宏观层面的问题，也有微观技术层面的问题，问题解决的具体过程比较复杂，但也有一些共同规律可循。可以说，整个民族职业学校教育体系完善与发展的过程就是教育资源重组、开发和利用的过程。

四、西部地区民族职业学校教育改革方向和发展途径

为贯彻落实全国教育工作会议、中央民族工作会议精神，实施《职业教育法》，加快少数民族和民族地区职业教育的发展，国家民委、教育部印发《关于加快少数民族和民族地区职业教育改革和发展的意见》的通知（民委发〔2000〕199号）。《意见》中明确指出：需要充分认识职业教育在民族地区经济社会发展中的战略地位和作用；一切从实际出发，始终坚持为少数民族和民族地区服务的办学指导思想；因地制宜，积极探索适应少数民族和民族地区发展需要的职业教育办学路子；进一步制定、完善发展少数民族和民族地区职业教育的有关政策和措施；加强宏观指导与统筹领导，推动职业教育更好地为少数民族和民族地区服务。依据《意见》精神，十余年来，西部地区民族职业学校教育改革基本情况如下。

（一）民族职业学校教育改革方向

有学者②认为西部民族地区职业教育发展模式可从以下几个方面进行改革。

---

① 钱民辉《少数民族职业教育的问题构成及对策分析》，《民族教育研究》2010年第6期。

② 李锦平《民族职业教育的理想模式探讨》，《黔东南民族师专学报》1997年第3期。

第一，民族职业教育应当成为沟通现代科学技术与各民族社区传统生产技术的教育体系；第二，民族职业教育应当成为促进各民族社区职业分层和行业分化的社会实体，它应当具有引导社会变革的额外职能；第三，民族职业教育不可避免地带有一些计划经济惯性延续而赋予的某些特点，同时又必须着眼于未来，服务于市场经济的需要。

中等职业教育改革创新行动计划（2010—2012））明确提出：要以服务区域经济社会发展为导向，推动西部民族地区中等职业教育跨越式发展，扩大初中毕业生升入中等职业学校的比例，使高中阶段教育毛入学率、中等职业学校办学水平和人才培养质量达到纲要要求的水平。2010—2012 年，举办内地西藏中职班、内地新疆中职班，每年从西藏、新疆困难地区、新疆兵团选派初中毕业生到东、中部条件好的中等职业学校接受教育。

加强西部民族地区中等职业学校建设。支持鼓励有条件的地区办好一批示范性中等职业学校。在云南、甘肃、青海等省推广四川面向本省藏族聚居地区培养技能型人才的“9+3”模式，办一批面向本省民族地区招生的中职校（班），加大对来自困难地区的中等职业学校学生的资助和免学费力度。加大有关中等职业学校专业建设力度，大力发展面向本地区特色产业和民族文化艺术的专业。加强队伍建设，开展教师培训，增加特岗教师人数，聘请能工巧匠和专业技术人员到中等职业学校担任兼职教师。扎实推进对口支援工作，承担教育对口支援任务的东、中部省份，要在相关规划的指导下，通过专业援建、教师支教、干部支援、内地培训等措施，帮助受援区（县）职业学校提升办学水平，为西部民族地区贫困学生家庭脱贫致富和现代农牧业发展服务。国家有关部门、有关省市加大对西部民族地区职业教育支持的力度，保障规划和项目的落实。

1. 把职业技术学校办成当地研究、推广、辐射科技的中心

西部由于贫困人口较多，使得广大农民脱贫致富是职业技术教育的责任之一。云南省红河州石屏县职业中学在这方面做得较好。石屏职中坚持科教兴农，为脱贫致富、发展地方经济服务的办学方向，办学有特点，专业有特色，学生有特长，实现了“开办一个专业，带动一个产业，致富一方群众”的办学目标，为当地的科技扶贫，发展经济做出了贡献。该校结合当地农村经济发展对人才的需求设置了相关专业，开办了经济实体，以科技扶贫推动当地经济的发展。其中，服装制作专业是专门面向农村青年和妇女的。为办

好服装制作专业，学校与服装厂联合建起了服饰工厂，在校内外创建实习基地和产业，为教学提供了练兵场所，强化了动手能力的培养。学校还以校内120亩柑橘示范基地为依托，制定了学生带任务学习，带技术、带种苗回家建立科技示范点的“三带”措施，提供给学生种苗6.83万株，科技示范点遍及全县12个乡镇147个村①。

2. 持续推进农村智力开发

多年来，西部农村教育综合改革取得了一些经验，摸索出一条政府统筹、部门配合、群众参与、三角统筹、农科教结合、全方位开发农村智力的途径。要做好此项工程，重点工作是：西部普通中小学适当引进职教因素，上好劳动技术课，办好乡村农村文化技术学校，搞好实用技术培训。推广培训农村生产实践中最需要推广的实用技术，如果培训对象是广大村民，培训形式应以短训为主。

3. 设立女子职业学校、职业班

女性职业教育已成为民族、贫困地区普及教育的一种特殊扶助手段，为多渠道综合解决女童入学难的问题做出了贡献。女性职业教育是“女性继续教育的重要环节，它可以通过在技术学校系统学习的形式，对女童进行多种类、多规格的实用的生产、经营管理技术教育，为民族地区经济建设服务”②。新中国成立后，我国女性职业教育也得到了迅速发展，截至1994年6月，全国各地陆续创办了适应女性职业特点的中等职业女校1679所，设置相应专业60多个。

表6-2　中国女性职业教育情况

	1980年		1985年		1990年		1995年	
	在校生（万人）	所占比例（%）	在校生（万人）	所占比例（%）	在校生（万人）	所占比例（%）	在校生（万人）	所占比例（%）
中专	39.17	31.5	60.70	38.6	101.99	45.44	187.15	50.29
农、职中	14.83	32.6	95.43	41.6	133.65	45.3	218.17	48.7

资料来源：国家统计局编《国家中国统计年鉴1995》，中国统计出版社1996年版

甘肃省教委于1988年起着力探讨解决贫困山区女童入学难的问题。为了

① 国家教委计划建设司编《中国教育年鉴1992》，人民教育出版社1993年版。
② 滕星著《多元文化社会的女童教育》，民族出版社2009年版。

适应少数民族的心理、生活习惯，在办好小学女童班的同时还推广扶持与之相衔接的女子职业学校[①]。宁夏回族自治区在开展女童教育革新行动试验中，在宁夏吴忠和固原两所师范学校和同心阿语学校增设了一年制回族女子师范班，招收贫困乡的回族女高中毕业生，丁香培养乡村女教师，使试验学校女教师比例达到46.5%，改变了试验前有的乡村小学无一名女教师的状况[②]。

随着高中教育的发展与进步，职场对劳动者的职业技能和素质要求越来越高。新技术和新设备的大量应用，要求生产者掌握更高深的知识和更现代化的技术，职业教育逐步向高层次延伸和发展。从20世纪90年代开始，我国也大力发展高等职业教育，积极发展各种类型的培养中、高级技术型和应用型人才的高等院校。

（二）民族职业学校教育发展途径[③]

按照“因地制宜、按需施教、灵活多样、注重实效”的原则，发展符合民族地区需要的职业教育办学模式。针对民族地区经济社会发展落差较大，民族文化因素较为复杂的实际情况，要着眼于教育与科技、经济、文化的结合，实行分类指导。特别是要区别不同的情况，统筹考虑各级各类教育的比例和结构，确定不同的职业教育发展规模、速度、目标和模式，努力使职业教育与当地的经济、文化水平相适应。同时，根据民族地区教学条件较差、师资力量薄弱、办学资金缺乏的具体情况，要通过调整学校布局结构，优化教育资源配置，提高教学质量和办学效益。

一是在专业的设置上，要优先发展适应少数民族地区经济结构、产业结构的需要，重点保证资源开发及支柱产业发展的需求的短线专业。在少数民族地区的广大农村，特别是要注意把职业教育同扶贫开发结合起来，使职业教育发展的目标与农村经济发展目标有机地结合起来，努力实现智力开发、经济开发、扶贫开发与人力资源开发统筹兼顾，协调发展。增设一些适合女生特长的专业和内容，如服装裁剪、种植、园林护理、会计等，同时要拓宽职校女生的知识面，提高女生接受职业教育的质量，培养他们良好的职业素质，以适应就业要求。

---

① 国家教委计划建设司编《中国教育年鉴1988》，人民教育出版社1989年版。

② 周卫《中国西部女童教育行动研究的方法论价值》，《教育评论》1995年第7期。

③ 王爱华《发展少数民族和民族地区职业教育的途径》，《贵州工业大学学报》（社会科学版）2003年第4期。

二是坚持多层次、多规格、灵活多样的办学形式，建立辐射少数民族地区的职业教育网络。根据我国少数民族地区“普九”覆盖面低，基础教育薄弱的实际情况，要把职业教育的重点放在高中阶段。同时积极发展适应不同需求的“六加一”“三加一”等形式，努力提高职业教育的覆盖面，使大多数少数民族青少年能够广泛参加职前、职后的技能培训，学到一技之长，成为有用之人。在办学形式上，要更加灵活多样。有的可以把学历教育与职业教育结合起来，有的可以把全日制与部分时间制结合起来，有的可以允许学生分阶段完成学业，增加学习机会，延长学习时间，努力使有学习愿望的少数民族青少年都能参加到不同形式的职业教育中来。要充分利用广播、电视、录像、互联网络等先进的教学手段，加快边远少数民族地区远程教育发展，逐步建立覆盖广大民族地区的信息、技术、教育一体化、综合性知识传播网络，使那些地方的学生能够接受现代化的知识、观念和技能。

三是提高职业教育的针对性和适用性，努力培养学生的素质和能力。针对少数民族地区受教育时间短，就业愿望迫切的实际，在职业教育的教学内容安排上，要重点加强实践性教学环节和实用技术的训练，大力实施创业教育，重视培养学生的创业意识、创业精神、创业品质和创业能力，积极培养一大批“学得好、用得上、留得住”的乡土专业人才。同时，要加强职业教育与乡村农民文化技术学校、农技推广站的合作，使教学内容与少数民族群众的需要更好地结合起来。

四是充分调动各方面的积极性，努力形成全社会办职业教育的局面。少数民族地区经济基础薄弱，教育资金严重不足，“穷省办大教育”“穷县办大教育”的情况十分普遍。仅仅依靠当地政府的力量，有的地方即使基础教育都难以办好，职业教育更是无暇顾及。在制定和执行各项政策时，一定要对女童投入更多的关注，对学习成绩好、综合素质高但家庭贫困的女童进行资助，以奖助学金的形式帮助其完成学业。

因此，少数民族地区在积极争取国家投入的同时，必须广泛运用各种条件，调动各种积极因素，支持当地职业教育发展。要在当地政府的统筹协调下，把企业、集体、个人兴办职业教育的积极性调动起来，努力形成全社会支持和发展职业教育的格局。

第二节　西部地区民族中等职业学校教育的可持续发展

推进职业教育的改革与发展，是实施科教兴国战略、提高劳动者素质、加快人力资源开发的必然要求，是拓宽就业渠道、促进劳动就业和再就业的重要举措。农村职业教育是我国职业教育发展中的薄弱环节，而西部民族地区农村职业教育的发展则更为滞后。受自然地理、社会历史和经济基础的制约，加之现代教育起步晚、基础薄弱、欠账多等因素，西部民族地区职业教育相比其他地区和其他类型的教育而言，发展基础更差，情况更严峻，而且还面临着经济贫困、交通不便、教育落后、布点分散、双语教学等障碍因素。西部民族地区落后的农村职业教育已在很大程度上影响了当地农村经济的发展、人民生活的改善以及民族地区的和谐稳定。

一、西部地区民族中等职业学校教育的培养目标与评价标准

中等职业教育主要承担着为地方经济建设和社会发展培养技能人才的任务，对当地经济、社会全面进步有着直接的推动作用，是我国职业教育的主体和发展的重点。

（一）培养目标

中等职业教育目前存在中等专业学校、技工学校和职业高级中学三种类型。中等专业学校的培养目标定位在培养从事技术工作和管理工作的专门人才上。从初中毕业生中招生，学制3—4年。其培养目标是学生应具有高中文化程度，并在此基础上掌握本专业现代化生产所需的基础理论、专业知识和实践技能，培养分析问题和解决问题的能力，有健全的体魄[①]。职业高级中学的培养目标是学生应有理想、有道德、有文化、有纪律、热爱社会主义祖国和社会主义事业，具有为国家富强和人民富裕而艰苦奋斗的献身精神；具有实事求是、独立思考、勇于创造的科学精神；具有良好的职业道德、职业意识、职业纪律、职业习惯、忠于职守的敬业精神；掌握直接从事某一专业、工种必需的文化基础知识和素养、专业技术知识和操作技能；有健康的体魄[②]。技工学校的培养目标是：必须贯彻党和国家的教育方针，面向现代化，

---

① 《全日制中等专业学校工作条例（征求意见稿）》（1979年）。

② 《关于制订高级中学（三年制）教学计划的意见》（1990年）。

面向世界，面向未来，不断提高教育质量，把学生培养成合格的中级工人[①]。

《调整中等职业学校布局结构的意见》指出，要调整中等职业学校的布局，优化教育资源，合并中等专业学校。技工学校、职业中学和中等专业学校合并后统称中职。2000年，《关于全面推进素质教育，深化中等职业教育教学改革的意见》要求，中等职业教育“要全面贯彻党的教育方针，转变教育思想，树立以全面素质为基础、以能力为本位的观念，培养与现代化建设要求相适应，德、智、体、美等全面发展，具有综合能力，在生产、服务、技术和管理第一线工作的高素质劳动者和中初级专门人才”。

随着城市化进程的推进与发展模式的转型，社会对技能型人才的需求将不断上升，而由此导致的人才瓶颈则会对经济增长产生极大的制约。技能人才的缺口在不断扩大，各个企业所面临的人才聘用问题（如应聘人数不足、应聘者所掌握的技能不实用、求职者心理预期与企业待遇不符、应聘者技术专业不对口等）也日益严峻。西部地区，以云南为例，“桥头堡战略”已把云南确定为西南地区的战略门户，对云南的技能型人才培养就提出了更高的要求，同时也面临着更为严峻的挑战。到2010年年底，云南省的劳动力文盲率（7%，而全国平均水平为3%）与仅有小学文化水平的劳动人员比例（47%，全国平均水平为24%）仍很高，而具备高中以上学历的工人比重（14%，全国平均水平为24%）却较小。

（二）“技能”的定义与评价标准

在现代文献中，“技能”一词的含义较为广泛。在职业教育领域中，“技能”主要指的是“通用技能”和“技术与职业技能”。

通用技能，又包括认知技能和非认知技能。认知技能，指包括特定领域技能（如读写算的能力）非专业技能（如批判性与创造性思维能力、问题解决能力等）在内的某些能力。非认知技能，指包含在认知技能之外的某些能力，如毅力、自律、写作、协商与危机管理等行为能力。例如国际学生评价项目（PISA），考察的是15岁青少年的阅读、数学与科学素养，评价他们的通用认知能力，而不是基于课程内容的学业成绩（OECD，2009）。

技术与职业技能，指进行特定工作、完成具体任务所要用到的一系列知识与能力。

① 《技工学校工作条件》（1986年）。

技能水平通常可从以下两个维度进行考察。

1. 受教育程度。通过考察一个人的受教育程度可以测量出多项指标，从而有可能了解其通用技能、技术技能、认知技能与非认知技能的高低。

2. 技能证书。技能证书持有率及证书等级是衡量毕业生与企业员工技术与职业技能水平的重要指标。

二、西部地区民族中等职业学校的人才培养过程

技能型人才的培养途径主要有两种。正式教育培训可使受教育者获得国家承认的文凭与资格证明，而非正式短期培训一般时长较短、结构较为松散，其受训者通常无法获得正式的证书。需要注意的是，目前国内正式与非正式短期培训之间的界限正在日益模糊，越来越多的正式教育机构开始受托开展非正式短期培训，而学生与员工参加短期课程、获取正式证书的机会也有所增加。

（一）西部地区民族中等职业学校学制①

西部山区的学生，经济条件和各方面的学习条件差，过于“正规”的职业教育，有时不利于招收学生和鼓励学生学习。学校需要有灵活的学制，适应不同学生的需求。应广开教育门路，扩大培养面。对一些传统的入学条件，比如入学年龄，应不加限制。为减轻学生的经济负担，并加强实践培养，可实行半天理论学习，半天生产实践的培养方式。职业教育不是传统的学历文凭教育，两年或三年的学制，主要是针对相对高级的需要和条件较好的地区。学制应视需要而定，可以是培训的性质，也可以是学历文凭教育。很多学习内容可以是实用技术的培训，如汽车、农机的驾驶和维修，电器的安装和维修，果树林木的栽培，大棚植物栽培，禽畜的养殖，等等。有的用一年，有的甚至只要一个月的时间，就可以收到明显的效果。

学生学完职业中学的全部课程，考试合格，就应发给职业中学的毕业证书。学制不一定要达到规定的年限（一般2—3年），学习的时间也不一定要连续。灵活的学制能及时解决应用的需要，减轻了学生的经济负担，也促进了职业教育的普及，其社会影响和积极效果也得到了加强。中等职业教育培养的人才，多数是面向农村和中小企业的，职业教育的专业设置应根据各地

---

① 周宏、周谊《努力发展西部山区少数民族的职业教育》，《农业科技管理》2003年第1期。

农、林、牧、副、特（色）产品的发展而定。学校应据此进行社会调查，充分了解市场，紧紧抓住市场，使办学围着市场转，掌握发展职业教育的主动权。有的职业学校的办学观念尚未转变，没有主动去发现市场、适应市场，这是需要改进的。学校除了农科类专业，可开设常用的电子、电器、计算机、商品、营销、服装设计与制作、建筑、旅游及服务等专业或课程，社会需要的专业一般都可以设置。学生通过理论学习和实践操作，可不同程度地掌握1—2门课程的专业知识和技能，有比较广泛的社会适应性。在西部山区，学校要发挥自己在师资、技术、经验和信息等方面的优势，为少数民族提供服务。学校可通过服务增收，增强学校的实力，也可以通过服务扩大在山区的影响。只要学生成了当地科技种田、育畜、养殖和工业技术等方面的有用人才，群众就会更愿意把自己的子女送到职业学校学习。

（二）西部地区民族中等职业学校发展学生智力和技能

学生智力的发展和能力的培养是中等学校教育教学的重要任务。也就是说教学中不能只注重知识的传授，还必须在此基础上注重学生实践能力的培养。在职业教育中，实践能力主要包括熟悉生产情况，能够正确地分析、判断和解决现实实际问题的综合能力。例如，机械类专业的技术人员解决问题的综合能力包括工艺和工艺装备的设计能力，机件或机械的设计能力，综合性经济分析能力，也包括组织、活动及宣传能力等。

（三）西部地区民族中等职业学校加强技能实训①

“职业教育实训设计是职业教育教学设计的重要组成部分。实训设计是为了实现能力本位的教学，理论知识学习与技能训练一体化而对职业院校的实训进行的设计。实训是指在学校控制状态下，按照人才培养规律与目标，对学生进行职业能力训练的教学过程。它具有真实性、重复性、科学性、规范性、经济型等特点。”②

实践性教学是职业学校的基本教学形式之一，也是职业学校教学的特点之一。其内容主要有两大类：一类是为了学好理论而进行的理论联系实际的教学；另一类是具体运用专业知识、技能于实践，并在实践过程中进一步扩大和加深专业知识，使职业技能熟练化的劳动教学。技能实训属于后一种，

① 刘合群编著《职业教育学》，广东高等教育出版社2004年版。

② 邓泽民、韩国春著《职业教育：实训设计》，中国铁道出版社2008年版。

是学生学习并掌握所学专业的操作技能，熟悉职业环境，熏陶职业品德，获得专业特长的重要途径。

职业技能实训是以培养学生能力为目的，以一定的理论作为基础，由教师引导和指导学生在实践中运用理论，培养实际能力的教学活动。主要包括完成某一职业岗位（或职业岗位群）的任务所必需的一切技能和应用能力的训练。

从实训中技能形成的阶段来看，技能实训主要分四个阶段：第一阶段为认知实训。认知实训的目的主要是培养学生对设备、现实工作环境和专业的感官认识。第二阶段为基本技能实训。主要目的是培养学生正确并熟练使用仪器设备，熟悉其基本性能，掌握专业技术基本操作技能，具备从事本专业岗位工作的基本素质。第三阶段为综合技能实训阶段。在上一阶段的基础上进一步强化基本技能训练，培养学生的综合处理和应用能力。如仿真实训，主要是运用计算机仿真技术，模拟生产实践或工程项目技术与管理的实施过程，为学生提供仿真训练，增强感性认识，并增加有关专业知识。第四阶段为定岗见习或实习。学生按照“准员工”要求定岗实训，对所学知识和技能进行系统训练，从而能独立承担和处理职业岗位的各种技术问题，完全胜任本岗位工作。

常用的教学方法有以下几种。

示范教学法。教师通过规范性的程序或动作作为有效刺激，引起学生相应模仿行为的教学方法。教师示范行为、过程和技巧，并引导学生进行系统观察，使其直观、具体地认识构成对象的各种复杂环节，理解某种技术现象和原理，了解操作步骤，明确技能要点。

要素作业法。通过对生产劳动过程的分析，从中抽出操作要素变成单元作业进行教学称为要素作业法。这种方法的运用要求职业技术学校具备相应的实习基地，备有各种工具，陈列以某种操作要素的作业方法为基础而加工成的各种单元作业模板，让学生按照规定进行操作。

个别工序复合作业法。教师先让学生分别学习和掌握本工种最简单的几个要素工序，然后将这几个要素工序复合起来加以运用，进行简单作业。之后再学习几个新的要素工序，再进行包括已学过的要素工序及新学的要素工序在内的更复杂的作业。

模拟教学法。职业学校建设相关的尽量与真实环境相一致的模拟设备和场景，让学生上岗训练，锻炼应变能力，进行分析、检查、故障排除等练习。

三、西部地区民族中等职业学校的就业服务体系

职业教育的功能是将人口资源转化为人力资源。人才的最终选择、使用和评价都是由企业完成的。企业用人的链条断裂，整个职业教育活动就无法进行下去。因此，职业教育应该适应经济社会发展的需要，实现“三大转变”：由“学校主体模式”转变为“企业主导模式”，由“封闭模式”转变为“开放模式”，由“招生导向模式”转变为“就业导向模式”①。

就业指导，是职业学校根据劳动力市场对求职者的素质要求和学校的培养目标，结合求职者的个性特点和专业特长，通过职业心理测量等方法和手段，努力使人与职业岗位合理匹配的教育引导过程。就业指导的内容是多方面的，一般来说有职业生涯设计、技能训练要求、引导择业决策，等等。明确就业指导内容，有利于指导学生掌握求职方法，力争使就业指导达到较高水平。

从民族教育的内在结构来看，少数民族职业教育的发展与基础教育和高等教育的发展差异越来越明显，资金投入越来越多地倾向于发展基础教育和高等教育，民族教育结构已处于非均衡状态。这几年虽然提出要优化民族教育结构，促进民族教育在城乡和区域间的均衡化发展，但是优化结构是以提升基础教育质量为前提、为重点的。均衡化发展也是以基础教育资源配置的均衡化为前提、为重点的。就这两方面看，民族教育与国家整体教育更为一致，都是以升学为导向的，其结果必然导致少数民族教育的个性化消失，能体现这一个性化的少数民族职业教育也由于资源限制和办学成效不高及就业困难等原因而加大了这些差距。

学生就业率是学校教育质量的生命线，也能检验专业设置对人才培养是否适销对路。教育部公布的2007年全国中等职业学校毕业生的就业情况显示：2007年全国中等职业学校毕业生数为526.96万人，就业学生数为506.35万人，平均就业率为96.10%。其中，中等专业学校、职业高中、成人中等专业学校三类中等职业学校毕业学生数为427.41万人，就业学生数为411.72万人，就业率为96.33%；技工学校毕业学生数为99.55万人，就业学生数为94.63万人，就业率为95.05%。毕业生就业去向的统计数据（以下数据不含

---

① 田秀萍等著《职业教育资源论》，光明日报社出版2010年版。

技工学校）显示，各产业就业分布情况是：从事第一产业的毕业生数为29.93万人，占就业学生数的7.27%；从事第二产业的毕业生数为157.44万人，占就业学生数的38.24%；从事第三产业的毕业生数为224.36万人，占就业学生数的54.49%。毕业生就业地域情况是：在本省就业的毕业生数为259.66万人，占就业学生数的63.07%；到异地就业的毕业生数为148.93万人，占就业学生数的36.17%；到境外就业的毕业生数为3.15万人，占就业学生数的0.77%。毕业生就业渠道情况是：通过学校推荐就业的毕业生数为325.91万人，占就业学生数的79.16%；通过中介介绍就业的毕业生数为40.24万人，占就业学生数的9.77%；其他渠道就业的毕业生数为45.58万人，占就业学生数的11.07%。

各类专业具体就业情况是：加工制造类专业就业情况最好，就业率达98.18%，其次是交通运输类和信息技术类，就业率分别为97.89%和97.01%。商贸旅游类和土木水利工程类就业率均在96%以上，处在中等职业学校毕业生就业率的平均水平。资源与环境类、能源类、医药卫生类、财经类专业就业率超过95%，但略低于全国平均水平；农林类、文化艺术与体育类专业就业率低于95%，但也在90%以上。从毕业生数量看，加工制造类专业毕业生数量最多，为100.57万人，占毕业生总数的23.53%；其次是信息技术类，毕业生数为99.8万人，占毕业生总数的23.35%；毕业生数最少的是资源与环境类、能源类专业，毕业生数分别为6.46万人和7.67万人，占毕业生总数的1.51%和1.79%。民族地区的职业教育发展，要综合以上具体因素，认真做好调研工作。一是从实际出发，根据本地区现有的经济支柱产业确定专业设置，形成特色专业、龙头专业；二是从外向出发，面向经济发达地区的技能型人才需求和农村劳动力转移培训确定专业设置，从而提高经济效益，提高就业渠道。

四、西部地区民族中等职业学校的专业设置与课程

职校要发展，就必须建立富有特色的课程体系，这是办学成功的中等职业学校的共识。要建立新的职业教育课程和教学体系，需坚持产教结合。专业设置也要根据自身的办学能力和社会需求，因时因需而异。

职业教育实质就是“就业教育”，应有明确的职业指向，以培养学生的职业兴趣，训练其职业能力为主要职责。中等职业教育承担着普及高中阶段的文化基础，教育和培养着初、中级实用型人才的双重任务。学校必须自始至终贯彻“以服务为宗旨，以就业为导向”的职教办学方针，才能突显职教的办学特点，也才能注入生存和发展的活力。那么，在课程模式上，就需要把握文化教育和专业教育的统一。

（一）西部地区民族中等职业学校的专业设置

在企业主导的就业模式下，职业学校开设什么专业，需要校企合作来配置专业资源。对于盲目发展而过剩的专业资源需及时调配，迅速形成培养能力。

1. 人才分类是专业设置的基础

职业教育的专业划分原则是以技术、职业性和职业岗位群为主。职业教育是“技术文化”类的专业教育。因此，职业教育从分类到专业设置应以社会职业分类为基础。民族地区职业教育的院校和培训机构，在确定培养目标和专业设置时，应明确将应用型人才分为工程型、技术型、技能型等三类。工程型人才的主要任务是将科学原理转化为工程设计（或工作规划、业务决策），技术型人才负责将工程设计转化为实际生产工艺，技能型人才负责生产工艺向产品形态的转化。所以，工程型（设计型、规划型、决策型）人才，技术型（工艺型、实施型、管理型）人才，技能型（技艺型、操作型）人才，这三类人才类型应该以行业来划分。例如机电、建筑、医疗、教育、管理、农牧等行业（专业）。

2. 社会职业分类是专业设置的依据

职业教育就是培养技术型、技能型人才的教育机构，其专业不是以学科分类为基础，而是以社会职业分类为基础的，教学专业不等于社会职业。职教专业必须以社会职业分类为基础并遵循教育教学的规律，研究出适合职业教育需要的专业。

职业教育专业与职业的关系：一个专业是一组相关职业的职业技能的集合；专业技能核心要素与职业资格相对应；专业教学与职业劳动过程、环境相一致；专业名称与行业、职业的社会认同和学生理解，以及社会地位、价值判断基本一致。职业教育的专业一般是从研究社会职业开始，找出各相关职业技术与能力，确定通用技能项目与技能要求，集中归并研究出职业组群的技术名称或行业名称（名称尽可能使用社会通用、学术、中文称谓，并与国家职业大、中、小分类相统一）。之后才是研究专业标准等一系列专业建设。

3. 职业教育专业设置的几种模式

民族地区现有几种主要的专业设置模式：第一种模式，根据本地区经济结构设置专业。这是大众化教育条件下，地方职业院校主要的专业设置模式。第二种模式，依托行业企业进行专业设置与专业建设。这是行业和经济发达地区职业院校，依据本行业和本地企业人才需求设置专业的模式。第三种模式，以就业为导向设置专业，实施“双证书”制度，让职业教育始终面对就业市场和生源市场。这是自主就业条件下，跟踪热门专业、满足大批人才需求的专业设置模式。第四种模式，立足学校现有专业资源，按职业教育专业设置原理，选择主体重点专业，开发新型专业方向，跟踪人才市场需求，逐年更新专业。第五种模式，开展民族自治地方农村劳动力转移培训，促进农村劳动力的转移和有序流动。加强民族自治地方高技能人才和农村实用人才培养，强化职业教育和实用技术培训的专业设置模式。这是多行业、多专业综合性院校面向全国人才市场的专业设置改革模式。以上五种职业教育专业设置模式，在现有职业院校专业设置中都被证明是可取的。第一、第二种模式，最能体现地区和行业特色。第三种模式实践证明很难突出专业特色，若能及时收集到人才市场准确信息，分析发展趋势，提前调整专业技能组合，在专业建设上下硬功，不失为一种较好的模式。第四、第五种模式，是大多数综合性职业院校采取的可行性模式。既兼顾了现有专业资源，又能结合人才市场需求，及时淘汰更新专业。

4. 人才培养目标与职业教育专业设置

《教育部关于印发〈中等职业学校专业目录〉和〈关于中等职业学校专业设置管理的原则意见〉的通知》（教职成〔2000〕8 号），文件中设置的中等职业学校专业目录有：农林类、资源与环境类、能源类、土木水利工程类、加工制造类、交通运输类、信息技术类、医药卫生类、商贸与旅游、财经类、文化艺术与体育类、社会公共事务类等 13 类；共 1121 项专业，其中有 81 个专业为中等职业学校重点建设专业。自 2004 年以来国家人保部门已经发布 12 批 122 种新职业。对应新职业和社会发展的需要，我国中等职业学校专业目录将进行进一步的修订和调整。今后，新的中等职业学校专业目录将分为若干个门类，专业目录创新专业设置，可以分为专业名称、专业技能方向、对应职业岗位、对应职业资格标准、继续学习专业方向等五个系列。民族地区职业教育的“专业标准”和“课程标准”是职业院校的知识产权，应得到保护，必须在保密状态下送上级教育主管机关审批。教育主管机关审批专业，不再是权力审批，而是专业审批、技术审批、论证审批。主要从职业调查、职业和岗位分析、技能项目设置，以及课程知识与技术组合来看，是否达到各级人才所应具备的技术和能力，所培养的职业精神和职业道德规范。同一专业，不同职业院校可能人才标准不同，质量差异较大。人才培养的质量就是专业设置与人才质量竞争的核心。

在人才培养目标背景下，职业教育专业设置应考虑的基本原则有以下几条。

第一，职业教育的专业有大、中、小专业之分。这是因为行业概念具有大中小属性。如纺织行业，是“大”行业，纺织行业就是“大专业”。服装行业是“中”行业，服装制作行业就是“中专业”。家纺裁缝就是“小专业”。第二，多个行业中有共同的技术岗位。如会计专业，是典型的多行业的共同管理技术。第三，大、中专业开发，结合当地实际需要，就有可能是特色专业。如农牧专业，可开发的分支专业就有：奶制品、牛养殖、羊养殖、谷物生产、羊和羊毛等。社区服务专业，可开发的分支专业有：金融咨询、老年护理、儿童服务、社区工作、残疾人工作、青年工作等。管理专业可开发的分支专业有：办公室管理、办公室管理主管、医疗办公管理、保健办公管理、本土小企业管理、小商行行政管理、小商务管理、商务行政管理等。第四，需要多学科知识支撑的多技能专业，可渗透到多行业，开发新型专业。如计算机技术是个发展迅猛的行业，但它已渗透到所有的行业中，已不是一个完全独立的行业了。如德国就设置了多个与计算机信息技术相关的专业。如：机械工程应用信息学、电子工程和信息技术、商务信息学、商务管理和计算机科学、医学文档计算机科学等专业。民族地区则可以设置少数民族传统体育技能的相关专业，如民族传统体育——马术、摔跤、射箭、珍珠球等专业。第五，社会大量存在多技能复合型行业，专业也应按行业交叉、学科交叉、技能复合设置专业。如企业管理和汽车营销就是典型的复合专业，它既有工科知识又有文科知识。从这一点看，高中分文理科教学模式不适合职业教育的需要。我国教育对复合型专业研究尚没有起步，在一定程度上阻碍了专业研究的视野，也制约毕业生的就业。教育研究开发复合型专业必将开辟一片新天地。民族地区则可以设置少数民族传统医学、医药工程专业，例如藏医学、蒙医学等专业。加强少数民族传统医药野生资源保护区、药材规范化种植基地（GAP）、医药研发基地和医药推广培训中心建设，势在必行。第六，行业垄断和地区特有职业最易开发出特色专业。行业垄断，是指行业和企业集团主办的职业院校，凭借技术垄断、人才进入门槛和优势实验实习条件，设置行业特点极强的专业，就是特色专业。民族地区特有职业是指针对本地区传统行业、地区特有产业开发出的专业，如牧区的牛羊养殖、兽医与防疫、草场种植等；高寒、石漠、沙化地区的高寒、石漠、沙漠治理，高寒、石漠、沙化土地种植等；民族地区特有的服装、饰品、用品生产与制作等。民族旅游区分布很广，如甘肃省的敦煌、夏河、麦积山；广西壮族自治区的漓江、百色；贵州省的遵义、黄果树瀑布；云南省的元阳“千亩梯田”、腾冲的“湿地”等，几乎遍布民族地区，则可设置导游专业。在边关广西的友谊关、云南的河口等边境县可设置边贸专业、翻译专业。在民族旅游区还可以设置探险野营专业等等。第七，行业综合创新专业。从社会同类和相关的单一职业和单一岗位，重组出新的组群，这种职业组群可称为“教育职业”。如民族地区大量种植粮食作物和蔬菜、水果、油料作物，就可以设“现代种植技术专业”“亚热带种植技术专业”。也可以将果树栽培专业单独设置，如新疆的库尔勒梨、白兰瓜、哈密瓜、奶葡萄，云南的木瓜、菠萝享有盛名，可以分别设“西北果树栽培技术专业”“亚热带果树栽培技术专业”。还有家禽、家畜，野生、外国特种物种繁养，可设“现代养殖技术专业”。民族地区有一些独特的药材，可以设“少数民族传统药品工程技术”专业。因此大力发展少数民族传统医药资源人工种植养殖业，建立若干少数民族传统医药资源人工种植养殖培训基地，应有具体举措。若能在专业标准上设置开发出特有技术与能力，就是专业特色。民族地区职业教育的专业设置，应紧紧围绕地区经济的支柱产业和传统医药、文化旅游、文体艺术及能源、矿产、农牧、植被，传统手工艺保护和传承等进行，大力培养少数民族传统手工艺人才。

青海省职业教育专业设置的误区及存在的主要问题。①

1. 职业教育专业设置存在较强的盲目性和功利性

多数职教院校尚未从传统的招生观念中解脱出来，过分追求功利性，缺乏对人才市场的分析和预测，盲目迎合社会上学生及家长对未来就业舒适性追求的心理，不惜违背教育规律，盲目设置“热门”专业。部分院校在短期

---

① 康运华《对青海省省职业教育专业设置的思考》，《民族教育研究》2004年第4期。

主义和功利思想的驱使下，甚至不顾师资、实验室等起码办学条件，盲目设置专业，使教育质量日趋下降，使社会对职业教育的反响和偏见加大。

2. 专业设置过滥、变化过频，缺乏相对稳定的重点骨干专业

教育历来是一项复杂的系统工程，尤其是职业教育可以说是一项高投入、高成本而见效慢、收益低的功益性产业。开设什么样的专业必须具备与之相适应的教学条件，包括师资队伍、实验仪器、仪表、训练基础等等，这是开展职业教育最起码遵从的原则。但青海省现有职教院校缺乏专业设置的整体规划，存在不顾教学条件滥设专业现象。大多学校几乎年年换专业，少数学校可以说是没有不能办的专业，没有不能开的课程。甚至个别学校对原本已有相当基础的一些重点专业也缺乏投入，置之一边，丢了西瓜去捡芝麻。除少数一些院校外，多数学校缺乏相对稳定的重点骨干专业，为学校生存发展埋下了隐患。

3. 缺乏对中职和高职专业设置上的宏观匹配

目前，青海省职教院校中职专业设置相对过多、过剩，而高等职业教育专业设置则严重不足，造成中、高职教育专业设置上的不衔接，造成中职毕业生的再培训和再教育困难，这也是造成目前中职学校生源大幅下降的主要原因之一。

4. 专业设置的定位标准及设置层次欠规范和明确

青海省职业教育目前尚缺乏一整套专业设置建设的规范化标准，尤其是重点专业的建设标准，这也是专业设置不规范，重点专业建设缺乏支持的重要原因之一。同时，在一些非重点专业的设置上，又存在设置目录的过多限制，造成办学单位缺乏自主性。

（二）西部地区民族中等职业学校的课程设置

要真正能够培养出高素质的技能创新型人才，必须在课程层面进行资源整合，保证课程内容适合企业发展的实际需要。传统的课程设置模式主要是“文化基础课+专业基础课+实习”的学科课程设置，学生接触生产实际很少，课程内容是技术知识系统化的，而不是工作过程系统化的。在这样的课程设置模式下，学生不能形成解决问题的实际能力，进入工作领域后将会很难适应工作需求。

2002年，国务院颁布了《关于大力推进职业教育改革与发展的决定》，为中国的职业教育体系改革指明了整体方向。其中明确指出：职业学校与职

业培训机构应适应经济结构调整、技术进步以及劳动力市场变化。这包括及时调整专业设置，积极发展面向新兴产业与现代服务业的专业，增强专业适应性，努力办出特色。要大力加强技术工人尤其是高级技术工人和技师的培养和培训。积极推进课程和教材改革，开发和编写反映新知识、新技术、新工艺和新方法、具有职业教育特色的课程与教材。加强职业学校与企业、行业等用人单位的联系，建立职业学校与劳动力市场密切联系的机制。

当前，在西部地区中职学校课程改革过程中存在以下挑战。一是整体上缺少与时俱进、以行业为导向、以职业能力为基础的职业标准，似乎已经阻碍了各个学校的整体培训课程的安排。更新现有标准与制定统一能力认证标准，对于减少各职业学校课程设置改革成本，提升其改革成本与改革速度来说已迫在眉睫。二是没有行业的充分参与，学校就没有足够的专业知识开新课。为达到理实一体化教学设计的效果，首先，校内外实训基地的规模需能够保证；其次，实训场所与理论课堂要融为一体；最后，实习组织应采用企业的生产组织形式，让学生能达到在实际情境中训练的效果。三是结合我国西部民族地区的实际情况，课程改革可结合地区经济文化类型进行。

1. 采集渔猎型。居住在原始森林和植被山区的鄂温克、瑶等民族属于此类型，他们主要从事狩猎、采集、驯养、栽培野生动植物等较原始的生产活动。其职业教育应开设种植、饲养、加工业、手工编织等课程，使学生充分重视、利用与保护生态资源。

2. 畜牧型。分布在高原、草原和荒漠地区的藏、蒙古、哈萨克等民族，主要从事草原畜牧业和半农半牧的经济活动。该类型生产的单位面积产量低，靠天游牧经营，处于自然和半自然经济状态。因此，其职业教育应突出兽医、畜产品加工、草地改良、饲料加工与贮藏等课程。这样既能推广实用技术，促进社会分工，又能使青少年树立商品经济观念。

3. 农耕型。属于这一类型的主要有壮、侗、白、傣等民族，他们大多处于生态环境较好的坝区、川区和平原，从事灌溉农业，主要种植稻米和亚热带经济作物。因此，其职业教育应突出作物栽培、选育、深加工技术、乡镇企业、亚热带资源开发等方面的课程，以改变其长期以来形成的小农经济意识和单一的产业结构。

4. 商业型。回族、维吾尔族、东乡族等民族大多生活在干旱地区和沙漠绿洲及市镇。他们既从事商业，也兼营种植、手工业、劳务输出等，但仍是没有形成一定的规模产品经济，发展后劲不足。因此，其职业教育要开设有关食品加工、饮食、轻纺、商业经营、企业管理、经济作物栽培等方面的课程。

显然，这种立足于民族经济文化类型的课程具有充分的适应性。它根据民族经济结构和生产力水平，融入了现代科技内容，结合了民族文化传统，因而能有效地促进民族经济的发展。

例如，广西金秀瑶族自治县三角中心校1991年被国家教委（现教育部）定为综合改革试验学校后，多年来紧紧围绕振兴民族经济、发展民族教育这一中心，深化教育改革，在改革中结合山区实际，开设职业技术课。学校开设的技术课有灵香草、甜茶、绞股蓝、八角等的栽培技术，猪、牛、鸭、山羊等的饲养技术，民族刺绣技术。这些课题的开设都是根据山区的资源优势，迎合群众经济生产需要的，因而非常受欢迎。

五、西部地区民族中等职业学校的教师素质要求

根据《中国教育改革和发展纲要》及《全国教育事业“九五”计划和2010年发展规划》，到2010年，全国中等职业学校在校生数量要达到2100万人左右。要实现这个计划，关键在于建设一支与之相适应的教师队伍。然而，目前我国中等职业教育教师队伍的现状与中等职业教育面向21世纪改革和发展的需要还不适应，存在较多问题，突出的有以下几个方面。

第一，专业课和实习课教师数量不足。第二，现有教师学历达标率较低，特别是职业高中和技工学校。据1996年统计，职业高中的专任教师中具有大学本科及以上学历者只占31%，技工学校为37.4%。第三，大部分青年教师缺乏专业实践经验和必要的专业技能以及职业教育教学理论。第四，教师队伍的结构不合理，除专业结构和年龄结构外，兼职教师占的比例较小。第五，缺少骨干教师和专业带头人。

建立一支数量足够、素质优良、结构合理、相对稳定的职业教育教师队伍，是实现职业教育发展和改革的目标，是使职业教育的规模和质量适应社会主义现代化建设需要的根本保证。

为贯彻党的十八大关于加快发展现代职业教育的重大部署，落实教育规划纲要和《国务院关于加强教师队伍建设的意见》（国发〔2012〕41号）精神，构建教师队伍建设标准体系，建设高素质“双师型”中等职业学校教师队伍，教育部制定了《中等职业学校教师专业标准（试行）》。中等职业学校教师是履行中等职业学校教育教学工作职责的专业人员，要经过系统的培养与培训，具有良好的职业道德，掌握系统的专业知识和专业技能，专业课教师和实习指导教师要具有企事业单位工作经历或实践经验并达到一定的职业技能水平。《专业标准》是国家对合格中等职业学校教师专业素质的基本要求，是中等职业学校教师开展教育教学活动的基本规范，是引领中等职业学校教师专业发展的基本准则，是中等职业学校教师培养、准入、培训、考核等工作的基本依据。

表6-3　《中等职业学校教师专业标准（试行）》基本内容①

维度	领域	基本要求
专业理念与师德	（一）职业理解与认识	1. 贯彻党和国家教育方针政策，遵守教育法律法规。 2. 理解职业教育工作的意义，把立德树人作为职业教育的根本任务。 3. 认同中等职业学校教师的专业性和独特性，注重自身专业发展。 4. 注重团队合作，积极开展协作与交流。
	（二）对学生的态度与行为	5. 关爱学生，重视学生身心健康发展，保护学生人身与生命安全。 6. 尊重学生，维护学生合法权益，平等对待每一个学生，采用正确的方式方法引导和教育学生。 7. 信任学生，积极创造条件，促进学生的自主发展。
专业理念与师德	（三）教育教学态度与行为	8. 树立育人为本、德育为先、能力为重的理念，将学生的知识学习、技能训练与品德养成相结合，重视学生的全面发展。 9. 遵循职业教育规律、技术技能人才成长规律和学生身心发展规律，促进学生职业能力的形成。 10. 营造勇于探索、积极实践、敢于创新的氛围，培养学生的动手能力、人文素养、规范意识和创新意识。 11. 引导学生自主学习、自强自立，养成良好的学习习惯和职业习惯。

① 《教育部关于印发〈中等职业学校教师专业标准（试行）〉的通知》，中华人民共和国教育部，http：//www. moe. edu. cn/publicfiles/business/htmlfiles/moe/s6991/201309/xxgk_ 157939. html。

维度	领域	基本要求
专业理念与师德	（四）个人修养与行为	12．富有爱心、责任心，具有让每一个学生都能成为有用之才的坚定信念。 13．坚持实践导向，身体力行，做中教，做中学。 14．善于自我调节，保持平和心态。 15．乐观向上、细心耐心，有亲和力。 16．衣着整洁得体，语言规范健康，举止文明礼貌。
专业知识	（五）教育知识	17．熟悉技术技能人才成长规律，掌握学生身心发展规律与特点。 18．了解学生思想品德和职业道德形成的过程及其教育方法。 19．了解学生不同教育阶段以及从学校到工作岗位过渡阶段的心理特点和学习特点，并掌握相关教育方法。 20．了解学生集体活动特点和组织管理方式。
	（六）职业背景知识	21．了解所在区域经济发展情况、相关行业现状趋势与人才需求、世界技术技能前沿水平等基本情况。 22．了解所教专业与相关职业的关系。 23．掌握所教专业涉及的职业资格及其标准。 24．了解学校毕业生对口单位的用人标准、岗位职责等情况。 25．掌握所教专业的知识体系和基本规律。
	（七）课程教学知识	26．熟悉所教课程在专业人才培养中的地位和作用。 27．掌握所教课程的理论体系、实践体系及课程标准。 28．掌握学生专业学习认知特点和技术技能形成的过程及特点。 29．掌握所教课程的教学方法与策略。
专业知识	（八）通识性知识	30．具有相应的自然科学和人文社会科学知识。 31．了解中国经济、社会及教育发展的基本情况。 32．具有一定的艺术欣赏与表现知识。 33．具有适应教育现代化的信息技术知识。
专业能力	（九）教学设计	34．根据培养目标设计教学目标和教学计划。 35．基于职业岗位工作过程设计教学过程和教学情境。 36．引导和帮助学生设计个性化的学习计划。 37．参与校本课程开发。

维度	领域	基本要求
专业能力	（十）教学实施	38．营造良好的学习环境与氛围，培养学生的职业兴趣、学习兴趣和自信心。 39．运用讲练结合、工学结合等多种理论与实践相结合的方式方法，有效实施教学。 40．指导学生主动学习和技术技能训练，有效调控教学过程。 41．应用现代教育技术手段实施教学。
	（十一）实训实习组织	42．掌握组织学生进行校内外实训实习的方法，安排好实训实习计划，保证实训实习效果。 43．具有与实训实习单位沟通合作的能力，全程参与实训实习。 44．熟悉有关法律和规章制度，保护学生的人身安全，维护学生的合法权益。
	（十二）班级管理与教育活动	45．结合课程教学并根据学生思想品德和职业道德形成的特点开展育人和德育活动。 46．发挥共青团和各类学生组织自我教育、管理与服务作用，开展有益于学生身心健康的教育活动。 47．为学生提供必要的职业生涯规划、就业创业指导。 48．为学生提供学习和生活方面的心理疏导。 49．妥善应对突发事件。
	（十三）教育教学评价	50．运用多元评价方法，结合技术技能人才培养规律，多视角、全过程评价学生发展。 51．引导学生进行自我评价和相互评价。 52．开展自我评价、相互评价与学生对教师评价，及时调整和改进教育教学工作。
	（十四）沟通与合作	53．了解学生，平等地与学生进行沟通交流，建立良好的师生关系。 54．与同事合作交流，分享经验和资源，共同发展。 55．与家长进行沟通合作，共同促进学生发展。 56．配合和推动学校与企业、社区建立合作互助的关系，促进校企合作，提供社会服务。

维度	领域	基本要求
专业能力	（十五）教学研究与专业发展	57. 主动收集分析毕业生就业信息和行业企业用人需求等相关信息，不断反思和改进教育教学工作。 58. 针对教育教学工作中的现实需要与问题，进行探索和研究。 59. 参加校本教学研究和教学改革。 60. 结合行业企业需求和专业发展需要，制定个人专业发展规划，通过参加专业培训和企业实践等多种途径，不断提高自身专业素质。

六、西部地区民族中等职业学校的教育质量管理

职业教育在西部各地区发展的不平衡现状和特殊性归因于不同地区的经济、民族宗教差异对职业教育和职教管理的影响。职业教育是培养劳动者素质的教育，而劳动者素质是经济发展的必要条件。发展经济学将劳动力分为两种，非技术性体力劳动和技术性智力劳动。而技术性的智力劳动体现了人力资本的作用，经过教育形成的劳动者的知识和技术存量的增长越来越成为现代经济增长的重要源泉。这是世界经济发展所需要的人力资源的市场需求信息，也是职业教育迎来的机遇和挑战。同时，国际著名管理学家彼得·德鲁克认为现代社会经济和社区的中心既不是技术也不是信息，更不是生产力，而是管理完善的组织。这个组织是生产成效的社会工具。同时，管理是帮助组织生产成效的特殊工具、特殊功能和特殊手段。由此可见职业教育和职业教育管理在国民经济发展中的地位十分重要。但由于西部民族职业教育发展的不平衡性、职业教育管理模式滞后，在很大程度上制约和影响着西部地区教育的整体发展水平和质量①。

例如，广西壮族自治区金秀县是全国第一个瑶族自治县（1952 年 5 月 28 日，经中央人民政府批准，大瑶山瑶族自治区成立。1966 年，改称金秀瑶族自治县）。该县属“老、少、边”的贫困县，根据这一特殊情况，教育也结合当地实际，走出了一条符合山区民族教育之路，全面渗透职业教育。金秀县中等职业技术学校②坐落在美丽的大瑶山西麓，桐木镇的东南面，是一所公立

① 吴晓亮《对民族职业教育资源整合的思考》,《中国职业技术教育》2009 年第 33 期。

② http：//www. gx. xinhuanet. com/gxzj/school/lb01/index. htm。

职业中专学校。现有南北两个校园，校园总面积70亩。有教学综合楼3栋，公寓式学生宿舍楼4栋。校园优美、整洁。学校各专业师资力量雄厚，教学设备先进，建有网络信息中心、多媒体制作中心、多媒体计算机室6个；数控实训室、钳工室、焊工实训室、电子电工基础实训室、电工考核实训室、多功能家电实训室、电子装配室、制冷和空调原理实训室、中央空调实训室、汽车空调实训室、智能电气仿真综合实训室、双控透明教学实训电梯、机床电气培训考核鉴定装置室、电子CAD计算机室、彩色电视机实训室等21个实训室，教学设备价值达400多万元。2006年该校已定为自治区“电子技术应用”专业实训基地。

通常，衡量一个地区或一所学校中等职业教育质量的根本标准主要有两条：其一是为经济社会发展所做的贡献，其二是所培养技能型人才的质量。根据上述两条根本标准，如果从教育内部评价的视角考虑质量问题，现阶段中等职业学校发展应重点关注以下几个方面。

一是专业建设和课程开发。专业建设包括专业设置、专业实施和专业考核。专业设置是专业建设的关键，需要了解社会和市场对相应专业的人才需求情况，学生、家长对其认可度，以及专业设置所必需的软、硬件配备条件等。专业实施是专业建设的重点，需把握专业教学目标与实际教学文件的吻合度，教学大纲与教学计划的匹配度，课程设置与专业要求的适合度，以及重点专业的资金投入与建设等情况。专业考核是专业建设的结果，是专业建设可持续发展的重要保证，应结合用人单位对毕业生的专业水平评价、政府主管部门和学校师生对该专业的评价等进行。而课程和教材是把专业知识传授给学生的桥梁和纽带，一所好的中等职业学校必须具备完整的课程计划和教学大纲，统编教材与自编教材有机统一。

二是要重视教学过程。首先要把握好“进口”与“出口”关。通过对招生规模数量、与同类学校生源的比较、与历届生源的比较和对学习困难学生情况等的监控，切实掌握每届生源情况，把好“进口”关。相应地，通过对学生获证获奖情况、毕业和就业情况等的监控，严把“出口”关。其次是要规范和严格执行教学管理制度，重点要关注学生学习及教师授课情况等。

三是要加强师资队伍建设。教师是培养学生的主体，承担着“传道、授业、解惑”的重任。从某种意义上讲，师资队伍的整体素养决定着一所学校的教育教学质量和所培养学生的综合素质。师资队伍建设分骨干教师流动、专兼职教师配置、师资培训和师资奖惩等部分，要重视骨干教师流入和流出的情况，掌握专职教师学历、职称、年龄等情况。时下尤其要关注来自行业企业兼职教师的数量、比例、技能等级和教学实际成效等情况。另外，还应重视师资培训经费投入、获证率、岗位异动，以及师资校外获奖、获证、教学事故发生率等情况。

四是要注重设备条件和环境建设，做到“软”“硬”兼施，这也是体现中等职业教育质量水平和实力的重要基础。对学校而言，除必要的学生人均占有教学资源量、教学及辅助用房、各专业校内实验实训条件，以及各专业校外实训基地的建立与使用外，还应强化各种环境的“软”建设，包括校园文化建设、德育建设等。

五是要积极争取经费来源。质量与钱没有必然的联系，但没钱建设，质量就无从谈起。要与上级主管部门积极沟通和协调，把握财政拨款年度增长情况，并积极争取专项经费。另外，还要积极开拓市场，争取社会、企业、团体和个人等的资助。只有广开“财”路，开源节流，才能为提高办学质量奠定良好的经济基础。

六是要凸显办学特色，这也是提升质量的重要方面。近年来，无论从办学理念、专业设置还是队伍建设和学生培养等各个环节，教育部和地方教育部门都非常注重学校的办学特色。如国家中等职业学校示范校建设除规定的基本要求外，就非常看重学校的个性发展和特色。中等职业学校只有做到“人无我有，人有我优”，方能体现自身特点，从而在激烈的市场竞争中立于不败之地。

最后，中等职业教育的质量的发展还需要外部专业环境的支持与援助，政府搭台、舆论支持、社会家庭和行业企业的鼎力相助，是提高中等职业教育质量的重要外部因素。只有内外合一，齐心协力，方能真正推动中等职业教育向前发展，提高质量才能真正得以保障和实现[①]。

第三节　西部地区民族高等职业院校教育的可持续发展

随着“普九”进程的加快和“普高热”的继续升温，西部地区劳动者的

① 陈嵩《谈谈中等职业教育的质量建设》，《江苏教育》2013 年第 12 期。

科学文化水平和素质也会连动提高，最缺乏和迫切需要的是他们良好的劳动素质和职业道德素质。职业教育是我国现行各类教育中培养技术和技能应用型人才、提高广大劳动者劳动素质与职业教育道德素质的主要渠道，是科技成果转化为现实生产力的桥梁。因此，积极寻求、拓宽职业教育为西部大开发服务的领域，培养大开发所需要的各类技术、技能人才和高素质劳动者，才是为促进西部地区经济、社会全面发展找到了动力。西部地区为大力发展职业教育提供了较为充足的生源。西部地区高中以上教育入学率远远低于东部地区，绝大多数初、高中毕业生在劳动预备制度及其就业准入控制的规范下，必然选择职业教育，这是未来社会不以人的意志为转移的现实。根据国务院转发人社部、教育部、人事部、国家计委、国家工商局等六部门《关于积极推进劳动预备制度，加快提高劳动者素质的意见》，全国城乡要普遍推行劳动预备制度，并严格实行就业准入控制，对所有新生劳动力进行一至三年的职业培训和职业教育。未经必要的职业教育或职业培训的，一律不得就业。所以，西部普通教育的培养能力和国家的劳动就业制度，为西部大开发中大力发展职业教育提供了较为充足的生源。创造了追求规模、效益的条件。

一、西部地区民族高等职业院校的培养目标与专业设置

新时期高等职业教育培养目标的完整表述①：高等职业教育是建立在高中阶段教育基础之上实施的具有高等教育属性的职业与技术教育，培养适应生产经营与服务第一线需要的、适应国际竞争需要的、适应终身发展需要的、德智体美全面发展的技术应用型人才和高技能型人才。普通高等教育在设计专业培养目标时，其专业素质规格要求往往是从学科要求角度出发的，提出掌握这门学科知识所应具有的能力和素质；而高等职业教育的专业培养目标在提出素质规格要求时，一般是从职业岗位分析出发的，从岗位能力要求中分析出培养目标的要求②。

高等职业教育结构是由经济结构和产业结构决定的，而培养目标则是由社会需求的人才类型、人才层次决定的。由此，高等职业教育的培养目标涵盖了四个方面：必须明确培养德智体美等方面全面发展的社会主义建设者和接班人，这是高等职业教育人才培养之防线；必须明确高等职业教育人才培

① 王明伦著《高等职业教育发展论》，教育科学出版社 2004 年版。

② 刘春生、徐长发著《职业教育学》，教育科学出版社 2002 年版。

养的特征与规格，要特别强调高等职业教育人才是一种人才类型，不是人才层次；要明确高等职业教育人才面向的职业岗位群；要明确职业岗位所要求的专业知识结构与职业素质结构。高等职业教育要侧重于学生转化能力的培养，即把成熟的技术和管理规范“转化”为现实生产和服务，把工程师的设计方案“转化”为有形产品。这种人才的特点是在生产第一线和农村从事技术转化工作和创业实践，是既有一定的专业理论知识，又有操作、调适、维修技术含量较高的现代设备的能力，手脑并用、理论与实践紧密结合的复合型技术型人才①。

在开设专业上，西部地区绝大多数职业技术院校开设的专业单一、类同，缺乏为地方经济服务的特色，缺乏应用的活力和吸引力。西部大开发为西部地区职业技术教育的发展提供了广阔的空间和巨大的推动力量，带来前所未有的历史机遇。职业教育专业设置必须与西部大开发产业结构相适应。

1. 开设林果、畜牧及相关的专业

根据国家退耕还林还草的总体规划，西部地区退耕还林还草面积大、任务重。据统计：西部地区现有耕地1141万公顷，其中70%～90%是坡地，67.8%的土地十分贫瘠、单产很低。要把这么大面积的坡耕地退耕还林还草，发展林果、畜牧业，这方面的人才需求量很大，而西部地区现有的这方面的人才储备远远不够。比如西部地区现有林业专门人才仅11万人，每公顷造林面积仅有47名林业专门人才，而东部地区为159名。这类专业通常包括林果栽培、养殖、毛纺、手工编织、皮革加工等专业，培养这方面的实用人才。

2. 大力发展旅游专业

西部地区旅游资源极为丰富。如兵马俑、莫高窟、峨眉山、九寨沟等大量的历史遗存和丰富多彩的文化资源与自然风景，还有特色鲜明的少数民族文化艺术、宗教艺术等等。随着西部大开发，旅游业将成为西部支柱产业之一，旅游服务方面人才的需求将会越来越大。因此旅游服务专业的发展前景看好。这类专业通常包括导游、宾馆服务、民族工艺品加工制作、古代建筑保护等专业。

3. 开设国际商贸等专业

根据大力发展乡镇企业和非公有制经济，积极扶持民营企业的发展思路，

---

① 王明伦著《高等职业教育发展论》，教育科学出版社2004年版。

可开设国际贸易、商贸外语、经济、工艺美术、电算财会、市场营销、企业管理等专业。还可开办民营企业厂长、经理、市场营销、法律、法规短期培训班。随着我国加入 WTO，加之西部地区与周边国家接壤的区位优势，将可大有作为。

二、西部地区民族高等职业院校的办学体制

完善职业教育体系，培养各层次应用型人才和高素质劳动者，促进西部大开发。要把握特性，积极举办高等职业教育，培养技术型人才。高等职业教育在我国刚刚开始，在西部地区准确来说还处在萌芽状态，是新生事物中的新生事物。因此，要努力创造条件，新办高职院校，积极发展高等职业教育。要充分利用现有普通高校、成人高校和部分办学水平较高的国家重点中等职业学校的力量，不断扩大高职招生，形成以高职院校为主体，普通高校、成人高校为辅助，国家重点中等职业学校高职班为补充的高等职业教育基本框架。要认真吸取中等职业教育长时间不能摆脱传统教育办学模式，导致办学吸引力不强的教训，跳出普通高校“通才”教育和中等职业学校技能教育的框框。把握高等职业教育定向性、面向地方性、办学的开放性、培养目标的技术性等特点，用全新的观念设置专业，确定培养规格、目标和教学内容及教学方法，建设师资队伍，办出高职特色，为西部大开发培养文化基础高、技术含量高、综合素质高、创新意识和能力强的技术人才。

在办学思路上要有新的突破。职业教育工作者，要根据西部大开发的战略部署，紧密联系西部地区的实际，积极运用市场机制，突破职业技术教育旧的办学思路。过去，西部的职业技术学校绝大多数是由普通中小学改头换面而来的。办学思路属于典型的计划经济体制的思路。这种思路很难培养出适应市场经济发展需要的各级各类实用型人才，不能很好地实现为当地经济、社会发展培养实用人才的办学宗旨。因此缺乏应有的活力、吸引力和竞争力。从而导致了生源缺乏、生源素质差、就业率低下等种种问题和困难。尤其是普通高校扩大招生后，职业技术教育的处境就更为艰难。党中央、国务院提出的西部大开发战略，为西部地区职业技术教育的发展带来了新的发展机遇。

例如，在办学体制上可以尝试由政府统包的办法改为政府积极引导、扶持，由社会力量办学。在校园建设和后勤管理上可以借鉴东南沿海发达地区“谁投资、谁受益”的经验和做法，积极引导和动员一些有识之士积极投资参与办学。这样一方面可以缓解政府财政紧张的局面；另一方面也调动了社会力量办学的积极性和责任心。在办学模式上，可以采用校企结合的发展模式，积极借鉴东部发达地区依托专业办产业、办好产业促专业的成功经验，把职业技术学校真正办成集人才培养、科技开发、科技培训、信息服务于一身，融农、林、牧、渔于一体的综合的社会服务机构。

三、西部地区民族高等职业院校的课程设置

课程设置一般指的是各级各类学校开设的教学科目和各科的教学时数。高等教育课程设置是高等职业教育培养技术应用型人才和高技能型人才的总体规划。它把达到培养目标所要求的教学科目及其目的、内容、进度和实现方式等在总体规划中全部展现出来[①]。高等职业教育课程设置主要有以下两类。按照知识结构设置课程，加强基础理论，突出核心课程。这类课程可以更全面地提高学生的素质，尤其是有助于培养创造性、思想品德、敬业精神等人力资源的重要方面。对于民族学生来说，普通文化课程将有助于他们理解和接受更具普遍意义的现代文明，尤其是民主政治、市场经济、多元文化等观念。按技能结构设置课程，着重加强学生的自学、创新、实践等方面的能力。这类课程可以使学生深刻理解现代科技原理，从而扩大专业适应面，并适应民族地区经济日益改革和发展而造成的产业结构变化。两类课程结构相互协调发展。

（一）西部地区的职业技术教育普遍存在重理论、轻技能的现象

在课程设置上大而全，没有突出技能的培训。其结果是培养出来的学生实际操作技能差，不能很好地满足社会、经济发展的特殊要求。因此，高等职业教育课程设置改革应遵循质量为本、立足效益，促进发展的基本原则。质量为本指的是要按照知识、能力、素质这条运作主线，提高学生的全面素质为根本，培养学生的创新精神和实践能力。立足效益指的是要优化课程设置，形成适应并服务于技术应用型人才和高技能型人才培养的课程设置模式。课程内容设置要实用，要及时更新，以适应社会发展与变革的趋势。促进发展指的是课程设置要主动适应市场需求，以终身教育为目标，让学生具有生存、生活的基本能力。

---

① 王明伦著《高等职业教育发展论》，教育科学出版社2004年版。

（二）西部高等职业院校应依据区域经济特点与环境设置课程

以就业创业为导向设置专业和课程，以满足少数民族区域职业教育的需求①。

在民族聚集相对集中的地区（县）设立综合性的职业教育中心，开展多层次、多形式、多种类的职业教育，把职业教育中心建设成为民族地区职业技术和民族特色教育教学的综合性多功能教育园区。在教育层次上，中职与高职融合；在教育形式上，学历教育与培训相结合；在课程设置上，兼容时代性、区域性、行业性与民族性；在功能上，兼具正式教育场所与非正式民众学习社区。要着力增强职业教育中心的文化辐射功能与社会服务能力，坚持社会效益、经济效益和公益性并重。

在民族聚集区域外，可以在一些中职或高职院校设立民族教育班或民族特色专业。民族教育班专门对口招收民族学生；民族特色专业采取开放式招生，但应对民族学生有所偏重。在民族班招生专业方面，专业范围是广泛的，比如现代应用电子技术、数控技术、物流技术、食品加工技术、现代种植与养殖技术、园艺等。职业院校所有专业都可尝试特设民族班，目的在于继承和发扬民族特色，使更多的人了解喜爱民族特色，从事民族特色的有关活动。

各民族有着丰富独特的文化艺术和工艺，我们应该好好地保护它们，把它们发扬光大。但在社会发展形态转型和巨变过程中，因没有得到足够的重视，有些已开始逐渐衰落，甚至有消失的危险。对于这些丰富独特的民族宝藏应该如何继承发扬光大，是我们不得不面对的一项挑战。民族文化艺术特色的历史传承有一个显著特点，即往往是通过家族传承、师徒传承、父子传承的形式进行。可以尝试在职业教育中心聘请民族艺术文化工艺等方面的能人招收学徒，也可以资助能人们自发的学徒培养，助力民间艺人。

劳动力转移培训是一项教育富民工程，是我国工业现代化新农村建设和城市化进程发展的产物。要发动各种社会力量举办技术文化培训，积极引导民族地区农村富余劳动力参加劳动力转移培训。这对于改善民族地区经济、人文社会环境有重要意义。培训应超脱于技术培训的藩篱，劳动者在培训之

---

① 禄长春《少数民族职业教育发展：价值课程与模式》，《吉林省教育学院学报》2013 年第 11 期。

后往往要远离家乡到远方的城市工作，对于劳动者本人甚至家庭而言，这都意味着另一种新生活形态的开始。

价值实现的载体专业或课程是教育媒介的核心，是追索民族职业教育价值的桥梁、手段和载体，内核是学习的内容。少数民族地区职业教育价值上的多元性，规定了其专业或课程设置的宏观框架具有多元性和复杂性特点。课程设置总体分为三类：现代人文素质课程、专业技术课程、民族文化艺术课程。现代人文素质课程宜采取灵活的方式，但要求学生修读规定学分，使（少数民族）学生增进自身素养及现代社会认识理智和活动能力，促进民族理解传统社会与社会现代化的差异，在社会发展及形态转型中找准自身位置，有秩序地融于现代社会和全球化的环境。专业技术课程设置应具有适应性，遵循效益最大化原则，要依据地方经济特点、类型、劳动市场人才需求趋向及民众教育需求设置及调整相应专业，实现专业及课程效益的最大化。在课程驱动上采取需求驱动为主，供给驱动为辅的方式。

一是重点采取需求调查，在充分调查区域经济的现状发展趋势，做好专业需求预测与评估以及了解民众教育需求类型的基础上开设专业，设置课程。比如，西藏旅游业的大发展，凸显了旅游市场人才供求矛盾，西藏职业教育部门普遍进行了旅游服务、民族绘画、民族传统手工艺等相关专业人才培养。二是采取评价反馈式，预先根据以往的办学经验和对市场的预测，规划专业设置及课程开设，再征求反馈意见，从而决定专业及课程的设置与调整。在办学基础较好，有一定办学经验的职业院校可专门开设民族文化专业教育，培养专门人才。比如我国少数民族区域有很多古建筑由于得不到有效保护而逐渐残败颓废，而懂得民族建筑的工匠们已日渐稀少，难以对古建筑进行较好的保护修葺，对此，可以设立民族建筑保护和修建工艺专业。以民族特色专业联动民族特色经济和行业，亦要有百年大计经济效益的超脱，对于那些不具经济效益的专业应胸怀历史责任去发展。此外，开设单列课程，比如傣族舞或者羌笛等，使广大学生能学习其中一项或几项民族艺术文化和工艺[①]。

四、西部地区民族高等职业院校的人才培养模式

高等职业教育人才培养模式，主要指的是在高等教育发展过程中具有特

---

① 周媛祚《关于民族职业教育教学方法的几点思考》，《农业科技与信息》2008 年第 24 期。

定要求的人才培养程序、方式和结构；是在先进的教育思想指导下，为接受高等职业教育的学生创建一个符合知识结构、综合能力结构和人格素质结构均衡发展的教育平台。高等职业教育人才培养模式主要回答“怎样培养人才”的问题。高等职业教育课程是指高等职业教育课堂教学、实践训练以及学生自学活动的内容纲要和目标体系，是教师教学工作和学生学习活动的总规划体①。

（一）素质教育：高等职业教育人才培养模式构建的价值取向

对于高等职业学校而言，培养具有创新意识和创新能力的技术应用型人才，是顺应社会发展与变革的根本任务。

（二）拓宽专业：高等职业教育人才培养模式的改革方向

高等职业教育必须根据人才培养目标的要求，结合区域经济发展优势，在拓宽专业口径上多做研究，延伸专业内涵，改革传统专业，扩大专业服务范围。2004 年《普通高等学校高职高专教育指导性目录（试行）》（教育部）中分设了 19 个大类，78 个二级类，共 532 个专业，这对推动高等职业教育专业结构的调整，指导招生和就业改革工作具有较大的意义。

（三）整合课程：高等职业教育人才培养模式的核心机制

传统的高等职业教育课程体系强调的是专业对口，追求的是课程结构的相对完整性。当学生运用所学知识去解决实际问题时，往往显得力不从心。在拓宽专业口径改革方向指引下，强化学生综合素质的发展，以学生创造性地进行实际问题解决为原则，创造性地设计高等职业教育的课程体系结构。

（四）产学研结合：高等职业教育人才培养模式的实现路径

产学研结合是高等职业教育的重要特色，是培养学生把理论知识转化为实践能力，提高学生综合素质的有效途径。

当前民族职业教育教学方法存在以下问题②。

我国民族职业教育以教师为主体的教学模式，制约了教学方法的改革。由于我国民族职业教育受普通教育影响，主要采用传递、接受教学模式，教师的职能是传道授业解惑，而其他类型的教学模式都是辅助的，教师是主角，学生是配角，颠倒了现代教育理念中的师生关系。现代职业教育教学方法的

① 王明伦著《高等职业教育发展论》，教育科学出版社 2004 年版。

② 周媛祚《关于民族职业教育教学方法的几点思考》，《农业科技与信息》2008 年第 24 期。

内核是强调学生的中心地位，教师的作用是指挥、引导、协调。职业教育套用普通教育的教学模式，在教学方法改革方面很难出现突破性进展。教学模式不改变，新的教学方法难以实施学科本位的课程与教材体系，制约了民族职业教育的发展。

高等职业院校的教学方法指向特定的课程与教学目标，受特定课程内容所制约。教育的价值观决定课程的设置和教学目标的确定，与此同时也就决定了教学方法的选择。此外，教学内容及教材与教学方法是统一的，方法总是特定教材的方法，教材总是方法化的。我国职业教育课程开发没有完全摆脱学科体系。高等职业教育课程基本是本科课程的压缩，课程改革没有明显的进展，学科体系的课程与教材往往只强调教师的主导作用而忽视学生的主体地位，这在思想观念上就给新教学法的引进带来很大的障碍。从学生的角度来说，在知识结构和学习能力上普遍缺乏对新教学法的适应；从教师的角度来说，实施新教学法需要应付两种不同的课程体系，这确实是一件相当吃力的工作。

对民族职业教育的特殊性认识不够。目前，大多数在职教师没有分析民族学生的学习状况，没有分析民族学生各年龄阶段的心理特征，对于社会环境和家庭环境对民族学生心理发展所起的重要作用认识不够。

五、西部地区民族高等职业院校的教师发展

国家民委、教育部联合发出《关于加快少数民族和民族地区职业教育改革和发展的意见》，指出要加强民族地区职业教育师资队伍和管理干部队伍建设。充分利用国家重点建设的50个职教师资培训基地和部委、地方所属的高等院校或职业技术师范学院，更多地承担为民族地区培训职教师资和管理干部的任务。要制定优惠的政策，吸引和留住更多高水平的教师从事职业教育的教学和管理工作。国家在制定高等教育招生计划时，要安排一定的名额对口招收职业学校毕业生，鼓励优秀高中毕业生定向报考职业技术师范学院。要制定具体措施，吸引更多普通高校的本科毕业生到中等职业学校任教。要实行专兼结合、面向社会公开选聘职教教师的用人制度，把部分科技人员、能工巧匠充实到职教师资队伍中来。根据少数民族和民族地区的实际，加强专业结构、课程结构的调整，制定并实施中等职业教育课程改革和教材建设规划。要针对民族地区的经济类型、经济结构的现实需求及语言环境，组织并指导开设、编写具有当地特色的职业教育课程和相应的教材。积极开展与东部发达地区间多层次、多形式的职业教育交流与合作，将经济扶贫与智力扶贫更有效地结合起来。进一步加大现有的省区之间职业教育对口支援的力度。

以广西高职高专院校教师专业化现状为例。壮族人口约占全自治区总人口的33.2%，主要分布在南宁、百色、河池、柳州等地区。这4个地区的高职高专共有29所，占广西高职高专的80%，其中由中专新升格的有25所，占86%。据笔者调查，这29所学院的教师在升格前接受过专业化教育的只有不到30%，有副教授、教授职称的教师只有不到10%。广西的瑶族共有人口140多万，占全自治区总人口的3%，主要分布在金秀、都安、巴马、大化、富川、恭城等瑶族自治县内。这一地区的高职高专仅有1所，即河池职业学院，其教师专业化程度更低，“双师”（“双师型”教师）、“三师”（合格教师、优秀教师、名师）数只占教师总数的14.5%，副教授、教授、工程师不到10%。以苗族为主的桂林、柳州地区有7所高职高专院校，占总数的19.4%。其中接受过专业化教育和学历教育的教师占25.3%，“双师”“三师”约占教师总数的30%，副教授、教授占教师总数的10.3%。

“职业教育作为以就业为导向的一类教育，与其他类型教育相比其最大的不同点是专业鲜明的职业属性。因此，职业教育的专业教学必须建立在职业属性的基础上。”① 因此，对于高职院校的教师而言对其能力要求将会更高。主要包括以下几方面的能力。

其一，研究企业经营的能力。教师不但要有企业经营的理念，更要有研究企业经营的能力，并整合为教学内容，体现在教学过程之中，实现学校与市场的零距离对接。

其二，课程开发能力。根据区域经济的发展规划、劳动力市场的预测和教育机构本身的特点进行课程开发，已成为职业教育机构自身生存与发展的第一需要，成为职业教育教学改革的关键任务。

其三，实践教学能力。教师需要熟悉相关职业领域内的生产一线或工作现场，掌握相关职业领域内的成熟技术和管理规范，有丰富的实践经验和处理现场复杂问题的能力，并具备相关的操作技能。

其四，对学生就业的指导能力。教师要能够着眼于学生的职业生涯，使职业教育培养的学生不仅能发现、获得和适应岗位，提高其就业能力，还要

---

①　姜大源著《职业教育学研究新论》，教育科学出版社2007年版。

能为自己创造岗位。

其五，职业教育研究能力。特别是通过行动研究探索出适合西部实际情况的职业教育办学模式，形成西部高职院校办学特色。

其六，创新能力。能够不断解决教育教学工作中出现的新问题。

其七，人际沟通能力。高职院校教师要能够与学生、同事、企业等多方人员进行沟通，特别是组织学生开展社会调查、社会实践、顶岗实习，指导学生参与各种社会活动的能力。

六、西部地区民族高等职业院校的教育质量管理

高等职业学校教育发展质量是指高等职业教育发展质量总体要达到的水平，或者说，高等职业教育系统所提供的服务满足全面建设小康社会需要的程度。关于高等职业教育发展质量的研究是基于我国高等职业教育的高速扩张、学校数量及规模的剧增而提出的。在这样的形势下，必须把高等职业教育发展质量建设提到议事日程上。

高等职业教育与经济社会协调发展是高等职业教育发展的基本规律之一。高等职业教育学制结构的改革和调整，应以人才结构为基础。我国高等职业教育学制结构，多数是高中后三年制，部分是高中后两年制，极少数是高中后四年制（本科），还有一部分是初中后五年制。目前，企业最缺少的是“在线工程师”或“在线技术师”这一层次的人才。在线工程师或在线技术师是指那些能够指挥一线工人完成生产任务，并能依靠自身的技术解决生产现场中的技术问题的专业人员。这就涉及高等职业教育的学制多样化问题，应包括二年、三年、四年制，甚至硕士、博士层次的高等职业教育，形成相对完整的高等职业教育学制体系。

我国西部高职院校这几年发展迅速，然而由于总体经济与教育落后，这种发展只是注重外延的扩张，其相应的管理制度的发展已经严重滞后，与当前西部高职院校的规模发展及其在高等教育中的地位不相匹配。这些制度如果不能及时得到完善，必将阻碍西部高职院校的科学发展及其品质的进一步提高。当前我国西部高职院校中主要管理制度发展严重滞后及其影响。高职院校属于典型的规范性组织，其是否拥有科学、严格、完善的管理制度决定着它们自身的社会功能是否能够正常发挥，进而决定其社会存在的必要性与合理性。然而目前我国西部高职院校在学生管理、教学管理、科研管理、师资队伍可持续发展与校园网络利用等方面的管理制度发展滞后，有待完善。

第七章　西部地区的民族高等教育

我国是个实行民族区域自治的国家，民族区域自治是我国的基本政治制度之一。我国现有155个民族自治地方，其中包括5个自治区、30个自治州、120个自治县（旗）[①]。据统计，中国有33个少数民族居住在边境地区，还有不少少数民族和国外同民族跨境而居，仅云南的25个少数民族中就有16个跨境而居。为推进民族团结进步事业，发展民族教育，先后创建了一批以培养少数民族干部为主的民族高校。

1950年11月24日，中央人民政府政务院第60次政务会议，批准了《培养少数民族干部试行方案》和《筹办中央民族学院试行方案》，明确指出："为了国家建设、民族区域自治与实现共同纲领民族政策的需要，从中央至有关省（区）县，应根据新民主主义的教育方针，普遍而大量的培养各少数民族干部。在北京设立中央民族学院，并在西北、西南、中南各设中央民族学院分院一处，必要时还可以增设。"还指出，民族学院"目前，以培养普通政治干部为主，迫切需要的专业与技术干部为辅"。从1950年起，中央民族学院，西北、西南、青海、云南和西藏民族学院及中央民族干部管理学院等有关院校相继成立。1993年11月15日，随着中央民族学院更名为中央民族大学，中央民族干部管理学院同时归中央民族大学统管。各院校分别隶属于国家民委和所在省、自治区。随着社会主义革命和建设事业的发展，民族学院（大学）的方针任务不断得到补充和完善。民族学院为国家培养了大批合格的少数民族人才。2001年6月，教育部启动了对口支援西部地区高等学校计划，后又推出了援疆学科建设计划、对口支援民族院校等专门项目。5年来，对口

① 《中国民族信息年鉴》编委会编《中国民族信息年鉴》，中国统计出版社2005年版。

支援西部地区高等学校工作（以下简称对口支援工作）进展顺利，成效显著。2006年《教育部关于进一步深入开展对口支援西部地区高等学校工作的意见》，以促进我国高等教育的全面协调发展和适应西部大开发不断发展的需要。

第一节　西部地区民族高等院校发展的历程与典范

在初创时期，因国内民族工作的急需，根据政务院两个《试行方案》的部署和要求，新中国先后建立了8个民族学院，基本奠定民族院校的办学格局。此阶段，除中央、西北民族学院在主要短期培训、轮训民族干部同时伴有部分本专科层次的教育外，其他民族学院都只有干训、预科（或文化补习）教育层次，因而不能纳入严格意义的高等教育的范畴。到20世纪60年代初期，除云南、广东、贵州民族学院外，其他如西南、中南、广西等民族学院已经形成一定规模的本专科教育。“文革”阶段各地民族学院发展遭受重大损失。1977年恢复高考后民族学院再度开始招生。应《中共中央关于教育体制改革的决定》（1985年），各地民族学院先后开始了以专业体系改造、人才培养模式调整、招生与毕业生就业制度改革为主要内容的教育体制改革。1999年开始，各地民族院校普通本专科，研究生教育招生计划连年大幅增长。2005年后，全面转入“内涵发展时期”[①]。截至2011年，由国家民族事务委员会管辖且分布在西部地区的民族院校（民族大学和民族学院）有西北民族大学和西南民族大学；由省、自治区管辖且分布在西部地区的民族院校有云南民族大学、广西民族大学、内蒙古民族大学、贵州民族学院、青海民族大学、西藏民族学院、四川民族学院、呼和浩特民族学院。

延安民族学院[②]是我国第一所民族学院，是中国共产党人创办的第一所少数民族干部学校，以少数民族学生为主要培养对象。主要任务是培训、培养少数民族抗日干部，在教育内容方面注意突出民族特色——如开设民族语文、民族历史、民族理论与政策、民族经济和社会介绍等方面的课程。

---

① 唐纪南、张京泽编著《中国民族院校发展史》，中国社会科学出版社2012年版。

② 唐纪南、张京泽编著《中国民族院校发展史》，中国社会科学出版社2012年版。

新中国成立之初，全国约4.5亿人口，其中少数民族人口3000余万。由于历史和现实、自然条件和生产方式等诸多因素的制约，少数民族和民族地区的经济和社会发展极不平衡。绝大部分少数民族地区学校少，群众没有受教育机会，很多少数民族和民族地区人口中，文盲占绝大多数。因此，培养和选拔少数民族干部工作成了关系党和国家全局的具有战略意义的重要工作。

1950年，成立了西北民族学院。1951年，贵州民族学院、西南民族学院、云南民族学院相继成立。各地民族学院承担着各民族党政干部和专业人才培养、民族问题研究两项基本任务。在这个阶段，民族学院初步形成以干部培训为主，以预科（文化班）和本专科教育为辅，三种层次和形式相结合的办学格局①。1956年前后，大部分民族学院开始向正规高等学校转型，先后建立了一批本专科专业，形成一定办学规模，并将发展目标定位为民族综合高等院校。1970年前后，在“左倾”思潮下，各地高校出现撤销高校的风潮，民族学院也不例外。20世纪80年代初期，各地民族开始以学历教育的干部专修科取代原来的干部短期培训。随后，各种形式、层次和规格的成人教育在民族学院开始出现。

现将布局在西北和西南的重要民族大学做如下介绍。

一、西北民族大学②

西北民族学院成立于1950年8月，由国家民族事务委员会主管，是新中国成立后创建的第一所民族高等院校。2003年4月，经教育部和国家民委批准，西北民族学院更名为西北民族大学。学校位于甘肃省兰州市，占地2880多亩，分西北新村校区和榆中校区，校舍面积64万平方米，固定资产总额9.8亿元。建校60多年来，为国家培养了各级各类人才13万余人。现有56个民族全日制在校生25 874人。

经过60多年的发展，学校形成了以本科教育为主体，研究生教育、预科教育、继续教育、职业教育和国际教育等协调发展的办学格局。拥有学士、硕士、博士三级学位授予权、推荐优秀应届本科毕业生免试攻读硕士研究生学位权和招收“少数民族高层次骨干人才计划”硕士、博士研究生权。

---

① 唐纪南、张京泽编著《中国民族院校发展史》，中国社会科学出版社2012年版。

② 摘自http：//dwzy. xbmu. edu. cn/zsxx/ViewInfo. asp？id＝625。

学校拥有一支以博士生、硕士生导师为中坚力量的教职工队伍。现有教职工1700余人，其中专任教师1100余人，正高级专业技术人员220余人，副高级专业技术人员450余人，博士生导师14人，硕士生导师300多人。全国优秀教师2人，全国教育系统先进工作者1人，国家民委突出贡献专家7人，享受国务院政府特殊津贴的专家23人，“甘肃省跨世纪学科带头人”14人。

西北民族大学是一所优势和特色比较鲜明的多学科门类的综合性大学。学科涵盖哲学、经济学、法学、教育学、文学、历史学、理学、工学、农学、医学、管理学、艺术学等12个学科门类。现有67个本科专业；1个博士学位授权点：中国少数民族语言文学；1个博士后科研流动站；13个一级学科硕士学位授权点：民族学、社会学、马克思主义理论、教育学、中国语言文学、中国史、计算机科学与技术、软件工程、畜牧学、兽医学、管理科学与工程、音乐与舞蹈学、美术学；40个二级学科硕士学位授权点；4个专业学位硕士点：法律硕士、艺术硕士、社会工作硕士、工程硕士。

学校现设有26个教学单位：马克思主义学院、经济学院、法学院、民族学与社会学学院、现代教育技术学院、体育学院、文学院、维吾尔语言文学学院、藏语言文化学院、蒙古语言文化学院、外国语学院、新闻传播学院、音乐学院、美术学院、舞蹈学院、历史文化学院、数学与计算机科学学院、电气工程学院、土木工程学院、化工学院、生命科学与工程学院、医学院、口腔医学院、管理学院、预科教育学院、继续教育与职业教育学院。设有6个独立建制的科研机构：中国民族信息技术研究院、格萨尔研究院、海外民族文献研究所、伊斯兰文化研究所、甘肃省动物细胞工程技术研究中心、中国藏文典籍全文数字化研究所。

二、西南民族大学①

西南民族大学是一所包括文、史、哲、经、管、法、教、理、工、农、医、艺等12个学科门类的综合性民族高等学校，坐落于天府之国，芙蓉之都的锦绣成都，与闻名中外的武侯祠毗邻。学校前身为西南民族学院，创建于1950年7月，于1951年6月1日正式成立，2003年4月更名为西南民族大学，是在周恩来、邓小平、王维舟等老一辈无产阶级革命家亲自关怀下，新

① 摘自http：//www. swun. edu. cn/xxgk/xxgg. htm。

中国最早建立的民族院校之一，由国家民族事务委员会主管。学校占地面积3000余亩，分为武侯校区（老校区）、航空港校区（新校区）、太平园校区和阿坝州红原县青藏高原生态保护与畜牧业高科技研究示范基地，校舍建筑面积112万平方米（含在建部分）。

学校有56个民族的在校全日制学生2.8万余人，教职员工1900余人，其中专任教师1400余人，副高以上职称680余人，博士生导师、硕士生导师300余人。有47人先后享受国务院颁发的政府特殊津贴，23人为国家民委或四川省突出贡献专家，53人为四川省学术（技术）带头人及后备人选，5人为教育部新世纪优秀人才支持计划人选。

学校下设23个教学单位；有本科专业78个，硕士学位授权点100个，专业学位硕士点10个，博士学位授权点7个，博、硕士学位授权一级学科18个，博士后流动站1个；是全国“卓越法律人才培养基地”和“中央部属高校大学生校外实践教育基地”。有1个一级学科省级重点学科，10个二级学科省级重点学科，1个二级学科省级重点（培育）学科，6个国家级特色专业，10个省级本科特色专业、15个双学位专业，5个省级本科人才培养基地，11个省（部）级重点实验室，2个省级实验教学示范中心。目前，学校馆藏图书资料400万余册，教学科研实验设备总值近4亿元。

学校具有较强科研能力，拥有极富特色的民族博物馆和世界上规模最大的藏学文献馆、彝学文献馆。2000年以来，承担国家级项目180余项，省（部）级项目700余项，发表学术论文万余篇，出版学术著作及教材800余部，获省部级科研成果奖300余项。特别是在畜牧兽医理论与技术、民族经济、民族旅游、民族文化研究和少数民族语言文字信息处理等领域的研究成果，在国内外学术界产生了较大影响。有2个省（部）级人文社科重点研究基地，“全国彝语术语标准化工作委员会”“全国高等院校彝汉双语教材编译审定委员会”挂靠学校，国家部委、中国社科院、四川省先后在学校建立了“国家民委少数民族古籍文献人才培养与科学研究基地”“文化部民族民间文艺发展中心西南研究中心”“中国社科院中国西南民族语言资源库建设基地”“四川省干部教育培训高校基地”“四川省少数民族双语科普基地”和“四川省非物质文化遗产研究基地”。出版的学术刊物主要有公开发行的《西南民族大学学报》《民族学刊》和内刊《民族学信息》等。

学校建立60余年来，培养出各类人才14万余人。在他们中间，涌现出新中国第一个藏族博士、羌族博士，涌现出新中国培养的第一批藏族将军，涌现出不少国内外著名的专家学者和大批各级领导干部，更多的毕业生成为各条战线的骨干，为民族地区的解放、政权建设、边疆巩固、民族团结、经济发展和社会进步做出了突出贡献。

学校是四川省对外开放的重点单位，迄今已有70多个国家和地区的专家、学者、政府官员来校进行学术交流活动或参观访问。学校与英国曼彻斯特大学、伯明翰大学、新西兰怀卡托大学、美国西雅图华盛顿大学等近30所国（境）外高校和科研机构建立了校际合作与交流关系。

学校是多民族统一的社会主义祖国大家庭的缩影。各民族师生员工平等团结，互相尊重，共同进步，各民族语言文字和风俗习惯得到充分尊重。

站在新的发展起点，学校以党的十八大精神为指导，秉承“为少数民族和民族地区服务，为国家发展战略服务”的西南民大宗旨，坚持“科学发展、内涵发展、特色发展”的西南民大道路，体现“质量立校、人才兴校、科研强校、特色铸校”的西南民大理念，弘扬“和合偕习、自信自强”的西南民大精神，实施“一体两翼”西南民大战略，进一步提高办学层次，彰显办学特色，提升人才培养质量、科学研究水平、服务社会能力、文化传承创新功能，促进学校从教学型大学向教学研究型大学转型，努力把学校建设成为有特色、高水平大学。

第二节　西部地区民族高等教育的发展概况与主要问题

民族高等教育兼有民族教育和民族工作的双重属性，它的发展，对于促进少数民族和民族地区的政治、经济、文化发展具有重大作用，在全国政治、经济、文化的稳定与发展大局中也占有特殊的地位。

一、西部地区民族高等教育的发展概况

新中国成立后，党和国家把大力培养少数民族干部作为民族高等教育的首要任务，采取了创办民族学院和民族地区高校等措施，发展民族高等教育。1950年2月，西北军政委员会第四次行政会议通过了在甘肃兰州筹备西北民族学院的决议。1950年8月，西北民族学院在兰州正式成立，迎来了西北各省区报送的回、藏、蒙古、撒拉、维吾尔、哈萨克、土、东乡、汉等9个民族的新生400多人。1950年10月，经中央人民政府批准，新疆

学院改为新疆民族学院（1954 年复名为新疆学院），当时全院共有学生 311 人，其中少数民族学生 280 人。1951 年，贵州民族学院、中央民族学院、西南民族学院（原中央民族学院西南分院）、云南民族学院、中南民族学院（原中央民族学院中南分院）分别在贵阳、北京、成都、昆明、武汉成立。1952 年 3 月，广西民族学院（原中央民族学院广西分院）在南宁市成立。1956 年，青海民族工学改名青海民族学院。1958 年，广东民族学院、西藏民族学院先后成立①。

二、西部地区民族高等教育存在的主要问题

第一，普通高等学校数量不足，规模过小。1949 年新中国成立时，西部普通高校占当时全国高校总数的 25.4%。经过 50 年发展，到 1998 年，西部普通高校虽然由 55 所增加到 202 所，但占全国普通高校总数却下降了近 5 个百分点，由 25.4% 下降到 20.6%。例如西北（陕西除外）四省区 1998 年普通高校总数 44 所，只相当于江苏 66 所的三分之二。西部普通高校规模普遍偏小，除部委属高校外，地方高校校均学生规模大多不足 4000 人。

第二，西部高校招生额度较小，影响国家 2010 年高校毛入学率 15% 的大众化目标的实现。1998 年全国高校招生 1 083 627 人，西部占 17.6%，仅占全国总招生数的六分之一。近两年虽有一定倾斜，但由于各省区高校招生自主权的扩大，西部基础条件较差的高校，扩招受到较大制约。同时经济状况不佳的西部各省区拿不出更多的经费来支持高等教育的发展，这种倾斜政策很快被东部雄厚的经济基础和办学实力所抹平甚至超越。例如甘肃制定的 2010 年高校毛入学率目标为 12%，与同期国家高校毛入学率目标 15% 相差 3%，与同期江苏高校毛入学率 25% ~28% 相差 1 倍以上。

第三，重点院校少，研究生学位授权点少，影响了西部高层次人才培养。西部的重点高校、部属高校、“211 工程”高校、研究生学位授权点都远少于中东部（见表 7-1、表 7-2）。

① 欧以克著《民族高等教育学概论》，民族出版社 2005 年版。

表 7－1　1998 年全国普通高等学校基本情况

地区	普通高等学校数（所）	普通高校招生数（人）	普通高校在校生数（人）	教育部部属高校数（所）	“211 工程”学校数（所）
全国	1022	1 083 627	3 408 764	44	103
东部	482	547 434	1 721 864	28	58
中部	338	344 670	1 073 826	10	28
西部	202	191 523	613 074	6	17

表 7－2　1998 年教育部部属高校学科学位点、博士后流动站数

（单位：个）

地区	二级学科硕士学位授权点	二级学位博士学位授权点	一级学科博士学位授权点	博士后流动站
教育部部属高校	1911	575	187	309
东部	1201	407	145	238
中部	453	109	23	40
西部	257	59	19	31

第四，教育经费投入不足，办学条件太差。1998 年教育事业费支出，西北五省区为 82.4516 亿元，而江苏 89.7309 亿元。1997 年全国高校生均固定资产为 26 444 元，东部高校几乎都高于这个水平，西部高校几乎都低于这个水平，有些省区仅占北京市的三分之一左右（见表 7－3）。

表 7－3　1998 年全国部分省区高等学校生均固定资产

（单位：元）

全国	北京	贵州	新疆	宁夏	青海	甘肃
26 444	48 230	15 916	17 234	17 906	18 861	17 823

西部高校生均教育经费、生均拥有教学用房、教学设备、实验室等都低于全国平均水平，与东部差距更大。

第三节　西部地区民族高等教育的可持续发展

一、民族高等教育政策

民族政策是国家和政党处理民族问题的行为准则。教育政策是国家和政党发展教育事业的策略、方针和行为准则。它反映一定历史时期的教育性质、目标、任务和基本内容。民族高等教育政策是统治阶级意志的体现，是统治阶级利益的代表，是统治阶级的教育愿望和要求的反映，是调整统治阶级内部关系和协调民族高等教育内外部关系的产物。

民族高等教育政策包括①：民族高等教育体制政策、民族高等教育质量政策、民族高等教育经费政策、民族高等教育人事政策、民族高等教育招生与毕业生就业指导政策等。表现形式主要由：一是中央和地方各级党的领导机关制定的民族高等教育政策。二是国务院和地方各级人民政府制定并发布的民族高等教育政策。三是中央和地方各级党委与政府联合发布的文件，共同做出的有关决议、决定。四是中央和地方各级党委和有关部门党组发布的民族高等教育政策性文件。五是中央和地方各级教育行政部门及有关职能部门单独或联合发布的民族高等教育政策性文件。六是中央、地方党委和政府各职能部门联合发布的民族高等教育政策性文件。

二、西部地区民族高等院校的可持续发展战略

一般认为，教育发展战略是指一个国家或地区在一定历史时期内为实现社会发展总目标而对教育发展制定的带有全局性、根本性和长远性的谋划与决策②。可持续发展教育战略从国家或西部地区高等教育发展的全局出发，注重高等教育发展与社会发展之间存在的相互促进与制约关系，强调高等教育内部的协调发展，明确了高等教育发展的方向。

（一）立足民族地区，突出区域特色

西部民族地区高等院校地处西部民族地区，其办学必须坚持立足地方、依托地方，以西部民族地区为其生存之基石、发展之根本，把突出区域特色作为办学的出发点和落脚点。

---

① 欧以克著《民族高等教育学概论》，民族出版社2005年版。

② 阎金童、唐德海、何茂勋著《高等教育发展战略研究》，广西师范大学出版社2002年版。

首先，依据西部民族地区经济社会发展的需要构建学科专业结构，为当地培养“留得住、下得去、用得上”的应用型人才。高校的学科专业是人才培养的载体，同时人才培养的规格又决定着学科专业建设的思路。对西部民族地区新建本科院校而言，无论是其学科专业构建，还是其人才培养，都应该重点考虑西部民族地区经济社会发展的需要。为此，西部民族地区高等院校地应开展深入的调查研究，了解当地经济社会发展的实际情况，并根据地方支柱产业和资源优势状况，抓好有地方特色的重点学科和特色学科建设，积极发展地方经济社会发展急需的新兴专业和紧缺专业，优化专业结构，拓宽专业口径，对接地方支柱产业和经济结构。同时，确定应用型人才和一专多能型人才的培养目标，制定相应的人才培养方案，改进人才培养模式，提高人才培养质量，完善人才培养的“需—产—销”机制，从而培养出既能适应又能促进西部民族地区经济社会发展的各类人才。

其次，依据西部民族地区经济社会发展的需要开展科学研究，健全社会服务体系。西部民族地区高等院校地的科学研究应当从西部民族地区经济社会发展的实际需要出发，从挖掘当地历史文化遗产和当地资源开发利用着手，突出科研的地方性和民族性特点。一方面，要关注地方民族历史文化遗产的挖掘、整理、保护和传承。西部民族地区蕴藏着丰富的民族文化宝藏，有着独特的民族历史文化资源，借助得天独厚的地缘优势开展科学研究是其科研的重要特征。另一方面，西部民族地区高等院校地在关注基础研究的同时，要更加积极主动地开展应用研究和成熟技术的推广转化，推动地方传统产业的升级换代和提高产品科技附加值，同时还要积极参与地方关于社会进步、科技开发、产业发展等重大课题研究，为推动地方经济和社会发展提供服务。

最后，引领当地文化建设。大学在推动文化传承、文化交流和文化创新方面发挥着十分重要的作用。西部民族地区高等院校地作为当地为数不多或唯一的本科院校，对当地文化建设与发展有着至关重要的作用。在文化传承方面，西部民族地区具有优秀的文化传统，保护、传承这些优秀文化并不断使其发扬光大是西部民族地区新建本科院校不可推卸的责任。在文化交流方面，西部民族地区新建本科院校大多地处地市中心城市，通过专家讲学、学术会议、志愿者服务、文化下乡、推广普及科学文化知识等方式承担着当地文化交流的责任。在文化创新方面，大学本身就是知识创新的场所，同时也是文化创新的场所。对于一个地市中心城市而言，除顺应当代社会的主流文化以外，往往还会拥有适合本地“土壤”的地域文化。这种文化根基深厚，但又常常是零散而不系统的，西部民族地区新建本科院校对此负有挖掘、整理、发展、提升的责任，从而使其成为当地社会文化创新的主力军。

（二）发挥民族优势，凸显民族特色

在新的历史时期，西部民族地区高等院校必须切实承担起历史赋予的伟大使命，始终坚持为西部地区服务、为民族地区服务的方针，发挥民族优势，凸显民族特色，努力提高教学质量和办学水平，真正把学校建成少数民族人才培养基地、民族优秀文化传承保护基地、民族理论与民族政策研究咨询基地，从而为西部民族地区构建和谐社会提供强大的智力支持和人才支撑。

首先，在办学宗旨上要凸显民族性。民族院校以及民族地区的非民族院校始终都应坚持把为少数民族和民族地区服务作为自己的办学宗旨，并将办学宗旨落实到学校的招生、学科专业设置、师资队伍建设、教育教学、毕业生就业等各个办学过程和环节之中，以满足少数民族和民族地区对各类人才的需求。

其次，在专业设置上要凸显民族性。在专业设置方面，增设一些带有民族特色的专业，如民族语言、民族经济、民族历史、民族艺术、民族体育、民族建筑、民族旅游等。

最后，在学校文化建设上要凸显民族性。西部民族地区高等院校置身于民族地区，其学校文化不可避免地带有民族性，民族语言、民族风俗习惯、民族宗教信仰、民族服饰、民族艺术都汇集于学校文化建设中。

（三）扩大与周边国家的教育交流与合作

边境地区土地辽阔、资源丰富，发展潜力很大，加快边境地区经济文化事业的发展对于边境开发、巩固国防、增强民族团结、维护社会安定和国家统一、全面建设小康社会具有极其重要的意义。但从总的情况来看，我国绝大部分边境地区都属于贫困的农村地区或发展后进的少数民族聚居地。

长期以来，我国西部边境一线一直都是中国反文化侵略及反和平演变的前沿阵地。近年来，随着中国国力的增强，国家采取了一系列有效的边境教育政策，边境教育发生了巨大的变化，对邻国教育产生了越来越大的影响。在教育国际化和对外开放的大格局下，具备得天独厚条件的西部省、市、自治区需要总结经验，明确思路，落实措施，加大开放力度，加快“走出去”步伐，扩大教育影响，提升软实力。

西南自古以来就是文化交流的要冲，民族迁徙的大舞台。西南民族与处在汉文化圈、印度及东南亚文化圈之间的相互重叠现象。因而，西南民族文化从来就呈开放态势，形成了文化交流碰撞的机制与传统，从而使其形态各异、色彩纷呈。

西部地区民族高校在对外交流的方面，主要辐射范围以与本地区邻近的周边国家为主。以西南地区为例，以东南亚为主要辐射地，诸多民族高校也与东盟各国建立了良好的教育合作伙伴关系。双方都以培养人才为需要，发展合作关系为基础，同时也有利于国家的区域经济化发展，形成了留学生、交换生、定向培养等多方面的新型教育方式，为更多的少数民族学生提供了学习的机会，在一段时间内形成了比较完善的体系。当然，其中存在不足，有待我们不断改进。

民族院校对外交流与合作，特指我国民族院校与世界其他国家、地区或一些国际组织之间开展的有关教育的交流和项目协作活动。民族院校是我国对外开放的一个重要窗口，开展对外交流与合作，不仅能有效地促进学校的发展，而且能扩大民族高等教育的国际影响，增进国外有关人士对中国各民族历史与文化，以及民族政策、民族教育改革发展成就的了解。

1. 扩大与周边国家教育交流与合作的途径①

（1）发展留学生教育，提高培养质量。留学生教育是民族院校办学的一个重要组成部分。20世纪80年代以来，不少民族院校积极创造条件，发挥自己的优势，大量接受来华留学生的培养任务。留学生教育的发展，既扩大了民族院校与世界各国的教育交流与合作，同时也宣传了我国的民族政策和教育成就，提高了民族院校的知名度，促进了民族地区的对外开放。民族院校应制定有效政策，采取切实可行的措施，大力发展留学生教育。

首先，依据民族院校自身的发展程度和特色，招收一定规模的留学生，丰富招生层次。民族院校要提升自身对留学生的吸引力，既要遵循高等教育发展的一般规律，也要符合民族高等教育的自有规律，根据民族院校的服务对象，发展自身的特色。如充分发挥民族院校汉语和民族学科的优势，积极挖掘潜力，逐步扩大招收留学生的数量，特别是高学历教育的留学生数量。

① 葛有进《西部高校教育国际交流工作的政策与实践》，《宜宾学院学报》2003年第6期。

同时，建立和健全教学管理的规章制度，加强对外汉语教师的培训工作，努力提高培养质量，使留学生工作更加制度化、规范化，以吸引更多、更高层次的外国留学生。其次，积极鼓励本校师生通过各种形式出国留学，或与国外高校互派师生进行学习、工作与交流，使师生在学习与交流中了解对方的文化背景，养成尊重异国文化的心态，树立起全球的观念。为了提高留学经费使用效益，更好地保证民族院校及民族地区发展对人才的需要，应严把出口关，并在做好派出工作的同时，要在更高的层次上做好留学回国的工作，特别是在优秀尖子人才回国工作方面要加大力度，重点扶持，鼓励他们贡献才智。

（2）开拓国际合作路径。主要有如下几个方面。首先，积极探索与国外大学联合办学的可能性，建立校际合作关系，使与民族院校有校际交流关系的国外大学的数量有较大增加，国家分布更加广泛，并提高合作交流的层次，注重与国际上高水平的大学、科研机构的交流与联系，鼓励支持院（系）与国外大学的相关院系建立关系，形成多层次国际交流合作的格局。其次，加强科技、教育、学术交流。努力参与各种高水平、高层次的国际学术会议，争取在国际知名刊物上发表更多有影响的学术论文，并加强与国外大学及科研机构的信息交流，争取获得较多的国际性科研项目或国际合作研究课题，将其与重点学科建设和重大科研项目的实施结合起来，在交流与合作的过程中注意吸取世界一流大学在办学、管理方面的经验。民族院校要积极引进国外学有所长的专家学者来校讲学或开展合作研究，指导学生。

（3）重视外事工作，提升外事工作水平。外事工作有三大重要功能：一是以对外学术交流促进学术事业和学科建设。二是了解国外、境外的理论、政治等各种重要动向，并提出对策性建议。三是对外宣传的功能。随着社会主义现代化建设不断取得新的成绩，我国在国际上的经济地位越来越高，面临的国际形势变化迅速。为在新形势下把外事工作做得更好，全面提高外事工作的水平，首先必须转变观念，把外事工作看成民族院校工作必不可少的组成部分。其次，必须制定相关的规章制度，努力把民族院校的外事工作逐步纳入制度化、规范化的轨道。再次，注意利用有限的资源和难得的机会，培养一批有扎实的理论基础、能够参与国际学术交流的人才。在对外学术交流中密切关注国际学术前沿，跟踪世界各地发生的重大事件，为有关部门的决策提供理论依据。

2. 扩大与周边国家教育交流与合作的规模①

进入新世纪以来，我国的教育国际化水平取得了令人注目的成就，教育国际交流与合作范围覆盖了从大专院校到中小学、幼儿园。从教师进修、访学到学生互相流动，从各种教育项目的实施到合作办学。这些活动的开展为高校学生国际化，教师国际化，管理国际化奠定了基础，成为高校国际交流与合作的中心工作。西部地区高校乘西部大开发的东风，也积极发展了教育国际交流与合作，加强了智力引进工作，加大参与国家公派留学项目的力度，在实施各种国家双边项目的同时，在12个省、直辖市、自治区实施了西部地区人才培养项目。出国学习、进修、访学的学生和教师人数逐年增加，与国外高校的合作办学也在探索中健康发展。但西部地区高校国际交流与合作工作和我国经济发达的东部地区相比，在广度和深度方面还有着很大的差距。

(1) 少数民族教育项目。由于历史的原因，西部地区少数民族教育相对落后，积极引进项目帮助少数民族地区摆脱教育落后的面貌，是西部地区教育国际交流与合作重点工作之一。以中英甘肃基础教育项目为例，此项目是中国政府和英国政府确立的双方合作项目，用于支持和促进甘肃少数民族地区的基础教育发展。甘肃多所高校有研究少数民族教育的优势，他们通过参与此项目，共编写了《儿童学习策略》《课堂管理》《教育公平与社会发展》《健康与环境教育》《复式教学》《中学英语教学策略》等培训教材14种，并使用这些教材共培训大、中专和中小学教师上千人。有力地推动了甘肃少数民族地区教育事业的发展。

(2) 西部地区人才培养特别项目。西部地区人才培养特别项目是教育部为了贯彻国家西部大开发战略而实施的一项重要的人才培养工程。项目自开展以来西部地区高校教师公派留学出现了新局面。1996年至2006年10年期间我国公派留学生26 658人。西部12省、直辖市、自治区也从中受益，但西部地区间还存在不平衡的矛盾，其原因一是在西部高校工作的教师，工作担子重（师资短缺）科研教学基础薄弱（信息、资料相对匮乏）；二是外语水平差。西部地区人才培养特别项目是教育部贯彻国家西部大开发战略的具体措施，是为西部培养高级专门人才的重大举措。在国家资助百分之七十，地

① 马相明著《西部地区高校国际交流与合作现状及思考》，《西安航空技术高等专科学校学报》2008年第3期。

方和单位各资助百分之十五的前提下，放宽了申报教师的外语条件。采用“先上车后买票”的办法，让各单位的教学、科研骨干有机会参加国家公派项目的选拔。据统计自 2004 年实施西部项目以来，已有 2000 多名教师获得公派留学资格。

留学生工作①。1998 年来华留学生人数为 4.3 万，2002 年增加到了 8.6 万，而到了 2005 年，来华留学人数达到了 14 万余人，涉及 190 多个国家和地区。目前我国具有接受来华国际学生的高等院校达 568 所，并与 6 个国家和地区签署了学历、学位相互承认协议。西部地区高校招收留学生工作取得了长足的发展。但发展还不平衡，大多数国际学生集中到了几所省、部重点院校，而这些院校多是接受国家留学生任务的院校。鉴于此种现状，西部地区的高校需要进一步做好以下几方面工作。

①加大国际学生交流工作宣传力度，借助网络优势，构建国际学生交流信息网，校际之间信息共享，使学生能及时了解国际间教育发展信息，专业设置和发展趋势。

②开展中外合作办学，创建中外校际友好合作关系，为双方学生创造良好的出国留学条件，让更多的学生参加到国际学生交流中来。

③创造条件接受更多的外国留学生，特别是发达国家的学生来华学习。

④积极、稳妥地推动对外汉语教学工作，扩大国内对外汉语教学的队伍，让更多的高校承担对外汉语教学工作。

⑤为发展中国家的学生设立国家奖学金，资助他们来华学习。政府奖学金项目院校应优先考虑西部院校，以推动西部院校国际学生交流工作的开展。

在加强民族院校对外交流与合作的同时，不能忽视民族高等教育的民族化问题，民族高等教育作为民族文化得以传承的重要载体，首先是为民族和国家服务的，对对外交流与合作的强调并不意味着教育民族化的终结。事实上世界各国在对教育国际化的理解，一般都是出自教育民族化的考虑的。因此，应该正确认识和处理好国际化与民族化之间的关系，把国际化与民族化结合起来，既要博采众长，又要保持和发扬自己的特色。一方面要适应国际化发展趋势，改革我国民族高等教育，加大对外交流与合作的力度；另一方面不能忘记我国的现实国情，不能实行虚无主义。要将面向世界和民族化结

---

① 何龙群著《民族高等教育理论与实践探索》民族出版社 2008 年版。

合起来，培养出大批有民族特点的适应世界发展需要的人才，为我国进一步改革开放贡献力量。

三、西部地区民族高等院校的人才培养目标

西部民族地区高等院校是我国为解决国内民族问题而创办的高等院校。“其培养目标的制定，既要依据马克思主义关于人的全面发展学说及国家的教育方针和教育目的，也要依据马克思主义民族理论与党的民族政策。”① 民族院校办学的宗旨也正是着眼于为民族地区培养人才的。这样的人才，他们热爱本民族，愿意投身于家乡的建设，他们懂得本民族的文化，熟悉党和国家的民族政策，会用经济的方法来解决民族地区的发展问题，等等这些优势，将是其他高等院校的毕业生所无法比拟的。

一般情况下，西部民族高等院校的培养目标制定都要遵循以下原则。

一是民族院校的学生不仅要具备普通高校学生应有的政治思想素质，还要掌握马克思主义民族理论与党的民族政策。二是民族院校的学生不仅要掌握科学技术知识，还要了解我国各民族的历史文化。三是民族高等院校的学生要具备更加良好的思想道德素质和身体素质。

以贵州民族学院为例。贵州民族学院的培养目标和宗旨主要是为贵州少数民族地区培养经济建设和文化建设的人才。取消区域和比例的限制后，并不意味着民族高校培养目标对人才的籍贯、性别、民族等因素却没有加以限制。邓小平同志指出，少数民族地区的发展离不开汉族同志，汉族地区的发展也离不开少数民族同志。作为国家宏观调控，要坚持在招生政策上继续对民族地区给予倾斜和照顾。我国现有的民族高等院校中，绝大多数分布在西部省区。这些民族高等院校在西部大开发中具有独特优势，是培养少数民族人才的主要阵地，有其自身的特点和不可替代性。因此，只有通过扶持和其自身的改革，才能不断地完善和发展，提高办学质量。

1. 办好预科教育。少数民族预科教育为少数民族地区考生顺利接受高等教育打下了良好的基础。从全国一流的重点院校到各省的普通院校，大多招有预科学生，为少数民族地区培养了大量的人才。如贵州民族学院 1984 年恢复了对少数民族预科班的招生。具体操作是按照教育部和国家民委的要求，根据当年全省录取情况适当降低分数线录取，学习时间为 1 年。16 年来，贵

① 欧以克著《民族高等教育学概论》，民族出版社 2005 年版。

州民族学院民族预科班的招生范围一直限定在省政府划定的经济贫困县的少数民族考生。为达到一定的覆盖面，使一些特困地区（县）的民族考生能接受高等教育，曾在1995年和1996年在三个自治州实行定点招生，把民族政策的倾斜落到实处。这样做收到了较好的效果。1997年，根据黔府函〔1997〕106号文件精神，贵州民族学院承担了贵州大学、贵州工业大学、贵州财经学院、贵阳医学院、遵义医学院等5所高校的少数民族预科部的教学工作，共有少数民族预科生1390人，其中有1032人升入贵州民族学院本科各专业，158人升入贵州民族学院专科各专业，120人分别升入贵州大学、贵州工业大学、贵阳医学院、遵义医学院等院校学习。

2. 重视少数民族地区的基础教育。与东部及沿海发达地区的基础教育相比较，西部、少数民族地区教育相对滞后，差距越来越大。如贵州省1998年，初中毕业生30万人，普通高中招生5.37万人，只有不到18%的初中毕业生升入普通高中学习。同时，平均每万人口中，普通高中在校生数只有4313人，仅为全国平均数的一半。居全国倒数第二的位置。据了解，贵州省计划到2005年，普通高等教育毛入学率达到7%以上，这意味着届时全省高等教育在校生数将从10万余人增加到25万人左右，而高中在校生仅有16万人。这无疑与高校的招生数产生了较大的差距。

3. 发展多种形式的职业技术教育。少数民族地区的经济、社会的发展，需要各级各类的专门人才。因此，要根据本地的实际情况以及市场经济发展和产业结构调整的需要，面向市场，面向农村开设一些地方特点专业，发展多种形式的职业教育，培养一批骨干、致富能手和高素质的农民，为少数民族地区的经济建设和社会发展服务。在这方面，要教育群众，使单一的升学渠道变成四通八达的立交桥。

4. 民族高等院校应承担起培养高素质创新人才的重担。随着我国改革的深入，面对西部大开发的大好机遇，人们越来越认识到观念和思想的转变在教育改革中的重要作用，民族地区经济的发展仅靠培养或满足于初、中级人才作为科技推行和开发资源的骨干力量，远远不能适应时代的发展、社会的需要。民族高等院校在培养上应致力于培养高素质的创新人才。要按照培养基础扎实、知识面宽、能力强、素质高、富有创新精神专门人才的总体要求，逐步构建起注重素质教育，融传授知识、培养能力为一体，具有时代特征的多样化人才培养模式。民族教育是民族地区摆脱贫困的动力，民族高等教育则为重中之重。为此，民族高等院校招生制度的改革应引起重视，并势在必行。

四、西部地区民族高等院校的专业与课程建设

高等学校的专业建设和学科建设水平对民族高等院校的办学水平和办学效益有直接影响。

（一）民族高等院校的专业现状

少数民族地区的高校和民族院校基本上都是新中国成立以后创办的。这些大学大多在我国西部地区，办学历史都不长，其中有6所为“211工程”国家重点建设的大学。但是，与国内其他大学相比，仍然存在有很大的差距。少数民族地区高等院校在学科建设过程中的基本情况如下。

1. 学科建设目标定位不准确

我国少数民族高校由于办学历史长短不同，学科基础不同，应该有不同的学科建设目标。但长期以来，我国少数民族高校也与其他高校一样，实行“统一专业设置、统一教学计划、统一培养规格、统一教材、统一要求”的严格的计划体制管理，致使同类别的少数民族高校之间形成了同一办学模式。这种模式使少数民族高校的学科建设不可能形成自己准确的目标定位，只能按国家指令办学，致使所有同类别的少数民族高校的目标全部一致，形式相同。

《中华人民共和国高等教育法》1998年出台后，有的少数民族高校根据自己的办学传统和学科基础，结合少数民族地区社会发展的实际需要，确立了学科建设目标。

2. 整体学科建设的思路不够明晰

1952年，我国高校经过院、系调整后，由原来的校、院、系三级管理改为校系两级管理，但大多数少数民族高校是1952年后建的，直接就设校、系两级管理建制，在系之下设立专业，按专业培养人才。专业目录和教学计划，由教育部统一制定，并要求按照专业目录和教学计划设置专业，进行教学。因此，对全国所有的高校包括少数民族高校来讲，主要任务就是搞好专业建设，而较少系统关注学科建设。1978年，恢复研究生招生制度后，国务院学位委员会于1981年后进行了多次博士、硕士学位授予单位及其学科、专业等的审核工作。少数民族高校中博士学位授予单位、硕士学位授予单位，有博士学位授予一级学科点、有博士学位授权学科，专业、有硕士学科、专业点发展很快。西部民族地区一些高等院校忽略了如何根据学校自身的特点和实际，从整体角度来建设学科、发展学科，忽略了学科发展的交叉、综合性，使许多少数民族高校无法形成学科的综合优势。

3. 缺乏高水平的师资队伍

教师是学科建设的主体，没有一流的高水平的师资队伍，就不可能建成一流的学科。目前，我国西部少数民族高校的师资队伍建设存在以下问题。

一是教师队伍学历层次结构不合理。少数民族高校中具有硕士以上学位的教师占教师总数的比例还很低，具有博士学位的教师占教师总数的比例更低。二是教师队伍中高水平的教师仍然很少。一些少数民族高校的高级职称的评聘条件有所放宽，政策的灵活度较大，造成许多少数民族高校的高级职称与其教学科研水平不相称。三是教师的专业结构不合理。教师的专业结构不合理是少数民族高校普遍存在的一个问题，高水平的应用学科和工科教师短缺。不仅影响学科的整体建设，教育教学质量也受到影响。四是教师待遇仍然较低，教师队伍不稳定。由于办学条件等原因，少数民族高校教师待遇长期处于偏低水平，加上区位环境等问题，教师队伍流失现象非常严重。近些年来，情况有所好转。

以西昌学院彝语言文学为例①。2010 年，中国少数民族语言文学（彝语言文学）专业升格为国家特色专业建设点，实现了西昌学院“质量工程”建设中国家级项目零的突破。该专业建设目标明确以“学科融合、注重应用、彝汉并举”为办学思路，突出民族文化与农业实用技术的教育，注重实践应用能力人才的培养。在课程建设的同时，还非常注重教材的建设，把本学科最新的研究成果及时地固化在教学内容之中，编写出版《大学彝语文》《现代彝语教程》等 10 部教材。其中大部分被相关院校选用，广受好评。与此同时，“彝族民间文学概论”“现代彝语”“当代彝文文选”3 门专业基础课已建成省级精品课程。“彝族文学概论”“彝英会话”2 门专业课也正在积极申报各级精品课程，从而构建了网络课程群，极大地方便了师生的教与学，促进了授课效益。

① 加洛久体、阿牛木支《民族地区新建本科院校学科专业建设特色及发展路径》，《教育与教学研究》2011 年第 8 期。

（二）民族高等院校的课程设置现状[①]

西部民族院校课程体系的基本框架，形成于20世纪50年代全面学习苏联时期。存在以下主要问题：一是多年来，围绕过多、过细、过窄的专业，课程设置，严格按照教学大纲所规定的内容讲授，很少让学生了解本学科的最新成果，不同课程之间，由于各强调其完整性，造成内容重复。二是重理论，轻实践，忽视动手能力的培养，学生实践能力差，走向社会后往往是会说不会做。三是课程设置较少从学生的主体地位考虑，专业课过专、基础课过窄、必修课过多、选修课过少，不利于学生知识面和视野的开拓。四是课堂教学时数多，学生自学时间少，对学生的学习方法、学习自主性和个人素质及能力的培养不够到位，教学方式以教师主导为主。在课程内容上，少数民族多元文化的优秀成分反映得少，学生对本民族的文化观念比较单薄等。

五、西部地区民族高等院校的双语教学工作

以民族语和汉语双语教学工作为例，西部高校地区民族高校民族双语教学现状如下。

1. 用民族语进行授课的课程门类少。既表现在绝对数量上，也表现在相对数量上。在绝对数量上，许多民族班在四年教学过程中仅仅开设三五门民族语授课课程，使得民族班名不副实；在相对数量上，一些教师在讲授民族语授课课程时民族语运用不当，将教学“演变”成民族语拉家常话、汉语讲专业知识的过程，使得“双语教学”失去了实际意义。

2. 用民族语授课教学随意性大。对于民族班开设的为数不多的民族语授课课程，一些教师常常不按教学要求进行教学，随意性非常大。主要表现在：（1）不按教学大纲、教学计划进行教学，目标缺失；（2）课程讲授详略安排不当，进度不合理；（3）课程重点、难点不够突出，通篇“满堂灌”；（4）考勤、提问、作业等教学环节能省则省，只重“照本宣科”；（5）存在考试命题难度不够，有“感情分”“照顾分”的现象。

3. 汉语授课教学态度不够端正、教学方法简单化。主要表现在：对少数民族大学生管理失位，认为少数民族大学生的理解力不够，主观给他们贴标签，教学深度不够。语言运用脱离学生们的生活实际，使得学生听不懂、想不通、学不透；教学方法单一，师生之间没有交流、互动，使学生丧失了学

---

① 欧以克著《民族高等教育学概论》，民族出版社2005年版。

习的协同性与主动性。

六、西部地区民族高等院校的招生与就业工作

西部少数民族地区，地区间经济发展的不均衡导致教育发展也不均衡，发达地区高校学生入学率明显高于西部少数民族地区高校学生入学率。而且西部民族高校培养的学生毕业后大多服务于西部。当前，东部地区高校为西部输送了大量的毕业生，较大程度上增加了西部地区民族高校毕业生的就业压力。

（一）西部地区民族高等院校招生工作①

民族高等教育是普通高等教育的重要组成部分，是在初中等教育的基础上建立和发展起来的高层次教育。自 1977 年恢复高考制度以来，民族院校几十年来培养了大量的民族干部、管理人才和科技人才。2000 年 1 月 9 日结束的全国民委主任会议，强调了当年的民族工作要深入贯彻中央民族工作会议精神，以服务西部大开发为主线，加快少数民族和民族地区经济发展和社会进步，促进各民族的共同繁荣。由于历史的、地理的等因素，我国少数民族地区的经济、文化、教育的发展远远落后于沿海发达地区。为此，民族高等教育应担负起为民族地区培养高级专门人才和知识创新、技术创新的重要任务。

以贵州民族学院为例，贵州民族学院现行的招生制度是自 1977 年恢复高考制度时制定的政策，政策主要体现在两个方面：一是限制贵州民族学院招生的地域，即在三个民族自治州、民族自治县、贫困县录取考生，其他地区的则必须是少数民族考生。二是要求招收的少数民族考生必须达到很高的比例，需达到 95% 以上。

弊端之一：生源严重不足。贵州省少数民族考生约占全省考生的 40% 左右，再加上贫困县、少数民族自治县、少数民族自治州的部分汉族考生，这就意味着贵州民族学院只能面向全省 50% 左右的考生进行录取。而这 40% 左右的少数民族考生又有相当一部分选择报考省内外的其他学校。据贵阳中医学院统计，该学校的少数民族考生比例大约为 40%。自 1990 年以来，每年在招生中，除了个别年份、个别专业能招到全省高考分数控制线上填报有志愿的学生外，90% 以上的专业均需调剂或降分才能完成招生计划。

---

① 郑白玲《民族院校招生政策调查分析》，《教育发展研究》2009 年第 17 期。

弊端之二：生源质量得不到保证。由于民族院校的生源质量问题，使毕业生在新的就业体制之下缺乏竞争力。而社会、家长、考生对高校办得好坏的主要评价又以该校毕业生的就业率为标准。长此下去，民族院校就会办成生源由政府划定“照顾”的范围，而毕业生却在无情的市场竞争中处于弱势，这样又影响到学校在社会中的地位。这种恶性循环无形中动摇了民族院校的生存基础。

弊端之三：专业调整困难。民族院校也同其他高校一样，为了适应所在省区经济文化的发展而调整专业。但调整后的专业，由于受以上招生政策的影响，其积极效果显现不出。以贵州民族学院社会学系为例，该专业于1987年招生，当时是西南地区唯一的社会学专业。鉴于该专业的特殊性，毕业生也不一定服务于少数民族，招生时允许招收部分汉族考生。可是后来该专业又同民族学院的其他专业一样，受到比例和区域的限制。最终招生的结果是，想进该系的考生进不来，不想读的又一定要录取。

（二）西部地区民族高等院校就业工作①

随着我国经济体制改革的进一步深入，以及高校招生规模的不断扩大，民族院校毕业生就业难的问题越来越突出。对民族院校毕业生就业所面临的困境进行了分析探讨，同时提出在新的就业形势下解决就业难的办法和措施。

1. 民族类院校毕业生就业面临的困境

民族院校的主要任务是为社会和民族地区培养和输送各行业的专门合格人才。目前，使大学生就业陷入困境的原因有很多方面，但影响民族院校毕业生就业的主要有以下几方面的原因。

第一，由于民族类院校所设置的专业、开设的课程与市场需求有些脱节，使毕业生就业难上加难。近年来，民族类院校为了适应市场的需求，也主动积极地调整了部分专业结构，但由于受办学条件的限制，这方面的调整显得心有余而力不足。同时，为了学校的生存和发展，在缺乏市场调查的情况下，盲目设置了一些专业，给毕业生的就业造成了较大的困难。如一些民族类院校开设了旅游、体育、房地产、经济管理等专业。从专业看这些都是较热门的行业，学生毕业后，按理说就业门路应更广一些，就业率应更高一些。但

① 张德华《民族类院校毕业生就业面临的困境及思考》，《云南民族学院学报》（社会科学版）2003年第3期。

事实恰恰相反，在我国现行的教育体制下，社会各行业所需的各类人才，几乎都已有专门的院校培养。民族类院校与专门院校已有的专业重复。这些专业对口的毕业生在择业竞争中，往往处于不利地位。又如近年来，随着国家对基础教育的重视，中小学英语、语文、数学教师比较紧缺，因此，教育部门除了可接收师范类毕业生外，还可通过有关考试录用非师范类专业毕业生。但由于民族类院校在专业设置、课程建设方面缺乏师范类院校毕业生要求开设的课程，这样使得民族类院校毕业生又失去了一次择业、竞争机会。这样不按社会需求情况及时调整专业，造成了“民族类院校有些专业的毕业生就业越来越困难、越走越困难”的局面，有的专业毕业生甚至无人问津。

第二，毕业生就业期望值居高不下仍然是民族院校毕业生就业工作中的主要难题之一。尽管当前毕业生就业形势比较严峻，总体需求的量呈逐年递减的趋势，毕业生们普遍感到“找不到理想的单位”，但并非供大于求，因为同时有许多基层一线或偏远地区的用人单位急需人才而又招聘不到毕业生，反映出毕业生就业求高薪、求舒适、求稳定、求名气的心态仍普遍存在。毕业生大都希望在机关事业单位、大中型企业或者交通方便、经济发达的乡镇就业，而不愿意到贫穷的地区或是偏僻的山区。有的毕业生即使在乡镇企业中找到工作，也不安心，准备一有机会就“跳槽”，降低了企业对他们的信任度，更增加了其他毕业生就业的难度。

第三，毕业生综合素质不高，缺乏竞争能力。由于进入民族类院校的学生，文化基础本来就比不上进入重点大学的学生，且大多为贫困生、边远地区学生，加之办学条件师资力量赶不上重点大学，造成了大部分学生综合素质不高，知识面狭窄，所掌握的专业知识深度不够。尤其在大学英语、计算机操作、实际动手能力、创新能力方面更无优势，综合素质相对偏低，不能达到用人单位的基本要求。

2. 缓解就业困境的举措①

近年来，民族地区的建设与发展为民族院校的毕业生回乡施展才华提供了广阔的空间。民族院校的毕业生85%来自少数民族地区，他们是民族地区经济发展的中坚。要改变民族地区落后的经济状况，就需要有一大批高素质

① 张德华《民族类院校毕业生就业面临的困境及思考》，《云南民族学院学报》（社会科学版）2003年第3期。

的人才。

第一，学校培养人才应当具有市场意识。学校尤其是民族类院校要根据当地社会经济发展对人才需求的实际状况，培养社会所需要的人才。学校在安排招生专业及招生数量时要有市场调查和预测，尽可能使学校人才培养的数量与规格与社会需求相适应。民族类院校可以根据当地经济发展的状况，实施企校联合、县校共建等工程，因地制宜地培养实用型、知识型的专业技术人才。这样，这一层次的毕业生就容易被企业接收和消化。例如，云南省正实施打通东南亚大通道战略，学校培养的东南亚语专业毕业生就业就比较顺利，甚至出现了供不应求的现象。

第二，学校要树立质量意识和品牌意识。学校的声誉和毕业生良好的基本素质是吸引用人单位的根本因素。民族类院校毕业生就业工作要以教育、教学质量为支撑。一个学校只有把培养德、智、体、能全面发展的学生作为首要目标，在狠抓校风、学风上下功夫，教育、教学质量良好，社会才能认同，这样的毕业生才有竞争力。

第三，学校就业主管部门要加强就业指导，为毕业生提供及时、准确的就业信息。在新的就业形势下，民族院校要加快建立和完善集教育、管理、指导和服务于一体的毕业生就业指导和服务体系，为毕业生提供全方位的、方便快捷的指导和服务。就目前的状况来看，民族类院校的毕业生就业指导工作相对滞后，具体表现为：学校领导对这方面的工作的重要性认识不到位，工作力度不够，有关就业管理工作的人、财、物没有得到充分的保证。学校毕业生就业主管部门应尽快建立毕业生就业信息网络系统，通过信息网络系统这个“无形人才市场”，高效、准确、全面地收集、筛选、分析就业信息，使毕业生就业工作实现科学化管理，从而提高就业率。学校还应倡导毕业生考研、专升本，鼓励毕业生选择继续学习，提高自己的学历层次，增强择业竞争力。此项措施既可缓解就业压力，又能提升学校的办学档次。学校毕业生就业主管部门除了对学生进行就业教育以外，还应为毕业生提供用人单位的需求信息，举办多种形式的招聘会，帮助学生了解就业形势，宣传就业政策，指导择业方法和技巧，做好毕业推荐工作。并辅导学生调整期望值、调适择业心理，以便学生找准自己的职业定位。同时，民族院校要逐步由指导帮助毕业生就业，向鼓励支持毕业生自主创业转变，源源不断地为边疆民族地区输送大批“回得去、留得住、用得上”的具有开拓创新精神的民族大学生。此外，在高校毕业生实行真正自主择业的基本条件还不很成熟的情况下，为保证就业市场有序运作，有关主管部门应制定相关的法律法规，如毕业生就业法、人才保护法、毕业生就业市场管理条例等，积极探索建立与毕业生就业密切相关的待业、失业、医疗等社会保障制度，逐步把毕业生就业工作纳入规范化、法制化轨道。通过法律法规的建立和健全，综合运用法制手段、经济手段、必要的行政手段，引导毕业生流向，控制毕业生流量，使毕业生的择业做到有章可循、有法可依和公平公正，实现毕业生的优化配置。

七、西部地区民族高等院校的教师发展①

在科教兴国战略规划的实施中，我国高等教育得到了迅猛发展，西部大开发更为西部地区高等教育发展带来了良好的机遇。然而，目前西部地区高校的发展正在受到教师数量不足、教师队伍结构不合理、教师整体素质不高等多种因素的困扰。

其一，教师数量不足。近几年来，全国高校普遍扩招，从国家最新的统计资料上看：我国普通高校在校大学生 1998 年为 340 万人，到 2002 年已跃升为 903 万人，在短短的四年间增加了 563 万人。高等教育在数量上的迅速发展，使各高校对教师的需求量加大，造成教师数量短缺。而西部地区高校较东部地区和发达地区高校而言，由于吸纳新教师及引进教师的条件和各种因素的差异，教师数量短缺的问题更是日趋明显。目前西部地区一些高校中师生的比例已达 1∶30，远远高出国家教育部 1∶14 的师生比要求。

其二，教师队伍结构不合理。全国教育科学“十五”规划重点课题子课题《西部大开发与西部民族地区高校教师培训研究》课题组的研究资料表明：西部地区高校中教师队伍在结构上不合理，仅就职称结构和年龄结构上看，如 2002 年新疆普通高校具有教授职称的教师，年龄 56 岁以上者占教授总人数的 73.74%。广西普通高校中教授占教师总数的 6.89%，与全国高校教授数占教师总数的平均数 9% 相比，仍有较大差距，而且教授平均年龄在 55 岁以上的高校有 18 所，教授平均年龄在 60 岁以上的有 9 所，教授队伍年龄老化，副教授的平均年龄亦偏大，而年轻教师比例偏高，35 岁以下的教师占教师总数的 52%。目前西部地区高校青年教师占教师总数比例普遍达 55% 左右，一

① 黄幼中、黄金顺《西部地区高校教师培训策略的探索》，《继续教育》2004 年第 3 期。

些学校高达60%~70%。

其三，教师整体素质不高。高校教师的高学历化，是高校教师具备应有素质的基本保证。1999年，教育部颁布的《关于新时期加强高等学校教师队伍建设的意见》对高校教师中具有研究生学历的比例提出了要求，到2005年，教学科研型高校达80%以上（其中具有博士学位教师比例达到30%以上）；教学为主的本科高等学校达到60%以上，职业技术学院和高等专科学校达到30%以上。截至2002年6月，西部地区普通高校中具有硕士研究生以上学历的教师占教师总数的比例：广西为20.23%，甘肃为23.05%，新疆为14.33%，青海全省5所普通高校教师中具有研究生学历的不足6%，形势就更为严峻。

要想进一步提高西部地区高等教育质量，赢得快速、健康发展的主动权，仅靠从数量上吸纳新教师，并不能从根本上解决问题，还必须以较低的成本，加强师资队伍建设，加强教师的后续培训力度，使现有的教师整体在不间断的后续培训中能尽快在队伍结构上和素质上得到优化和提高，并迅速成长起来，脱颖而出，成为教学的中坚力量。例如，可加大高校教师发展的政策支持力度，将高校教师培训纳入法制化轨道。

1993年颁布的《中华人民共和国教师法》第十九条规定："各级人民政府教育行政部门、学校主管部门和学校应当制定教师培训规划，对教师进行多种形式的思想政治、业务培训。"第二十一条规定："各级人民政府应当采取措施，为少数民族地区和边远贫困地区培养、培训教师。"

从《教师法》颁布施行以来，纵观西部地区的情况，大部分教育行政部门和高校虽然意识到了教师后续培训的重要性，并且在教师培训上制定了一些相应的政策和规章制度，但这样的政策和规章制度缺少统一性和完整性。

高校教师培训缺少具体的、完整的、统一的、可操作性强的政策和法规。须知法律制度建设是教师培训工作的基础，是依法治教、依法管理的重要保证。根据我国教育形势的发展趋势和终身教育的国际教育发展趋势，有必要专门建立一套适应中国特色的教师培训法规体系，使高校教师培训得到法律保障，使教师的各项合法权益得以真正落到实处。

第八章　西部地区民族教育的发展趋势

在新世纪政治、经济、技术发展的推动下，教育思想、教育结构、教育内容、教育手段、教育管理体制将会发生重大变革。教育将向社会化、信息化、国际化趋势发展。从我国国情出发，20世纪末全国基本实现小康，到21世纪中叶，我国将建成中等发达的国家。随着我国社会主义现代化建设的发展，我国的教育将最大限度地加快全国化进程，提供教育均等机会，扩大教育普及面，提高教育普及程度。我国民族教育发展的社会环境、经费投入、物质基础，将得到根本改善，民族教育的发展将进入一个新的历史时期①。国家科教兴国战略、西部大开发战略的实施，为西部地区民族教育的发展创造了重要的历史机遇。同时也为促进各民族素质的共同提高，创设了良好的社会环境。西部地区民族教育肩负着提高西部各少数民族人口素质的重要责任和使命。

教育能唤醒人们沉睡的需求意识，使人们的社会、生活等需求得以觉醒。同时，提高人们在生活差距问题上的敏感程度以及增强改变现状的决心，进而使人们自觉地产生一种新的进取精神②。我们要以战略眼光，借鉴古今中外民族教育的发展历史，审时度势，分析研究民族教育的发展前途和趋势。虽然存在诸多的制约因素，然而在应对挑战的同时也迎来了许多机遇。西部地区民族教育的发展已然呈现出复杂性、多元性、现代性和创新性的发展趋势。

---

① 宋太成、王宏《面向21世纪的少数民族教育》，《中央民族大学学报》1997年第5期。

② 萧鸣政著《中国政府人力资源开发概论》，北京大学出版社2004年版。

第一节　西部地区民族教育的复杂性

人类文化的起源和发展在一定程度上存在着区域性差异，人力资源生长同样离不开其生活、劳动的地理空间与文化场域。因此，人们往往根据所处地理环境的相邻性与区域性研究人类的发展[①]。在西部，聚集了大多数的少数民族，这里蕴含着丰富的自然资源和人文资源，与东部的文化构成有着很大差异。这决定了我国民族地区人力资源开发不能简单照搬东部发达地区的模式，而应该将人力资源开发与自然生态资源开发有机结合，并通过其独特的人力资源发展来带动自然生态资源开发，促进民族地区经济与社会良性发展[②]。西部地区民族教育发展的复杂性表现为地域文化的迥异、传统与现代相互渗透、宗教与教育的交织共生几个方面。

一、地域文化的迥异差别

尽管教育生态学作为一门新兴学科，其历史短暂，但教育生态学的胚芽早就扎根于古代的教育中[③]。文化和地域的关系可谓久远，自文化形成以来就打上了地域的烙印。远古时期，人类活动的场域比较小，各地的文化大都是他们限闭生活的反映，地域色彩极其鲜明。中国文字记载最早的诗歌《弹歌》“断竹，续竹；飞土，逐肉”就是对原始狩猎生活的生动描述，从所用的材质“竹”上可以看出反映的是黄帝时代的生活场景。先秦时期《诗经》的“国风”就是对北方十五个不同地区风情的描写；而《楚辞》则明显地带有南方巫风色彩。《文心雕龙》评《诗经》是“辞约而旨丰”“事信而不诞”，称《楚辞》是“瑰诡而惠巧”“耀艳而深华”，可见其地域文化色彩。《国语》和《战国策》就自然含有各地风貌。在诸子散文中，齐鲁文化孕育下的孔、孟与深受楚风熏染的老、庄，其地域特征也极其鲜明。“性相近，习相远”，“孟母三迁”说明他们已经意识到环境因素对教育的作用与影响，注重地域文化对儿童发展的影响。

文化的发展过程十分复杂，但是它总是离不开创造、发现、选择和传递这四个基本环节。这四个环节相互交织，相互配合，综合地作用于文化的形成和演变。这四个基本环节都毫无例外地依赖于教育，统一于教育。文化与

① 孙杰远著《教育促成人力资源生长》，广西师范大学出版社 2009 年版。

② 孙杰远著《教育促成人力资源生长》，广西师范大学出版社 2009 年版。

③ 王军主编《教育民族学》，中央民族大学出版社 2007 年版。

教育的关系至为密切。简单扼要地说，文化传递内容、延续生命的最主要方式是通过教育，而教育也为文化不断地提供新的内容、新的生机和新的前途，教育使文化不断得到创造。不仅科学技术的发展是建立在教育的基础上，而且文化发展也是以教育为根基的。教育不仅是社会生产和再生产的重要手段，而且是文化延续和发展的重要内在机制和手段。教育制度、教育观念、教育思想以及教学方法等，都是文化影响的产物，因而具有相对稳定性。教育的具体制度和特点总是体现文化传统的特征，教育活动中也离不开文化传统的影子[①]。因此，文化与教育密不可分、相互依存。同样西部地区的民族教育也不例外。一个民族的教育与该民族的文化是一脉相承的，一般而言，民族教育是传承民族文化的途径，民族文化是民族教育的内容。在一个多民族国家中保护少数民族文化，发展民族教育事业，对于提高少数民族的科学文化素质，增强少数民族的民族自豪感与自信心，加快民族地区经济社会的发展，促进民族团结与社会稳定，具有重大而深远的意义。因此，民族教育必须扎根于民族文化的土壤中。

我国西部地区自古就是个多民族社会。历史上氐、羌、匈奴、柔然、鲜卑、党项、吐谷浑、突厥、回鹘、吐蕃等少数民族生活的地区，现在还生活着藏、回、维吾尔、哈萨克、裕固、保安、撒拉、蒙古、锡伯等多个少数民族。西部地区不论从历史还是从现实来看，一直都是一个多民族多文化共存的社会。在不同的历史时期，不同民族不同文化之间的关系各不相同，但总体趋势正如费孝通先生所指出的是一种“中华民族多元一体的社会格局”[②]。将西部地区民族教育作为一个整体系统研究的思考来自于著名社会学家、人类学家费孝通先生提出的“六大板块和三大走廊”[③] 的论说。1981 年 12 月，费孝通在中央民族学院民族研究所座谈会上，以《民族社会学的尝试》为题的讲话中，完整地提出中华民族聚居地区是由六大板块和三大走廊构成的格局的看法。六大板块是指北部草原区、东北部的高山森林区、西南部的青藏高原区、云贵高原区、沿海区和中原区。而走廊是指藏彝走廊、南岭走廊和

① 刁培萼主编《教育文化学》，江苏教育出版社 1998 年。

② 王鉴《西北民族地区多元文化与教育问题研究》，《当代教育与文化》2009 年第 1 期。

③ 费孝通《关于我国民族的识别问题》载《费孝通文集》（第七卷），群言出版社 1999 年版。

西北走廊。在此格局中，板块是相对稳定的，而走廊正是连接各板块的纽带，具有流动性。这一格局的划分不仅对于教育学、民族学、社会学、人类学等学科的建设具有重大作用，而且对文化地理、民族历史、民族经济等交叉学科的发展开辟了新的领域。

地域文化具有地域性、亲缘性、潜在性、边缘性等特点。第一，地域文化的地域性是某一地域的人们在和自然、社会的互动中形成的。其传播具有地域性，并具有和其他地域文化不同的特征，如吴越文化、燕赵文化、三晋文化、巴蜀文化等等地域文化个体。第二，地域文化还是与本地人民关系最为密切的文化。地域文化是本地人民日常生活中耳濡目染，亲身接触并参与其中的文化。一个生活在某地的人既可以超越时空的界限，依靠现代化的媒体，看到大江南北的风土人情，也可以亲临其境深切体验种种不同的文化。但这些文化对于他来说，都是临时性的接触对象，而地域文化则与个体之间水乳交融，难以分离。人们既是地域文化的欣赏者，更是地域文化的创作者和实践者，他们的生活本身就是地域文化的本体所在。第三，对于生活于其中的人来说，地域文化是具有潜在性的。虽然个体对于地域文化最初是被迫接受的，但一个人在既定的地域文化中生活久了，便也不自觉地现出种种的文化烙印，自己的一言一行和周围人们的一言一行之间已经达成了默契。他已经被熔化其中而不自知，所谓“不识庐山真面目，只缘身在此山中”。第四，地域文化具有边缘性。相对于中华文化的共性而言，长期以来，文化个性在课程中未受到足够的重视，因而依据地域文化在我国现行课程中的地位，我们还可赋予它另一个特征，即地域文化是处于边缘地位的文化。西部民族地区由于地域文化的差异就使得民族教育呈现出丰富多彩的特点。

二、传统与现代的相互渗透

中国是一个民族多元化国家，发展民族教育，对落实民族政策、提高民族地区经济发展水平、实施科教兴国战略，都有着重要的影响。一方面，在巩固已经取得的现代教育成果的基础上，进一步探索新的教育思路和方法，促进少数民族地区教育事业的发展；另一方面，对少数民族传统教育模式和理念进行探索和思考，从而探索出一条现代化教育和民族化教育共同发展的双赢之路[①]。传统教育与现代教育，从其产生和发展的历史来看，有个时间先

① 文明《对少数民族现代教育与传统教育的思考》，《社科纵横》2011 年第 12 期。

后的问题，但又不能简单地用时间先后来划分。在一定意义上说，我国教育现代化是一种“后发型”的现代化[①]。传统教育与旧教育、现代教育与现代化教育，从某种意义上来说，有相同之处，但从另一种意义来说却又不完全等同。传统教育，如果泛指历史上沿袭下来的教育思想和教育内容及方法，有不同的时代特点在内，同新教育相比它属于旧教育；如果传统教育作为一个教育思想流派来说，又不能以时间为限，因为它在今天仍然存在，而且也在走着现代化的路。现代教育，以时间来分比传统教育出现较晚，但作为一个教育思想流派来划分，它又是同传统教育相对应的一个不同的教育流派。

少数民族传统教育是在多民族国家中，人口较少的民族在一定社会文化背景下实施的促使个体传统社会化的社会活动。它随着少数民族社会的发展而发展变迁，具有很强的生命力和再生能力，是少数民族现代教育发展的源泉和动力。少数民族传统教育和少数民族现代教育相互依存、相互影响、相互制约，共同构成少数民族地区的少数民族教育体系。家庭教育、学校教育、社会教育、自我教育和自然形态教育这五种教育形式，构成了少数民族传统教育的教育形式结构[②]。少数民族传统教育内容有：少数民族社会各种观念的形成教育和生产、生活、科技、文化艺术知识教育；在少数民族发展进程中形成并长期影响少数民族教育发展的教育思想、教育观念和教育制度；各少数民族在其发展过程中逐步积累、总结而形成的教育内容和教育方法；用各少数民族自己的语言文字学习古典文化和知识并与之配套的各种教育形式和方法。少数民族传统教育是一个有其教育形式、教育内容、教育方法等的完整教育结构系统，并具有民族性、历史性和对立统一的特性。我国西部民族地区有 49 个少数民族，其中有的民族没有文字，有的民族曾经有过文字，后又没有使用，如满文等。在教育形式上，有的民族有学校教育，有的民族却又没有。因此，不同民族的传统教育的教育内容和形式都不尽相同。

少数民族现代教育。现代教育是指建立在现代大工业基础上的学校教育。它的目的不是传承历史，而是传播现代科学知识。现代科学知识，是全人类的宝贵财富，是人类认识世界、改造世界的经验结晶。不分国家地域，不分种族民族，谁掌握了它，谁就掌握了推动生产力发展的金钥匙。因此，发展

---

① 郑金洲著《教育文化学》，人民教育出版社 2000 年版。

② 伍玉《少数民族传统教育对现代教育的影响与启示》，《绵阳师范学院学报》2011 年第 03 期。

少数民族现代教育，对推动少数民族生产力的发展，意义重大[①]。现代教育和传统教育一样是相对的、动态的。任何教育发展较好的国家和地区，其现代教育在取代传统教育时，总是在否定中继承，在继承中否定的。其传统教育在退出历史舞台时，必然给现代教育留下合理的优秀的部分。经过调整，转换成为现代教育中的重要组成部分。因此，少数民族传统教育与现代教育是不能分开的，是无法割裂的。少数民族地区的现代教育离不开少数民族的传统教育，少数民族地区的现代教育需要少数民族传统教育来补充和完善。所以，当前的西部少数民族地区依然呈现出传统教育与现代教育相互渗透的发展趋势。

三、宗教与教育的交织共生

任何民族的教育活动均摆脱不了其历史文化的影响。作为最古老、最深层的历史文化形态，各少数民族的传统宗教，不仅在过去，而且在当今，都给民族教育以广泛的影响。民族的传统教育，几乎就是宗教教育，民族的现代教育，也难避免宗教的扯动[②]。宗教信仰同教育相互交融，对人的思想观念、行为规范的渗透是“无孔不入”的，是无形的[③]。宗教的文化因子对人们的观念意识、行为准则产生影响，并直接从日常生活中得到体现。自远古的黄帝、炎帝以来，西部地区就是多元文化共存，不断冲突、不断融合发展的。在大一统时代，往往是主流文化与多元文化和谐发展；在社会动荡时期，各民族文化竞相发展。从目前来看，西部少数民族文化主要有两大文化圈：一是以藏族、蒙古族等少数民族为代表的佛教文化圈；二是以回族、维吾尔族等少数民族为代表的伊斯兰教文化圈[④]。从整个西部民族地区来看，其宗教文化与教育呈现出相互交织的发展趋势。

西部地区有许多的民族信仰伊斯兰教，尤其是西北地区。主要有回族、维吾尔族、哈萨克族、乌孜别克族、塔吉克族、塔塔尔族、柯尔克孜族、撒拉族、东乡族、保安族等。以回族为例，他们的传统教育主要在清真寺的经堂中进行，学习的内容除了宗教教义之外，也有伊斯兰文化及本民族的历史

---

① 文明《对少数民族现代教育与传统教育的思考》，《社科纵横》2011年第12期。

② 孙若穷主编《中国少数民族教育学概论》，中国劳动出版社1990年版。

③ 王军主编《教育民族学》，中央民族大学出版社2007年版。

④ 王鉴《西北民族地区多元文化与教育问题研究》，《当代教育与文化》2009年第1期。

与文化经验等。藏族是一个全民信教的民族，藏传佛教是藏族的本土宗教本教与印度传来的佛教结合而成的宗教。藏族地区的知识分子主要由寺院来培养。寺院教育最大的特点是宗教与教育融为一体①。

云南是一个多民族、多宗教的省份，宗教形态相当复杂，少数民族的宗教信仰形成了一个十分庞杂的体系。既有从远古遗存下来的原始宗教，亦有进入阶级社会后形成的宗教，还有近代从西方传入的基督教。在云南省的几十个民族中有19个民族近300万人分别信仰佛教、伊斯兰教、基督教，均占全省总人口的8%，尤其是西双版纳及德宏地区的傣族、布朗族、德昂族等基本上全民信仰巴利语系佛教（又称“南传上座部佛教或小乘佛教”），并由此形成了独具民族特色的传统缅寺教育体系②。迪庆地区的藏族及部分纳西族则信仰藏传佛教（又称喇嘛教），并由此形成了一整套独具风格的寺院教育体制。滇中、滇南及滇东北的回族信仰伊斯兰教，并由此形成了与中国传统私塾教育相结合的经堂教育体系。近代传入云南省苗族、彝族、傈僳族地区的基督教则形成了神学教育体系。此外，大部分纳西族信仰本民族的“东巴教”；大部分彝族信仰本民族的“毕摩教”；大部分白族中流行“本主崇拜”③。这些民族内部保留了大量原始宗教或民族宗教教育传统。这些形形色色的宗教教育体系，在长期的历史发展过程中，对于各少数民族来说，一直处于极为重要的地位，形成了自己的民族宗教教育特色。

作为有深厚根基的宗教，对当代民族教育的影响是巨大的。首先，在基本上全民信教的少数民族地区，其宗教信仰中的全民性特点，本身就决定了宗教教育在传统教育中的特殊重要作用。其次，宗教活动的集体性及其与民族生产生活联系的紧密性，又决定了宗教教育在传统教育中有极强的渗透性。再次，各少数民族信仰宗教的神圣性，使接受宗教知识的人带有很大的盲目性，而宗教神职人员在宗教教育中的主导性，又使受教育者带有很大的被动性。这种单向、被动的知识传承方式，培养出来的必然是虔敬神明、唯唯诺

① 王鉴《西北民族地区多元文化与教育问题研究》，《当代教育与文化》2009年第1期。

② 缪家福《宗教与云南民族教育关系探析》，《民族教育研究》1993年第1期。

③ 王平曾《论云南少数民族地区的宗教教育与学校教育》，《云南教育学院学报》1989年第2期。

诺的顺民。最后，由于宗教教育的封闭性、落后性和排他性，其文化缺乏创新。对外来文化一般持顽固的排外态度，从而阻碍了包括现代学校教育在内的现代文化的有效输入，使少数民族的传统教育始终徘徊于低级的状态或原始的水平，如果允许这种情况延续到当代，则这些少数民族的文化教育将远远落后于时代，而且最终会窒息民族文化的自我发展。

从教育体系上看，由于少数民族地区宗教教育的存在，从而使本地民族教育体系呈现传统的非世俗的宗教教育与现代的学校教育二元结构。在目前少数民族地区民族教育的二元结构中，宗教教育对现代学校教育的影响是相当大的，矛盾冲突是不可避免的。只要宗教还存在，它就必然会在教育思想、方式、体制、内容等各个方面施展其影响。现代学校教育在西部民族地区建立以后，宗教与教育分离。民族教育迈入了现代的教育阶段，宗教教育仍然存在，并有一定的发展规模。这说明宗教教育在某些方面适应群众的需要，这样就形成了宗教教育与现代教育形态的并存的局面。

第二节　西部地区民族教育发展的多元性

当今世界的发展愈来愈呈现出一种深刻而有趣的现象：一方面，不同民族、不同文化日益融合、交流、统一，那种相互隔离、孤立的时代已经一去不复返了；另一方面，社会形态和文化类型却越来越多元化、复杂化，共同构成了世界文化的“百花园”[①]。我国西部民族地区民族众多，形成“多元一体”[②] 的文化格局，对教育问题而言，更加倡导的是一种多元文化教育。多元文化教育是当今国际教育界普遍关注的热点领域之一。它既是一股强劲的理论思潮，也是一场深刻的实践变革[③]。所谓多元化的民族教育就是在民族和地域基础之上，在尊重不同文化背景的前提下，对具有多种多样文化和民族背景的受教育者提供教育。在我们国家，民族教育既包括对主体民族的教育，也包括了对少数民族的教育，是以主体民族教育为基体，以各少数民族教育

① 王颖《美国多元文化教育的形成与发展对我国民族教育的启示》，陕西师范大学研究生学位论文，2001 年。

② 费孝通《中华民族的文化多元一体格局》，《北京大学学报》1989 年第 4 期。

③ 王鉴《多元文化教育的两种模式——“西方马赛克”与“中国大花园”》，《西北师大学报（社会科学版）》2005 年第 5 期。

为依托的中华民族多元一体教育[①]。从我国西部民族地区教育的发展趋势来看，呈现出多元性的特点。

在中国民族教育的历史背景中，多元文化教育和跨文化教育的因素是在新中国成立后才出现的，到20世纪80年代才在民族教育中居主导地位。在漫长的中国封建社会历史时期，不同的统治阶级为了维护自身的利益，对民族地区实施过不同的民族政策。表现在教育方面，主要有两种倾向：一是教化教育，二是“同化”教育。到民国时期，民国政府先后提出了“蒙藏教育”和“边疆教育”，并设立“蒙藏教育司”和“边疆教育司”专司其事，使我国的少数民族教育取得了很大的发展。新中国成立以后，国家从民族的、科学的、大众的文化出发，主张一切民族平等自由，坚决反对任何民族歧视和民族压迫，把“愚民的与奴才的教育方式”予以彻底消灭，而代之以“普及的、人才的”教育；把那种“点缀的、施舍的、伪装的、模仿的、孤立的”民族教育予以彻底消灭，代之以“大众的、科学的、民族的，为少数民族所有、所享、所治”的教育。在党的十一届三中全会精神指引下，我国先后召开了第三、第四次全国民族教育工作会议，对各时期民族教育的改革发展做出了整体部署，加快了我国民族教育事业的不断发展。至20世纪末，我国民族教育事业大体上经历了拨乱反正、逐步恢复、稳步发展（1978年到1984年）和深化改革、加速发展（20世纪80年代中期到现在）这样两个大的阶段。尤其是20世纪80年代以来，国家对民族地区采取了“优先发展、重点扶持”的政策，并从民族地区和各民族自身的特点出发，在文化大讨论的氛围中形成了“民族多元一体”“文化多元共存”的共识，使跨文化的教育成为民族地区教育发展的主流。使民族地区的经济靠教育，教育为经济建设服务，从而把民族教育的发展纳入现代化教育发展的轨道上来[②]。我国多元文化教育由来已久，到当前仍在提及，可见其重要性不可小觑。

一、民族分布的时空差别

自然地理环境和社会环境对民族的心理、文化有重大影响。自然地理环

---

① 王鉴《多元文化教育：西方少数民族教育的实践及其启示》，《广西民族研究》2004年第1期。

② 王颖《美国多元文化教育的形成与发展对我国民族教育的启示》，陕西师范大学研究生学位论文，2001年。

境不仅通过社会生活、物质生活影响教育，而且还通过民族的心理和文化给民族教育以重大的影响①。民族有其自身的形成、发展和消亡的过程。它是在历史上形成的具有“共同语言”“共同地域”“共同经济生活”以及表现在“共同文化上的共同心理素质的稳定的共同体”。这里的“共同地域”既是一个民族的重要基本特征之一（即每个民族必然拥有或曾经拥有属于他们自己的共同地域）。但更是这个民族得以形成、发展的重要的物质基础。共同地域内空间尺度的大小、自然条件优越与否、地域内的连通状况等对其间的民族生存和发展、迁移和扩展无疑是起着十分重要的影响的②。汉民族分布空间的向外拓展不是永无止境的。对我国的边疆地区而言，因当时生产力水平所限，汉民族的向外发展或因崇山峻岭阻断，或为大漠隔绝，这就在很大程度上阻碍了汉民族对外进一步地扩展和融合，从而形成了汉民族所拥有的共同地域的边界（这个边境是经常变动的，有时是模糊不清的）。而边界之外因地形复杂，被分隔成若干小地域，却正好为少数民族的形成发展提供了空间条件。因边疆地区或为群山阻隔，或被沙漠分割，形成众多空间尺度不大且较为封闭的地域。对外联系交往很困难，从而使若干地域内或因本来就分属于不同的民族部落，或因地域间互不连通，相互无法正常交流，久而久之出现了民族分化，最终形成了相互地域间各自具有自己的语言，自己的风俗习惯，自己的经济活动的各个民族。又因边疆地区普遍存在着地形、气候等方面对经济发展的不利影响以及地域空间尺度的狭小，因而也在很大程度上制约了各少数民族经济的发展和人口的增长，更制约了他们向外的迁移和扩展。因而有众多的少数民族人口少且分布在狭窄的谷地内或闭塞的小盆地中。甚至某些面积并不甚广的山区竟聚居了好几个少数民族。

从全国整体情况来看，边疆地区的地理环境是我国西南、西北、东北边疆地区形成众多少数民族分布格局的重要原因。根据少数民族的聚居状况，我国西部地区的民族分布有一定规律与特点③。西北有14个少数民族生活在边疆地区。西南是我国边疆地区少数民族最多的地区。我国云南境内聚居的少数民族就达20多个，成为我国少数民族最为密集的地区。而内蒙古、西藏等地则因地域较为开阔，地表坦荡，从而形成较为广泛的蒙古族和藏族分布

① 哈经雄、滕星主编《民族教育学通论》，教育科学出版社2001年版。

② 尤玉明《浅析我国民族分布状况及其特点的形成》，《中国地理》1998年第7期。

③ 《中国大百科全书·中国地理》，中国大百科全书出版社1993年版。

区。其广泛程度仅次于汉族分布区。地域连通状况、尺度大小对民族分布的影响由此可见一斑。

二、民族发展的本体差异

社会主义时期是各民族共同繁荣发展的时期。各民族间的共同因素在不断增多，但民族差异将长期存在。民族差异是民族发展积极而重要的因素，我们必须充分认识民族差异发展的客观规律。

西部各少数民族发展存在差异，首先是由民族实体长期存在的客观事实决定的。“民族是人类历史发展到一定阶段的必然产物，是人类社会一定历史阶段中的一种普遍现象，是一个历史范畴”①。在历史的发展长河中，各民族在历史渊源、生产方式、语言、文化、风俗习惯以及心理认同等方面具有各自鲜明的特点。其次，这是由民族发展的不平衡规律决定的。民族作为在一定历史发展阶段形成的稳定的共同体，在其发展过程中，平衡是相对的，不平衡是绝对的。各民族由于发展起点不同以及地理、文化等方面的不同，各民族的发展过程、速度不尽相同，这也会导致民族特点和民族差异的产生。再次，这是由社会现实条件决定的。一个民族的生存与发展，总要受到一定经济基础之上的诸种社会关系的影响和制约。社会条件与民族的发展相互作用，社会环境不断发展变化，这也必然造成民族的差异。最后，民族政策也会对民族差异产生直接而重要的影响。民族分离的政策会使民族特点和民族差异长期存在，看起来保持了民族的多样性，但显而易见会阻滞民族的发展。而民族同化政策则会人为地强制性地加速民族差异的消失。社会主义制度下选择的是既有利于各民族共同繁荣发展，又不人为地消除民族差异的政策。民族差异主要表现为民族特征的差异，如：各民族的历史起源、文化模式、语言文字、风俗习惯、宗教信仰、生活方式、心理素质、价值观念、伦理道德、行为规范等方面。还有表现为民族发展的差异，包括各民族的生产方式、内部经济结构、生产力发展水平、社会经济形态、政治制度和所处的社会发展阶段等方面。总之，民族差异表现在民族的各个方面，有着不同的表现内容与形式，并随着民族的发展变化而变化。

对待民族差异的不同政策有以下几种。

一是种族排斥政策。它“来源于种族主义意识形态，是主导民族群体利

① 吴仕民主编《中国民族理论新编》，中央民族大学出版社2006年版。

益最大化最彻底最简便的途径”[1]。在种族主义者的视野中，民族的差异是以高级与低级区分的，“优秀”民族比“劣等”民族天生就应该占据更多的政治、经济与文化资源，民族关系是不平等的。这使得非主导民族面临着被封锁，甚至被灭绝的危险处境。因此，这些民族为争取民族权利进行了不懈的斗争，民族矛盾、民族问题、民族冲突愈演愈烈。可以说，在种族排斥政策影响下，民族差异不仅完全不能实现其促进民族发展的积极作用，而且被视作民族矛盾的“罪魁祸首”，成为种族主义者要消灭的对象。

二是同化政策。它希望通过消除族群之间在身份认同、文化、制度结构甚至是血缘上的差异，而消除社会因民族属性差异而造成的冲突。实质是强制消除民族界限，消除民族多样性。但同化的标准往往由主导民族制定，同化对象只能是少数民族或者说非主导民族。因此，同化政策也是建立在不平等的民族关系上的。它要求少数民族放弃自己的民族特点而经过某种适应性过程成为主导民族中的新成员，这对于少数民族来说意味着民族的消亡。民族差异所带来的不同民族先进文明成果的互相交流、互相促进将无法实现，取而代之的是一种强制性的统一的民族标准，少数民族一切的优秀文明成果都将被抛弃。

三是多元文化主义政策。它是一种基于尊重民族平等原则的民族政策，强调不同的民族可以同时保持对国家和对民族的文化认同，但对国家的认同无疑是居于首位的。少数民族不再处于从属的地位，而是国家主体民族的一部分。同时，多元文化主义也承认了民族差异长期存在的合理性，但问题在于多元文化主义认为民族之间的界限是固定不变的，甚至与主流社会生活不相容的群体也会坚持不变。随着经济全球化的发展，人们对各种差异越来越宽容，在这种背景下，多元文化主义政策会鼓励民族成员为了保持相互认同，而强调自己与社会其他部分有不同之处，鼓励在群体之间设立与保持界限。这样容易忽视差异中所蕴含的民族文明的普遍性，更重视民族以往历史的差异，而不是强调统一，从而无法使各民族向着一个共同的人类目标发展前进。

四是民族区域自治。它是一种复合型民族政策，它将“民族自治”与

---

① 关凯《多元文化主义与民族区域自治——民族政策国际经验分析》，《西北民族研究》2004 年第 2 期。

“区域自治”结合起来，规定了少数民族在国家领土范围内的一定地域内，拥有区别于其他地方的特殊行政权力。这种权力体现在政治、经济、文化、教育以及宗教等诸多方面。中国选择民族区域自治作为解决中国民族问题的基本政策和基本政治制度是由中国的国情决定的。国家在这一政策和制度中占有主导性地位。差异是促进各民族发展的积极而重要的因素，民族和谐不是消灭民族差异，也不是扩大民族差异，而是差异的统一。在一个整体之中，能充分发挥民族差异的积极作用，同时又将可能带来的民族矛盾和冲突降到最低点。民族和谐最大的特点是求同存异、体谅包容、平等友爱、团结互助、各民族的利益得到合理分配。“尊重差异、包容多样”是一个重要观念，是对当今世界民族多样性的本质把握。

三、民族教育的发展差距

社会主义时期的民族，在政治权利、地位上取得了相互平等。新中国成立六十多年来，各民族在社会事业和经济上也取得了翻天覆地的变化。但是，在经济和社会事业发展上，由于历史的原因，各民族发展基础、发展进程很不平衡。社会主义初级阶段的基本国情，我国各民族和民族地区的实际，决定了我国各民族教育在发展上存在差距，并且这种差距将长期存在。其中民族教育发展差距存在的原因是多方面的，历史的原因、现实的国情和民族地区的实际，都决定了社会主义时期，我国各民族之间、民族教育之间存在发展差距。

近代以来，西方帝国主义的侵略加剧了少数民族经济和文化的落后状态。这种状况主要表现在：首先，各民族的社会经济形态和社会生产力发展水平极不平衡。在旧中国，我国各民族的社会形态分别处在封建社会和前封建社会的奴隶制（封建农奴制）和原始社会末期。但共同的特点是，生产方式和生产工具极其落后，刀耕火种的耕作方式普遍使用，生产力水平十分低下。其次，新中国成立前夕，我国的所有少数民族地区都还处在传统经济即农本经济时代，所从事的仍是传统农业，广大的少数民族地区尚未出现三次产业的明显分化。少数民族地区几乎没有现代工业，少数工业企业集中在城镇和交通要道，且多为以手工劳动为主的采矿业、轻工业和修配业。再次，各民族经济意识落后。新中国成立前，民族地区落后的经济意识在生产领域表现为淡积累意识，生产规模长期停留于小生产阶段，难于扩大。满足于自给自足的生活，没有商品生产意识。落后的经济意识在流通领域表现为对商业贸易活动的鄙视和抑制。在分配领域表现为平均主义思想严重，在消费领域表现为平日节俭而在节庆婚丧活动中严重的铺张浪费。此外，少数民族地区及少数民族的文化事业极为落后。旧中国的绝大多数少数民族地区没有正规教育，学校数量很少，广大少数民族得不到受教育的机会。很多少数民族地区文盲占绝大多数，识字的人极少，知识分子更是凤毛麟角。以云南为例，少数民族的教育虽然形态各异，但从整体上看，近代学校教育较薄弱，传统教育占据了主要地位。1949 年中华人民共和国成立前夕，全省文盲率达 85% 以上，少数民族的文盲率则高于这一比例①。新中国的云南民族教育，是在一个多元、复杂而又脆弱的基础上发展起来的。中华人民共和国成立后，民族教育事业获得迅速发展。

新中国成立以来，在国家的大力扶持下，少数民族地区各族人民艰苦奋斗，勤奋努力，在经济建设和社会事业发展上都取得了巨大成就，人民生活水平有了显著提高，民族经济总量有了巨大增加，经济结构逐渐优化，基础设施建设有了很大发展，为民族经济的进一步发展奠定了雄厚的物质基础。但是，整个社会主义初级阶段，乃至整个社会主义阶段，是通过加快少数民族和民族地区发展，实现各民族共同繁荣的阶段。和全国一样，广大少数民族地区也处在社会主义初级阶段，但与全国相比，少数民族和民族地区社会主义初级阶段的特征更明显、更突出：少数民族和民族地区的社会生产力更加落后，农业牧业人口占的比重更大，自然经济半自然经济的束缚更深，文盲半文盲的比例更高，科技教育文化的水平更低，计划经济体制的色彩更浓，少数民族和民族地区摆脱不发达状态，实现现代化的任务更艰巨。因此，加快少数民族和民族地区的经济社会发展，促进各民族的共同繁荣，完成民族工作的第二大历史任务，必将贯穿于社会主义初级阶段的始终，需要一个相当长的过程，需要各族人民的长期共同奋斗。

改革开放以来，我国经历了持续的高速经济增长，形成了历史上经济增长速度最快、社会进步最显著、人民生活水平改善最明显的发展时期。在这一过程中，民族地区经济社会发展步伐明显加快，取得了显著成绩。但是，这一发展过程极具不平衡性。2004 年，民族自治地方人均生产总值只有全国

---

① 云南省地方志编纂委员会编纂《云南省志》（卷六十）《教育志》，云南人民出版社 1991 年版。

平均值的71.4%[①]。民族地区人均生产总值与全国的差距由1994年的1433元扩大到了2003年的4651元[②]。2003年，全国农村居民贫困发生率为3.1%，民族地区为7.3%，比全国高4.2个百分点。在全国11个省区中还有20个少数民族约390万贫困人口所在的77个少数民族贫困县，属于特别贫困的少数民族地区，其贫困发生率高达23.99%[③]。在当前和今后一段时期，民族之间的发展差距，首先表现为民族地区发展差距有不断扩大的态势。其次，民族地区文教卫生事业发展落后。教育投入不足，办学条件难以改善，学生上学难问题较为突出。目前，全国未实现“普九”的县有431个，其中民族地区有312个，占72.3%。西部地区未实现“两基”的372个县（市、区）中有312个在民族自治地方[④]。我国虽然大幅度实行教育补助制度，但是很多地区的投入与需求依然存在着严重的矛盾。少数民族子女求学之路困难重重。此外，许多优秀少数民族传统文化濒临失传，亟待抢救保护。民族语言文字出版物、广播电视节目普遍存在数量有限、质量不高、内容单调、信息滞后等问题。差距的存在有历史的因素，也有自然、社会等方面的因素，因此，教育差距在少数民族地区短期内是很难消除的。

第三节　西部地区民族教育发展的现代性

教育要面向现代化、面向差异、面向未来，这是我国教育也是西部民族教育发展的基本战略。由于自然、历史、社会等复杂因素的影响，长期以来我国的少数民族地区在经济和社会的发展水平上相对滞后，因此在新中国成立以后，为了缩小民族地区与汉族地区、民族地区与内地发达地区之间的经济发展差距，我国在少数民族地区的经济社会发展上一直采取的是“模仿或照搬东部发达地区的发展模式”，或称为“追赶汉族”的传统追赶战略[⑤]。我

---

① 胡锦涛《在中共中央民族工作会议暨国务院第四次全国民族团结进步表彰大会上的讲话》，人民出版社2005年版。

② 《中央民族工作会议精神学习辅导读本》，民族出版社2005年版。

③ 《中央民族工作会议精神学习辅导读本》，民族出版社2005年版。

④ 李淑霞《巩固和发展社会主义民族关系——努力促进和谐社会建设》，《赤峰学院学报》（汉文哲学社会科学版），2008年第2期。

⑤ 胡鞍钢、温军《会优先发展：西部民族地区新的追赶战略》，《民族研究》2001年第3期。

们要赶上国际先进水平，必须发展少数民族的经济、文化[①]，要发展少数民族又有赖于提高全国经济、文化水平。现代化需要少数民族，少数民族需要现代化。与此相适应，我国对少数民族教育事业的发展采取的是“优先发展、重点扶持”的政策，力求民族地区教育发展水平追赶内地发达地区的教育发展水平。并以此作为体现社会主义大家庭各民族教育平等的重要标志，以此作为缩小甚至消除民族教育与内地发达地区教育之间存在的事实上的不平等现象的主要途径。民族教育的跨越式发展就是民族教育要以较快的速度发展，在发展上要有加速度，是民族教育的超常规发展，在发展上要有新思路[②]。无论是现代理论的倡导者，还是其他研究现代化问题的学者，几乎都把教育作为现代化的一个重要特征和现代化进程中必须考虑的关键因素[③]。现代化是实现西部民族教育振兴的必由之路。

一、跨越式的发展历程

西部民族教育的传统发展模式是“模仿或照搬内地发达地区的教育发展模式”。在西部大开发战略、科教兴国战略、可持续发展战略和全面建设小康社会等的新形势下，西部地区民族教育传统的发展战略开始向“以人为本和特色化发展”的跨越式发展战略转变[④]。跨越式发展战略要以民族教育的优先发展、民族地区人才资源开发、民族教育特色化发展及其政策为保障。在此基础上，研究跨越式发展的必要性、可行性以及途径就显得格外重要。

（一）实现西部地区民族教育跨越式发展的必要性

跨越式发展战略不仅把民族教育事业作为我国教育事业的一个重要组成部分来发展，作为我国教育事业发展的重点，在政策、经费、援助等方面均要优先于内地教育，而且把民族教育的发展定位在民族地区发展的“基本建设”事业上。发展速度要快于民族教育以前的发展速度，以保证通过跨越式发展促使民族教育可持续发展[⑤]。

---

① 费孝通著《民族与社会》，人民出版社 1981 年版。

② 王鉴《我国少数民族教育跨越式发展战略研究》，《西北师范大学报》（社会科学版）2004 年第 1 期。

③ 郑金洲著《教育文化学》，人民教育出版社 2000 年版。

④ 王鉴《我国少数民族教育跨越式发展战略研究》，《西北师范大学报》（社会科学版）2004 年第 1 期。

⑤ 王勤、谢仁权《西部地区民族教育跨越式发展的思考》，《贵州民族研究》2006 年第 4 期。

实施西部地区民族教育的跨越式发展有其必要性。

一是贯彻落实马克思主义民族平等原则的需要。坚持各民族一律平等是马克思主义解决民族问题的一项根本原则。这一原则在教育上的体现就是主张各民族人民都享有同等的受教育的权利。同时，马克思主义认为，先进民族不仅要遵守形式上、法律上的民族平等，而且要采取各种措施，照顾、帮助后进民族，保证实现在事实上的平等。

二是促进少数民族现代化的需要。西部民族地区经济文化的发展及现代化的实现，主要依赖于各民族自身社会生产力的发展和劳动生产率的提高。而作为生产力的劳动力、生产工具和对象这三要素与教育有着密不可分的关系。国外统计资料表明，小学毕业可提高劳动生产率的43%，中学毕业可提高108%，而大学毕业可提高300%[①]。这也充分说明劳动者文化素质的提高，对生产力的发展具有明显的促进作用。我国西部少数民族地区地大物博，拥有现代化建设所必需的丰富资源，这是优势。而目前这种优势的潜力没有充分发挥出来，关键之一是缺乏人才。人才的培养和科学技术的发展均要依靠教育。所以，民族地区要发展生产力，实现现代化，把发展教育，特别是民族教育作为战略重点，就比内地更为迫切。繁荣我国少数民族的经济文化，促进民族地区现代化建设事业蓬勃发展，是我国发展民族教育的现实要求。

三是实施科教兴国战略的需要。科教兴国，旨在通过科学和教育事业的发展，去促进国家经济、政治、文化等各项事业的全面进步，以实现国家的振兴和富强。科教兴国的基础在教育，正如党的十六大报告中所指出的：教育"在现代化建设中具有先导性全局性作用"。"兴国"包括国家各项事业的兴盛，也包括各个地区的发展。我们面临的一个重要而紧迫的问题是，广大的少数民族地区经济发展落后，教育事业发展落后。因而，要真正使"科教兴国"战略落到实处，必须尽快改变少数民族地区教育事业落后的现状，使之和全国的教育事业协调发展，并以此促进民族地区经济社会与其他地区协调发展。要达到这个目标，就必须使民族教育实现跨越式发展。

四是西部大开发战略的内在要求。西部大开发是促进全国经济协调发展、推动各民族共同繁荣，实现中华民族伟大复兴的重大举措。中国少数民族80%左右居于西部，西部大开发在一定意义上就是在民族地区的大开发。大

① 谢启晃著《中国民族教育发展战略抉择》，中央民族学院出版社1991年版。

开发，说到底是人与自然的关系，是通过人的活动，使自然资源得到利用，自然环境得到保护，被开发地区得到发展。人的素质（包括决策者、指挥者、实施者的素质）将直接决定开发的目标、模式、规划，决定开发的手段、深度、效益。而人的素质是由教育决定的，教育对大开发的决定性作用不言而喻。今天的开发是现代化条件下的开发，是信息时代的开发，必须运用现代化的技术与手段，必须有高素质人才群体的参与。因而离开了教育的支撑，大开发便会寸步难行。故国家在西部大开发的主要措施中，科技和教育事业的发展位列其中。为了促进西部大开发的顺利进行，实现民族教育的跨越式发展必不可少。

五是民族教育尽快改变落后的现状，缩小同发达地区的教育发展差距，维护民族团结的必然选择。教育的差距是基础性的差距，教育方面存在的差距会直接转化为经济社会发展的差距。这种差距的长期存在，不仅影响民族地区的经济发展、民族进步，还会直接或间接地影响民族关系、社会稳定。故这种状况不仅应当结束，还应当尽快结束。要缩小巨大的差距必须用超常规的办法，如果只是采用一般的办法，发达地区和民族地区以相同比例发展，以同等速度前进，那么既存的差距不仅无法缩小，甚至还可能扩大。因而必须打破消极平衡，采取非常规的办法，实现跨越式发展。

（二）实现西部地区民族教育跨越式发展的可行性

从理论上考察，民族教育的跨越式发展有着坚实的哲学基础。从哲学的观点看，世界上无不变之物，事物发展变化的速度可呈两种状态：一种是渐变，一种是突变。突变就是超越常规、突破一般发展速度的变化。事物发展变化的这一规律当然也可以在民族教育的发展上得到体现，即民族教育可以获得跨越式发展①。客观事物的发展变化，还会在很大程度上受到人的主观能动性的影响。在发展方面，无论经济发展还是教育事业的发展，还普遍存在一个可资利用的“后发优势”。所谓后发优势主要是指：发展相对落后的一方，在选取发展思路和发展模式时，不必对发展相对较快的一方亦步亦趋，什么都照做不误（当然可以借鉴），而应总结先进经验，省去某些环节，走一条更加便捷的路。以修路为例，一般规律是：人行道—马车道—般的机动车道—高等级公路—高速公路。后来的修路者要修一条通道，当然没有必要机

---

① 吴仕民《民族教育的跨越式发展论略》，《中国民族教育》2002 年第 6 期。

械地按历史上的套路，而是可以去其中一个或几个环节，直接修高等级公路乃至高速公路。这便是跨越式发展。人们的这种思维方式和行为方式，从哲学上讲便是主观能动性的发挥。

从思想条件上考察，人们对民族教育的跨越式发展认识深刻且成共识。各个方面对民族教育战略地位的认识不断深化，对民族教育的现状有着比较充分的了解，对民族教育的发展模式的选择趋于一致。党政部门的思想一致，将使民族教育的跨越式发展在体制、政策、投入等方面得到保证；教育部门的认识一致会使民族教育的跨越式发展在规划、体制、措施等方面得到保障；社会各界的正确认识将使民族教育的跨越式发展在物力、人力、资金等方面得到资助；学生家长的正确认识，则会使他们克服困难更好地履行送子女入学的义务。这些因素，共同构成民族教育跨越式发展的重要前提条件。

从物质条件上考察，国家有能力为民族教育的跨越式发展提供财力支持。在改革开放中，我国的综合实力日益提升，到 2002 年，GDP 超过 10 万亿人民币，进入世界六强。并且，按照十六大做出的规划，我国的经济还将快速、持续、健康发展，2020 年将在 2000 年的基础上翻两番①。经济总量的增加，意味着财政收入和用于教育的财政支出必然增加，并且由于科教兴国战略的实施，教育支出在国家财政支出中成为优先考虑的项目，其中所占的比例将可以继续逐年增加。这就意味着，国家完全有可能拿出相当数量的资金，用于民族教育的跨越式发展。此外，民族地区和其他地区一样，在改革开放中，经济建设取得的成就巨大。财力增长，随着西部大开发的不断推进，将在十年内取得突破性进展，民族地区的各项建设事业定将加速推进。这也就能为教育的跨越式发展创造良好的物质条件。

从全国的教育资源条件上考察，相应基础条件可以为民族教育的跨越式发展提供直接的支持。在建设中国特色社会主义的伟大进程中，我国的教育事业发展迅速，形成了庞大而完备的教育体系。九年义务教育已经基本普及，东部一些地区正在开始普及高中阶段教育，高等教育正向大众化的方向发展；教育领域有巨额的有形资产和无形资产；我国已形成了数量巨大的教师队伍；借鉴世界、面向未来的教育理念、机制、方法、手段正在广泛运用。这些可给民族教育的跨越式发展带来两方面的有利条件：一是面对东西部在教育方

① 夏铸《西部开发与民族教育的跨越式发展》，《中国民族教育》2003 年第 3 期。

面存在的差距，在东部获得相当程度发展的前提下，国家应当也可以拿出更多的物力和财力用于支持民族教育事业，使之加快发展；二是国家的各类教育资源充足，可以为民族教育事业的发展提供直接的帮助。

从民族教育自身的条件上考察，跨越式发展的若干基础条件已经具备。经过50多年的艰苦奋斗特别是改革开放带来的发展机遇，我国的民族教育迈开大步，迅速发展。民族地区普遍设立了教育机构，从幼儿教育到大学教育的民族教育体系已经建立，民族教育的政策法规初成体系，寄宿制学校、双语教学、异地办学、重点大学内设立民族班这些民族教育特有的形式大见成效，一支数量可观的民族教师队伍已经形成。民族教育为当地，也为国家培养了大批有用之才，为民族地区的经济社会发展提供了有力的人才保障和智力支持。民族教育的发展规模、发展水平、发展成就为未来的跨越式发展提供了坚实的基础，民族教育发展的经验、模式、理念也可为未来的更快发展提供有益的借鉴。

从过去的实践上考察，民族教育的跨越式发展完全可能。再让我们把目光转向实践。从社会形态而言，新中国成立之际，我国的少数民族有的处在封建时代、封建农奴制时代、奴隶制时代，还有的甚至处于原始社会末期。在经过半个多世纪的不懈奋斗之后，民族地区的变化天翻地覆，各民族都进入了社会主义初级阶段，有的民族实际上跨越了几个社会形态，这无疑是跨越式发展。教育现代化的过程，就是优化旧的教育传统和创造新的教育传统的过程①。在教育方面，许多民族走过的实际上也是跨越式的发展道路。50多年前，许多民族地区根本没有现代意义上的学校，许多地区教育的基本形式是中国沿袭了几千年的私塾，有的民族则主要是通过寺庙传授文化知识，刻木记事、结绳记事是一些民族生活中常用的记事方式。且看今日的民族地区，各类学校遍设，许多地区已有大学的高楼，现代化的教育手段也开始进入民族地区。这些生动地展现了一幅跨越式发展的画图。今天，再来一次跨越式发展，当然是更高形式、更高质量的跨越式发展，可以说是势在必行且理在可行。

（三）实现西部地区民族教育跨越式发展的途径

一要加大经费投入，切实改善办学条件，这是实现民族教育跨越式发展

---

① 顾明远主编《民族文化传统与教育现代化》，北京师范大学出版社1998年版。

的坚实基础。由于少数民族地区大多基础条件差、经济欠发达、地方财政吃紧，拿不出多少钱来扶持教育，经费不足，是最大的困难和问题。因此，国家要通过转移支付，加大资金投入，划拨民族教育的专项经费，恢复民族学生的助学金，实行“两免费”制度；设立寄宿学校建设专项经费、寄宿生生活补助费、民族教师培训费和教师住房补助费，帮助改善教学设施，提高教师素质和生活待遇，改进教师工作、生活条件和学生的学习、食宿条件。

二要加大改革力度，优化教育资源配置，这是实现民族教育跨越式发展的强大动力。近年来，民族教育取得的成绩，靠的是改革。同样，要推动民族教育的跨越式发展，也只有靠改革。不仅要在深化内部教育结构、办学体制、办学形式、课程设置，实现现有教育资源的优化组合和合理配置等方面进行改革，而且在外部环境的优化上也要加大改革力度，为民族教育的跨越式发展提供有利条件。如通过改革招生制度，除民族院校民族班、预科班外，进一步向民族考生敞开重点院校的大门，从高校民族预科生中择优选入清华、北大、复旦等名牌高校学习。还要重视从优秀的少数民族学生中选派出国留学生，为民族地区培养高层次人才①。

三要加快教育信息化设施建设，大力推进民族教育现代化进程，这是民族教育实现跨越式发展的有力途径。国家应优先扶持交通不便、信息闭塞的边远民族地区的教育信息化设施建设，分期分批装备多媒体教室，重点放在以卫星视频系统为基础的现代远程教育网络建设上，逐步创造条件启动校园网或局域网建设。同时要帮助民族地区培训信息技术教育的民族师资和管理人员。通过民族教育手段的现代化，快速提升民族教育的教学质量，为民族教育的自身发展，为西部大开发和小康建设提供优质人力资源。

四要加大对口支援力度，缩短与发达地区的时空差距，这是实现民族教育跨越式发展的关键之举。为了缩小东西部之间、西部大中城市与民族地区之间的差距，近年来国家启动了东部与沿海各省对口支援西部省区、西部各大中城市对口支援省内民族地区的活动。这一关键性举措，正在显示出极好的效果，要继续实施。同时要加快教育外事工作，扩大民族教育的对外交往，通过架桥铺路、穿针引线使更多境外援教项目流向民族地区，为民族教育注

---

① 云丹龙珠《西部民族教育必须走跨越式发展的道路》，《民族教育研究》2003 年第 4 期。

入更多的外援资金和先进办学理念、教学方法，进一步改善民族教育的办学条件，提高民族教育的教学质量和办学效益，缩短与发达地区的时空差距。

五要加快立法步伐，依法保障民族教育的健康发展，这是实现民族教育跨越式发展的根本之策。改革开放以来，我国教育事业得以快速发展，除了党和国家实行科教兴国战略，把教育放在优先发展的基础地位，给予高度重视外，另一个重要原因，与加快教育立法工作，陆续颁布实施的《中华人民共和国教育法》《中华人民共和国义务教育法》《中华人民共和国教师法》《中华人民共和国高等教育法》《中华人民共和国职业教育法》等法律法规的保障作用分不开。但至今还没有一部民族教育方面的法规，必须引起各级教育行政部门和立法部门的高度重视。认真总结、概括长期以来，特别是改革开放以来，各民族地区在发展民族教育实践中积累起来的经验、措施，尽快形成民族教育的法律规范，是民族教育健康、稳步、跨越式发展的需要。

二、复合式的发展特性

我国对少数民族教育事业的发展采取的是“优先发展、重点扶持”的政策，力求民族地区教育追赶内地发达地区的教育，并以此作为体现社会主义大家庭各民族教育平等的重要标志，以此作为缩小甚至消除民族教育与内地发达地区教育之间存在的事实上的不平等现象的主要途径。这样就形成了追赶汉族教育发展的复合式的民族教育发展模式，即“模仿或照搬汉族地区教育发展的模式”。其主要特征表现为以下几点。

第一，民族教育发展的基本目标是从民族传统教育向现代教育转型。1949年，我国社会进入了社会主义改造时期，中国社会由一个半殖民地、半封建的社会跨入了社会主义社会。新中国逐步实现了对工业的国有化政策。而我国的许多少数民族则更是从奴隶社会跨入了社会主义社会，有的还是从结绳记事的原始社会形态直接跨入了社会主义社会。费孝通先生称其为我国社会“三级两跳”中的第一跳[①]。所以，同样是进入了社会主义社会时期，但全国各民族的情况是不一样的，各民族之间的差距是很大的。尤其在教育方面，我国的许多少数民族都有与本民族文化相一致的传统教育，如藏族的寺院教育、回族的经堂教育、彝族的毕摩传承教育等。民族传统教育往往与民族文化融为一体，在反映民族文化特色的同时，也就反映了本民族的特色。

① 费孝通《三级两跳中的文化思考》，《读书》2001年第4期。

追赶战略的目标就是使少数民族社会从传统的封建的、奴隶的、甚至于原始的社会形态进入社会主义社会时，以现代学校教育取代传统的民族教育。通过广设民族地区的各级各类学校，为民族地区培养急需人才，实现民族教育从传统向现代的转型。

第二，实现民族教育追赶战略的途径主要是民族地区教育的学校化运动。我国在经济与社会发展的战略方面一直就有意识地向西部民族地区有所倾斜。在教育方面，为了缩小民族教育与普通教育之间的差距，党和国家十分重视民族教育，制定了一系列符合少数民族地区特点的各项方针、政策，采取了特殊措施，从人力、物力、财力上予以大力支持。尤其是在广大民族地区建立了大量的、各级各类的现代学校，民族现代教育发展很快，从无到有，并逐渐形成了中国特色的民族教育体系，在一定程度上缩小了与先进地区之间存在的教育上的差距。学校化运动对民族教育的发展所起的作用主要表现在三个方面：现代教育体系的确立、现代科学内容进入课程、各级各类民族人才的培养。民族地区的学校化运动是中国民族社会由传统社会向新型社会转型过程中，教育领域的一种追赶式发展模式。一方面，它完成了民族教育由传统向现代的转型，奠定了我国民族教育的发展基础，促进了民族教育的现代化进程，为民族地区提出跨越式发展模式创造了条件。另一方面，我们也应清醒地看到，在学校化运动的过程中，出现了重视数量轻视质量、重视共性轻视个性、重视科学轻视文化等发展偏差，导致民族地区的学校缺失了民族特色和民族地区的特色，表现出了照抄照搬的特点。

第三，民族教育在民族地区人才的培养上具有明显的趋同化倾向。民族教育在课程设置、教学方法、师资队伍建设等方面均与内地学校有十分相似的地方，甚至有照抄照搬的倾向。民族教育在培养人才上除了培养民族干部方面取得了显著成绩之外，在培养民族地区的各级各类建设人才方面，均有趋同于汉族地区或内地之势。对民族地区的需要与民族的特点考虑较少，致使学校教育培养的人才在民族地区有较明显的不适应性。

第四，民族教育的发展注重外部的政策支持与人、财、物的援助，轻视了民族地区的自力更生与自主发展。为了消除民族教育与内地发达地区教育之间的差距，党和国家对民族地区的教育从政策、经费、人员、物资等方面给予了大量的优惠政策和特殊照顾，从而从根本上保障了少数民族地区教育事业的迅速发展。在一定程度上缩小了民族教育与内地发达地区教育上的差距。但是，民族教育的大量“输血”如果不能再生民族教育自身的“造血”功能，民族教育的生命力还是弱小的。“造血”功能的提升必须依赖于民族地区自主发展教育的积极性与主动性，依赖于民族教育的特色化发展。

传统的民族教育追赶战略在民族社会转型的背景下，在民族教育从传统向现代转变的过程中，为民族地区人才的培养、经济与社会的发展起到了举足轻重的作用，也适应了当时的民族社会经济对教育的需求。但是，如果一味地以追赶汉族或内地发达地区为目标，不顾民族地区的特殊性，不顾时代背景的复杂变化，在汉族或内地发达地区以更快的速度发展的同时，民族地区的追赶战略最终会越追差距越大。况且，在新的形势与背景下，这种追赶战略已经与民族地区教育所处的地位及所要发挥的作用的现实需求不相适应了。如果再以这种追赶思想为指导，去面对西部大开发、科教兴国和可持续发展的机遇与挑战，不仅不能实现民族地区与内地或汉族地区教育的均衡发展①，而且会使民族教育因缺乏特色而不适应民族地区经济与社会发展的需求。因此，探寻新形势下民族教育发展的新战略、新模式，成为摆在我们面前的必须解决的首要问题。

三、本土式的发展导向

我国是一个多民族国家，教育分为两大类，一类是主要针对主体民族的教育，另一类是针对少数民族的民族教育。现代教育自产生以来，经过一系列阶段的发展，已经形成了比较完备的体系。本着教育公平的原则以及经济社会发展的需要，我国大部分民族聚居地区都有从小学至大学的比较完备的教育体系。这些高校有的冠以“民族”之名，有的则没有，但是它们都有一个特征，就是身处某个民族聚居区和某种民族文化氛围之中。这就决定了其教育教学活动以及师生的精神文化等方面不可避免地会受到这种地域条件和文化条件的影响。大部分身处民族地区的高校起初建校的目的都是为所在地培养经济社会发展需要的人才，这是毋庸置疑的。无论教育的国际化趋势多么强劲，一个国家的教育总是要建立在本民族文化的厚土之中②。本土化应该理解成是一个过程而不是一个目的，是为了适应当前所处的环境而做的变化，通俗地说就是要入乡随俗。

---

① 王鉴《西部民族地区教育均衡发展战略研究》，《民族研究》2002 年第 6 期。

② 顾明远主编《民族文化传统与教育现代化》，北京师范大学出版社 1998 年版。

郑金洲认为："本土化是外来文化与民族传统文化相互沟通、融合的过程；是外来文化及传统文化改变自己的初始形态，以适应社会文化发展要求的过程；也是两种不同的文化发生碰撞必然出现的一个阶段。"①

教育本土化，就是要求教育要适应学校所在地的自然和人文环境，主要培养能为所在地区服务的人才。因此，民族教育就是在民族和地域基础之上，在尊重不同文化背景的前提下，对具有多种多样文化和民族背景的受教育者提供教育。以民族地区为主体，发展民族教育，必须考虑到民族实际，实行本土化的教育。

民族地区教育本土化是教育多元化和民族文化持续发展的需要。20 世纪，文化多元论作为一种与主流文化相异的思想在美国兴起。他们的主要主张是认为社会是由多个民族组成的，而各个民族不同的文化，民族的差异性和多样性决定了文化的多样性。经过近半个世纪的发展，经过了种族优越感的同化教育、多种文化并存的多元一体化教育和多种文化互动的多元文化教育三个阶段的冲突和融合，多元文化教育逐渐成为西方一种政治或教育理念、一项教育改革的运动。多元文化教育要求以尊重不同文化为出发点，以文化教育的平等为基础，把文化的多元性和差异性贯穿在教育过程当中，给教育提供更多的选择性、多样性和创造性②。

民族地区的高校虽然多是由主体民族创建和管理的，但是特殊的地理位置使得他们不能忽视周围环境和文化的影响。而且民族地区要更快更好发展，也不能固守自己的本民族文化而排斥其他民族的文化，应该取长补短，促进自身的发展和进步。体现在教育中，就是要进行多元文化教育。我国是一个多民族国家，各民族在长期的生产生活实践中创造了丰富而灿烂的物质文明和精神文明，使得中国的文化丰富多彩，而这些都是需要一代一代传承下去的。民族高校身处特定的民族文化氛围之中，而且这些高校一般都是当地人才和设施比较完备的机构，因此，他们有能力也有责任为传承民族文化做出自己的努力。

民族地区学校本土化教育的构成及实施。在这个充满竞争和彰显特色的时代，一个地方学校想要生存和发展就必须得有自己的特色，失去了特色就

---

① 郑金洲著《教育文化学》，人民教育出版社 2000 年版。

② 石猛、彭泽平《民族地区基础教育的本土化》，《贵州民族研究》2006 年第 3 期。

失去了生存竞争的优势，而作为民族地区的学校更是如此。由于民族地区市场经济和社会其他条件相对较差，这些地区的学校如果不紧抓“民族”这一特色，和其他非民族地区相比，差距会更加明显，发展会极为受限。因此，民族地区的学校应紧紧扎根民族的土壤，吸收当地民族文化的养分，立足民族地区的实际，着力培养为民族地区经济社会发展服务的人才。本土化就是充分考虑和利用外部条件，结合当地实际，打造出一种特色①。民族地区的学校可以从以下几个方面彰显自己的“民族”特色，推行本土化的教育和为本土发展服务。

一、本土化的教育观念。俗语说，一方水土养育一方人，民族地区的山山水水养育了一代又一代勤劳智慧的人民，千百年来，他们创造了独具特色的民族文化，使得我们国家的文化绚烂夺目。作为民族地区高校的教育者和管理者，必须具备这样的意识，那就是既然身处民族地区，那么教育就是要为这里的社会服务，就是要挖掘当地深厚的民族文化，培养能为当地生产生活和社会发展服务的人才。本土化教育不是要割裂与传统文化的关系，也不是要摒弃其他民族的文化，它所强调的是传统文化在新的历史条件下的更新、变迁②，民族文化只有经过一代一代的传承和发展，才能保持它的生机和活力，才能保障我国文化的多样性和民族性。这是身处民族地区的学校的责任和使命。

二、本土化的教育内容。民族地区的学校不仅要传授主流民族的文化，还要积极传播当地民族的文化，促进当地民族文化的继续和发展。可以把体现当地民族特色的文化内容，如传统体育、音乐舞蹈、绘画、工艺品制作以及民族经典和民族概况方面的内容列入学校的教学内容，或作为选修课供学生选择。在实施的过程中，学校可以组织相关力量，搜集当地有特色的民族文化，编写反映当地民族特色文化，如风俗习惯、宗教、科学知识、生产生活经验等方面内容的相关教材，教材要充分体现学科特点和民族特色。这对不同类别的学生来说都有好处。对少数民族学生来说，教学内容贴近他们的生活实际，反映学生所属文化群体的经历和感受，这样能更好地培养学生正

---

① 陈巧姝、刘勇《教育本土化——民族地区高校发展路向》，《四川民族学院学报》，2010 年版第 4 期。

② 郑金洲《教育现代化与教育本土化》，《华东师范大学学报》（教育科学版）1997 年第 3 期。

确而积极的自我意识，增强学习兴趣，增强他们的民族认同感、民族自信心和民族自豪感。此外，鲜明的民族特色和浓郁的生活气息，能让学生和教师感到亲切，学生更容易接受。对非少数民族或其他民族的学生来说，也可以加深他们对当地民族的了解，增强民族团结。

三、本土化的教学方法。本土化的教育要靠本土化的教学方式才能推行，本土化的教育内容也只有配合本土化的教育教学方法才能实现其效果的最大化。教学法的效果与教学法的使用对象关系密切，关键是方法要切合文化的需要[①]。民族地区学校的本土化，强调开发一种注重文化差异的教学法。只有立足本土文化，进一步强调教师在课堂上重视文化遗产，才能把它写进积极的教学法。同移植照搬的模式相比，扎根于民族文化的教学法更容易让人接受。如学习侗族大歌，就得让学生去侗族村寨，实地参观、感受、学习。学习藏族的唐卡，最好的方法不是坐在教室里直接描画，而是先了解藏传佛教和藏民的宗教信仰，以及唐卡的基本人物和宗教意义，然后再去藏族寺庙或者唐卡艺人的作画地点观察临摹。在教学过程中，教师应该尽量使用本民族的语言进行教学，创造富于民族文化气息的教学环境，给学生提供丰富的文化背景知识。这样更加有利于学生理解和接受本民族的文化，激发学生的学习兴趣。但不管用何种教学方法，都应该围绕为传承文化服务这一目标。

四、本土化的学生和专业。既然民族地区的学校是为当地经济社会发展培养服务人才的，在学校里就不能没有当地少数民族学生和相关专业。这也是民族地区学校本土化和民族性的一个重要标志。例如，民族院校和其他非民族高校的一个主要区别就是民族高校主要招收少数民族学生，开设的专业也主要是民族文化方面的。在专业和课程设置方面要着重突出当地民族的优秀文化。另外还要适当关注他们的宗教信仰，因为这是少数民族学生精神生活的重要方面，引导学生适度扬弃，突出民族文化中的精华部分。同时让他们学习其他民族的先进思想和文化，抛弃一些陈规陋习或迷信色彩。如藏族聚居地区的高等院校就应该设置相应的院系和专业，培养为藏族聚居地区服务的教育、经济、文化等方面的人才。学校一方面要加强他们对本民族文化的学习，另一方面也要教给他们专业需要的知识技能，使他们不仅具备较深的本民族的文化知识，同时还具备一定的专业知识和专业技能，更好地为当

① 王鉴《略论中国民族教育的本土化》，《民族教育研究》2000年第4期。

地经济社会服务。

五、本土化的科学研究。民族地区有大量丰富而有价值的文化，这些都是人类的宝贵资源和财产，不仅仅是民族的，也是全世界人们所共有和共享的。但是，长期以来，由于人们认识上的偏见，导致了文化的研究主要偏向主流民族，而对少数民族的关注相对较少。各少数民族在长期的生产生活实践中，积累了丰富的经验，创造了灿烂的物质文化和精神文化，其中有很多都具有极高的文化价值和学术价值。民族地区的学校应当充分利用自己的区域优势，深入挖掘和整理有价值的民族文化资源，使得这些辉煌的或独特的文化能为世人所了解，增强民族的自信心和自豪感。这对民族文化的传承和保护也意义非凡。在当今世界，文化越具有民族性，才越具有世界意义。教育也一样，正是因为教育具有民族性，才有国内外交流的必要，才有其存在的独特价值。

第四节　西部民族教育文化的创新性

一个民族的文化总是渗透在人们社会生活的各个角落，联系着社会生活的每个方面，时时刻刻影响着人们的精神世界和行为方式。因此，继承和发展传统民族文化的优良传统，在积极吸收世界其他民族的优秀文化成果的基础上，创新本民族文化，实现文化的与时俱进，既是关系一个国家前途和命运的重大问题，也是一个区域发展和繁荣所不可忽视的问题。然而，一个民族的文化发展程度，主要看其创新能力的高低。创新是民族文化繁荣的不竭动力。只有不断创新，民族文化才能跟上时代的步伐，才能不被时代的发展所淘汰。民族文化的发展与创新也是增强综合国力，实现民族文化与时俱进，增强民族文化吸引力和感召力的根本要求。我们要科学地进行民族文化的发展与创新，就必须解放思想，与时俱进，按照先进文化的要求不断拓展民族文化发展创新的途径。在民族传统文化的基础上，充分利用时代发展的成果，突破原有的形式和形态，将民族文化的基本内核、民族精神和基本特征发扬光大。

西部民族文化的真正精神内涵，不仅仅是直观的自然风光和民族风情，更重要的还在于其历史文化底蕴的深厚，民族文化的多姿多彩。如人与自然的融合，多元文化的共存，历史与现实的链接，构成云南文化与众不同的特色。当前，西部少数民族传统文化面对功利性极强的外来文化的挑战，有些少数民族文化正在走向衰败或处于弱化的境地，特别是那些只有语言而没有文字的少数民族的艺术形式。比如，少数民族传统手工艺品的制作由于无法与现代工业化抗衡而日渐消失。民族传统歌舞正在逐渐被现代歌舞所取代。在这样的形势下，要使这些优秀的民族传统文化得以保存和发展，就必须认真抓好民族文化的发掘与整理工作，依托正规和非正规教育途径，对本土民族文化进行积极的保护和发扬。

一、民族教育文化的自觉自信

"文化自觉"是指生活在一定文化历史圈子的人对其文化要有自知之明，并对其发展历程和未来有充分的认识，要进行文化的自我觉醒、自我反省、自我创建，目的是为了应对全球一体化的形势发展。在认识自己文化的优势与劣势的基础上，也要认识到其他文化的优点与缺点，在本文化和他文化之间寻找一种联系，促进不同文化的和谐发展。文化自觉中的本文化和他文化的关系是对立统一的。一方面，本文化和他文化是相互对立的，对本文化的自觉是对这种文化的认可和确信，对他文化的文化自觉不仅认识到其文化的优点和长处，还要认识到其缺点与不足，但不会有意识地去张扬它。另一方面，不同文化之间又是相互联系的，在认同本文化的同时也要对他文化的理解和尊重，不能任意进行贬损。在不同的文化之间要相互理解，相互信任，取长补短，共同建立一个和平共处的世界。

民族教育文化自觉，是指少数民族群体明晰自身所处的社会生活文化境遇，明白传承和创新文化的发展现状、发展过程和发展目标，并以此反思自身的文化责任与文化抉择。一方面，民族群体文化自觉内蕴着少数民族深刻的文化思考和追求，体现了少数民族高度人文关怀和社会责任感的文化理念；另一方面，民族群体文化自觉是少数民族为适应社会文化变迁而调整自身的文化，基于文化实践、文化反省和文化创造所体现出来的一种文化主体意识和心态，以求在社会变革中达成文化超越。

文化自信是在文化自觉的基础上建立起来的，文化自信是一种在文化上知己知彼的高度自觉。文化自信既是对优秀文化的追求也是对本民族文化大胆的传播与宣扬。换而言之，文化自信不是文化自卑更不是文化自大。在吸纳其他优秀文化因素的时候不会担心本民族的文化被其他文化所吞噬淹没，对本民族的文化有自信并且自信地去学习其他文化。而在向其他文化传播本民族的文化的时候也需要大胆地将本民族的文化推介出去，不必对其他文化露出惧色而拒绝交流。在吸收与传播的过程中，促进文化间的相互交流。

民族群体教育文化自信，是对自身民族文化高度认同的结果。新中国成立以来，党中央和国务院先后出台了多项关于少数民族文化和教育发展的支持政策，逐步形成了我国少数民族文教政策体系。中央及有关部门从促进民族团结和各民族共同繁荣，维护边疆稳定的政治高度，进一步完善并落实倾斜扶持政策和教育制度。而良好的政策环境，也是维系民族群体教育文化自信的重要保障。

其一，颁布《少数民族教育法》。建议国家有关部门在广泛调查和深入研究的基础上，依据《中华人民共和国宪法》《民族区域自治法》《教育法》《义务教育法》《高等教育法》等法律，制定《中华人民共和国少数民族教育法》，将我国少数民族教育的一系列重大问题用法律形式确定下来。

其二，制订少数民族教育发展规划。各级政府要强化少数民族教育意识和文化传承行为，把发展民族教育事业纳入当地经济社会发展的战略规划。当前，要积极认真贯彻落实《国家中长期教育改革和发展规划纲要（2010—2020)》《中共中央关于深化文化体制改革、推动社会主义文化大发展大繁荣若干重大问题的决定》。以云南为例，按照国务院《关于支持云南建设面向西南开放重要桥头堡的意见》及建设民族文化强省、绿色经济强省的战略规划，《云南省中长期教育改革和发展规划纲要（2010—2020)》的目标要求，结合云南少数民族地区经济社会及民族教育实际，制订好各层次民族教育发展规划，扶持少数民族发展，缩小民族之间的差异，使全省少数民族素质和教育水平大幅提高，促进云南教育事业又好又快发展，为云南经济社会发展特别是少数民族地区经济社会发展提供有力的人才保障。

其三，完善少数民族教育制度。教育制度受到社会生产力发展水平和科学技术发展水平、政治制度和意识形态、人口发展状况以及青年心理特征等的制约①。在经济全球化、信息化的新形势下，我们应将少数民族文化纳入国家各级各类教育制度、规则，使各族人民充分认识到少数民族文化在多民族国家教育中的地位，塑造传承少数民族文化的使命感和责任感，最终形成文化自觉。在现代社会里，教育已经普遍成为一国公民的义务和权利。因此，

---

① 袁振国主编《当代教育学》，教育科学出版社 2005 年版。

多民族国家的教育体系应该在相应的条款中对少数民族文化的教育进行制度化的规定，形成完整的教育机制，为少数民族文化传承提供制度保障。使少数民族文化的教育具有法律保障，这样才能保证少数民族文化的教育在国民教育中得到普遍的实施。尤其是在一些少数民族自治地方，少数民族文化教育的立法是非常必要的。通过法律的制定和实施，对少数民族文化在多民族国家中的地位和作用做出明确的规定，促使人们重视少数民族文化的发展，自觉地履行传承少数民族文化的义务。

二、民族教育文化的选择整合

教育是文化选择、文化重组的重要途径。教育从产生之日起，就与文化结下了不解之缘。不少学者对教育与文化之间的关系做过专门的阐述，郑金洲教授曾经写道："文化，一种亘古绵久的社会现象，它与教育相伴而生，相随而长，互为前提，互为砥砺。文化给教育以社会价值和存在的意义，教育给文化以生存依据和生机活力，二者缺一不可。"教育具有选择、整理、加工文化的功能，它在承担文化传递功能的同时，主动地对人类数千年以来积累的文化进行选择和整理，再将其传递给一代又一代的受教育者。少数民族地区的教育，不可避免地承担了对各种文化进行选择的责任，又因其所在地区的特殊性，而需要承担起对该区域内少数民族文化进行选择的义务。因此，我们要充分运用教育对文化的选择、整理、加工的功能，对民族地区的文化进行重组，形成新的民族文化，以适应时代的发展要求。

文化选择，是对某种或某部分文化的撷取与吸收或排斥与舍弃。文化选择是对文化冲突的回应，我们处在多元文化的互动中，多种文化既有吸纳又有排斥，既有渗透也有抵御，文化冲突是文化互动过程必然产生的现象。面对纷繁变化的文化群，我们既要紧跟时代的步伐着手文化的现代化，又要顾及文化选择的全面发展；既要保持和发展本民族的优良传统，又要吸收其他民族的优秀文化成果。

首先，在文化变迁、融合的过程中，会出现文化重组与整合。文化重组是基于本民族的文化基础上，对其他文化的吸收并纳入到本民族的文化中来。主要是依靠发挥本民族的能动性。每个民族都有自己的特长，有自己的优秀文化成果，进行文化重组必须以传统民族文化为基础，在对其他文化的吸收以及本民族文化的改造的过程中会出现文化冲击。现代社会发展的过程中，各种文化相互融合，在重组的过程中，首先从丰富人的物质生活入手，然后为提高人的精神性内涵提供坚实基础。文化重组，将会使各民族文化更突显其特色。特色的突出不是为了标新立异，而是为了实现超越，完成优化。

民族教育文化的选择重组是少数民族文化传承的必然机制。特别是对一个民族具有代表性的、典型的文化形式进行梳理和整合，构建符合民族实际彰显民族性又适应现代性要求的文化形式显得必要。

其次，着力文化选择与文化重组，形成新的民族文化。民族文化的基本构成包括物质文化、行为文化和精神文化。这些成分并不是一成不变的，或者不分优劣全盘传承的。而是要在发展过程中，不断进行选择和重组，民族文化才会有活力[①]。应该说文化重组能够激发出新的生命力。新文化的采借或抗拒，旧文化的保持或抛弃，其结果，自然形成一种新的、原来的任何一种民族文化都无法比拟的文化。这种情况，恰似合金的构成和几种中药混合煎煮的作用。几种金属合成一种金属，必然产生质变，它所具有的性能，为构成该种合金的任何一种金属所无法比拟；几种中药混合煎煮所产生的药效，绝不是几种药性的总和，而是产生化学变化之后产生的特殊药效。故此，文化重组不是简单的文化单元叠加，而是在对不同民族文化进行选择、整理、加工的基础上，构建新的民族文化。

再次，着力文化整合与社区教育，形成民族文化传承的长效机制。随着社会的发展，云南少数民族地区群众的生活情况较过去也有所改善，社区教育初步开展起来。社区教育大多以宣传科技兴农政策，帮助村民转变思想，学习先进的科学养殖和种植技术，发展农业生产，改善群众经济状况等为重点。这在一定程度上是对传统文化和现代科技知识进行整合，形成新的文化力量。应该说，建立面向村民的社区学习中心，开展相关的教育培训活动，是促进少数民族地区文化传承、丰富群众的精神文化生活的一种有效形式。如在云南的一些彝族地区，有关机构构建了以学校为依托的社区学习中心，开展彝族文化教育。此外，还有乡政府组织的彝族文化活动以及村民小组的彝族文化活动。这些都是以活动为主线宣传彝族文化的教育模式。在这些彝族文化活动中，他们都无一例外地将注意力集中在对彝族歌舞、器乐、服饰、体育等外显的传统文化表现形式的展示上。然而，民族文化的表现形式可分为外在表现形式和内在表现形式两种。外在表现形式是指民族的衣食住行等

---

① 赵吉惠编著《中国传统文化导论》，江苏教育出版社 2007 年版。

特点的表现；而内在表现形式则是有关心理方面深层次的文化表现与活动。它包括该民族的祖先观念、家乡观念、习惯意识、价值取向、道德礼仪、民族情感、兴趣爱好、审美标准、心理状态等，它们是民族文化中最稳定的部分[①]。因此，我们认为民族文化要真正焕发出生命力，就必须与当地经济发展结合起来，深入挖掘出民族文化的内核，找出能适应现代经济生活的合理部分。民族文化的传承过程应该是一个保护—挖掘—丰富—再认识民族文化的过程。

三、民族教育文化的传承创新

民族教育文化的创新与传承，是维系民族教育文化动态发展的保障体制。因为，从教育与民族文化的内涵看，教育与民族文化是紧密相连、和谐共融的。在民族文化发展的客观实际中，我们应充分把握教育的现代性、时代性、民族性，实现民族文化教育的超越。

（一）民族教育文化创新传承的意义

民族教育文化创新传承的意义表现在：维护民族文化多样性；维护中华民族多元一体的文化格局；树立民族文化认同；奠定认识其他民族文化的基础。

其一，有利于维护民族文化多样性。文化多元主义认为，在一个多民族国家，每个民族群体都可以保留本民族的语言和传统文化。而文化相对主义的核心是尊重不同文化的差异，谋求不同文化的共存[②]。正如同生物多样性是自然生态保护的重要组成部分一样，文化多样性是文化生态保护的重要组成部分。可是，随着经济全球化和现代化的加速，由于受到西方文化的侵蚀，我国人口相对较少、经济发展相对滞后的少数民族的传统文化，更面临着严峻的生存危机[③]。然而，一个统一的民族，必然有一种统一的文化，文化是民族的标志。文化是一个民族赖以团结统一，并区别于外族的一套符号和观念系统。也可以说，是一个民族存在的根据。如果一个民族的文化消亡了，这个民族也就消亡了。少数民族艺术作为民族文化的重要内容，是民族文化中璀璨夺目的部分，也是民族文化中最容易传播和交流的形式。在多民族地区

---

① 王军《民族文化传承的教育人类学研究》，《民族教育研究》2006 年第 3 期。

② 王侠《西方多元文化教育理论的阐释》，中央民族大学硕士学位论文 2005 年。

③ 马平著《现代化的碰撞与少数民族文化生态保护》，宁夏社会科学出版社 2005 年版。

的幼儿教育中传承少数民族艺术，为当地多个民族培养民族艺术传承的继承者，对多个少数民族文化的保护、传承和维护民族文化的多样性有着重要的意义。

其二，有利于维护中华民族多元一体的文化格局。中华民族是中国古今各民族的总称，是由众多民族在成为统一国家的长期历史发展中逐渐形成的民族集合体。在长期的历史发展过程中，我国的56个民族“经过接触、混杂、联合和融合，同时也有分裂和消亡，形成一个你来我去、我来你去、我中有你、你中有我，而又各具个性”[①] 的中华民族多元一体格局。56个民族又共同创造了博大精深的一体多元的中华民族文化。中华民族文化是一体，各个民族风格迥异的物质文化和各具特色的精神文化是多元。一体性和多元化是中华民族文化的重要特征。今天，如果对民族文化过分渲染，对民族认同和文化自觉过分执着，很容易转化成激进、狭隘和非理性的民族主义。而维持民族团结和融合最可靠的手段是在不同的民族之间建立起文化上的认同感和情感上的亲和关系。所以，民族地区家庭教育中传统文化传承能够让儿童在了解和喜爱本民族文化的同时，也了解和欣赏其他民族的文化，最终实现“各美其美，美人之美，美美与共，天下大同”。

其三，有利于树立民族文化认同。文化是一个民族的灵魂和血脉，文化传承主体只有认同和热爱本民族文化，获得民族认同感，这一民族的文化才能代代相传。学者陈世联、刘云艳曾对西南六个少数民族儿童的民族文化认同做过比较研究。他们选取了云南丽江纳西族、迪庆藏族、澜沧拉祜族，贵州铜仁苗族、三都水族，四川凉山彝族共1202名6—11岁的少数民族儿童为研究对象。研究结果表明少数民族儿童对本民族文化认同并不高[②]。可见，当前少数民族儿童对民族文化的认同情况并不理想。俄国著名教育家乌申斯基认为，教育必须反映本民族的精神、传统和特点。一个民族如果没有民族性，就等于一个没有灵魂的身体[③]。因而，民族地区的家庭教育应当积极承担起传承民族文化的重任，培养幼儿对本民族文化的好奇心、观察的兴趣、积极的情感和自信心。从而树立初步的民族文化认同，形成初步的民族认知和民族

---

① 费孝通著《中华民族多元一体格局》，中央民族学院出版社1989年版。

② 陈世联、刘云艳《西南六个少数民族儿童民族文化认同比较研究》，《学前教育研究》2006年第11期。

③ 朱晓红《蒙古族民间艺术的特征及其幼儿教育价值》，《教育前沿》2005年第1期。

情感，为民族认同奠定坚实的基础。

其四，有利于奠定认识其他民族文化的基础。在我国这样的多民族国家里，维护民族团结，就是要求在统一的祖国大家庭里，在一律平等的基础上，各民族互相尊重、互相信任、互相学习、互助合作，同呼吸、共命运、心连心，推动各民族和睦相处、和衷共济、和谐发展，不断巩固和发展平等、团结、互助、和谐的民族关系，共同致力于社会主义现代化建设，实现国家富强、民族振兴、人民幸福①。中国各民族的人口分布呈现大散居、小聚居、交错杂居的特点。各民族交错杂居，民族与民族之间频繁往来，互相影响，互相融合，使得多民族文化呈现出并存发展、互补互助和相互交融的特点。各民族文化的独立与交融，是各民族团结和睦的基础。

（二）民族教育文化创新传承的内涵

文化创新，是对现有文化局限性的突破，是对新文化模式的探索。它是一个变化的形态，是从旧文化形态向新文化形态的转换。一个民族的文化发展程度和文化发展前景，主要是其创新能力的高低。在经济飞速发展，科技不断创新的时代，都会有重大文化创新的引导，会出现文化的繁荣。文化创新主要通过观念创新、文化管理创新、文化战略创新、文化内容创新、文化环境和人才创新来实现。在这个过程中不断更新，不断创造，营造一个浓厚的创新氛围，激发人们进行文化创新的积极性，使文化创新成果层出不穷。通过积极的文化创新，不断繁荣具有中国特色社会主义的文化，不断满足人们日益增长的高层次精神文化需要，为人们谋取切实的文化利益，提高人们的文化水平。民族传统文化是文明演化而汇集成的一种反映民族特质和风貌的民族文化，是民族历史上各种思想文化、观念形态的总体表征，也是一个民族在长期的社会实践中所积淀的物质文明和精神文明的文化遗产。任何先进文化总是与民族传统文化一脉相承、血脉相连。离开传统就谈不上创新与发展。时代在前进，实践在发展，民族传统文化只有结合新的时代和实践加以继承和发展，才能放射出更加绚丽的光彩。

民族教育文化创新是在继承优秀教育文化传统的基础上，吸收世界教育文化的合理资源，摈弃落后、陈旧文化，创造先进文化，创造新的教育文化

① 国务院新闻办公室《中国的民族政策与各民族共同繁荣发展白皮书》，人民出版社 2009 年版。

内容、教育文化产品、教育文化形态，是由连续的教育文化累积和对外来教育文化的借鉴吸收而引发的一种文化创造。从本质上说文化创新是“一定社会形态下自由的精神生产”，表现为一种思维能力和实践能力的飞跃，具有前瞻性和超前性。在内容和形式上，文化创新推陈出新，创造新的文化形态和样态。

文化传承是指文化在民族共同体内的社会成员中做接力棒似的纵向交接的过程[①]。这里所说的“传承”，不是指文化的传播，而是指文化的继承和延续。文化作为一个民族基本生活方式的构成以及一整套的价值观念系统和内隐行为等要素的综合体现，成为维系一个民族生存和发展的重要条件。无论是哪种性质的文化都会通过不同的方式和途径得到继承和延续[②]。“传统是过去传下来具有一定特点的某种思想、作风、信仰、风俗、习惯等。”[③] 由此推知：“民族传统文化是指在各民族历史发展过程中逐渐形成而世代相沿的物质和精神方面的具有该民族特点的文化。它是一个民族的灵魂和精神象征，是一个民族区别于其他民族的根本标志。”[④] 每一个民族的人都生活在他们特定的自然环境和文化氛围中，在这种环境中，必然积淀了一些内在文化因素，比如信仰、习俗、制度、语言、知识等等。当然，他们也一定会认同和内化这些文化因素，从而产生个体对该民族的归属感，同时也增强该民族的凝聚力和向心力，进而使某一民族的传统文化一代代传承和发扬下去。

（三）民族教育文化创新传承的主要途径

无论是民族教育文化的自觉自信、选择整合还是创新传承都需要必要的教育途径来承载，其中包括正规和非正规的教育途径。具体而言，在教育活动中，民族文化传承主要是通过学校教育、社区教育、家庭教育等活动来完成的。只有整合这三种教育形式，才能形成民族文化传承在学校教育、社区教育和家庭教育中共存互动、和谐发展的局面，构建民族文化传承的良性系

---

① 赵世林著《云南少数民族文化传承论纲》，云南民族出版社 2002 年版。

② 张文勋、施惟达、张胜冰、黄泽等著《民族文化学》，中国社会科学出版社 1998 年版。

③ 《新华词典》编纂组编纂《新华词典》，商务印书馆 1989 年版。

④ 马慧《回族传统文化背景下的回族幼儿教育——以呼和浩特回族聚居地区为例》，内蒙古师范大学博士论文，2007 年。

统[1]。一般而言，学校教育是民族文化传承的主要阵地，社区教育是民族文化传承的有力途径，家庭教育是民族文化传承的重要基础，三者密切联系又有区别，共同促进教育中的民族文化传承。在市场经济环境中，单纯依靠一般意义上的学校教育、社区教育、家庭教育来完成民族文化传承面临很多挑战和困难。因此，为更好地促进民族文化传承，应在学校教育、社区教育、家庭教育的基础上，坚持在发展中传承、在传承中发展，进一步拓展传承途径，使民族文化在更大的空间进行传播。

其一，着力培育地方民族文化特色项目，构建民族文化整合传承载体。就目前而言，应着力地方特色文化项目，推进农村社区文化学习中心的形成。而社区文化学习中心主要依托学校而建立。学校是孩子的学校，也是社区的学校，与社区中的每个人都息息相关。学校作为社区的学习中心不断直接或通过学生间接影响民众，使其置身于一种学习化社会的氛围当中，即把现代性与民族性有机整合。古人说，“化民成俗，其必由学”[2]，学校自古以来都有移风易俗功能。中国民间自古就有尊师重教的传统。随着社区学习中心的实施，又被赋予一些新的内涵，学校成为新思想、新观念、新技术、新风尚的集散地和传播源。例如“立秋节”[3] 是云南彝族、白族、苗族的习俗，也是展现和传承民族风情、文化的绝好场所。应积极支持把“立秋节”作为民族文化的品牌来打造，鼓励白族、彝族和苗族群众积极参与；“文化搭台，经济唱戏”；活泼立秋节形式，丰富内容，规范管理，广泛宣传，不断改进和完善，在民族文化的传承和弘扬中发展更加重要的作用。诸如此类民族特色节日还有很多，如火把节、泼水节、大理三月街等。

其二，充分利用正规与非正规教育途径，促进民族教育文化的发展。学校作为教育的主要机构，应该承担起传统文化传承的主要任务。学校教育在民族文化传承中居于重要地位，是民族文化传承的主阵地和主渠道[4]。以学校教育促进传统文化的传承与发展，不仅具有其合理性，而且具有很强的可操

① 曹能秀、黄海涛等著《民族文化传承与教育——以云南省寻甸回族彝族自治县六哨乡为个案》，人民出版社 2012 年版。

② 吴松著《大学正义》，人民出版社 2006 年版。

③ “立秋节”目前已是云南省寻甸县重要的民族文化品牌项目之一。

④ 曹能秀、黄海涛等著《民族文化传承与教育——以云南省寻甸回族彝族自治县六哨乡为个案》，人民出版社 2012 年版。

作性。可从以下几方面着手：一是以当地的文化背景为题材，编写适合当地的校本教材，介绍中国古代优良的文化传统，讲述民族历史、人文地理、民风民俗、古典经文、哲学思想、民间传统、民间故事等内容。这样一来，传统文化就不再是一个空泛的抽象概念，而是实实在在的文字和内容，孩子们容易接受、理解。二是在正规的学校教育之外开设适当的文化教育课，主要介绍传统文化；少数民族地区则加上本民族的文化习俗、传统故事、语言、服饰、音乐、歌舞、建筑、民族手工艺等，让孩子们可以系统地了解到传统文化的内容，进而领悟到其精神实质。三是在传统节日来临之际，学校组织各种活动，既可丰富学生的文化生活，也能借助这些活动把传统文化灌输给孩子们，且教育形式简单生动，易于接受。如在云南省寻甸县六哨乡，传统的彝族节日“立秋节”是在乡中心学校举行的，届时全乡的彝族同胞都聚集到一起，无论男女老少都穿上节日的盛装，载歌载舞，共同庆祝自己的节日。孩子们在这样的活动中就理解了自己民族的节日、服饰、歌舞、语言等民族传统文化，进而培养起民族自豪感。

其三，以社区教育促进当地民族传统文化的传承与发展。社区教育是促进社区居民素质提升的重要途径，少数民族地区更是如此。社区教育是学校教育的延续，可以用来弥补学校教育在民族文化传承方面存在的不足[①]。无论是村民委员会、妇女组织还是新近兴起的社区学习中心，都可承担起社区教育的任务。除了基本的法律、农业种植、养殖知识技能以外，民族文化也是社区教育不可忽视的内容。比如民族歌舞，通过村民委员会的组织策划，就脱离了自发、无组织的状态，成为系统、固定的村民活动。男女老少都参与这样的活动，潜移默化地就对年轻一辈起到了教育的作用。云南省寻甸县六哨乡积极探索贫困农村学校教育与社区教育综合发展的新方法、新途径。社区教育作为现代教育，必然是一个开放的、多元的系统。在本土化过程中，社区教育的本土性必然从省情、民情、国情出发，立足体现教育的民族性，必须从实际出发，引导居民、村民的教育需要，创建社区学习组织，共建良好的文化氛围。这样才能推进当地民族传统文化的传承与发展。

其四，家庭教育是民族文化传承的重要基础。相比学校教育和社区教育，

---

① 曹能秀、黄海涛等著《民族文化传承与教育——以云南省寻甸回族彝族自治县六哨乡为个案》，人民出版社2012年版。

在人的一生所接受的教育中，家庭教育是长久性教育。家庭教育先于学校教育，并且在学校教育的整个阶段内，一般自始至终都伴有家庭教育。在人生的头几年里，家庭是最经常、最集中、最大量地对孩子施以教育的。因此，在对民族文化的传承中也发挥了关键性的作用。家庭教育无论是在范围和内容上都要比学校教育涵盖的范围广，从婴儿降生，其家庭成员、环境和文化氛围都会对子女产生直接或间接的影响。在少数民族地区，家庭的教育直接影响孩子对于民族文化的看法。家庭教育是孩子的第一所学校，父母是孩子的启蒙教师，因此家庭教育理所当然地成为民族文化传承的先导。“家庭教育以其深刻的感染性，灵活的随机性，鲜明的针对性以及影响的全面性等，在许多方面有学校教育和社区教育无法取代的特殊作用。”① 上文提到学校教育是民族文化传承的主要阵地，但是学校教育和社区教育对于民族自尊心、自信心、认同感、归属感等的传承就显得力不从心了。因为这些不是一朝一夕或是通过简单的课程和活动就能深入人心的。

家长学校是普及家庭教育知识的有效途径，是帮助家长教育孩子的一个学习机构②。目前，我国家长学校的类型主要有：以幼儿园、中小学为依托举办的家长学校，向不同年龄阶段的父母提供教育、咨询服务；由基层计划生育管理部门、妇联为新婚夫妇设立的以优生优育为主要内容的新婚夫妇学校、孕妇学校、母范学堂等；在农村，主要通过广播父母学校和家庭教育辅导站的形式，推广正确的保育、教育方法。此外，还可进行学习型家庭联谊，可由学校进行组织安排，提供机会让家长们进行交流互助，分享育儿体验，共同探讨家庭教育中存在问题的解决方式。家庭教育中教育者和被教育者之间的关系具有亲密性。家庭教育的双方往往就是父母和子女，这种一脉相承的血缘关系，使得家庭教育的氛围比社区教育和学校教育要宽松、和谐③。虽然家庭教育中的民族文化传承没有学校教育看起来那么有系统性，但是通过家庭中的节日庆典、婚丧仪式等潜移默化的作用，可以一点一滴地将民族的血

---

① 颜楚华《当前农村贫困地区家庭教育问题初探》，湖南师范大学研究生学位论文，2004 年。

② 王凌、黄海涛等《冲突与变革——社会转型期云南边疆民族地区家庭教育研究》，合肥工业大学出版社 2011 年版。

③ 曹能秀、黄海涛等著《民族文化传承与教育——以云南省寻甸回族彝族自治县六哨乡为个案》，人民出版社 2012 年版。

液渗透到他们的身体中。同时，这种了解民族文化的方式也更容易被接受，能够达到学校教育无法达到的效果。

其五，挖掘优秀的民族习俗文化，增强民族社会教育文化的影响力。习俗文化是一种社会心理习惯，它是与人们的物质生活紧密相关，在一定的生产、社会条件下有经长期的历史积淀而形成的风俗、习惯或惰性。习俗文化有积极的、中性的和消极的之分[①]，在社会教育中挖掘优秀的民族习俗文化就显得重要。社会教育的一个主阵地就是社区文化教育。社区文化是指社区内一种高度的共同一致的文化。它拥有区别于其他社区的独特的行为系统，明显的居住形式，特殊的语言，一定的经济体系，一种特定的社会组织，以及某一种宗教信仰和价值观念等。社区文化为社区居民所共享，同时又强有力地约束着社区内人们的行为方式和思维方式，在社区建设中发挥着多种功能，即文化的发展功能、政治功能、经济功能、审美创造功能和教育功能。在社区文化教育中把一些优秀的文艺内容和形式弘扬起来，能增强民族教育文化的感染力和影响力。

例如，云南寻甸发嘎是一个村民大都以务农为主，传统农业生产是其主要谋生方式，人口密度低，村民文化水平低，社会结构简单的农村社区。发嘎的社区文化表现为以社区农民为主体，以村民们喜闻乐见的文体活动及民风、民俗为主要内容，在满足人们的消遣娱乐需求的同时，仍以规范人的行为举止，传播特定的价值观念为主要目的。发嘎社区文化的形成和变迁对教育的发展、人的成长和社区的建设产生着重要的影响。发嘎村民族文化活动的兴起正是从发展功能、政治功能和经济功能这三个方面，促进了农村社区文化功能的建设。

其六，以民族文化活动促进社区教育的重建。社区教育以一定地域为界，学校与社区具有共同的教育价值观和参与意识，并且双向服务，互惠互利。学校服务于社区，社区依赖于学校，旨在促进社区经济、文化和教育协调发展。社区教育的建设力图改变教育脱离社会、脱离经济发展的状况，把教育作为社区精神文明建设的重点，使教育成为人人关心的事业，为人的素质提高，提供更为广阔的课堂。但教育也存在脱离实际、脱离生产生活的情况，没有形成一个教育社会一体化的模式。

---

① 刁培萼主编《教育文化学》，江苏教育出版社 2000 年版。

民族文化活动的兴起改变了缺乏文化娱乐生活的局面，促使村民形成了健康文明的生活方式，在一定程度上继承和发扬了民族文化，增强了民族自信心和自豪感。尝试开辟一条以民族文化活动促进社区文化教育建设的新途径，能在一定程度上改变教育脱离社区生活和经济发展的局面，使村民认识到教育的重要性，增强其参与教育活动的意识。这为探索贫困农村地区、高寒山区、少数民族集居地区的基础教育发展，通过教育的干预促进农村社区社会经济发展和民族文化传承的发展道路提供了契机，也为云南众多少数民族山寨文化的传承和经济的发展提供了借鉴。

综上所述，教育是人类社会的文化传承方式，在现代文明社会，学校教育是人类文化传承的主渠道。某一社会或民族的文化就是通过这种群体或个体的行为而得到代际传承的。因此文化传承就其本质而言不仅是一个文化过程，而且更是一个教育过程。可以看出教育是人类文化传承的重要途径和手段之一，尤其在今天学校教育成为主体教育形式的社会里，人类文化的传承重任就落到了学校教育身上。多元文化教育作为现代的一种教育方式，其所倡导的多元文化性，对于少数民族文化的传承来说具有极为重要的作用。教育作为一种培养人的活动，是要把受教育者培养成为一定社会服务的人。多元文化教育不仅要完成这一任务，更为重要的是还应该承担其传承少数民族文化的重任。从纵向上看，通过多元文化教育的实施，既能够使创造民族文化的少数民族成员充分享受接受教育的权利，又能够使这些成员在原有民族文化知识的基础上对本民族的文化形成整体性、系统性、客观性的认知体系，增强对民族文化的鉴别、分析能力，自觉地扬弃民族文化中的糟粕，弘扬民族文化精华，使其代代相传。从横向上看，多元文化教育的实施，能够使其他民族的成员更多地了解其历史和内涵，使全社会的人都成为传承少数民族文化的主体力量。多元文化与教育整合相辅相成，实施多元文化教育，多元要围绕整合实施，整合要结合多元发展①，这样才能更好地构建民族文化教育生态系统。在借鉴西方多元文化教育的优秀成果时，丰富我国民族教育内涵。民族教育已不再是少数民族教育的简称，而是主体民族教育与少数民族教育共同构成的国家多元一体教育②。多元文化要围绕整合式教育实施，整合式教

① 哈经雄、滕星主编《民族教育学通论》，教育科学出版社 2001 年版。

② 万明刚主编《多元文化视野价值观与民族认同研究》，民族出版社 2006 年版。

育要结合多元文化特质才能得以发展。多元文化整合教育是未来西部民族教育发展的必然选择。在这一过程中，多元文化整合教育是不断发展的持续过程，它需要教育者的长期探索和不断完善。在西部地区的民族教育实践中，合理有效运用多元文化整合的教育理念，积极整合非正规教育（学校外教育）和正规教育（学校教育），发展非正规教育（社会教育、社区教育、家庭教育、民族宗教教育等）以及正规教育（基础教育、职业教育、高等教育等）的教育文化。这不仅仅包括发展主体民族的教育文化，还包括着力推进少数民族的教育文化，使之在自觉自信中传承，在选择整合中实现创新。

参考文献

曹能秀、黄海涛等著《民族文化传承与教育——以云南省寻甸回族彝族自治县六哨乡为个案》，人民出版社 2012 年版。

曹先强编著《阿昌族文化大观》，云南民族出版社 1990 年版。

陈平编《基诺族风俗志》，中央民族学院出版社 1993 年版。

陈时见编著《西南民族学校教育发展导论》，商务印书馆 2012 年版。

陈时见著《多元共生与多样化发展》，商务印书馆 2012 年版。

陈松岑主编《社会语言学导论》，北京大学出版社 1985 年版。

陈雪英著《西江苗族“换装”礼仪的教育人类学诠释》，重庆大学出版社 2011 年版。

《邓小平文选》（第三卷），人民出版社 1993 年版。

邓泽民、韩国春著《职业教育：实训设计》，中国铁道出版社 2008 年版。

刁培萼主编《教育文化学》，江苏教育出版社 2000 年版。

董建中著《云南少数民族教育发展与改革》，云南民族出版社 1993 年版。

杜杉杉著，赵效牛、刘永青译，杜杉杉校《社会性别的平等模式——“筷子成双”与拉祜族的两性合一》，云南大学出版社 2008 年版。

杜一生著《甘青藏族现代教育发展研究》，民族出版社 2006 年版。

方建移、胡芸、程昉著《社会教育与儿童社会性发展》，浙江教育出版社 2005 年版。

费孝通《关于我国民族的识别问题》载《费孝通文集》（第七卷），群言出版社 1999 年版。

费孝通著《民族与社会》，人民出版社 1982 年版。

费孝通著《中华民族多元一体格局》，中央民族学院出版社 1989 年版。

冯春林、蔡寿福、陈庭贵编著《中国少数民族教研史》（第 4 卷），云南教育出版社、广东教育出版社、广西教育出版社 2002 年版。

高发元著《云南民族村寨调查——独龙族》，云南大学出版社 2001 年版。

顾明远主编《民族文化传统与教育现代化》，北京师范大学出版社 1998 年版。

哈经雄、腾星主编《民族教育学通论》，教育科学出版社 2001 年版。

何磊、黄海涛等著《云南与东南亚教育比较研究》，云南民族出版社 2005 年版。

何龙群著《民族高等教育理论与实践探索》，民族出版社 2008 年版。

黄海涛《当代中国的教育人类学》，载瞿明安主编《当代中国的文化人类学》，云南人民出版社 2008 年版。

黄现璠、黄曾庆、张一民编著《壮族通史》，广西民族出版社 1988 年版。

姜大源编著《职业教育学研究新论》，教育科学出版社 2007 年版。

李建兴著《社会教育新论》，三民书局 1981 年版。

李良品、彭福荣、崔莉编著《乌江流域民族地区教育发展史》，重庆出版社 2010 年版。

梁庭望编《壮族风俗志》，中央民族学院出版社 1987 年版。

《列宁全集》（第二卷），人民出版社 1984 年版。

刘春生、徐长发编著《职业教育学》，教育科学出版社 2002 年版。

刘合群编著《职业教育学》，广东高等教育出版社 2004 年版。

刘江编著《阿昌族文化史》，云南民族出版社 2001 年版。

罗卜桑却丹仗编著《蒙古风俗鉴》，辽宁民族出版社 1988 年版。

罗海麟著《开启心智的金钥匙——云南民族教育》，云南教育出版社 1998 年版。

罗明东等著《区域教育可持续发展研究》，科学出版社 2005 年版。

罗家修整理《玛牧特依》，四川民族出版社 1985 年版。

罗日泽等编著《仫佬族风俗志》，中央民族学院出版社 1993 年版。

骆风著《造就卓越人才：北京大学博士生家庭教育探析》，商务印书馆 2003 年版。

马德清著《中国民间文学集成凉山卷·谚语卷》，凉文出版社 1995 年版。

马和平、高旭平等著《教育社会学研究》，上海教育出版社 1998 年版。

马平著《现代化的碰撞与少数民族文化生态保护》，宁夏社会科学出版社

2005 年版。

马廷中著《民国时期云南民族教育史研究》，民族出版社 2007 年版。

孟小军著《断裂与链接——西南民族地区基础教育类型研究》，广西师范大学出版社 2007 年版。

欧以克编著《民族高等教育学概论》，民族出版社 2005 年版。

钱理群、刘铁芳著《乡土中国与乡土教育》，福建教育出版社 2008 年版。

苏德、陈中永编著《中国边境民族教育论》，中央民族大学出版社 2012 年版。

孙杰远著《教育促成人力资源生长》，广西师范大学出版社 2009 年版。

孙杰远、徐莉著《人类学视野下的教育自觉》，广西师范大学出版社 2009 年版。

孙若穷主编《中国少数民族教育学概论》，中国劳动出版社 1990 年版。

谈松华著《中国教育现代化的区域发展》，广东教育出版社 2003 年版。

唐纪南、张京泽编著《中国民族院校发展史》，中国社会科学出版社 2012 年版。

滕星主编《多元文化社会的女童教育》，民族出版社 2009 年版。

滕星、胡鞍钢主编《西部开发与教育发展博士论坛》，民族出版社 2001 年版。

腾星、王军主编《20 世纪中国少数民族与教育》，民族出版社 2002 年版。

田爱英著《让孩子自主自强：风行于美国的自主与兴趣教育》，合肥工业大学出版社 2002 年版。

王军主编《教育民族学》，中央民族大学出版社 2007 年版。

王凌、符明弘、方敏等著《冲突与变革——社会转型期云南边疆民族地区家庭教育研究》，人民出版社 2010 年版。

王明伦编著《高等职业教育发展论》，教育科学出版社 2004 年版。

王铭铭著《人类学是什么》，北京大学出版社 2002 年版。

王锡宏著《中国边境民族教育》，中央民族学院出版社 1990 年版。

王正华、和少英等著《拉祜族文化史》，云南出版社 1999 年版。

万建中编著《中国民俗通志·生养志》，山东教育出版社 2005 年版。

万明刚主编《多元文化视野价值观与民族认同研究》，民族出版社 2006

年版。

韦钰主编《中国妇女教育》，浙江教育出版社 1995 年版。

吴德刚著《中国民族教育研究》，教育科学出版社 2011 年版。

吴明海主编《中国少数民族教育史教程》，中央民族大学出版社 2006 年版。

吴明海主编《中外民族教育政策史纲》，中央民族大学出版社 2006 年版。

吴松著《大学正义》，人民出版社 2006 年版。

吴晓蓉著《教育在仪式中进行》，西南师范大学出版社 2003 年版。

夏铸著《藏族教育的改革与发展》，青海人民出版社 1993 年版。

萧鸣政编著《中国政府人力资源开发概论》，北京大学出版社 2004 年版。

谢启晃著《中国民族教育发展战略抉择》，中央民族学院出版社 1991 年版。

谢启晃主编《中国民族教育史纲》，广西教育出版社 1989 年版。

徐杰舜、韦日科主编《中国民族教育政策史鉴》，广西人民出版社 1992 年版。

闫金童、唐德海、何茂勋著《高等教育发展战略研究》，广西师范大学出版社 2002 年版。

严汝娴等著《中国少数民族婚姻家庭》，中国妇女出版社 1986 年版。

杨昌鑫编《土家族风俗志》，中央民族学院出版社 1988 年版。

杨崇龙著《云南教育问题研究》，云南教育出版社 1995 年版。

杨知勇、李子贤、秦家华主编《云南少数民族生活习俗志》，云南民族出版社 1992 年版。

袁振国主编《当代教育学》，教育科学出版社 2005 年版。

张诗亚编著《西南民族教育文化溯源》，上海教育出版社 1994 年版。

张文勋、施惟达、张胜冰、黄泽等著《民族文化学》，中国社会科学出版社 1998 年版。

赵富荣著《中国佤族文化》，民族出版社 2005 年版。

赵吉惠编著《中国传统文化导论》，江苏教育出版社 2007 年版。

赵世林编著《云南少数民族文化传承论纲》，云南民族出版社 2002 年版。

赵忠心著《家庭教育学——教育子女的科学与艺术》，人民教育出版社 2001 年版。

郑金洲著《教育文化学》，人民教育出版社 2000 年版。

郑晓云著《最后的长房——基诺族父系大家庭与文化变迁》，云南大学出版社 2005 年版。

钟海清、高枫著《守望边疆：广西边境民族地区教育质量保障与特色发展研究》，人民教育出版社 2011 年版。

周鸿著《西南民族现代化与文化变异》，四川人民出版社 2002 年版。

左玉堂编著《傈僳族文学简史》，云南民族出版社 1999 年版。

迪庆藏族自治州地方志编纂委员会编《迪庆藏族自治州志》（下），云南民族出版社 2003 年版。

广西壮族自治区编辑组编《广西壮族社会历史调查》（第一册），民族出版社 2009 年版。

国家教委计划建设司编《中国教育年鉴 1992》，人民教育出版社 1993 年版。

国务院新闻办公室编《中国的民族政策与各民族共同繁荣发展白皮书》，民族出版社 2009 年版。

全国人民代表大会民族事务委员会调查研究组《怒族社会概况》，载《中国少数民族社会历史调查资料丛刊》修订编辑委员会编《怒族社会历史调查》，民族出版社 2009 年版。

云南省地方志编纂委员会编《云南省志》（卷六十）《教育志》，云南人民出版社 1991 年版。

云南省教育厅编《云南教育五十年》，教育科学出版社 2002 年版。

云南省民族事务委员会编《傈僳族文化大观》，云南民族出版社 1999 年版。

《中国百科大辞典》编委会编《中国百科大辞典》，华夏出版社 1990 年版。

《中国大百科全书·中国地理》，中国大百科全书出版社 1993 年版。

中国儿童抽样调查办公室编著《中国儿童状况的调查与研究》，中国统计出版社 1990 年版。

《中国民族信息年鉴》编委会编《中国民族信息年鉴 2004》，中国民族音像出版社 2005 年版。

《中国少数民族社会历史调查资料丛刊》修订编辑委员会编《怒族社会历

史调查》，民族出版社 2009 年版。

《全日制中等专业学校工作条例（征求意见稿）》，1979 年。

《关于制订高级中学（三年制）教学计划的意见》，1990 年。

〔美〕罗伯特·F. 墨菲著，王卓君、吕乃基译《文化与社会人类学引论》，商务印书馆 1991 年版。

〔英〕弗雷泽著《金枝》，中国民间文艺出版社 1987 年版。

后 记

《中国西部民族文化通志·教育卷》是教育部人文社会科学重点研究基地云南大学西南边疆少数民族研究中心重大项目的组成部分。2010 年，课题的总负责人瞿明安教授将这一任务交给我，我便深感责任重大。我生长在民族众多，文化多样性典型丰富的云南省，毕业于师范院校，此后作为教师一直在师范院校从事教学和研究工作至今，教育问题是我每天无时无刻不在经历和思考的领域。尽管长期在民族地区从事教育教学工作的经历为我完成这一重要任务提供了必备的实践经验，多年学习与研究的史学和教育学领域也为我主持编写本书奠定了重要的理论基础，但如何为如此宏大的阐释框架构建合理的理论体系仍然成为在一段时期内困扰我的棘手难题。好在云南师范大学的同事和研究生们与我进行了长时间的讨论与交流，集体迸发出的智慧与能量不仅使难题一个个迎刃而解，同时还有效消弭了书稿各组成部分之间的隔阂与间隙，使之成为一个更加合理且结合紧密的整体。

本书是由多人合作共同完成的，其中整体构思和框架体系由我设计提出，导论和后期的统稿、修改工作亦由我完成。其他各章节的分工如下：绪论部分由我完成；第一、第二、第四章由王天玉博士完成；第三章由董毅老师和李铁媛同学共同完成，其中董毅老师负责第一、第二节，李铁媛同学负责第三、第四节；第五、第六、第七章由田莉博士完成；第八章由我完成。本书从开始初次讨论到最终付梓历时两年，作为负责人我既感欣慰，又感不安。欣慰的是我们这个团队在共同的学习研究中，终于有了一点小小的果实，因为其中灌溉了我们的心血和汗水、争鸣与智慧、困惑与体悟、欣喜与安慰；不安的是我们所构建的理论体系是否科学合理，是否能引起社会各界对西部民族地区教育的重视，能否从中得到一些启示。

无论怎样，我希望本书能够为那些希望了解中国广阔西部民族地区教育问题的同行和其他读者提供富有价值的资料与索引，为西部民族教育领域的调查与研究工作的开展略尽绵薄之力。

本书在编写过程中得到了云南大学民族研究院瞿明安教授的大力支持，他的信任与鼓励鞭策着我在研究之路上不断前行，他的理解宽容和关心指导则为本书的顺利完成奠定了重要基础。在书稿付梓之际，我想对他表示崇高的敬意和诚挚的谢意。

并对在书稿编写过程中被参考和引用的著作与研究成果的同行表示由衷的感谢。最后要感谢的是所有为本书的写作和修改工作提供帮助的同行，如王园园、巴丽梅、浦昆华等老师，请原谅我不能一一列出他们的名字，没有他们的辛勤付出，本书很难顺利完成。

当然，我们的有些研究结论或许不够科学合理，甚至书中还存在错误和缺点，为此，我们怀着忐忑不安的心情，期待同行们的支持与批评。

黄海涛

2013 年 11 月 3 日

图书在版编目（CIP）数据

中国西部民族文化通志. 教育卷 / 黄海涛, 王天玉, 田莉编著. --昆明：云南人民出版社, 2015.2

ISBN 978-7-222-12742-5

Ⅰ. ①中… Ⅱ. ①黄… Ⅲ. ①民族文化－文化史－西北地区②民族文化－文化史－西南地区③地方教育－研究－西北地区④地方教育－研究－西南地区 Ⅳ. ①K28 ②G527

中国版本图书馆CIP数据核字(2015)第042226号

出 品 人：李 维 刘大伟
责任编辑：尹 杰 李 萍
装帧设计：王曦云
责任校对：余 祁 杨 峰
责任印制：洪中丽

中国西部民族文化通志 教育卷

作 者 黄海涛 王天玉 田莉 编著
出 版 云南出版集团 云南人民出版社
发 行 云南人民出版社
社 址 昆明市环城西路609号
邮 编 650034
网 址 http：//ynpress.yunshow.com
E-mail ynrms@sina.com
开 本 787mm×1092mm 1/16
印 张 28.25
字 数 460千
版 次 2015年2月第1版第1次印刷
印 刷 云南国方印刷有限公司
书 号 ISBN 978-7-222-12742-5
定 价 110.00元

如有图书质量与相关问题请与我社联系

审校部电话0871-64164626 印制科电话0871-64191534